기독교유아교육과정

임희옥 · 김정원 · 김정준 · 방은정 · 최성진

창지사

머리말

우리나라 근대교육의 역사는 19세기 말 기독교 신앙을 가진 선교사들의 헌신과 수고의 눈물 위에서 시작되었습니다. 척박한 이 나라에서 온전히 자신을 희생하며 복음의 씨앗을 심었던 그들은 자신의 신앙을 교육현장에서 교육내용과 교수방법으로 적용하며 우리나라 현대식 유아교육의 기초를 다졌습니다. 1914년 선교사 브라운리가 이화유치원을 설립한 이후 시작된 기독교정신으로 세워진 한국 유치원 교육의 역사도 어느새 100년의 세월이 흘렀고 이후 신앙의 선배들의 적극적인 헌신으로 유아교육의 현상은 양적, 질적으로 많은 변화를 이루었습니다.

하지만 현재 우리나라 정부는 '교육의 가치중립성 보장'과 '학습자의 자율성 보장'에 위반된다 하여 정책적으로 종교교육을 전면 금지하고 있습니다. 기독교교육을 실천해야 할 기독교유아교육기관장이나 유아교사들도 어쩔 수 없이 이러한 다원주의적 신념이나 정부정책을 따르며 기독교세계관에 근거한 자신의 가치관과 신념을 포기할 수밖에 없는 실정입니다. 교육과정이란 '무엇을 가르칠 것인가'에 대한 사회적 합의이기 때문에 그 시대의 사회적 가치를 담아내기 마련입니다. 교육은 가치를 내포할 수밖에 없는 어떤 방향으로의 변화를 위한 것이므로 특정한 가치를 지향할 수밖에 없는 국가수준 교육과정은 가치중립적일 수가 없음이 분명합니다. 그럼에도 불구하고 기독교유아교육자들은 재정 지원 등 여러 가지 현실적 이유로 신앙적 가치를 포기하면서까지 현시대의 가치를 담고 있는 국가수준 교육과정을 수용할 수밖에 없는 것이 현실입니다.

그러나 국가수준 교육과정의 내용을 다루고 있다 해도 유아교육기관과 교사가 가지고 있는 가치관과 신념은 그들이 선택하는 교수방법과 언어적 비언어적 소통을 통해 기관수준과 학급수준에서 새로운 모습으로 드러나기 마련입니다. 모든 교사는 왜, 무엇을, 어떻게 가르쳐야 하는지에 대해 고민하고, 그것이 제대로 전달되었는지를 확인해야 할 책임이 있습니다. 특히 능동적이고 주체적인 교사라면 자신의 가치관을 점검하고 교육과정에 담긴 사회적 가치를 읽어내며 그것을 자신의 교실에서 자신만의 교육과정으로 풀어내려는 의지가 있어야 합니다.

기독교사는 기독교세계관을 가진 교사입니다. 기독교세계관은 하나님의 창조와 인간의 타락, 그리고 하나님의 구속의 역사를 통해 세상을 바라보는 것입니다. 즉 세상 만물이 하나님께 속해 있으며 우리는 무엇을 하든지 하나님의 영광을 위해 해야 한다는 것입니다. 이는 세상을 거룩함과 세속으로 나누고 신앙과 삶, 교회생활과 일상생활, 아는 것과 행하는 것을 분리시키고 세상적인 일과 거룩한 일을 구분 짓는 것을 거부하는 것이기도 합니다.

따라서 기독교사는 교실이 하나님의 뜻을 나타내는 소명의 현장이며, 국가수준 교육과정의 목적과 목표, 내용과 방법까지도 하나님의 창조섭리와 부합되는지를 연구해야 합니다. 그 소명은 따스한 눈으로 아이들을 바라보고 아이들의 손을 다정하게 잡아 주거나 아이들이 친구들을 모두 다 소중한 존재로 대하도록 가르치는 것뿐 아니라, 환경구성, 교수자료, 유아와의 언어적·비언어적 상호작용에도 적용되어야 합니다. 이를 통해 '세상 모든 사람은 나와 같이 하나님이 만드신 소중한 인격체'이며, '이 세상은 하나님의 뜻과 명령을 드러내는 피조세계'라는 진리를 따를 수 있기 때문입니다. 이렇게 바라보는 것이 기독교세계관이고 기독교세계관에 따라 우리나라 국가수준 유아교육과정인 누리과정을 재조명하는 일은 그래서 중요합니다.

이 책은 누리과정의 5개 영역인 신체운동·건강, 의사소통, 사회관계, 예술경험, 자연탐구영역의 내용을 기독교세계관에 비추어 차례대로 살펴보고 현장에서 연구하고 적용해 본 결과의 산물입니다. 하나님이 창조하신 질서 가운데 우리의 몸과 언어, 관계, 예술, 수학과 과학을 보는 관점이 어떠해야 하는지를 점검해 보고, 누리과정의 내용 안에서 어떻게 적용하고 개선해 나갈 수 있는지를 알아보았습니다. 이렇게 누리과정의 내용을 분석하고 재조명한 후에는 기독교세계관을 바탕으로 실현된 구체적인 활동사례들을 제시하였습니다.

이 책은 7년 전 창지사를 통해『기독교세계관으로 유아 교육하기』를 출간한 후 2013년부터 2017년까지 모든 집필진이 속해 있는 한국기독교유아교육학회를 통해 국가수준 유아교육과정인 누리과정을 기독교적인 유아교육과정으로 재구성해 내려고 노력하는 가운데 준비되었습니다. 이 책은 유아교육현장의 기독유아 교사들이 영유아교육전문가로서의 자부심과 기독교인이라는 정체성을 확립하는 것을 지원하기 위하여 연구된 결과를 유치원과 어린이집 현장에 적용한 결과입니다.

어린이집과 유치원의 유아들, 그들의 교사들과 함께 연구했던 연구자들은 매해 그래왔듯이 시작은 안갯속을 헤매는 것처럼 막연했지만 마무리할 즈음엔 작은 빛을 발견하는 기쁨을 충만하게 맛보았습니다. 하나님의 말씀과 그에 대한 우리의 믿음이 우리의 학문영역에서 통합되는 증거를 발견했기 때문입니다. 이 기쁨은 말씀 속에서 우리의 소명을 깨닫는 벅찬 감사이기도 하고, 때론 자신의 한계를 깨닫게 되어 앞이 보이지 않는 무기력함을 경험하는 중에도 이끌어 가시는 하나님의 크신 섭리를 느끼던 환희이기도 했습니다.

비록 어려운 상황에 처해 있지만 하나님의 역사는 소명을 품은 사람들을 사용하셔서 변함없이 그 뜻을 이루어 가심을 바라보며 우리 저자들을 양육해 준 각자의 교회공동체와 믿음으로 이 땅에 세워진 이화대학공동체에 깊은 감사의 마음을 갖습니다. 유아교육 관련 대학교재 출판계의 어려움 속에서 기독교세계관을 품고 있는 책을 출간하는 것은 결코 쉬운 일이 아님을 알고 있기 때문에 선뜻 이 책을 출간해 준 창지사에도 고마운 마음을 전합니다. 특히 집필자 전원이 속해 있는 한국기독교유아교육학회에 감사합니다. 특별한 소명의식을 가진 기독교유아교육자들이 모여 기독교교육에 대해 공유했던 경험과 이야기를 듣고 기독교사 공동체와 나누며 하나님 나라를 확장하기 위해 노력하는 이 학회에 속해 있는 것은 큰 기쁨입니다. 이러한 공동체에 속해 있는 것은 우리가 특별히 선하고 헌신적이어서가 아니라 바로 매번 하나님의 능력의 역사를 체험했기 때문입니다. 기독교유아교육을 연구하면서 이를 적용하는 것을 흔쾌히 허락하고 참여해 준 한국성서대학교 어린이집의 교사와 어린이들은 드러나지 않은 가장 큰 동역자들이었음을 밝힙니다.

교실에서 하나님의 나라를 구현하려는 열망을 품고 우리 학문의 모호함과 불안을 기도로 대신하였습니다. 이 책을 통해 국가수준의 교육과정을 학급수준의 교육과정으로 변환하는 과정에서 기독유아교사들의 눈이 열리고, 이들이 자신의 교실현장에서 실행할 수 있는 구체적인 실천방안들을 찾아낼 수 있기를 기대합니다. 더 나아가 하나님의 진리를 위해 고군분투하는 숨어 있는 기독유아교사들이 같은 목적을 향해 가는 공동체 안에 속해 있음을 알고 더욱 힘을 낼 수 있기를 소망합니다.

모든 기독교유아교육자들이 하나님 앞에 선 예배자로서, 예수님이 다시 오실 그날까지 하나님의 사랑을 나타내는 거룩한 투영체로서의 삶을 열심을 다해서 살아낼 수 있기를 소원합니다. 우리 모두가 한 달란트를 땅에 묻어 두는 어리석음을 피해 착하고 충성된 종으로서의 소명을 감당하여 하나님이 주시는 은혜와 평안 가운데 날마다 성장해 가기를 바랍니다. 온갖 평가들로 견딜 수 없을 만큼의 피로감을 느끼고 있는 유치원과 어린이집의 기독교유아교육자들에게 기독교적인 교육에 대한 새로운 짐을 지운 것 같습니다만, 이 짐이 오히려 우리 모두에게 힘이 될 수 있기를 간절히 기도합니다.

2019년 3월
임희옥 · 김정원 · 김정준 · 방은정 · 최성진

목차

제1부

기독교유아교육과정의 이해

제1장
기독교유아교육과정의 이해

1 기독교교육의 개념

'기독교교육이 무엇인가?'라는 질문에 대한 답은 일차적으로 학교에서의 기독교교육과 교회에서의 기독교교육을 구분해야 설명이 쉬워진다. 쉽게 설명하자면 교회에서의 교육은 당연히 기독교교육이며, 말씀(성경이야기)을 통해 창조하신 하나님, 타락한 인간, 구속하신 예수님을 가르치기 위한 교육이다. 그러나 만약 학교의 기독교교육도 이러한 관점으로 이해하면 예배시간이 없는 학교에서는 기독교교육을 실시하는 것이 불가능하고, 비록 기독교학교라고 해도 예배시간 외엔 기독교교육을 실행할 수 없게 된다는 결론에 도달한다.

이렇게 오랫동안 한국의 미션스쿨은 성경을 가르치고 예배에 초대하는 것을 기독교교육이라고 생각해 왔으며 전형적인 미션스쿨의 졸업생들은 예배와 함께 교사의 헌신과 사랑을 통해서도 기독교적 세계관을 배울 수 있었다는 사실을 확신한다. 그렇다면 현재 자유민주주의 국가인 우리나라 학교에서는 자유로운 기독교교육이 가능한가? 그렇다고 말할 수 없다.

정부는 「교육기본법」 제12조 및 13조, 「초·중등교육법」 제18조 4에 의거해 소수자를 배려하고 평등교육을 실천한다는 명제 아래 제시한 인권조례를 통해 종교단체가 설립한 교육기관에서조차 종교교육을 실시할 수 없다고 제한하고 있다. 「대한민국헌법」 제11조는 모든 국민은 차별받지 않을 권리와 종교의 자유, 학문과 예술의 자유를 누릴 권리가 있다고 선언한다. 그러나 특정한 학교의 종교활동을 거부하는 소수자가 그들의 권리를 찾아 종교교육을 실천하지 않는 학교를 선택할 수 있는 자유가 있다는 사실은 외면하면서 이들이 학교의 종교교육을 거부하는 권리만 인정하고 있다. 이로 인하여 종교적 신념으로 공익사업을 하는 법인이나 개인의 자유는 인정받지 못하는 결과가 초래되고 있다.

이러한 정부 정책 아래에서 기독교사들은 교회에서는 하나님의 말씀이 적용되지만 학교나 사회에서는 적용될 수 없다고 믿거나 학교에서의 기독교교육을 포기하게 된다. 그러나 "모든 민족에게 예수님의 가르침을 전하라(마태복음 28:18-20)" 하신 예수님의 말씀을 기억하는 기독교사라면 어떠한 상황에서도 교실에서 교직을 수행할 때 기독교교육을 포기할 수 없다. 기독교사들은 국가의 앞뒤가 맞지 않는 권리 침해에 항거하기 위해 "인간생활에 대한 국가의 통제는 오직 자급자족, 생존, 국가방위 등 제한적인 경우에만 정당화될 수 있다."는 교육개혁가 촘스키의 주장을 기억할 필요가 있다.

영성이 결여된 전문성은 인본주의로 흐르기 쉬우며 전문성이 결여된 영성은 신비주의로 변질되거나 무능한 교육으로 추락되기 쉽다. 예배를 배제해야 하는 현재 우리 사회의 교육현실에서 기독교교육을 실천할 수 없다는 불안이 엄습한다. 그러나 더 이상 직업의 현장에서 소명을 따를 수 없을 것 같은 순간에도 끊임없이 말씀을 통해 하나님을 알아 가고 이를 통해 자신의 한계를 통찰하고 자신의 소명을 깨닫는 데 필요한 지혜를 길러 가야 한다(임희옥 외, 2010). 학교에서의 기독교교육은 포기할 수 없는 기독교사의 소명이다. 유치원이나 어린이집에서 예배와 성경말씀을 가르칠 수 없고, 국가수준 교육과정에 기초해 평가를 받아야 하는 유아교육 현실에서 기독교교육이 가능할 수 있을까?

2 기독교적인 학교교육

기독교교육은 교회뿐 아니라 학교에서도 가능하다. 적어도 기독교적인 교육은 확실하게 실천 가능하다. 기독교적인 교육이라고 해서 단순히 어린이를 사랑하는 교사의 인성에 기대해서 교육하는 것만으로 충분하다는 것은 아니다. 기독교적 교육이란 하나님의 뜻에 합당한 교육을 실천하려는 노력을 포기하지 않는 교사에 의해 교육의 목적과 목표가 변화되고 교육내용과 방법의 전환이 이루어진 교육이다.

교육과정이란 교육목적과 목표, 교육내용과 교수방법 그리고 평가를 통해 진행된다. 교육과정을 수행하는 것은 제일 먼저 교육의 목적과 목표, 즉 철학적 관점을 선택하는 것으로부터 시작된다. 교사는 국가수준 교육과정의 인본주의적이고 자연주의적인 관점의 오류를 수정하면서 국가수준 교육과정의 내용과 방법을 기독교적인 관점으로 재구성할 수 있다. 숨은 교육과정은 교사의 태도에 의해 극대화될 수 있다. 지식이란 학습자에게 교수를 통해 전달하려는 정보로서 개인 외부의 단편적 자료들이며, 개인이 이를 주체적으로 해석하고, 의미를 부여하여, 행동과 의사결정의 지침으로 삼을 때 진정한 지식이 된다(박은혜, 2002).

교육이란 인간을 '바람직한 방향'으로 육성하여 내부의 잠재 가능성이나 소질을 계발시켜 주는 것(이기숙 외, 2014)이라는 제안을 고려할 때도 교사가 '바람직한 방향'이 무엇이라고 생각하는지에 따라 교육의 목표를 설정하게 되고 거기에 따라 교육내용과 방법을 선택하게 됨을 알 수 있다. 따라서 교사에게는 '자신의 행위를 사려 깊고 비판적이며 분석적으로 되돌아보고 평가하여 보다 나은 미래의 교수행위를 위한 의사결정을 추구하는 자기성찰과 향상의 과정(염지숙 외, 2018)'이 필요하다. 이러한 반성적 사고과정은 늘 예기치 않은 교실상황이 벌어지고, 학습자의 개인차가 많은 유아교육현장에 있는 교사에게 특히 더 중요한 자질이며 기독교사에게는 더욱 절실하게 필요한 태도이다. 이러한 반성적 태도를 통해 교사는 자신의 실천적 지식을 풍성하게 구축하게 된다. 따라서 학교에서의 기독교교육은 성경적인 가치관을 전달하려는 소명을 가진 교사의 올바른 내용을 올바른 방향으로 가르치려는 독특한 교육관에 의하여 가능하게 된다. 즉 기독교교육을 실천하려는 교사의 탐구와 노력이 교실에서의 진정한 기독교적 교육의 실현을 가능하게 하는 것이다.

20세기 후반부를 대표하는 영국의 교육철학자 피터스(Perters)는 교육이란 가치 있는 것을 학습자에게 전달하는 것이라는 전제하에, 학습자로 하여금 학습된 내용을 아는 것에 그치지 않고 학습자의 지적 안목으로 형성되도록 해야 하며 이러한 목적으로 가르치는 교사의 교수방법 역시 도덕적으로 온당한 것이어야 한다고 주장하였다. 교육이란 결국 가치 있는 것을 가르쳐서 학습자로 하여금 그 가치를 위하여 헌신할 수 있는 사람을 기르는 것이다. 우리는 교육을 통해 "너는 무엇이든 할 수 있어!"라는 근거 없는 자신감을 불어넣는 것이 아니라, "너만이 가진 장점과 강점으로 다른 사람의 약점과 단점을 보완하고 지원하여 더 나은 세상을 만들 수 있어!"라고 공동체를 세우기 위해 나누고 섬길 수 있는 인재로 키우는 교육을 지향할 수 있다.

3 기독교유아교육과정의 구성 및 적용의 기초

1) 기독교유아교육과정의 철학적 기초

교육과정의 철학적 기초는 교육의 목적과 목표를 설정하고 교사로 하여금 교육의 내용과 방법을 바꾸도록 영향을 미친다. 교육과정이 개발될 때는 반드시 철학적 기초를 제공하여야 한다. 따라서 국가수준 교육과정인 누리과정에서도 철학적 기초로써 교육의 목적과 목표의 당위성을 증명하고 교육내용과 교수방법을 결정하는 데 반드시 필요한 철학적 기초로서의 지향하는 인간관이 반드시 제시되어야 한다.

철학의 내용은 기본적으로 형이상학과 인식론 및 가치론을 다룬다. 첫 번째, 형이상학은 우주론, 신학, 인류학, 존재론을 다루는 철학영역이다. 우주의 기원, 본질, 발달(우연과 섭리)을 설명하는 우주론과 무신론, 범신론, 자연신론, 유일신(唯一神)론, 다신론 등의 신에 대한 신념을 다루는 신학, 그리고 인간의 마음과 몸, 선과 악의 존재, 자유의지를 다루는 인류학, 물질과 영을 다루는 존재론이 실제(reality)의 본질을 다루는 철학의 영역으로서의 형이상학의 내용이다.

두 번째, 철학의 영역인 인식론은 지식의 차원과 지식의 원천을 탐구한다. 먼저 지식의 차원이란 진리를 알 수 있는지의 여부를, 진리가 절대적인지 상대적인지를, 진리가 주관적인지 객관적인지에 대한 입장을, 인간 경험이 진리를 알게 되는 데 우선하는 것인지 혹은 경험에 기초하여 진리를 알게 되는 것인지를 다룬다. 그리고 지식의 원천에 대한 탐구는 감각, 계시, 권위, 이성추리, 직관의 다섯 가지 지식원(智識原)과 각 지식원의 상호보완성을 다루며, 지식의 검증을 위한 방법이 무엇인지에 대해 연구하는 분야이다. 따라서 인식론은 교육의 신념과 활동의 주된 기본이 된다.

철학의 세 번째 내용인 가치론이란 사람이나 사회가 선한 것으로 또는 더 좋은 것으로 인식하는 관념들을 다루는 분야이다. 가치론의 학문적 영역에는 윤리학과 미학이 포함된다. 도덕적 가치와 행위에 대해 연구하는 윤리학, 그리고 미와 예술의 창조 및 그것에 대한 감사를 통제하는 원리들에 대하여 연구하는 미학(美學)은 상상력과 창의력에 관련된 이론의 영역이므로 개인적이고 주관적인 성향을 가지고 있다.

이 책의 집필자들이 공유하는 철학적 기초는 다음과 같다. 첫째, 연구자들은 하나님이 우주와 세상을 창조하시고, 세상을 관리하기 위한 동역자로 인간을 창조하신 유일하신 신으로 믿고 있다. 따라서 우리가 보는 모든 자연세계는 하나님의 피조물이라고 본다. 인간은 자연세계를 돌보고 관리해야 할 책임을 가지고 있다. 그러나 자연세계는 인간이 섬기고 존중해야 하는 대상은 아니다.

기독교교육은 신이 없다는 무신론이나 인간이 믿는 모든 신을 인정하는 다신론과 구분되며, 유일한 창조주 하나님을 믿는 유일신 믿음에 기초한다. 그리고 예수님께서 죄에 빠져 소망이 없는 인간을 위해 동정녀 마리아를 통해 인간의 아기로 태어나 구원의 길을 선포하시고 십자가에 못 박혀 대신 죽으신 역사적 사실을 믿는 믿음으로 구별된다. 또한 우주는 하나님이 창조하시고 지금도 붙들고 계시지만 언젠가는 끝이 있다는 종말론적 시간관에 의해 구분된다.

둘째, 인간은 몸과 영혼과 정신의 통합체이다. 인간은 하나님께서 부여하신 자유의지를 가지고 하나님과 동등하게 되고자 하는 죄에 빠짐으로써 구원받을 수 없는 존재가 되었지만 예수 그리스도의 십자가 공로에 의지하여 영원한 하나님의 나라에 초대받은 존재이다. 그리고 이미 초대받은 성도들은 땅 끝까지라도 찾아가 모든 인류를 초대해야 하는 소명을 부여받았다. 성경이 가르쳐 주는 인간관에서 보는 인간이란 하나님이 창조하신 피조물이며(창조) 하나님과 동등해지려는 죄성을 가지고 있는 타락한 존재(타락)임에도 불구하고 모든 인류를 위해 십자가를 지신 예수님의 사랑을 받을 만한 존재(구속)이다.

교사와 부모를 비롯한 모든 성인들은 하나님께서 창조하신 피조물인 유아를 보호와 사랑으로 양육하되(에베소서 6:4), 피조물로서의 한계와 어린 존재로서의 부족과 결핍을 지닌 존재(창세기 6:5)로 인식해야 한다. 그리고 어린이들이 예수님께서 특별히 사랑하신 존재(마가복음 10:13-16)라는 사실을 기억하고 가르쳐야 할 사명이 있다. 예수님은 어린아이들이 가까이 오는 것을 용납하시고(마태복음 19:14), 그들을 축복해 주셨으며(마가복음 10:16) 그들의 육체적 필요를 채우셨고(마가복음 5:43), 야이로의 딸처럼 많은 아이들을 질병에서 해방(마태복음 7:28; 마가복음 5:41, 9:24)시켜 주셨다.

셋째, 진리란 절대적이지만, 인간이 발견한 지식이란 늘 불완전하다는 것을 확신한다. 따라서 인간 지식의 근원을 특별계시(성경말씀)에서 찾기 위해 노력하였다. 우리들의 신학적 철학적 천착함을 잘 알지만, 윤리학과 미학에 있어서도 우리에게 기대하시는 하나님의 뜻과 말씀에 비추어 선하고 악한 것, 아름다운 것과 추한 것의 경계를 탐구하였다.

2) 기독교유아교육과정의 심리학적 기초

교육과정은 교육의 목적과 목표를 설정하기 위한 인간관과 우주관 외에도 인간의 학습과 성장이 어떻게 이루어지는가에 대한 심리학적 이론에 근거하여 구성된다. 모든 심리학 이론은 인간의 성장과 발달에 대해 해석하고 예측하여 효과적인 학습방법을 제안한다. 많은 심리학자들의 연구와 관찰의 결과에 따라 교육현장에서 증명된 교수방법이 교육의 효과를 높이는 데 유용하다는 것이 사실이다. 그러나 하나의 심리학 이론이 다양한 특성을 가진 인간을 대상으로 하는 모든 학습과정에서 일어나는 일을 완벽하게 설명할 수는 없다. 각각의 심리학 이론은 아동의 학습과정을 일부분 설명하고는 있지만 충분하거나 완전하지 않으며, 각각의 이론은 서로 상충되어 동시에 적용할 수도 없다.

행동주의 이론은 성인이 학습시킨 적이 없는 언어를 사용하고 행동하는 유아기를 충분하게 설명하지 못하고, 아무런 자극이나 보상이 없는 경우에도 종종 일어나는 유아들의 친사회적 행동을 설명하지 못한다. 이러한 특성을 인간의 공격성을 통해 설명하려고 하는 심리학적 시도도 있지만 모델링도 없고 보상도 없는 상황에서 일어나는 이타적인 행동을 설명하기에는 한계가 있다. 성숙주의 심리학은 일반적인 대부분의 성장발달의 변화를 이해하는 데 도움이 되지만 어떤 기제에 의해 다음의 발달 단계로 이행되는지에 대한 설명이 충분하지 못하다.

피아제의 인지발달이론은 인간이 능동적인 존재라고 주장하였으나 언제나 그런 것은 아니다. 인지발달이론의 4단계는 순서가 바뀌거나 생략되지 않고 진행된다고 하였으나 추후 연구에 의하면 노년기 발달 심리의 특징은 유아기와 유사하게 되돌아가는 경향을 볼 수 있었으며 대학생의 경우에도 형식적 조작단계에 완전하게 도달한 경우는 20%에 불과하였다고 한다. 또한 전조작기에 해당하는 유아도 나이가 어린 유아와 자신보다 나이가 많은 아동을 구분하여 적절한 말을 전하는 등 전적으로 자기중심적이지 않다. 칸딘스키나 피카소 같은 창조적 예술가는 사물을 보는 시각이 원시적이고 유아적이지만 이들의 사고를 덜 발달된 사고로 판단하지는 않는다. 심리학은 인간의 성장과 발달이 경험과 자극과 혹은 성숙에 의해 일어난다고 가정하지만 그러한 원칙을 설계한 존재가 누구인지에 대한 유아의 호기심은 간과해 버리고 있다.

정희영(2013)은 우리나라 유치원교육과정은 프뢰벨과 듀이의 교육철학이 기초를 놓았고, 시대적 흐름과 사회의 요구에 따라 피아제와 비고츠키 등의 심리학적 이론이 다양하게 적용된 '인간중심의 교육과정'이라고 규명하였다. 인간을 가르치는 교육과정이 인간중심적인 관점을 추구하는 것은 마땅한 방향처럼 보이지만 이에 대해서 기독교사들은 심사숙고할 필요가 있다. 인본주의에 입각한 모는 교육내용과 방법이 오류라는 것은 아니다. 교육과정을 위해 우리가 탐구하는 교육철학, 교육심리학, 교수방법론 등은 전통적 교육 현장에 수많은 지혜와 식견을 제공한 것이 사실이며 기독교사라 할지라도 각 이론을 최대한 면밀하게 살피고 탐구하는 자세가 필요하다. 앞서 철학적 기초에서 설명했듯이 인간이 어떤 존재인가를 구명하는 것에 따라 교육의 목표, 내용, 방법이 달라질 수 있기 때문에 인간중심적인 심리학적 이론에 기초한 교육과정에 대해서 다시 한번 반성적으로 숙고해 볼 필요가 있다는 것이다. 민주주의를 "국민의 국민에 의한 국민을 위한 이름으로 국민을 탄압하는 것을 의미한다."고 말한 역설가 오스카 와일드의 표현방식을 빌어, 성경적 관점에서 볼 때 인본주의란 '하나님께서 창조하신 본래의 인간의 정체성에서 괴리된 인간의 인간에 의한 인간을 위해 만든 사상'이라고 할 수 있다.

3) 기독교유아교육의 사회적 기초

초기 우리나라 유아교육과정은 일제에 의해 해석된 프뢰벨의 영향을 받았지만, 이후에는 미국인 선교사와 초기 미국유학생들의 영향을 받았다. 그들은 듀이의 진보주의 사상의 영향을 받은 선교사들이었다. 우리나라의 유아들은 이들이 세운 학교에서 예배와 성경공부와 함께 듀이의 진보주의 철학에 기초한 교육을 받게 되었다. 미국의 근대식 어린이교육의 이론과 실제를 체계화한 선구자 김애마는 듀이의 추종자 킬패트릭의 강의를 직접 들었으며 이화사범학교와 유아교육에 커다란 영향을 미쳤다. 1922년의 소학교령의 유치원규정을 보면 유치원에서는 보육의 항목을 유희, 창가, 담화 및 수기로 언급하였으며, 학습방법의 특징으로 생활, 경험, 흥미, 놀이, 아동중심을 표방하여 이러한 성격은 7차 유치원교육과정까지 지속된다(정희영, 2013).

일제시대를 비롯하여 한국의 근대 유아교육은 기독교의 공헌이 지대하다. 초기 유치원의 대부분이 선교사에 의해 세워졌으며 현재까지 남아 있는 이화여자대학교부속이화유치원과 중앙대학교부속유치원이 모두 선교사와 기독교인에 의해 설립되었으며 최초의 보육시설로 인정하는 태화사회복지관의 탁아프로그램 역시 기독교인에 의해 설립된 것이다. 현재 우리나라에서 개발된 기독교유아교육과정은 총신대학과 성서대학에서 발간된 유아교육과정 자료집이 있다. 기독교유아교육과정에 대한 보다 자세한 내용은 이 책의 전편이라 할 수 있는 『기독교세계관으로 조명한 유아 교육하기』를 참조하도록 권한다.

4 기독교유아교육과정의 통합적 적용

유아교육과정은 유아의 경험과 연관되어 생활주제 안에서 통합적으로 진행된다. 때로는 사회적·정치적 변화에 따라 '운동경기'가 추가되거나 '우리 대통령'이라는 주제가 선정된 시기도 있었지만 전통적으로 유아교육과정은 교과중심이 아니라 생활주제중심의 교육과정으로 진행되었다. 마찬가지로 국가수준 교육과정인 누리과정도 최근까지 생활주제를 통한 통합적 접근을 지향해왔다.

누리과정의 교육내용으로는 개학 초인 3월엔 기관 적응을 돕기 위한 '즐거운 유치원' 혹은 '어린이집과 나', 4월이 되면 '봄의 동물과 식물', 5월이 되면 어린이날 어버이날을 중심으로 '소중한 가족'과 '우리 동네'를 다루며, 6월이 되면 '신나는 여름'으로 계절적 특징과 관련된 내용을 다룬다. 7월은 '여름철 건강'을, 여름방학이 끝나는 9월이 되면 여름휴가를 중심으로 경험한 다양한 교통기관의 특징을 다루는 '교통안전'을 주제로 선정하며, 10월엔 '세계 속의 우리나라'를 주제로 선정한다. 자기 자신으로부터 친구, 이웃으로 확장된 유아들의 경험을 기초로 11월엔 '지구와 환경'을 다루고 12월엔 계절적 특징을 다루는 '겨울'을, 새해가 되면 '기계와 생활' 그리고 '새 학년'을 준비하는 경험을 중심으로 주제가 결정된다.

유아교육에서의 통합이란 교과목을 연결시키는 통합, 주제나 생각들을 통한 통합, 실제적인 사고에서의 통합, 학습자 자신의 흥미에 의한 탐구활동에서 이루어지는 통합이 있을 수 있다. 이러한 통합은 다른 신념들에 기초하고 있으나 같은 점은 통합의 근원을 인간의 자율성에 두고 있다는 것이다. 그러나 기독교유아교육과정은 하나님의 말씀에 그 근원을 두고 있다. 인간의 경험은 예수 안에서 통일된 하나님의 창조세계 안에서 이루어지므로 통합된 것이다. 창조세계는 하나님의 말씀에 의해 질서 있게 유지되고 의미가 풍부한 통합체라는 진리를 인정하고 기독교인으로서 교육내용의 통합은 인간의 경험 안에 근원이 있는 것이 아니라 우리를 창조하시고 구속하시는 하나님 안에 있음을 고백할 수 있어야 한다.

이 책의 집필자들이 추구했던 진정한 통합은 학습을 조직하는 어떤 방법에 있는 것이 아니라 하나님이 우리의 학습과정에서 인식되어야 한다는 내용과 의미를 통합하는 것이다. 따라서 기독교유아교육이라고 해서 국가수준 누리과정에서 실시하고 있는 유아의 생활중심으로 적용되는 주제를 배제하지는 않는다. 유아발달의 특징을 고려할 때, 유아교육과정의 생활주제가 유아의 경험에 기초하는 것이 가장 효과적이라는 것을 인정하기 때문이다. 또한 생활주제가 다루는 모든 주요 개념은 궁극적으로 하나님이 만드신 자연세계와 인간에 대해 다루는 것이기 때문에 주제를 중심으로 하는 누리과정의 통합적 접근은 기독교교육과정에서도 유용하게 활용할 수 있는 내용이라고 본다.

참고문헌

박은혜(2002). 유아교사의 지식. 서울: 창지사.

염지숙, 이명순, 조형숙, 김현주(2014). 유아교사론. 파주: 정민사.

이기숙, 김정원, 이현숙, 전선옥(2018). 영유아교육과정(제4판). 고양: 공동체.

이윤재, 이종준(2014). 말 콘서트. 서울: 페르소나.

임희옥, 유혜숙, 서광일, 김정준(2010). 기독교 세계관으로 조명한 유아 교육하기. 서울: 창지사.

정희영(2013). 누리과정에 담긴 세계관 분석. 기독교세계관으로 조명하는 누리과정의 자연탐구영역. 한국기독교유아교육학회 2013 추계 학술대회.

Knight, G. R.(1995). 철학과 기독교교육(박영철 역). 대전: 침례신학대학교출판부.

제2부

기독교세계관으로 조명한 누리과정

제2장
신체운동 · 건강영역

: 살아계신 하나님의 성전으로 회복되다

김정원(한국성서대학교 영유아보육학과 교수)

인간게놈 해독, 그 의미

2000년 6월 26일, 미국이 게놈 해독을 완료했다는 발표는 전 세계를 흥분시켰다. 인간의 유전자정보 해석이라는 이 발표 내용으로 인해 인간에 대한 과학적 이해가 완료된 것처럼 흥분했으며 심지어 무병장수시대가 올 것이라는 기대로 인해 열광하였다.

그러나 특이하게도 과학적 결과를 보고하는 기자회견 장소에는 미국의 대통령이 과학자들과 자리를 나란히 하였다. 마치 인간 유전정보는 미국이라는 국가가 가지고 있다는 소유권을 과시하는 것처럼 보였다. 30억 쌍의 염기서열을 아는 것이 인간에 대한 모든 정보를 알게 된 것처럼 오해하거나 정보의 소유권을 주장하는 것은 인간의 오만함을 과시하는 매우 위험한 발상이다.

인간의 유전정보를 다룰 때에는 관련된 지식의 소유권을 재물과 대체하지 않아야 한다는 인식을 가지는 것이 중요하다. 기독교인이라면 게놈 설계도의 주인이 누구인지를 의식하면서 이웃과 공유하는 자세가 필요하다. 또한 인간게놈의 해독에 대한 이러한 연구의 결과로 인간을 유전정보에 의해 결정되는 물질의 집합체로 간주해 버리는 생각이 만연하는 것은 매우 위험한 결과를 초래할 수도 있다는 것을 명심해야 한다. 인간을 유전정보에 의해 결정되는 물질의 집합체라고 인식하는 사람들의 호기심으로 인하여 인간생명체에 대한 무모한 실험을 시도하면서 나타나게 될 결과가 불안하기만 하다.

1 인간, 생물학적 · 영적 존재

생명체의 기원에 대한 사람들의 인식은 다양하다. 어떤 이는 누군가가 만들었다(창조)고 하고, 어떤 이는 우연히 스스로 생겨났다(진화)고 하며, 어떤 이는 잘 모르겠다(확신 없음)고 하고, 어떤 이는 잠시 궁금한 적은 있었으나 답을 찾기 어려울 것이라는 판단으로 진지하게 생각해 본 적이 없다(무관심)고도 한다. 오늘날 학교는 창조론을 신화처럼 간주하고 진화론이 생명체의 기원에 대한 유일한 과학적 답이라고 가르치고 있다. 그러나 그들은 정작 과학적 근거는 명확하게 제시하지 않고 있으며(못하는 것일지도 모른다), 검증 가능하지 않은 것은 과학적이라고 할 수 없다는 과학의 원칙도 외면한다. 사실 독선적인 것은 창조론이 아니고 진화론이라고 할 수 있겠다. 그런데 교회는 생명체의 기원에 대한 과학적인 설명을 요구하는 것을 신앙에 대한 모욕으로 간주하고 거론조차 하지 않으려 한다. 어쩔 수 없이 기독교인 학생들은 학교에서 배우는 진화론을 객관적으로 입증된 과학적인 사실이라고 믿게 되고, 창조론은 지식의 영역에서 제외되는 신념의 문제라고 인식하게 되었다.

1) 인간의 기원, 창조

게놈지도 발표 당시 국내에서는 기독학자들에 의해 창조자의 설계에 의해 만들어진 정교한 생명체가 존재한다는 사실을 과학적으로 설명하려는 시도가 있었다. 게놈지도가 발표됨으로써 DNA의 구조와 기능이 상세하게 밝혀진 것은 생명체마다 복잡하고도 매우 정밀한 설계도가 존재한다는 의미이며, 인간을 비롯한 생명체란 우연한 진화의 산물이 아니라 초월적 설계자에 의해 창조된 존재라는 주장에 대한 근거가 되기도 하였다(김명현, 2000).

기독과학자들은 진화론의 맹점에 대해 비판하지만 진화론자들은 창조주를 배제하고 생명체를 설명하기 위해 그들의 이론을 점차 수정하고 재구성하며 포기하지 않는다. 예를 들어, 돌연변이에 대한 연구가 진화론의 돌파구처럼 보였지만 곧 설명하기 어려운 난관에 봉착하게 되었고 이때에도 진화론자인 골드 슈미트는 돌연변이보다 더 큰 변화가 있어야 가능하다는 판단하에 '희망적 괴물'[1]이라는 용어까지 만들어 내면서 진화론을 주장하였다. 다윈 이래 현대적 진화론은 나름대로 세계가 제시한 곤경을 극복하기 위한 다양한 의견들 중의 하나일 뿐이다(Ashton, 2013). 이들은 인공구조물은 반드시 그것을 만든 사람이 있다는 사실을 알고 믿으면서도 광대한 자연과 복잡한 구조설계를 가진 생명체는 우연히 만들어져 저절로 진화되었다는 매우 모순적인 이론을 과학적이라고 주장하고 있다. 이들은 창조자가 있을 것이라는 생각을 비과학적이라고 치부해 버리고 무시함으로써 논의 자체를 하지 않으려 한다. (과학과 과학적 지식에 관해서는 자연탐구 영역을 참고하기 바란다.)

인간존재에 대하여 과학적으로 설명하려는 시도는 분명히 필요한 과정인데 대부분의 사람들은 외계인의 언어와 같은 정도로 난해한 과학용어에 질려서 아예 이해하려는 시도조차 포기해 버리는 것이 현실이다. 중등학교교육과정은 다른 생명체와 구별되는 인간의 분명한 특징들을 가르치고 있다. 그러나 '인간은 도구를 사용한다', '인간은 불을 사용할 줄 안다', '인간은 사회적 동물이다' 등의 주장은 사회적 공동체를 형성하는 다른 동물들의 생태에 관한 연구와 도구를 사용하는 동물들을 관찰한 연구들로 인해 그 의미가 희석되어 버렸다. 그 결과 인간을 그저 이러한 동물들보다 조금 더 진화된 동물 정도로 이해하려는 경향이 증가하고 있다.

인간의 고유성과 독특성은 하나님의 형상을 닮아 창조되었다는 성경의 선포로부터 시작하여 하나님의 창조 목적과 구별되는 존재로서의 인간을 먼저 알아야 이해할 수 있다. 성경의 창세기 1장 26-27절에는 인간이 '하나님의 형상'을 따라

1) 갑작스럽게 나타났을 거라고 추정되는 새로운 종을 설명하려고 슈미트라는 진화론자가 만들어 낸 용어로『감추어진 신』에서 아리엘 로스가 '진화론의 주요한 모순들'에서 다루었음.

지음을 받았다고 세 번이나 반복해서 선포하고 있다.

> [창세기 1:26-27] 하나님이 이르시되 '**우리의 형상**'을 따라 우리의 모양대로 우리가 사람을 만들고 그들로 바다의 물고기와 하늘의 새와 가축과 온 땅과 땅에 기는 모든 것을 다스리게 하자 하시고 하나님이 **자기 형상** 곧 **하나님의 형상**대로 사람을 창조하시되 남자와 여자를 창조하시고
>
> (And God said, Let us make man **in our image**, after **our likeness**: and let them have dominion over the fish of the sea, and over the fowl of the air, and over the cattle, and over all the earth, and over every creeping thing that creepth upon the earth. So God created man in **his own image**, in the image of God created he him; male and female created he them.)

우리말 성경의 '형상'과 '모양'은 외형적인 생물학적 모습을 연상시킨다. 이 '형상'을 영어성경(KJV)은 이미지(image)로 표현하였다. 영어사전은 image를 'an iconic mental representation', 즉 '내면적인 정신적 표상'이라고 설명한다. likeness가 닮음을 의미하는 것이니 하나님의 형상대로 지음을 받았다는 의미는 하나님의 정신적 표상을 닮았다는 뜻으로 해석할 수 있다. 히브리어의 '형상'은 '새기다'의 의미이며, 민수기 12:8과 신명기 4:12-16의 형상은 하나님의 임재를 표현하고 있고, 역대하 4:3의 '형상'은 닮은 것이라는 의미가 있다(박양조, 1997). Yakov Rosenberg(2018)는 '형상'을 의미하는 히브리어 단어 צֶלֶם(쩰렘)은 '그림자'를 의미하는 히브리어 단어 צֵל(쩰)과 관련이 있다고 하였다. 그림자는 진짜 사물의 불완전한 형상을 나타내기 때문에 '하나님의 형상', 쩰렘 엘로힘(tzelem Elohim)은 완벽한 진짜 형상을 완벽하지 않게 복사했다는 의미에서 '하나님의 그림자'라는 의미의 '쩰 엘로힘'으로 해석될 수 있다는 것이다.[2)]

인간을 만들되 하나님의 형상대로 지으셨다는 선포를 단순히 생물학적으로 인간이 하나님의 외모를 닮은 것이라고 생각할 수만은 없겠으나 시각적 예술로 표현한다면 결국 인간의 모습으로 그려낼 수밖에 없을 것이다. 이는 시각예술 표현

2) Yakov Rosenberg, Israel Biblical Studies 〈yakov.r@eTeacherBiblical.com〉 2018. 11. 28. 09:42

의 한계일 것이다. 미켈란젤로 역시 시스티나 성당 천장화에 하나님을 그리기 위해 사람의 형체를 빌어 아담보다 더 나이가 들어 보이는 남성으로 표현하였다. 미켈란젤로가 하나님을 사람의 외모, 특히 남성이며 나이가 많은 노인으로 표현한 것은 그런 인물이 당시 시대에 위엄 있는 존재로 인식되는(현대에서도 그리 다르지 않은) 모습이었기 때문일 것이다(Brand & Yancey, 1984/2016). 실제로 성경은 하나님을 아버지와 같은 분이라고 설명하였으며(신명기 1:31), 예수님도 하나님을 우리의 아버지라고 칭하셨다(마태복음 5:16).

그렇다면 하나님의 형상대로 지음을 받았다는 의미를 어떻게 이해해야 할까? 신학자들의 의견도 매우 분분하여 통일된 결론에 도달하지 못하고 있다(Brand & Yancey, 1984/2016). 성경에는 '인간의 본질이 영혼'이라든가 '인간됨은 신체적 조건이 우선한다'라는 등으로 분명하게 이해가 되도록 제시되어 있지 않기 때문이다. 성경에 몸이라는 단어는 자그마치 384번이나 사용되고 육체라는 단어도 105번이 나온다(Bible4U, 2018. 5. 10.). 동시에 하나님의 혼과 영, 하나님의 마음과 인간의 마음, 영과 영혼, 정신 등의 단어는 훨씬 더 많이 언급되고 있다.

당연히 인간의 신체를 혼이나 마음과 분리하여 별개로 연구하는 것은 충분하지 않다. 많은 연구자들은 기독교적인 신체관을 논하기 위해 바울의 인간관에 대하여 탐구한다(윤준호, 1999; 임명수, 2006; 조쟁규, 2001; 차건수, 1998). 그들은 공통적으로 바울이 영과 육을 분리하는 헬라의 이원론적 인간론을 배격하였다고 주장한다. 기독교적인 신체관은 '신체와 정신이 함께 존재하여야만 완전한 인간'이란 의미에서 신심일원론(身心一元論)적 사상을 기반으로 한다. 인간의 몸을 어떻게 이해하느냐는 문제는 인간의 마음과 몸의 관계, 마음과 몸의 상호작용 여부, 마음과 몸 중에서 어느 것이 더 근본적인가 등의 형이상학적 질문에 대한 답을 찾는 것과 연관된다. 데살로니가 교회에 보낸 바울서신(데살로니가전서 5:23)을 인용하여 인간을 형성하는 것을 몸과 혼과 영으로 구분하는 삼분설로 주장하는 이도 있지만 성경의 다른 곳에서는 몸과 영혼, 혹은 마음과 육체로 이분하여 표현하기도 한다.

[데살로니가전서 5:23] 평강의 하나님이 친히 너희를 온전히 거룩하게 하시고 또 너희의 **온 영과 혼과 몸**이 우리 주 예수 그리스도께서 강림하실 때에 흠 없게 보전되기를 원하노라

[시편 84:2] 내 영혼이 여호와의 궁정을 사모하여 쇠약함이여 **내 마음과 육체**가 살아 계시는 하나님께 부르짖나이다

[마태복음 10:28] **몸은 죽여도 영혼**은 능히 죽이지 못하는 자들을 두려워하지 말고 오직 몸과 영혼을 능히 지옥에 멸하실 수 있는 이를 두려워하라

바울은 신체와 영혼(정신)의 분리를 뜻하는 헬라의 이원론 사상을 반대하였으며, 육(sarx)과 몸(soma)의 개념을 통해 몸(신체)을 전인적, 실존적, 인격적 의미로 보았다(임명수, 2006). 그런 의미에서 바울의 '몸' 사상은 인간을 정신적·신체적으로 통합시킨 존재로 인식하는 일원론적 인간관이라고 할 수 있다(조재규, 2001). 생각과 말이 삶에 구현되어야 한다는 바울의 주장은 헬라인들과는 달리 사람은 단순히 몸을 가지는 것이 아니라 몸 자체이며, 신체적인 형태 안에 사는 것이 아니라 신체적인 형태로 존재한다는 믿음에서 비롯되었다(Banks, 1994/2007). 인간이 신체를 소유한 것이 아니라, 신체 자체가 인간이라고 보았다는 것은 신체운동·건강영역의 교육이 이른바 전인교육의 모체가 될 수 있음을 의미한다. 이는 신체를 통한 구별된 삶이 아니면 전인적 존재로서의 기독교인의 모습이 보증될 수 없다는 것을 의미하는 것이기도 하다.

2) 하나님의 형상에 대한 해석

신학자들은 각 시대를 풍미했던 사상의 힘을 빌려 하나님의 형상에 대해 설명하고자 하였다. 계몽주의 시대의 학자들은 하나님의 형상을 이성적 사고력이라고 단언했으며, 빅토리아 시대의 학자들은 도덕적 판단 기능, 문예부흥기의 사상가들은 예술적인 창의력으로 풀이했고, 심리학이 지배하는 현대사회에서는 타인과의 관계 맺기 능력을 하나님의 형상 때문이라고 설명하여 인간이 하나님의

형상대로 창조되었기 때문에 하나님과 관계 맺는 것이 가능하다고 하였다(Brand & Yancey, 2008/2016). 그들의 어느 해석도 완전하다고 보기는 어렵지만 각각의 시대적 해석은 인간이 다른 피조생물과 차이가 나는 점을 나름대로 해석하고자 하였다는 데 의미가 있다.[3] 특히 '우리의 형상을 따라 우리의 모양대로'라는 한국어 성경과 비슷하기도 하지만 약간 달리 느껴지기도 하는 '꼭 닮은'의 의미가 있는 'in our image, in our likeness'로 하나님의 형상을 진술하였다.

각 시대별로 하나님의 형상에 대하여 어떻게 이해했는지를 알아보는 것은 하나님 형상을 닮은 인간에 대하여 포괄적으로 이해하는 데에 도움이 될 것이다. 하나님 형상에 대한 시대적 해석에 대하여 좀 더 살펴보면 다음과 같다.

(1) 이성적 인간

피조된 다른 생물과 구분되는 이성적 사고 능력이야말로 인간에게 하나님의 형상이 남아 있는 증거라고 보는 관점은 계몽주의의 영향을 받은 관점이다. 계몽주의의 핵심은 이성이며, 계몽주의 시대 신학자들은 이성의 힘에 의해 인간은 우주를 이해하고 자신의 상황을 개선시킬 수 있다고 믿는다. 심지어 지금도 과학의 발달이 하나님의 존재를 증명하게 될 것이라고 믿는 사람이 있다. 이러한 신념은 인간의 의지는 타락해도 이성은 타락하지 않는다는 부분 타락설을 주장한 토마스 아퀴나스의 주장을 따르고 있는 것이다(임희옥 외, 2010). 교육 분야에서도 마찬가지로 하나님의 형상을 닮아 타락하지 않는 이성을 지닌 인간의 지혜를 신뢰하게 되었다. 이로 인하여 기독교인 교사들은 말씀에 입각하여 기도로 교육과정을 준비하는 것을 신앙의 문제이며 신앙의 영역에 국한된 것으로 생각하게 되었다. 그리고 학교에서는 과학적 절차를 밟아 얻은 결과인 지식에 근거한 교육을 하는 것이 당연하다고 여기고 이에 더 많은 관심을 가지게 되었다.

3) 폴 브랜드와 필립 얀시는 각각 신학자와 의사로서 자신들의 탐구과제가 서로 공유될 수 있음을 알고 그 내용을 정리한 저서『그분의 형상을 따라』를 저술하였다. 이 저서의 원제목은『In His Image』로 창세기 1:26의 'And God said, Let us make man in our image, after our likeness'를 따른 것이다.

인간은 감각, 권위, 직관, 이성, 계시를 통하여 지식을 구성하지만 이들 근원들 중 어느 한 가지만으로는 지식을 구성하지 못하며, 각 지식의 근원들은 상호보완적으로 작동하여 지식을 구성하는 데 필요한 역할을 하게 된다(Knight, 1980/1995). 따라서 이성에만 의존하는 지식의 축적은 사고와 논리 체계의 기초가 되는 전제 조건 정도로만 확실한 것으로 볼 수 있으므로 정작 이러한 지식은 외부세계와 상관없는 지식이 될 수도 있다는 한계가 있다(Knight, 1980/1995).

이성이 취해야 할 궁극적인 태도는 이성을 초월하는 것들이 무한히 많다는 것을 인정하는 것이다. 이러한 상태에까지 이르지 못한다면 이성은 연약할 수밖에 없다(Pascal, 1991/2015). 이성적 인간에 대한 회의는 세계대전이라는 인류사의 비극을 통해 확신할 수 있게 되었고, 이러한 회의감은 감성적 존재로서의 인간에 대한 과신으로 이어지게 된다. 그러나 후일 감성도 포장되고 왜곡될 수 있다는 사실이 확인되면서 모든 지식의 원천들을 검토하기 위해서 필요한 신뢰할 수 있는 준거를 필요로 하게 되었다. 기독교적 입장에서 모든 지식의 원천을 검토하는 기본 준거틀은 하나님의 말씀인 계시가 되어야 한다(Knight, 1980/1995).

(2) 도덕적 사고가 가능한 인간

영국 역사에서 빅토리아 시대(Victorian era)[4]는 산업 혁명으로 인한 경제 발전이 성숙기에 도달한 대영제국의 절정기였다. 이 시기 동안 농촌 인구의 대부분은 일터를 찾아 도시로 이주하게 되었고, 이로 인해 도시는 생태환경이 나빠졌을 뿐 아니라 노동자에 대한 인권유린, 강제적인 장시간 노동과 함께 저임금으로 혹사되는 어린이 노동도 자행되었다(위키백과, 2018. 5. 10. 검색). 심지어 당시 자본가들은 구빈원이라고도 불렸던 고아원에서 고아들을 감언이설로 유혹해 데려와 일을 시키기까지 하였다(권정기, 2016).

이런 비인간적인 사회 상황에서 신학자들은 하나님의 나라를 이 땅에 세우는

4) 영국의 빅토리아 여왕이 통치하고 있던 1837년부터 1901년까지의 기간을 의미

데 공장주들과 자본가 등 기득권자들의 바른 도덕적 결단과 실천이 절실히 필요하다고 주장하게 되었다. 즉 비도덕적이고 비인간적인 사회적 상황에서 고통 받는 사람들의 건강한 삶을 회복하기 위해서는 하나님의 형상대로 창조되어 도덕적 사고를 할 수 있는 사람들이 하나님 나라의 회복을 위하여 결단할 필요가 있다고 주장하게 된 것이다. 이들이 생각하는 하나님의 형상을 닮은 사람들은 도덕적인 사고를 할 수 있는 존재이다.

> [야고보서 1:27] 하나님 아버지 앞에서 정결하고 더러움이 없는 경건은 곧 고아와 과부를 그 환난중에 돌보고 또 자기를 지켜 세속에 물들지 아니하는 그것이니라

> [레위기 19:2] 너는 이스라엘 자손의 온 회중에게 말하여 이르라 너희는 거룩하라 이는 나 여호와 너희 하나님이 거룩함이니라

성경의 레위기 19장은 하나님이 거룩하시므로 '너희도 거룩하라'는 명령이 종교적 예전에 국한된 것이 아니라고 한다. 이 말씀은 하나님과의 관계에서뿐 아니라 이웃, 더 나아가 가난한 자와 나그네들과의 관계에서도 거룩한 삶을 살아야 한다는 것을 구체적인 실천행동강령으로 제시하고 있다. 즉 하나님의 형상을 닮은 인간은 이웃과 가난한 자, 그리고 나그네를 배려하는 도덕적인 사고를 할 수 있는 인간인 동시에 실제로 삶에서도 적용할 수 있는 도덕적인 사고와 실천이 가능한 인간을 의미한다.

(3) 경건한 삶을 실천하는 인간

종교개혁 후 유럽을 중심으로 나타난 경건주의란 하나님의 말씀과 기독교인들의 삶을 통합하는 신앙운동을 지칭하는 말로 경건이란 하나님의 형상을 닮아 가는 것을 의미한다(지형은, 2003). 그러나 경건한 삶에 대한 기준은 지역적 특성과 신학자들에 따라 다르게 제시되었다. 경건주의는 교회의 세속화 현상과 기독교인의 실제 삶의 모습과 신앙이 괴리되는 현상이 나타날 때마다 기독교인들의

개인적 신앙을 강조하고자 드러나곤 하였다.

급진적 경건주의자들은 인간이 하나님의 형상을 닮았다는 증거를 그 영적인 능력으로 해석하기도 하였으나 대부분의 경건주의자들은 신자들을 성경으로 돌아가게 돕거나 하나님 나라를 이 땅에 세우려는 이타적인 삶의 모습을 통해 하나님의 형상을 실현할 수 있다고 보았다. 칼 바르트 같은 학자가 경건주의가 기독교를 종교적 개인주의로 만들었다고 비판한 것은 다양한 역사적 경건주의를 너무 단순하게 보았기 때문이라고 할 수 있다(김완중, 2016). 슈퇴플러는 경건주의는 경험적 개신교에서 시작되고, 은혜로 개인과 사회의 변화가 가능하다는 종교적 이상주의를 발전시켰으며, 성경에 대한 강조는 경건주의의 기풍이라고 긍정적으로 평가하였다(지형은, 2003). 경건주의는 2차 세계대전 이후 개신교의 흐름에 큰 영향을 미친 가장 크고 활발한 개신교회의 각성이라고 볼 수 있다.

경건주의 운동은 공동체 중심, 말씀 중심, 약자와 소외된 자를 돌보는 사역, 무엇보다 선교를 중시한다. 종교개혁 후 17~18세기의 교회는 도덕적, 종교적으로 열심인 신도들의 삶 속에서 하나님의 심판과 은혜의 실체들에 대해 관심을 가지고 접근하였다. 이 과정에서 경건주의 운동은 인간을 육체에 갇힌 존재가 아니라 하나님과의 관계를 맺을 수 있는 영적 존재로서의 형상으로 기억하게 만들었다. 이러한 기독교인의 경건주의 운동들 중 영국의 청교도주의, 영국을 비롯한 독일, 네덜란드 등 유럽의 경건주의 운동, 유대교에서 발생한 하시디즘[5]이 대표적인 경건주의 운동이다(김영선, 2013).

5) 18세기 폴란드와 우크라이나의 유대교도 사이에 일어난 신비주의적 경향의 신앙부흥운동.

(4) 창의적 능력과 성향을 가진 인간

창의성은 인간의 놀라운 특성이다. 유아들과 거미줄을 관찰하다가 문득 거미줄과 비교해서 놀랍도록 다양하게 디자인하고 끝이 없을 것 같은 새로움으로 집을 건축하는 인간의 탁월성에 대해 이야기해 본 적이 있는가? 단순히 불을 사용하거나 도구를 사용하는 기술적인 탁월성이 아니라 상상력과 창의력이 돋보이는 탁월성은 창조주 하나님과 너무 닮지 않았는가? 이런 관점으로 문화예술이 융성한 문예부흥기(Renaissance)[6]에는 인간의 예술적 창의성이 하나님의 형상을 의미한다고 보았다. 인간의 신체를 통해 표현되는 표현예술뿐만 아니라 다른 다양한 예술작품들은 인간의 창의력에 대해 감탄을 자아내기에 충분하다.

14세기에서 시작하여 16세기 말까지 전개된 유럽의 문예부흥은 예술 전반에 걸쳐 고대 그리스와 로마 문명의 재인식과 재수용이 이루어짐을 의미한다. 당대 철학자들과 사상가들에게 르네상스는 무엇보다 오랫동안의 문화적 쇠퇴와 정체의 시기가 끝나고 고전 학문과 지식이 부활하는 시기로 여겨졌다. 그러나 르네상스 시기가 진행되면서 예술을 종교의 수단으로 사용하는 것이 비판받았고, 독자적인 창의성과 새로운 표현양식을 추구하는 과정을 통해 인간중심의 새로운 가치관으로 지속적으로 변화하였다.

예술가가 예술작업을 통해 표현하고자 하는 주제나 내용은 예술가가 어떤 삶을 사는가에 따라 달라진다. 죽음이 삶에 드리우는 무의미함을 근본적으로 넘어서기 위해서 감각적인 폭발을 일삼는 예술 밖에 대안이 없다고 사유하는 예술가들은 그들 안에 하나님이 없기 때문이다(철학아카데미, 2006). 신앙에 기초한 세계관에서는 예술이 신적 선물이며 예술은 인간의 창작의 위상을 담보한다고 본다. 성령은 인간적 요소를 무시하거나 말살시키지 않고 예술가에게 재능과

6) 일반적으로 르네상스는 서유럽 문명사에 나타난 중세와 근대 사이(14~16세기)의 역사 시기와 그 시기에 일어난 문화 운동을 통틀어 일컫는다. 구체적으로 그 문화 운동은 고대 그리스·로마 문화를 이상으로 상정하고 이 문화의 부흥을 통해 새로운 문화를 창출하려는 것으로서, 철학, 문학, 미술, 음악, 법, 건축 등 다양한 영역에서 일어났다.

통찰을 활발하게 하도록 함으로써 예술가의 창조성을 극대화시킨다(신국원 외, 2017). 하나님의 형상을 닮은 인간은 창의성을 무궁무진하게 발휘할 수 있는 존재이다.

(5) 관계 맺는 자질을 가진 인간

인간의 관계 맺는 능력을 하나님의 형상을 닮은 인간의 독특한 특성이라고 보는 경향이 있다. 하나님은 무엇보다 과제를 부여받은 인간이 하나님을 잊지 않도록 영원을 사모하는 마음을 주셨다(전도서 3:11). 이로서 하나님과 인간은 다른 생명체가 가지지 않은 종교성을 갖게 된 것이고 이는 하나님과의 관계를 맺는 특성으로 드러난다.

하나님께서는 본래부터 창조하신 세상을 관리하게 하려는 목적을 가지고 인간을 만드셨다(창세기 1:28). 그리고 인간에게 피조물의 이름을 붙이는 과업을 주심으로 다른 피조물들과 주도적으로 관계를 맺을 수 있는 능력을 주셨다(창세기 2:19). 하나님께서 창조하신 생명체들의 이름을 붙일 수 있도록 도구로 주신 인간의 언어는 다른 피조물들과 관계를 맺을 수 있도록 주신 하나님의 선물이다(임희옥(2014).

한편 하나님은 이스라엘 역사에서 수많은 선지자들을 통해, 그리고 예수 그리스도를 통해 끊임없이 인간과의 관계를 지속해 오셨다. 성경의 거대한 이야기들은 하나님이 인류역사에 개입하시며 당신이 계획한 목적지로 이끌기 위해 역사를 일직선으로 인도하신다는 역사에 대한 확신을 통상적으로 보여 줌으로써(Bebbington, 1990/1997) 하나님과 인간의 관계 맺음에 관하여 전하고 있다. 인간은 바로 그 하나님의 부르심에 응답함으로써 구원에 이르는 존재이다. 인간에게 있어 관계 맺는 자질은 하나님의 부르심에 응답하기 위하여 필요한 것이지 그것만이 하나님을 닮은 존재로서의 인간이라고 보는 것은 불완전하다. 인간의 관계 맺는 자질에 대한 내용은 사회관계영역에서 더 자세히 다루게 된다.

2 기독교세계관으로 조명하는 신체운동 · 건강영역

본 절에서는 먼저 성경적인 관점으로 인간의 신체에 대해 탐구하고자 성경에 나타난 인간관을 살펴보고, '하나님 형상대로 창조되었다'는 것의 의미를 알아보고자 한다. 그리고 현대사회에서 타락한 인간의 모습이 어떠한 왜곡된 모습으로 나타나고 있는지를 보면서 하나님의 형상을 닮은 존재로서 온전한 건강을 회복하기 위해서는 유아교육과정의 신체운동 · 건강교육의 목적과 목표가 어떠해야 하는지 그 방향을 제안해 보고자 한다. 당연히 우리나라의 국가수준의 유아교육과정이 처음부터 끝까지 문제가 있다거나 전부 수정되어야 한다는 것은 아니다. 다만 하나님께서 주신 교사로서의 주체성과 독특성을 발휘하려는 기독교사라면 유아교육현장에서 다루고 있는 국가수준 유아교육과정에 제시된 '신체운동 및 건강과 관련된 교육활동'을 상세히 살펴보고 창조질서의 변질과 왜곡이 있다면 찾아내어 수정하려고 노력할 필요가 있다는 생각으로 국가수준 유아교육과정을 검토해 보고자 한다. 더 깊이 있고 상세한 검토 및 수정 · 보완은 추후 또 다른 많은 기독교사들의 헌신으로 가능하게 될 것으로 기대한다.

기독교적 교육과정의 구성에 대해서도 하나님의 진리에 근거한 성찰적인 해석이 필요하다(Van Brummelen, 2002/2006). 이는 스스로의 노력을 돕는 전능하신 분에 대한 동경과 믿음에 기초한다. 이러한 기본적 신념은 교육과정 결정의 핵심이 된다. 나아가 절대자에 대한 동경은 교사들로 하여금 청지기로서의 삶이 주는 전체성을 깨닫게 하고 교사로서의 소명을 다하게 할 것이다. 특히 어린 아이들을 가르치는 유아교사들이 교육현장에서 인간됨의 근원을 향한 이러한 소망을 품는 것은 어린 아이들의 삶의 전 과정에 미치는 영향력을 감안할 때 매우 중요하다.

관리자의 소명을 기억하는 기독유아교사들은 하나님의 나라를 바로 그들이 아이들을 만나고 가르치는 교실 현장에서 이루어내고자 전력을 다해야 한다. 그러나 종종 우리 기독유아교사들은 부름 받은 자로서의 소명을 영적인 것에 국한시키려는 경향이 있다. 바울이 거듭 우리의 몸을 성전이라고 강조한 것도 그러한 오류를 수정하려는 의도였다고 볼 수 있다. 따라서 기독교인 유아교육 전문가들이 유아교육기관과 교사양성대학으로 부르신 소명에 응답하기 위해 교육의 전 과정을 하나님의 말씀으로 조명하고 인간의 신체와 운동 그리고 건강에 대한 바른 관점을 가지고 다음세대를 양육하는 데 적용하려고 노력하는 것은 매우 중요한 일이다.

건강하다는 의미는 일반적으로 신체적으로 병이 없고 적절한 노동과 놀이를 즐길 수 있는 신체적 조건을 갖추고 있는 상태를 의미한다. 건강하게 태어났든 장애를 가지고 태어났든 자신의 상황을 최선을 다해 지키는 것이 마땅하다. 건강하기 위해 많은 노력을 기울이는 것이 신체적인 것에 국한된다면 인간은 그저 생물학적인 존재에 그칠 수밖에 없다. 사회관계영역에서 다루는 인간관계 측면에서의 건강과 더불어 신체운동 · 건강영역에서 생물학적 신체의 건강과 정신적, 영적 건강에 대해 함께 논하는 것은 매우 중요하다.

흔히들 정신적 건강을 이야기할 때 부정적인 견해를 견지하는 프로이트의 정신분석학을 떠올리는데 외부의 자극을 성적으로 해석하는 이론의 한계에도 불구하고 교회 안에서까지 프로이트의 이론을 기초로 인간을 설명하는 오류를 범하고 있는 경우가 많다. 기독교적인 정신의 건강은 평안이라는 어휘로 대변할 수 있다. 이스라엘은 평안을 샬롬으로 표현하는데 샬롬은 전쟁이 없거나 먹을 걱정이 없는 상태가 아니라 하나님이 어떠한 경우에도 나를 버리지 않고 나와 함께하실 것이라는 믿음으로 얻는 영혼의 평안함을 의미한다. 본 절에서는 기독유아교사들이 유아교육현장에서 실천해야 하는 신체적, 정신적, 영적으로 건강한 유아로 교육하는 것의 의미를 살펴보고자 한다. 먼저 창조된 하나님의 형상을 보고, 이러한 창조된 하나님의 형상인 인간이 어떻게 왜곡되게 되었는지를 살펴본 후에 궁극적으로 어떠한 모습을 회복해야 하는지에 관해서 고찰해 보고자 한다.

1) 하나님의 형상

하나님의 창조순서를 주일학교에서 외우느라 애쓴 기억이 있다. 첫째 날에는 빛을 만드시고 낮과 밤을 구분하셨다. 그리고 둘째 날에는 물 가운데 궁창이 있어서 궁창 아래의 물과 궁창 위의 물로 나뉘게 하셨다. 셋째 날에는 천하의 물이 모여 땅이 드러나게 하셔서 땅과 바다로 나누셨다. 그리고 땅으로 하여금 풀과 씨 맺는 채소, 씨 가진 열매 맺는 것을 내라고 명하셨다. 넷째 날에는 하늘의 궁창에 두 광명으로 하여금 낮과 밤을 주관하게 하셨다. 그리고 다섯째 날에 물에는 생물과 큰 물고기를 종류대로, 하늘의 궁창에는 날개 있는 모든 새를 종류대로 창조하셨다. 여섯째 날에는 땅의 생물을 내시되 육축과 기는 것, 땅의 짐승을 종류대로 내라 하셨다. 그리고 모든 생명체를 다스리게 할 과제를 부여하기 위해 인간을 만드셨다.

(1) 동료가 필요한 인간

여섯째 날에 하나님은 자기 형상대로 사람을 창조하시되 남자와 여자를 창조하셨다고 선포하였다(창세기 1:27). 그리고 복을 주시며 생육하고 번성하여 땅에 충만하고 땅을 통치하라고 하셨다(창세기 1:28). 그러나 아직 하나님이 땅에 비를 내리지 않으셨고 경작할 사람이 없어서 초목도 채소도 없었다(창세기 2:5). 이 때문에 하나님은 사람을 지으신 후 그가 먹을 열매가 있는 에덴동산을 만들어 사람을 거기에 있게 하셨다. 그리고 하나님은 동산 중앙의 선악과를 먹지 말라는 엄한 경고를 하신 후에 사람의 독처하는 것이 좋지 않아서 아담을 위해 배필을 지으실 계획을 세우셨다(창세기 2:17-18). 아담이 모든 생물의 이름을 지어 주고 난 후 하나님은 아담을 잠들게 하시고 그의 갈빗대를 하나 취하셔서 여자를 만드셨다(창세기 2:22). 하나님께서는 자신의 형상대로 창조하신 인간이 좋은 모습으로 살기 위해서는 동료가 필요하다고 하시며 함께할 동료를 만들어 주신 것이다.

(2) 먹을 양식이 필요한 인간

하나님은 인간을 지으실 때 생기를 불어넣으셨을 뿐만 아니라 먹을 것이 필요한 존재로 지으셨다. 지으신 모든 생물을 관리하고 통치하라는 명령을 내리신 후 그들에게 채소와 열매를 식물로 주셨다(창세기 1:29). 따라서 하나님이 창조하신 인간은 먹을 양식이 필요한 존재이고, 창조된 그대로의 건강한 존재로 살기 위해서는 건강한 몸을 유지하는 데 필요한 좋은 먹을거리를 찾아서 먹을 수 있어야 한다.

(3) 일이 필요한 인간

일은 창조주께서 인간에게 부여한 거룩한 사명이다. 일은 단순한 노동이 아니라 인간의 모든 행위를 일컫는 말이다. 하나님께서 에덴동산을 창설하시고 아담을 이끌어 에덴동산을 경작하고 지키게 하셨다(창세기 2:8-15). 이 부분을 개역개정성경은 '경작하고 지키게'라고, 개역한글성경은 '다스리며 지키게'라고 번역하였지만, 공동번역성경과 표준새번역성경은 '맡아서 돌보게' 하셨다고 번역하였다. 하나님은 사람을 에덴동산에서 아무 일도 하지 않고 빈둥거리도록 만드신 것이 아니라 에덴동산의 생명체들을 돌보는 일을 맡기셨다. '돌보다'라는 단어는 한 개인의 행위를 가리킬 때는 '일'이지만, 나와 너와의 관계에서는 '섬기다'라는 뜻이다(강규성, 2016). 따라서 일이란 임금을 받기 위해 억지로 하는 고역이 아니라 소명으로 누군가를 섬기는 구체적인 수단이라고 이해할 수 있다. 하나님은 태초에 창조하시는 일을 마치신 후에는 쉬셨다(창세기 2:2). 돌봄이 일이 아니라 섬기는 것이라 해도 쉼이 필요한 것은 당연하다. 하나님은 그래서 안식일을 주셨다. 안식일은 강요된 예배를 위해 존재하는 날이 아니라 휴식이 필요한 인간에게 주시는 하나님의 선물이다.

2) 왜곡된 신체관, 헬라문화와 외모지상주의

앞서 하나님 형상에 대한 시대적 해석을 통해 살펴보았듯이 인간은 소통하고자 하는 자질뿐 아니라 독선적이고 이기적인 존재로서 자신의 신체를 과시하기도 하고 때때로 추악한 물욕에 의해 창의적 능력을 이용하며, 경건한 삶을 원하지만 경건의 모습만 치장하기에 분주한 존재일 수도 있다. 인간은 또한 도덕적 사유를 할 수 있지만 육신의 욕심에 따라 비윤리적인 만행을 자행하며, 이성적인 존재이지만 더 많은 기회에 자신을 변호하기 위해 감성에 의지하여 판단하는 존재이기도 하다. 타락한 존재인 인간에 대한 이해가 결핍되면 인간은 그들이 가졌다고 하는 불완전한 하나님의 형상을 좇아 분투하느라고 진정한 하나님의 형상을 찾기 어렵게 된다. 인간이 가질 수 있는 왜곡된 신체관에 대하여 살펴보며 이를 경계할 수 있는 안목을 기르는 것은 그래서 중요하다.

(1) 헬라문화와 금욕주의

금욕주의란 어떤 궁극적인 목적을 위하여 몸을 단련시킨다는 뜻과 함께 육체에 대한 불신으로 몸을 파괴하거나 몸의 중요성을 부정하는 두 가지 경우가 있다. 기독교의 신체관은 신심일원론의 바탕 위에 전인적 가치를 중시하지만 기독교 초기에는 사회적 상황으로 인하여 금욕주의적 시대를 보냈는데 이는 육체의 아름다움을 추구하는 헬라문화에서 구별되려 했던 초기 기독교인들의 노력이라고 볼 수 있다(조준명, 2011). 헬라문화는 고대 그리스의 문화를 지칭하는 것으로 서구문명의 산실이다. 헬레니즘 문화와 기독교 문화의 차이를 설명하려는 연구들은 헬레니즘 문화에 대한 유대인들의 저항에 초점을 맞추곤 했다(박다니엘, 2009). 기독교와 헬레니즘의 차이는 세계관적이고 종교적인 측면에서의 대립이라고 볼 수 있다(전광식, 2004).

금욕주의에서 가장 일반적으로 실천되는 것은 절제와 금식이며 수도자들은 사람들과의 접촉을 멀리하기 위해 광야, 절벽, 사막의 변방, 산중에서 혼자 지내기도 했다. 금욕주의는 전인개발, 인간적 창조성, 사상, 자아, 또는 기술의 숙련을 요하는 기량 등 여러 가지 궁극적인 목표 또는 이상을 달성하기 위한 인간의 노력에서 비롯되었다. 바울과 야고보의 다음과 같은 조언을 볼 때 육체적 아름다움에 치중하고 이에 집중하려는 헬라문화와 차별화하여 기독교에서는 세속적인 것을 경계하고 어려운 이웃을 돌아보는 검소한 삶을 살아내는 것을 중요시하고 있음을 알 수 있다.

> [디모데전서 4:8] 육체의 연단은 약간의 유익이 있으나 경건은 범사에 유익하니 금생과 내생에 약속이 있느니라

> [야고보서 1:27] 하나님 아버지 앞에서 정결하고 더러움이 없는 경건은 곧 고아와 과부를 그 환난중에 돌보고 또 자기를 지켜 세속에 물들지 아니하는 그것이니라

(2) 외모지상주의와 성형 열풍

우리나라는 전 세계에서 가장 성형외과 시술이 많은 나라들 중 하나로 외모를 매우 중요시하는 것으로 조사되고 있다(한국갤럽, 2015). 신체를 지나치게 드러내는 특정한 스포츠 선수를 영웅으로 만들거나 어린 연예인들을 특정한 분위기의 춤으로 훈련시켜 자칭 타칭 아이돌(Idol=우상)이라고 부르거나 열광하는 모습은 토템(Totem)신앙과 유사한 측면이 있다고 볼 수도 있다. 스포츠 선수에 대한 이러한 열광과 비이성적인 집착은 현대사회의 신체와 그와 관련된 문화, 그리고 우리 사회의 집단 정체성과도 연관이 있다. 특히 최근 한국의 성형수술 열풍은 이러한 외모지상주의와 성형기술의 발달, 자본주의의 팽창이 함께 만들어낸 결과라고 볼 수 있다. 우리나라의 성형수술은 얼굴을 구성하는 요소(눈, 코, 입)에 대한 수술, 얼굴의 골격을 변화시키는 수술(양악, 안면윤곽 등), 가슴, 지방흡입 등 몸매의 윤곽과 관련 있는 수술, 흉터 제거 등 피부와 관련된 수술이 대다수를 차지하고 있지만 최근에 단순히 '얼굴'에 초점을 맞춰 아름다움을 평가하던 움직임이 몸매로까지 그 범위가 확대되고 있는 추세이다(Research Institute for

Healthcare Policy Korean Medical Association, 2014). 미들턴과 왈시(Middleton, & Walsh, 1987)의 예언처럼 의학이 인간의 몸을 단순히 물리적·생화학적 기능의 복합체로만 보기 때문에 의료업계는 약품 중심의 치료방식과 물리적인 기능의 개선에만 집중하고 있다.

천민자본주의라고 지칭되곤 하는 현대사회는 스포츠 스타나 연예인 모두 재물과 직접적으로 관련된 물질주의에 오염되어 있다. 올림픽의 변질도 결국은 상금을 비롯한 다양한 유형의 물질적 혜택으로 인한 결과이며 이로 인해 현대 올림픽에서는 초기 올림픽 정신이었던 평화, 친선, 도약과는 거리가 있는 것을 암묵적으로 추구하게 되었다. 로마시대와 달리 현대인에게 스포츠란 수많은 오락 활동들 중 하나일 뿐이므로 스포츠와 종교를 견줄 필요는 없다고 할 수 있지만 여전히 이 사회에서는 스포츠가 단순히 육체적인 건강을 추구하기 위한 것을 넘어 아름다운 외모에 대한 숭배의식과 외모지상주의의 영향을 받아 과도한 중독 현상으로까지 나타나는 것을 볼 수 있다. 물론 로마시대와 달리 현대인에게 스포츠란 수많은 오락 활동들 중 하나일 뿐이므로 스포츠를 경계하고 견제할 필요까지는 없다고 하겠지만, 스포츠가 단순히 육체적인 건강을 추구하는 것을 지나 아름다운 외모에 대한 숭배의식을 감추지 못하고 외모지상주의에 빠져 있는 것을 간과해서는 안 될 것이다.

재소자들에 관한 한 연구는 외과수술로 고칠 수 있는 안면 기형이 일반인의 비율은 20.2%인데 반해 재소자들 중에는 무려 60%에 이르렀다는 사실을 밝히면서(Brand & Yancey, 1984/2016), 인간의 자존감이 외모로부터 나온다는 사회 전반에 퍼져 있는 외모지상주의로 인한 부정적인 현상을 알려 주고 있다. 이 결과를 근거로 연구자들은 외모로 인한 정서적 불안상태가 범죄로 몰고 갔을 것이라고 유추하고 성형수술을 해 주는 프로그램을 제안했다고 한다. 외모가 보잘것없으면 마음도 부정해지는가? 추한 외모는 선하지 않은 마음을 의미하는가? '존 데렉'이라는 본명이 있음에도 '코끼리 인간'으로 불리며 서커스단에서 조롱당하고 학대당한 신경 섬유종을 앓고 있는 한 인물이 외과의사의 〈엘리펀트 맨〉[7]이라는 실화소설로 세상에 알려진 바 있다. 인간의 추한 외모가 내면의 추악함을 대변하는 것이 아님을 증명한 실화이다. 그를 학대한 '멀쩡한 외모를 가진 주변인'들이야말로 정말로 추악한 존재들이었음을 보여 준 이 실화는 영화로도 만들어졌다.

외모 콤플렉스에 대하여 연구자들은 빅토르 위고의 '노틀담의 곱추'에 나오는 콰시모도의 이름을 따서 '콰시모도 콤플렉스'라고 명명하기도 한다. 외모로 인하여 사회로부터 격리되고, 외모로 인하여 다른 사람들을 외면하는 우리 사회의 정신구조는 '노틀담의 곱추'에 나오는 콰시모도의 외모만큼이나 추하다. 한편 인간을 이렇게 단순히 물리적 존재로만 보는 것도 문제지만, 물리적 세계는 더럽혀지고 불건전하므로 영적인 것만 중시해야 한다는 영지주의(Green, 1998/2000)처럼 인간의 신체에 대한 과학적 정보에 대해 무지한 것도 성경적이라고 볼 수는 없다.

많은 예술가가 예수님이 사람이 보기에 흠모할 만한 외모를 갖지 않았다는 성경의 기록(이사야 53:2)에도 불구하고 아름다운 머릿결과 파란 눈의 얼굴을 가진 서양 남자로 표현하는 것도 이러한 왜곡된 인식을 나타내는 것은 아닐까? 하나님의 형상대로 창조된 인간인 우리가 외모만을 하나님의 형상이라고 이해하는 것이 아니라면 외모에 대하여 이렇게까지 집착하는 이유에 대해 스스로 질문해 볼 필요가 있다.

(3) 인공지능과 신체

최근 4차 산업혁명, AI(Artificial Intelligence, 人工知能) 등의 용어가 심심치 않게 회자되고 있다. 안구를 잃고 완전한 실명상태에 있는 사람에게 카메라가 달린 안경과 시신경으로 연결되는 인공안구를 삽입함으로써 볼 수 있게 한다거나 감

7) 다발성 신경섬유종이라는 희귀병으로 끔찍하게 생긴 기형의 얼굴과 바로 누워 편하게 잘 수도 없을 만큼 비틀어진 신체를 가진 탓으로 서커스단의 구경거리가 되어 온갖 학대를 받으면서도 내면에 아름다움과 선함을 지닌 주인공에 관해 한 외과의사의 실제 보고서를 기초로 저술된 소설이다.

전사고로 어깨까지 잃어버린 사람에게 화가가 될 수 있을 만큼 자연스럽게 움직이는 인공 팔을 달아 주는 등 인공으로 손과 다리 등을 제공받아 새로운 삶을 살 수 있게 된 많은 사례들은 1970년대 '600만 불의 사나이'라는 공상 과학 시리즈 드라마의 주인공을 연상시킨다. 인간의 신체를 얼마만큼 과학기술로 대체할 수 있을는지 기대되기도 하지만 동시에 이에 뒤따라올 물리적인 신체관이 두려워지기도 한다.

하나님의 형상대로 지음을 받은 인간은 하나님을 거역할 뿐 아니라 하나님과 같이 되고자 하는 욕망을 가짐으로써 타락한 존재가 되었다(창세기 3:5). 하나님의 명령을 어기고 선악과를 먹었다는 사실은 인간의 몸만이 부정해졌다는 의미가 아니다. 타락한 존재가 되었다는 것은 그의 인격 전체가 하나님을 떠나게 되어 관계가 단절되었다는 것을 의미한다. 인류의 역사에 대한 그의 논의가 옳고 그르고를 떠나 인간이 신의 자리에까지 오르게 되었다고 말하는 하라리(Harari, 2011/2015)의 주장은 일견 공감이 된다. 그는 인간이 과거 어느 시대보다 더 강력한 힘을 갖게 되었음에도 이 힘으로 무엇을 할는지에 관해 거의 생각이 없다고 한다. 그는 인간이 스스로 무엇을 원하는지도 모르는 채 불만족하고 있는 상태이어서, 인간이 무책임한 신과 같이 되었다고 불안감을 표현하며 '이보다 더 위험한 존재가 또 있을까'라고 질문하고 있다.

인간은 자신의 실제적인 잠재력과 장래 운명을 알거나 추구할 수 있을 만큼 자유롭지 못하다. 사람들은 근본적으로 죄를 짓고자 하는 내적인 충동 아래 있어서 행위나 육체를 신뢰하려 하며, 인간의 의지에 새겨진 하나님의 도덕적 요구를 올바로 따르지 못하도록 방해를 받는 존재로서 필연적으로 비도덕적이고 비자연적인 생활방식을 따라 살게 되어 있다(로마서 1:24-32). 인간은 궁극적으로는 악한 성향을 가지고 있고 도덕적 의무와 외부세력들에 의해 자신의 성격을 형성하고 삶을 지배받게 될 운명이다(Banks, 1994/2007). 인간의 몸은 사욕을 좇기 마련이기 때문에 필연적으로 인간은 몸으로 한 행위를 심판대 앞에서 심판받을 때가 올 것이다. 이러한 견지에서 볼 때 한계가 보이지 않을 정도로 끝도 없이 추구하고 있는 과학과 문명의 발달과 이에 따른 인간의 신체, 정신, 그리고 영적인 변화가 과연 바람직한 것인지에 대한 깊이 있는 반성이 필요하지 않을까를 고민해 보아야 할 시점이다.

3) 구속된 하나님의 형상

바울은 종종 그리스도인 공동체를 '가족'으로 묘사할 뿐 아니라 종종 몸(soma)에 비유(고린도전서 10:17, 11:29, 12:27)하여 육과 몸에 대한 일원론적 인간론을 제시고 있다. 바울이 말하는 몸은 타락된 상태에 있는 '인격 전체'이다(로마서 6:13, 7:24, 12:1; 고린도전서 6:19, 9:27). 바울은 몸이 여러 지체로 이루어져 있으며 각 지체는 다른 지체를 폄하할 수 없다고 로마서와 고린도전서, 그리고 에베소서를 통해 주장한다. 사람이 온전하여지려면 모든 지체가 하나가 되어야 한다. 몸은 공통의 신경을 가지고 있는 하나이며 하나 안에 모두가 있는데 그것이 바로 예수 그리스도의 몸으로서의 그리스도인 공동체인 것이다.

> [고린도후서 5:10] 이는 우리가 다 반드시 그리스도의 심판대 앞에 나타나게 되어 각각 선악간에 그 몸으로 행한 것을 따라 받으려 함이라
>
> [로마서 6:6] 우리가 알거니와 우리의 옛 사람이 예수와 함께 십자가에 못 박힌 것은 **죄의 몸**이 죽어 다시는 우리가 죄에게 종 노릇 하지 아니하려 함이니
>
> [로마서 6:12] 그러므로 너희는 죄가 너희 **죽을 몸을 지배하지 못하게** 하여 **몸의 사욕**에 순종하지 말고
>
> [로마서 7:24] 오호라 나는 곤고한 사람이로다 **이 사망의 몸**에서 누가 나를 건져내랴

하나님은 사람들이 자기 몸을 아낀다는 사실을 잘 알고 계시기 때문에 '이웃 사랑하기를 네 몸과 같이 하라'고 명하신다. 자신만을 위해 자기 몸을 사용하는 것은 성경적이지 못하다. 그렇다고 죽은 자를 위해 자신의 몸에 위해를 가하지 말라고 하셨고 몸에 무늬를 넣는 것을 금하였다. 이 행위 자체가 죄이기 때문이 아

니라 이방의 문화였기 때문이다. 인간은 마지막 심판대 앞에 설 때 몸으로 한 행위를 심판받을 존재이며 따라서 인간이 자신을 성결하게 하는 것은 하나님을 향한 자기 의지이다.

> [신명기 10:17] 너희의 하나님 여호와는 신 가운데 신이시며 주 가운데 주시요 크고 능하시며 두려우신 하나님이시라 사람을 외모로 보지 아니하시며 뇌물을 받지 아니하시고

기독교의 신체관은 심신일원론의 바탕 위에 전인적 가치를 중시한다. 그러나 기독교 초기에는 사회적 상황으로 인하여 금욕주의적 시대를 보냈는데(조준명, 2011), 이는 육체의 아름다움을 추구하는 헬라문화에서 구별되려했던 초기 기독교인들의 노력으로 볼 수 있다. 현재 기독교인들은 이러한 열풍 속에서 어떤 구별된 모습을 보여 줄 수 있을까? 특히 유아교육현장에서 교사들이 유아들의 성품과 인성에 관해 칭찬하기보다 유아들의 옷차림과 생김새 혹은 지적 능력에 대한 칭찬을 과하게 하고 있지는 않은지 돌아보아야 한다.

하나님의 형상을 닮은 우리는 우리의 인격을 비롯한 육체적인 현존에 의해 땅 위에서는 하나님의 영광을 반사하며 그를 대표하는 삶을 살아야 한다. 하나님의 형상을 드러낸다는 것은 우리의 삶을 통하여 보이지 않는 하나님을 보이게 해야 하는, 하나님의 형상의 갱신(Middleton & Walsh, 1984/1987)이 있어야 한다는 의미이다. 인간이 하나님의 형상을 지닌 존재로서 본래성(죄를 짓기 전에 누렸던 상태)을 회복하는 것이 바로 성경에서 보는 진정한 건강이라고 할 수 있다.

신체적 건강은 영적 건강과 연관되어 있다(차건수, 강진홍, 2001). 더 나아가 온전한 건강이란 인체의 구성요소인 육체, 정신, 영의 조화로 생동감이 넘치는 삶을 사는 동시에 인간과 자연, 인간과 인간, 인간과 과학의 산물 사이에서 화해와 평화를 이루는 것이다. 그리고 최종적으로 하나님이 인간과 화해를 이루어 인간, 자연, 그리고 과학 등 이 세상의 모든 피조세계 속에 하나님이 계심을 아는 것이다. 그리고 하나님의 선, 미와 의(義) 등을 부정하는 세력에 대항하

여 도전할 수 있는 상태가 바로 성경에서 보는 건강한 상태이다(차건수, 강진홍, 2001). 몸과 마음이 건강한 하나님의 형상을 드러내는 삶에 대하여 살펴보면 다음과 같다.

(1) 하나님의 영광을 위한 삶

바울에 의하면 예수님이 자신을 위해 십자가에 못 박혀 돌아가셨음을 인정하고 그분의 영을 자신의 삶에 받아들인 사람은 이전에 자신을 사로잡던 것으로부터 해방되어 온전히 건강한 상태에 있게 된다(로마서 6:7, 8:10-11; 에베소서 2:1-7). 따라서 온전히 건강하다는 것은 육체와 정신, 그리고 영이 조화를 이루어, 하나님이 창조하신 인간, 자연, 과학의 산물 등으로 이루어진 피조세계를 다스림으로써 이 땅에 화해와 평화가 있는 하나님 나라를 이룰 수 있음을 의미한다.

예를 들어, 현대 기독교인의 체육에 관한 태도 및 관점을 볼 때 외적인 측면에 과도하게 몰입하고 집착하는 상태에서 벗어나 인간의 몸과 건강, 운동 등에 관한 긍정적인 시각이 나타나고 있는 현상(윤준호, 1999; 조준명, 2011)이나 최근 스포츠를 매개로 하여 선교활동을 모색하는 것 등은 이러한 긍정적인 관계를 토대로 신체를 하나님의 영광을 위하여 사용할 수 있는 가능성을 보여 준다.

인간의 몸과 건강, 운동은 그 자체가 의미를 가지는 것이 아니라 우리가 어떤 용도로 사용하느냐에 따라 달라진다. 인간이 몸을 소중히 여기고 건강을 유지하며 운동하고 각종 스포츠에 참여하는 것을 통해 모든 피조물이 평화롭게 존재할 수 있는 하나님 나라를 확장시킬 수 있다면 이것이 바로 하나님의 영광을 위하여 신체를 사용하는 것이라고 할 수 있다.

(2) 이웃을 위한 삶

성경은 이웃을 도울 때 '말'이 아니라 실질적으로 '몸에 쓸 것'을 주라고 한다. 여호와 하나님을 믿는 사람에게 구원은 함께 음식을 나누어 굶주림의 고통에서 벗어나 평안을 느끼는 것(잔치)이며, 욕심과 이기심에 눈이 어두워 다른 사람을 배고프게 하지 않는 것이고(정의), 배고픈 이웃을 외면하지 않고 자기가 먹을 것도 나누어 주는 것(연민)을 의미한다(임희숙, 2010).

구속받은 인간은 구속의 은혜에 감사하는 데 그치지 않고 행위로써 하나님의 섭리를 드러내어야 한다. 더 많은 먹거리를 축적하고 소유하기 위해 다툼과 분열이 일어나지 않도록 경계해야 하고, 먹거리를 얻기 위하여 이웃을 살육하지 않고, 그들과 공생하기 위하여 하나님의 대리인으로서 그 책임을 다해야 한다. 하나님의 자녀인 우리는 우리에게 허락하신 몸과 정신과 영이 조화된 건강한 신체를 통해 하나님의 자녀인 이웃을 위해 기도하고, 이웃을 위해 나누면서 다툼과 분쟁이 아닌 평화가 있는 세상을 만들어야만 한다. 이것이 건강한 신체를 허락하신 하나님이 원하시는 기독교인들의 신체를 사용하는 모습일 것이다.

[야고보서 2:16] 너희 중에 누구든지 그에게 이르되 평안히 가라, 덥게 하라, 배부르게 하라 하며 **그 몸에 쓸 것**을 주지 아니하면 무슨 유익이 있으리요

[베드로전서 1:17] 외모로 보시지 않고 각 사람의 행위대로 심판하시는 이를 너희가 아버지라 부른즉 너희가 나그네로 있을 때를 두려움으로 지내라

[마가복음 12:33] 또 마음을 다하고 지혜를 다하고 힘을 다하여 하나님을 사랑하는 것과 또 이웃을 자기 자신과 같이 사랑하는 것이 전체로 드리는 모든 번제물과 기타 제물보다 나으니이다

[로마서 13:9] 간음하지 말라, 살인하지 말라, 도둑질하지 말라, 탐내지 말라 한 것과 그 외에 다른 계명이 있을지라도 네 이웃을 네 자신과 같이 사랑하라 하신 그 말씀 가운데 다 들었느니라

(3) 피조세계를 위한 삶

하나님께서 우리에게 전인격적인 몸을 주신 것은 창조하신 세계를 정복하고 다스리기 위함이다. 하나님은 인간에게 땅에 잠재된 것을 개발하라고 하시며 피조세계에 대한 하나님의 대리 통치자로 부르셨다. 땅을 다스린다는 말은 곧 책임 있는 청지기로서 세상에 있는 모든 피조물들이 본래 하나님께서 의도하신 기능을 완수하도록 돕는 것을 의미한다(김정준 외, 2014). 책임 있는 청지기로서의 역할을 감당하려면 성실하게 피조세계를 연구하고 번성하도록 돕는 지혜를 얻어 효과적으로 관리하여야 한다. 기독교적 지성은 그리스도인의 성품 및 행동과 긴밀하게 연결되어 있고(Opitz & Melleby, 2010), 죄의 영향은 인간사의 고유한 영역뿐 아니라 훨씬 더 넓게 비인간적인 세계에까지 미쳤기 때문이다(로마서 8:19-22).

[창세기 1:28] 하나님이 그들에게 복을 주시며 하나님이 그들에게 이르시되 생육하고 번성하여 땅에 충만하라, 땅을 정복하라, 바다의 물고기와 하늘의 새와 땅에 움직이는 모든 생물을 다스리라 하시니라

[로마서 8:19-22] 피조물이 고대하는 바는 하나님의 아들들이 나타나는 것이니 피조물이 허무한 데 굴복하는 것은 자기 뜻이 아니요 오직 굴복하게 하시는 이로 말미암음이라 그 바라는 것은 피조물도 썩어짐의 종 노릇 한 데서 해방되어 하나님의 자녀들의 영광의 자유에 이르는 것이니라 피조물이 다 이제까지 함께 탄식하며 함께 고통을 겪고 있는 것을 우리가 아느니라

3 기독교사의 도전과 역할

국가수준 유아교육과정인 누리과정의 신체운동·건강영역이 추구하는 것은 3~5세 유아들의 기본소양과 능력을 기르는 것을 목적으로 의사소통, 사회관계, 예술경험, 그리고 자연탐구영역과 함께 유아의 놀이나 일상생활 경험을 통해 연

계되고 통합되는 것이다(교육과학기술부, 보건복지부, 2013). 이러한 누리과정의 신체운동·건강영역에 기독교세계관을 접목시키는 것은 자연탐구영역이나 사회관계영역, 의사소통영역에 대한 시도보다 조금 애매하고 모호하다는 느낌을 갖게 된다. 흔히 믿음 세계는 정신적이고 영적인 영역에 국한된 것이라는 막연한 생각(편견)을 갖고 있어 신체운동이나 건강과 관련된 교육을 기독교적 관점에서 보는 것은 어쩐지 어울리지 않는 것 같기 때문이다. 그러나 정신과 영, 그리고 신체가 함께하는 전인적인 존재로 유아를 보는 기독교적 관점의 아동관을 가진 기독유아교사들이 누리과정의 신체운동·건강영역에 관하여 기독교적 관점에서 조명해 보는 것은 필수적이다. 따라서 본 절에서는 신체운동·건강영역의 목적과 목표, 그리고 내용을 살펴보면서 유아교사가 기독교세계관으로 접근하고 재구성해야 하는 부분이 무엇인지 조명해 보고자 하였다.

1) 신체운동·건강영역의 운영

교사들이 잘 알고 있는 바와 같이 신체운동·건강영역은 신체인식하기, 신체조절과 기본운동하기, 신체활동에 참여하기, 건강하게 생활하기, 안전하게 생활하기 등의 내용으로 구성되어 있다. 그리고 이러한 내용은 신체적인 활동과 경험을 제공하는 것에 그치지 않고 신체적인 발달뿐만 아니라 인지, 사회, 정서, 창의성, 언어, 성격, 뇌, 감각기관 등의 발달과 연관되어 있다(이기숙 외, 2013). 이는 신체가 사회·정서적 차원과 인지·언어적 차원의 발달과 무관한 영역이 아니라는 것을 보여 준다.

유아들은 신체운동·건강영역의 경험을 통해 자부심을 느끼고, 표현력과 함께 창의적 동작을 만들 수 있는 창의력을 기르게 된다. 또한 유아들은 신체활동에 즐겁게 참여하면서 자신과 타인을 이해하고, 식사와 간식 시간을 통해 식사와 관련된 예절을 배우며, 질병을 예방하여 건강한 삶을 살 수 있는 기본적인 지식과 생활태도를 형성하게 된다. 다시 말해서 누리과정의 신체운동·건강영역은 신체

발달과 더불어 사회적, 정서적, 인지적, 언어적 발달을 동시에 이루는 것을 추구한다고 할 수 있다.

그러나 정작 유아교육기관에서는 신체운동·건강과 관련된 프로그램들이 다른 영역과 연계하여 주제를 중심으로 통합적으로 운영되는 것이 아니라 부모가 별도의 비용을 지불하여 초빙한 외부강사가 특별활동으로 진행하는 경우가 73.1%에 이르고 있다(이인성, 안을섭, 2015). 특히 교사들은 유아교실에서 실시할 수 있도록 개발되어 있는 신체활동 프로그램이 부족하고, 신체활동 도구도 부족할 뿐 아니라 활동 공간이 협소하고, 스스로 신체활동에 대한 전문지식이 부족하다는 등의 이유를 들어 신체활동을 운영하는 데 어려움을 호소하고 있다(민광민, 김혜옥, 2012). 따라서 담임교사가 기독교사라 해도 교육현장의 이러한 상황 속에서 기독교적인 신체활동이 이루어지기는 매우 어려운 실정이다.

교사들이 이렇게 생각하는 것은 누리과정의 신체운동·건강영역의 교육이 자유로운 놀이중심 교육과정을 통해 유아교육기관의 일상에서 다양한 영역의 교육과정과 연계되어 자연스럽게 이루어져야 한다는 것을 충분히 인식하지 못한 탓이다. 즉 유아교사들이 신체운동·건강영역의 활동이 규칙이 있는 게임에 가까워야 한다는 협소한 인식하에 게임처럼 정해진 규칙과 놀이 방법, 그리고 도구가 필요하고 전체 학급이 움직이는 넓은 공간이 있어야만 실시할 수 있다고 인식하고 있다는 의미이다.

유아교육기관에서 이루어지는 유아의 신체운동·건강교육이 일종의 기술습득을 위한 활동으로 지시와 반복에 의한 피동적 활동만으로 이루어진다면 오히려 유아의 전인적 발달에 부정적인 결과를 초래할 수도 있다(박병권, 2008). 따라서 기독유아교사들이 영유아교육현장에서 누리과정의 신체운동·건강영역을 어떠한 방향과 방법으로 적용해야 할지에 관하여 보다 깊이 성찰하는 것은 매우 중요하다. 누리과정의 신체운동·건강영역의 목표와 내용을 기독교적 관점에서 고찰하면 다음과 같다.

인본주의에서 말하는 전인교육과 기독교교육에서 말하는 전인의 개념은 영적

영역에 대한 견해의 유무에 근거하여 볼 때 차이가 있다. 누리과정의 목적인 전인적인 성장을 위한 발달 영역에 영적인 영역이 없다는 것은 누리과정이 인본주의 사상을 기초로 하고 있음을 의미한다(정희영, 2013). 기독교적인 교육에서는 누리과정의 신체운동·건강영역의 목적에 부합하는, 즉 신체적으로는 건강하고 정신적으로는 자아실현과 인격완성을 추구하는 교육을 추구하지만 이것에 더하여 영적으로 하나님과의 올바른 관계를 형성하기 위한 교육이 되어야 한다는 것이 강조된다. 신체운동능력의 발달과 건강을 위한 인간행동의 목적은 영적인 건강을 해치지 않아야 하며 영적인 건강을 더 높은 수준으로 향상시키기 위한 것이어야 한다. 신체적·정신적 건강과 영적인 건강을 추구하는 교육을 통해 유아는 최선의 건강한 상태를 유지하며 성장할 수 있다.

누리과정의 신체운동·건강영역의 목적은 유아가 신체활동을 통하여 신체를 효율적으로 사용할 수 있고, 움직임을 통하여 즐거움을 느끼며, 표현력, 탐구력, 창의력, 심미감 등을 기르는 전인적 발달을 도모하는 것이다. 누리과정에서는 '나를 알고 존중하기'가 사회관계영역의 입문 내용범주이며(이만수, 2014), 그 내용으로 '나를 알고 나를 소중히 여기며 나의 일 스스로 하기'를 진술하고 있고 동일한 지침서에서 '유아 자신의 임무나 의무를 중요하게 여겨 맡은 바 책임을 다하는 성실한 태도를 기르는 것이 중요하다'고 한다. 또한 누리과정에서는 기본적으로 사람과 자연존중의 가치관을 중요시하며, 유아의 흥미가 모든 활동의 기초가 되므로 이를 위해 유아는 충분한 시간과 환경을 제공받아야 한다고 되어 있다(교육과학부, 보건복지부, 2013). 아울러 누리과정은 유아가 자신을 스스로 소중하게 생각하는 것을 기초로 타인과의 관계 맺음으로 발전시켜 나가야 한다고 진술한다. 또한 신체운동·건강영역에서는 유아가 자신의 신체를 긍정적으로 인식하고 즐겁게 신체활동에 참여하도록 권하고 있다.

유아교육은 전통적으로 교육의 대상인 유아가 타인에게 전적으로 의존해야 하는 약자라는 이유로 자아존중감을 중요시한다. 자아존중감은 자신이 무엇이든 혼자 잘할 수 있다는 유아의 감정을 부추기는 것이 아니라 의미 있는 성인으로부터 사랑받고 있다는 믿음으로부터 오는 것이며 부모나 교사로부터 제공되는 적절한 수준의 규제를 통해 형성된다(최태린 외, 2015). 그러므로 누리과정에서 유아가 자신을 긍정적으로 생각하고 소중하게 여기는 긍정적인 자아개념과 자아존중감 형성을 지원하기 위하여 위협, 경고, 비난뿐만 아니라 지시, 명령, 충고까지도 금지해야 한다고 주장하는 것(교육과학기술부, 보건복지부, 2012)은 재고의 여지가 있다고 할 수 있다. 자기규제능력을 중요한 요인으로 하고 있는 유아의 자아존중감이 부모나 교사 등 성인의 교육적 지원이 없이도 형성될 수 있는가? 유아의 발달 수준에 부합하고 유아가 건강한 삶을 살아가는 데 필요한 신체적 · 인지적 · 정신적 · 사회적 발달을 위한 바람직한 경험을 적용하기 위해서는 유아의 신체운동발달을 촉진하고, 유아의 유능감을 지원하며, 통제력을 기르는 데 도움이 되는 교사의 적절한 지원이 필수적이다.

2) 신체운동 · 건강영역의 내용

기독교적 유아교육에서는 자신의 몸을 감사한 마음으로 사용하고, 건강을 유지해야 하는 과제가 유아에게 있음을 알게 하는 것이 중요하다. 아름다운 외모만을 지향하는 것이 아니라 어떤 모습이든 심지어 장애를 가졌다 해도 자신의 신체에 대하여 긍정적으로 인식하는 것이 중요하다. Lucado(1997/2002)의 그림책 『너는 특별하단다』에서처럼 인간을 창조하신 하나님의 목적이 있는 한 모든 인간은 신체적 조건과 무관하게 모두 특별하고 소중한 존재임을 알 수 있도록 교육해야 한다.

온전한 건강이란 인체의 구성요소인 육체, 정신, 영이 조화를 이루어 생동감이 넘치는 삶을 사는 것인 동시에 인간과 자연, 인간과 인간, 인간과 과학의 산물 사이에 화해와 평화를 이루는 것이므로 신체적으로 건강해지기를 원하는 자는 먼저 영적으로 건강한 상태를 유지해야 한다(차건수, 강진홍, 2001). 인간의 신체를 물질론적 관점으로 보는 데서 벗어나 더 넓은 관점에서 전인격적(全人格的)

인 존재로 바라볼 필요가 있는 것이다.

이를 고려할 때 누리과정 신체운동·건강영역의 교육은 인간관계, 건강의 회복과 유지, 정신적·영적 건강, 생명의 법칙과 가정의 중요성 등의 내용으로 이루어짐으로써 하나님의 성령이 거하는 성전인 몸(김미경, 2003)이 균형 있게 발달하는 데 도움이 되어야 한다. 인간의 신체가 중요한 이유는 하나님의 성령이 거하는 곳이기 때문이다. 교사는 누리과정의 신체운동·건강영역을 다루면서 인간이 왜 건강해야 하는지, 왜 건강한 몸이 중요한지에 대한 기독교적 안목을 놓치지 않아야 한다. 물질론적 관점으로 인간의 몸(human body)을 보는 데서 벗어나 하나님의 형상으로 창조된 몸적 존재로서의 전인(human being)으로 이해하는 패러다임으로의 전환이 이루어져야 한다(차건수, 강진홍, 2001). 누리과정 신체운동·건강영역의 내용 범주를 살펴보고 교사가 유의할 점을 기독교적 관점에서 제안하면 다음과 같다.

(1) 신체인식하기

누리과정의 신체운동·건강영역의 첫 번째 내용범주인 '신체인식하기'는 '감각능력을 기르고 활용하기'와 '신체를 인식하고 움직이기'로 구성되어 있고, 신체의 여러 감각기관을 인식할 수 있도록 시각, 촉각, 청각, 미각, 후각 등 오감각을 모두 활용할 수 있게 하는 데 초점을 둔다. 나아가 다양한 움직임과 활동을 통해 자신의 신체 능력에 대해 자부심을 느끼게 하는 데 주안점을 두고 있다. 그러나 이러한 긍정적인 관점과 자율성의 강조가 지나쳐서 유아들에게 한계가 있다는 것과 동시에 보호를 위한 규제가 필요하다는 것에 대하여 알려 주는 것을 포기하지는 않아야 한다.

신체인식하기 내용을 실시할 때 감각을 활용한 탐색과 더불어 보다 더 중요하게 여겨야 할 것은 감각을 활용한 탐색을 통해 지식을 얻는 과정에서 즉각적인 감각을 넘어서는 어떤 것이 필요하다는 인식이다. 분명히 감각이 모든 탐색을 가치 있게 하는 데 충분하지 않다. 인간이 가진 각각의 감각은 특정한 용도가 있지만 다른 감각의 도움이 없으면 제 역할을 감당할 수 없다. 눈을 감으면 후각이 둔해지고 촉각이 제 역할을 할 수 없다. 유아를 대상으로 하는 건강교육에서는 다양한 감각 발달뿐만 아니라 정신건강과의 조화를 중요하게 여겨 강조할 필요가 있다. 그럼에도 불구하고 누리과정 신체운동 · 건강영역에는 정신적 건강에 대한 진술이 포함되어 있지 않다. 지식을 얻는 데는 감각뿐 아니라 권위, 이성, 직관, 그리고 계시가 필요하다는 것을 인정하여 건강한 생활을 하기 위해서는 정신건강과 영적 건강을 모두 중요하게 고려해야 한다는 것을 기독교세계관으로 교육하는 유아교육현장에서는 반드시 기억해야 한다.

(2) 신체조절과 기본운동하기

누리과정의 신체운동 · 건강영역의 두 번째 범주인 '신체조절과 기본운동하기'는 '신체조절하기'와 '기본운동하기'로 구성되어 있고, 다양한 움직임을 통해 신체를 조절하고 균형을 유지하며 신체 각 부분의 움직임과 협응력을 증진하는 데 초점을 둔다. 또한 제자리에서의 몸 움직임과 다양한 이동운동을 하여 표현력과 창의적인 동작들을 만들기 위한 기초능력을 배양하는 데 주안점을 두고 있다.

'신체조절과 기본운동하기' 범주에서는 유아에게 특정한 신체조절 기술을 가르치는 것도 중요하지만 이와 더불어 창의적인 신체적 표현을 하도록 지원함으로써 정신적인 성장, 몸을 움직이는 것의 느낌과 가능성을 경험할 수 있도록 할 필요가 있다. 또한 신체의 움직임은 표현적인 목적을 가지고 있어서 자신의 감정과 생각을 나타내는 수단이자 타인과의 비언어적 의사소통에서 중요한 기능을 한다는 것도 가르칠 필요가 있다. 유아들이 동작을 통하여 친구의 마음을 위로하고 격려할 수 있다는 사실을 깨닫는 것도 매력적인 신체탐구방법이 될 수 있다.

유아교육현장에서 건강교육의 내용으로 신체적 건강에 관한 내용이 주로 언급되고 있는 반면 정신적 · 사회적 건강에 관한 내용은 비교적 덜 다루고 있다(하새봄, 손원경, 2015). 이러한 사실을 고려하여 유아의 생동감 있는 움직임의 탐색이 제한된 공간 안에서 규범을 지키며 진행되어야 하며, 타인을 배려해서 이루어져야 한다는 것을 알도록 하는 것은 중요하다. 우리의 손짓과 몸짓, 그리고 행동은 하나님의 복음을 전하는 도구가 될 수 있다. 따라서 신체조절과 기본운동을 교육하는 과정도 하나님이 바라시는 인간관계를 형성하기 위한 의미 있는 과정이 될 수 있도록 계획되고 실시될 필요가 있다.

기본운동중심의 신체활동은 유아의 기초체력 향상과 신체활동의 즐거움을 느끼는 데 긍정적인 효과가 있다(황지애, 김성재, 2015). 유아는 신체활동게임을 통해 규칙과 전략 등을 스스로 결정하면서 자신의 감정과 행동을 탐색하고 자신의 내면세계를 통제하고 조절하는 자기조절력을 증진시킨다(신리행 외, 2015). 따라서 유아교사들은 다양한 동작활동과 게임을 실시하며, 실외놀이 영역을 통하여 자유로운 신체활동을 하는 것은 단순히 신체발달에 국한되지 않고 언어 및 사회정서발달 등 다른 발달영역에도 영향을 미치게 됨을 기억해야 한다.

(3) 신체활동에 참여하기

누리과정의 신체운동·건강영역의 세 번째 내용범주인 '신체활동에 참여하기'는 '자발적으로 신체활동에 참여하기'와 '바깥에서 신체활동하기', '기구를 이용하여 신체활동하기'로 구성되어 있다. 이 내용범주에서는 유아가 즐겁게 신체활동에 참여하도록 함으로써 자발적이고 지속적으로 신체활동을 할 수 있도록 하는 데 초점을 두며, 다양한 능력을 가진 친구들과 함께 신체활동을 하면서 또래들과 운동능력에 차이가 있다는 것을 알고 여러 가지 방법으로 활동할 수 있다는 것을 이해하도록 하는 데 중점을 둔다. 특히 바깥에서 자유롭게 움직임으로써 심신을 건강하게 하고, 대근육 발달을 도우며, 기구를 이용한 신체활동을 통해 기구를 탐색하고 활용하여 신체협응능력을 발달시키는 것을 중요하게 여긴다.

몸과 마음의 건강을 지키기 위해서는 운동하는 습관을 기르도록 지원할 필요가 있다. 유아들의 운동관련 생활습관은 교사나 부모 등 주변 성인들이 제공하는 환경에 의해 많은 영향을 받는다. 그러므로 자유로운 탐색이 제공되는 환경, 자유롭게 몸을 움직일 수 있는 시간과 공간이 필요함을 인식한 성인들의 보다 세심하고 적극적인 계획과 지도가 필요하다. 유아든 성인이든 부지런함보다는 나태함이 더 편하고, 땀을 흘리며 운동하는 것보다는 TV를 시청하며 뒹굴거리는 것이 더 쉽다. 이러한 사실을 고려할 때 유아교사는 유아들의 움직임을 촉진하고, 유능감을 지원함으로써 몸을 움직이는 것이 필요함을 자연스럽게 알 수 있도록 하며 이를 통해 통제력을 기를 수 있도록 교육해야 한다. 물론 유아들이 신체활동에 참여하여 자신만의 신체적 특성을 발견하는 과정은 창조주 하나님과 자신의 인격적 관계를 찾고 인정하는 과정이 되어야 한다. 다양한 신체활동을 하고 운동습관을 형성할 때 신체운동을 할 수 있는 몸을 주시고 몸과 마음의 건강을 유지하기를 바라시는 창조주의 마음을 기억하고 건강한 신체를 통해 무엇을 해야 할지를 깊이 생각해 볼 수 있는 시간을 갖는 것은 중요하다.

(4) 건강하게 생활하기

누리과정의 신체운동·건강영역의 네 번째 내용범주인 '건강하게 생활하기'는 '몸과 주변을 깨끗이 하기'와 '바른 식생활하기', '건강한 일상생활하기', 그리고 '질병 예방하기'로 구성되어 있다. 이 내용범주에서는 유아교육현장에서의 일과 중 유아의 건강 상태와 신체 리듬을 고려하여 규칙적인 생활을 하게 하는 데 주안점을 두고, 스스로 이 닦기, 손 씻기, 주변을 깨끗이 하기, 바른 식생활과 옷 입기 등의 기본생활습관을 익히고 실천하는 데 초점을 둔다.

건강하게 생활하기 위해서 반드시 유념해야 할 것은 신체적, 정신적 건강과 더불어 영적인 건강을 추구하는 교육을 통해 최선의 건강한 상태를 유지할 수 있어야 한다는 것이다. 건강한 삶을 살기 위한 교육은 영적인 건강을 해치지 않아야 하며 영적인 건강을 더 높은 수준으로 향상시키기 위한 것이어야 한다. 예를 들어 누리과정의 건강을 위한 식생활 교육에서는 좋은 음식을 알고 섭취할 수 있는 안목을 키우는 것을 중요한 교육의 내용으로 제시하고 있다. 좋은 음식이란 값비싼 음식이 아니다. 다니엘의 결단에서 알 수 있듯이 마음을 단정하게 하고 분별하는 영적인 지혜가 함께하는 식생활을 할 때 좋은 음식을 선택할 수 있다. 좋은 음식은 몸과 마음의 건강에 도움이 되는 음식임을 알 수 있도록 교육하는 것은 중요하다(다니엘 1:8-17).

예수님은 베드로의 사역을 확장시키고 당신의 구원 사역에서 제외되는 사람이 없음을 알게 하고자 베드로로 하여금 종교적인 의미로 금지하는 식품이 율법이 되어 스스로를 정결케 한다고 믿었던 유대인의 관습을 포기하게 하셨다(사도행전 10:9-16). 건강을 위한 식생활교육에서도 성경적 관점에서 볼 때 몸과 마음에 참으로 좋은 음식이란 어떤 것인지를 알 수 있도록 교육의 방향이 설정되어야 한다.

> [마가복음 7:18-19] 예수께서 이르시되 너희도 이렇게 깨달음이 없느냐 무엇이든지 밖에서 들어가는 것이 능히 사람을 더럽게 하지 못함을 알지 못하느냐 이는 마음에 들어가지 아니하고 배에 들어가 뒤로 나감이니라 하심으로 모든 식물을 깨끗하다 하셨느니라

(5) 안전하게 생활하기

누리과정의 신체운동·건강영역의 다섯 번째 범주인 '안전하게 생활하기'는 '안전하게 놀이하기'와 '교통안전 규칙 지키기', 그리고 '비상시 적절히 대처하기'로 구성되어 있다. 이 내용범주에서는 사전에 안전사고를 예방할 수 있도록 하는 것에 중점을 두고, 유아가 스스로 위험한 상황을 정확히 인식하고 대처할 수 있도록 지속적인 교육과 훈련을 하는 것에 주안점을 두고 있다. 유아안전교육은 위험한 사고에 노출되기 전에 유아가 건강하고 안전한 생활에 필요한 지식과 기능, 태도를 익힐 수 있는 충분한 기회를 제공하여 신체와 정신의 건강과 발달이 이루어지도록 하는 것이다(교육과학기술부, 보건복지부, 2013).

어린이의 안전사고 건수가 2016년 22,545건에서 2017년 25,699건으로 지속적으로 증가하고 있다는 한국소비자원(2018)의 조사결과를 볼 때 어린이의 안전은 여전히 교사와 부모를 비롯한 사회 전체가 심각하게 고민해야 할 과제이다. 안전한 사회가 되기 위해서는 먼저 법을 지키고 바르게 사는 정의로운 사회를 이루어야 한다. 그러나 한국사회는 최근 심각한 사회문제로 인식되고 있는 각종 안전사고가 발생하고 있음에도 불구하고 이를 통해 충분히 상황을 개선하고 있다고 볼 수는 없다.

몸과 정신, 그리고 영적으로 건강하기 위해서는 이 사회에서 성장하고 있는 유아들이 자연스럽게 안전한 생활을 하는 방법을 배우고 실천할 수 있도록 진정한 의미의 안전한 사회를 이루기 위한 노력이 선행되어야 한다. 하나님을 의지하고 하나님 안에 거할 때, 그리고 하나님께서 지켜 주실 때 안전하다는 것(레위기 25:19; 잠언 29:25)을 기억하고 하나님의 섭리 안에서 작동하는 사회를 이루는 것이 안전한 생활을 근원적으로 가능하게 함을 기억해야 할 것이다.

유아를 위한 안전한 사회를 만들어야 한다는 것과 함께 아동학대 사건으로 인해 아이들에게 어른을 경계하고, 신고하고, 학대를 피하는 방법을 가르치는 데 집중함으로써 사람에 대한 신뢰를 위협하는 것은 매우 염려스러운 상황이다. 안전교육과 함께 가정과 사회, 그리고 함께 생활하는 사람들에 대한 신뢰를 회복하고 유지하기 위해서는 누리과정을 실시하는 과정에서 부모 및 다른 가족들과의 긴밀한 연계가 이루어질 필요가 있다. 가정과의 연계나 가족참여를 통해 유아의 부모를 비롯한 우리 사회의 성인들이 유아를 안전하게 보호하는 것의 중요성을 인식하고, 이를 위한 구체적이고 실질적인 방안을 찾아볼 수 있는 기회를 보다 적극적으로 제공해야 한다. 이를 통해 유아들이 안전하게 생활할 수 있는 교육과정을 보다 효과적으로 실시하는 것이 가능하게 될 것이다.

[레위기 25:18] 너희는 내 규례를 행하며 내 법도를 지켜 행하라 그리하면 너희가 그 땅에 안전하게 거주할 것이라

[잠언 18:10] 여호와의 이름은 견고한 망대라 의인은 그리로 달려가서 안전함을 얻느니라

[잠언 29:25] 사람을 두려워하면 올무에 걸리게 되거니와 여호와를 의지하는 자는 안전하리라

3) 신체관을 변화시키는 교사

하나님의 형상을 닮아 지음을 받은 인간은 본래부터 진지하게 자신을 통찰하고 자신과 관련된 사람과 다른 모든 것들에 관하여 끊임없이 성찰할 수밖에 없다. 피조물 중에 유일하게 인간만이 존재하는 것 이상의 특명을 받았기 때문이다. 기독교사도 마찬가지로 교사로서의 자신에 대해서, 그리고 기독교적인 교육이 어떠해야 하는지에 관하여 끊임없이 고민하고 성찰하게 되어 있다.

기독교사는 세상에 속한 사람이면서 동시에 세상과 구별되는 존재로 살아야 한다는 소명을 가지고 있는 교사이다. 교육을 단순히 한 개인의 행동을 변화시키거나 그의 삶을 증진시키려는 의도적인 노력으로 보든지, 혹은 개인이 속한 사회가 요구하는 인재로 양성하는 사회적 차원의 노력이라고 보든지 간에 기독교사에 의해서 이루어지는 교육은 언제나 혁신이 필요하다.

교육개혁운동의 근본은 인간의 정신과 영혼을 살찌우는 힘을 가진 자유롭고 순결한 자연에 대한 동경, 근원적인 삶과 자연 그대로의 삶의 방식에 대한 동경, 내면성에 대한 동경, 인간의 개성에 따라 가꾸어 가는 특별한 삶에 대한 동경, 모험과 인간 본연의 힘의 계발에 대한 동경, 그리고 살아 있는 전체성에 대한 동경이라고 한다(Houser, 2000/2016). 오늘날도 교육현장의 혁신을 위하여 다양한 유형의 대안교육이 끊임없이 만들어지고 있다. 그러나 현재 우리 교육현장의 문제를 바로잡고자 제시되고 있는 대안교육을 우리의 교육에 대한 진정성 있는 성찰의 과정을 통해 나타나고 있는 진정한 의미의 대안교육으로 볼 수 있는가?

이러한 의문이 드는 것은 교육개혁의 주체들이 인간이 하나님의 피조물이라는 사실을 외면하고 있기 때문이다. 모든 인간이 항상 긍정적인 차원에서의 근원

적인 삶을 꿈꾸지만은 않는다. 그 증거인 인간의 공격성, 내면보다 외모를 중시하는 인간됨의 죄성 등을 인식하지 않는 한 무엇인가를 변화시키려는 이러한 노력은 필연적으로 근원적인 목표를 상실한 운동이 가지는 한계에 도달하게 될 것이다. 인간이 본연의 힘을 가지고 있는 것은 사실이지만 그 근원(구조)이 무엇인지를 잊고, 추구할 목적(방향)을 상실한다면 결국 인간 자신의 생동감 있는 전체성을 찾는 데 실패하게 될 것이다. 또한 인간이 스스로에 대하여 지속적으로 성찰을 한다 하더라도 언제나 정답을 찾아낼 수 있는 것은 아니다. 에들린(Edlin, 1999/2004)은 교육이 종교적 중립성을 가질 수 있다는 것은 비극이고 신화일 뿐 아니라 교육은 이제껏 한 번도 중립적인 때가 없었으며 앞으로도 절대 그럴 수 없다고 한다.

하나님 앞에 있지 않은 인간이라도 인간 자체의 모순과 불합리를 모르지는 않는다. 책임감도 없고 유한한 인간이 스스로를 신의 자리에 올려놓은 인간의 역사는 불안한 비극이라고 하라리(Harari, 2011/2015)는 성찰하고 있다. 인류의 역사에 대한 그의 진술이 옳고 그르고를 떠나 과거 어느 시대보다 더 강력한 힘을 갖게 된 인간이 그 힘으로 무엇을 할는지에 관해 거의 생각이 없으며 스스로 무엇을 원하는지도 모르는 채 현재 상태에 대하여 지속적으로 불만족하며 무책임한 신의 자리에까지 올랐다는 그의 관점은 불길할 만큼 설득력이 있다.

타락한 세상은 '그리스도 밖에 존재하며 죄에 의해 지배되는 구원받지 못한 삶의 총체(Wolters, 1985/1995)'이다. 즉 타락은 교회 밖의 세상만을 말하는 것이 아니라 교회를 비롯한 모든 영역에 영향을 끼치고 있다. 월터스(Wolters, 1995)의 말을 다시 생각해 보면 교회는 성결한데 교회 밖의 세상만 타락했다고 믿는 것은 오류가 있다. 그리고 교회 안에서 그리스도인들이 이렇게 생각하며 교회 안에서만 성결한 그리스도인으로 머물려고 하는 것이 그리스도인들로 하여금 인본주의의 물결을 더 이상 막아내지 못하게 만든 원인이라고 할 수 있다.

신체를 건강하게 유지하기 위해 음식을 먹고 운동을 하고 안전한 생활을 유지하기 위해서 어떻게 해야 하는지를 가르치는 것은 중요하다. 다만 이러한 교육을 할 때 인간의 자유와 자율성을 신뢰하는 인간 신체에 대한 신념이 하나님 나라와 어떻게 관련되는지를 엄밀하게 살펴보는 것은 중요하다. 이러한 과정을 통해 유아를 위한 신체운동·건강에 관한 교육과정이 기독교적 세계관에 부합되도록 운영되고 있는지를 반성적으로 돌아볼 수 있어야 한다.

본 장에서는 하나님 형상대로 창조된 인간의 모습을 바울의 인간관을 중심으로 살펴보았고, 하나님 형상이란 어떠한 의미를 갖는 것인지를 찾고자 시도하였다. 그리고 타락한 인간의 모습이 어떠한 현상으로 현대 사회에서 나타나고 있는지를 보면서 하나님 형상을 닮은 피조물로서의 인간 본래의 모습을 회복하기 위해서 우리나라의 국가수준 유아교육과정인 누리과정이 어떻게 유아교육현장에 적용되어야 하는지를 고민해 보았다. 본 장에서 살펴본 인간이 하나님을 닮은 형상으로 창조되었다는 근거라고 제시하는 다양한 주장과 증거들은 하나같이 인간을 다른 생명체와 구별되는 특성을 가진 존재로 구분한다. 인간은 감각적인 욕구에 예속되어 행동하는 존재가 아니라 이성적으로 사고할 수 있어서 인간 자신에 대해 탐구하고 반성적으로 사고할 수 있는 존재이다. 또한 약육강식의 세상에 살면서도 자신의 이익만을 추구하기보다 약자를 돌보려는 도덕적인 존재이며, 창조주와 유사하게 전에 없던 새로운 것을 추구하고 새롭게 표현할 수 있는 존재이다. 그리고 자신의 욕망을 따라 사는 것이 아니라 말씀에 따라 살아가는 경건한 삶을 꿈꾸고, 하나님, 자연, 인간과 능동적으로 관계를 맺을 수 있는 특성을 가진 존재이다. 이러한 인간 자신에 관한 끊임없는 깊은 성찰은 우리가 우리 속에서 하나님 속성의 그림자를 좀 더 알게 되기를 소원하게 한다.

현대사회에서 인간은 생태파괴, 기후변화, 예측할 수 없는 미래사회에 대한 불안에 직면하고 있다. 사람들은 이러한 불확실한 미래에 대한 공포에 세 가지의 방법으로 반응한다고 한다(Seymour, 1997/2001). 한 가지는 미래에 대하여 눈을 감고 두려움을 억누르거나 눈앞에 닥친 문제들을 그때그때 해결하는 데에만 초점을 맞추면서 우리 사회의 문제들을 교실에서 깊이 있게 다루려고 하지 않고 '거부'하는 것이다. 두 번째는 모든 해결 가능성을 포기하고 교실은 구속이 불가능한 영역이라고 믿어버리고 '절망'한다. 교실에서 교사로서 하나님 나라 회복에 대한 가능성에 절망하는 교사들은 하나님의 사역을 교회 안에 결박시켜 두고 학교는 세상의 풍조에 따라 운영될 수밖에 없다고 생각하며 불확실한 안전지대에 숨어버리게 된다. 마지막으로 기독유아교사들이 선택할 수 있는 가능성은 '소망'을 품고 교실로 들어가는 것이다. 소망을 가지는 교사는 고통에 대하여 공허한 약속이라고 부인하는 것이 아니라 십자가의 고통을 직접 대면하고 하나님이 원하시는 삶에 더 가까이 가기 위해서 어렵더라도 기꺼이 노력하고자 하는 '열심'이 있는 교사이다.

기독유아교사의 교실에서의 노력은 소망으로 충만하고 은혜로운 미래의 일부가 되기를 추구하는 헌신이어야 한다. 기독유아교사는 온통 불확실한 것들로 가득한 미래에 대한 두려움을 외면하지 않고 하나님 나라 구현이 가능한 미래를 향해 노력하되 십자가를 기꺼이 지는 소망을 가진 존재가 되어야 한다. 이러한 기독유아교사들에 의하여 실시되는 신체운동 · 건강교육을 통해 유아들은 몸과 마음과 영이 온전히 건강한 모습으로 자라게 될 것이다. 그리고 기독교세계관에 근거한 신체운동 · 건강영역의 교육을 통해 궁극적으로 하나님의 형상대로 창조된 인간의 모습으로의 회복을 소망하는 것이 가능하게 될 것이다.

우리나라의 모든 유치원과 어린이집의 교실에 적용되는 국가수준 교육과정을 기독교세계관으로 조명해 보는 이러한 노력이 이 땅에 하나님의 나라를 이루고자 하는 하나님 백성의 사역에 작지만 의미 있는 도움이 되기를 희망한다. 이러한 노력은 하나님의 형상을 닮은 기독교사인 우리가 온전히 건강한 상태를 회복하는 데 도움이 될 것이다. 그리고 이러한 회복을 통해 육체와 정신과 영이 조화를 이룬 생동감 있는 존재로서의 교사와 유아들이 자신의 몸을 하나님을 경배하고, 이웃을 섬기며, 피조세계를 다스리는 데 사용할 수 있게 되기를 기대한다. 창조주 하나님에 대한 소망을 품은 기독유아교사들이 우리 사회에 하나님의 나라를 이루기 위하여 각자의 교실에서 최선의 노력을 경주할 수 있기를 소망한다.

참고문헌

강규성(2016). 우리는 어디로 가야 하는가? 기독교세계관으로 조명하는 누리과정의 사회관계영역. 2016 추계학술대회. 한국기독교유아교육학회. 11-27.

교육과학기술부, 보건복지부(2012). 5세 누리과정 해설서. 서울: 교육과학기술부, 보건복지부.

교육과학기술부, 보건복지부(2013). 3~5세 누리과정 교사용 지침서. 서울: 교육과학기술부, 보건복지부.

권정기(2016). 빅토리아시대의 사회계급과 욕망. 서울: 경진.

김명현(2000). 생명체의 창조자에 대한 자연과학적 인식. 인간게놈해독완료 희망의 시작인가?. 17th 기독교학문학회.

김미경(2003). 기독교유아교육기관 교육과정평가를 위한 기초연구. 유아교육학논집, 7(1), 169-203.

김영선(2013). 경건주의 이해. 서울: 대한기독교서회.

김정준, 이하원, 임희옥(2014). 기독교세계관으로 조명한 누리과정의 자연탐구영역-탐구하는 태도 기르기와 과학적 탐구하기를 중심으로. 신앙과 학문, 19(2), 7-32.

민광민, 김혜옥(2012). 누리과정 신체운동영역에 대한 유아교사의 인식 및 활동내용 분석. 한국유아체육학회지, 13(1), 21-33.

박다니엘(2009). 하스몬 왕조의 헬레니즘화 정책: 헬레니즘 문화수용과 유대종교전통의 고수. 전남대학교 대학원 석사학위논문.

박병권(2008). 유아의 신체활동이 뇌 발달에 미치는 영향. 종합예술과 음악학회지, 2(2), 83-97.

박양조(1997). 두 권이 한 책에-성경사전 성구사전. 서울: 기독교문사.

신국원, 라영환, 서성록(2017). 예술의 창조적 영성. 서울: 예서원.

신리행, 이정애, 김영옥(2015). 움직임 요소에 기초한 신체활동게임이 유아의 기본운동능력과 자기조절력에 미치는 영향. 열린유아교육연구, 20(1), 289-316.

윤준호(1999). 기독교신체관의 성서적 고찰. 국민대학교 대학원 석사학위논문.

이기숙, 김정원, 이현숙, 전선옥(2018). 영유아교육과정(제4판). 고양: 공동체.

이만수(2014). 누리과정에 기초한 신체활동이 유아의 정서 및 사회성 발달에 미치는 영향. 열린유아교육연구, 19(1), 1-17.

이인성, 안을섭(2015). 유아교육기관에서의 유아체육활동과 유아의 신체적, 심리적 특성과의 관계 분석. 한국유아체육학회지, 16(1), 7-18.

임명수(2006). 바울의 기독교교육이념에 따른 신체관 연구. 한국체육대학교 교육대학원 석사학위논문.

임희숙(2010). 먹거리 문화에 대한 기독교 교육적 성찰. 기독교교육논총, 23, 273-296.

임희옥(2014). 하나님의 특별한 선물-관계를 맺는 언어. 기독교세계관으로 조명한 누리과정 의사소통영역 발표논문, 11-44. 한국기독교유아교육학회 2014년 추계 학술대회. 11월 15일. 서울: 총신대학교.

임희옥, 유혜숙, 서광일, 김정준(2010). 기독교 세계관으로 조명한 유아 교육하기. 서울: 창지사.

전광식(2004). 헬라문화의 황혼과 철학의 정체성: 아카데미 폐쇄 이후 6~7세기 알렉산드리아 학파의 철학적 작업에 대한 연구. 2002년도 선도연구과제.

정희영(2013). 누리과정에 담긴 세계관 분석. 기독교세계관으로 조명한 누리과정의 자연탐구영역 발표논문, 9-41. 한국기독교유아교육학회 2013 추계 학술대회. 11월 2일. 서울: 총신대학교.

조쟁규(2001). 바울의 '몸'사상이 체육에 주는 의미. 한국체육학회지, 40(1), 62-73.

조준명(2011). 기독교와 체육사상에 대한 고찰. 교육논총, 48(1), 159-168.

지형은(2003). 갱신 시대의 요청: 경건주의 연구. 서울: 한들출판사.

차건수, 강진홍(2001). 성경에 나타난 건강의 의미와 건강교육의 방향에 관한 연구. 한국체육학회지, 40(2), 99-109.

철학아카데미(2006). 철학, 예술을 읽다. 서울: 동녘.

최태린, 유구종, 조희정(2015). 유아의 자아존중감이 교사-유아 관계에 미치는 영향. 열린유아교육연구, 20(1), 507-527.

하새봄, 손원경 (2015). 유아건강교육에 대한 어린이집 교사의 개념도 분석. 교사교육연구, 54(2), 188-198.

한국소비자원 (2018). 2017년 어린이 안전사고 동향 분석. 서울: 한국소비자원.

황지애, 김성재(2015). 기본운동중심의 신체활동이 유아의 기초체력과 신체활동 즐거움에 미치는 효과. 어린이문학교육연구, 16(4), 435-468.

Ashton, J.(편저)(2013). 감추어진 신: 50인의 과학자가 창조론을 믿는 이유(안종희 역). In six days: why fifty 50 scientists choose to believe in creation. 서울: 케루빔.

Banks, R. J.(2007). 바울의 공동체 사상(장동수 역). Paul's idea of community: The early house churches in their cultural setting. 서울: IVP.

Bebbington, D.(1997). 역사관의 유형들(김진홍, 조호연 역). Patterns in history. 서울: IVP.

Bible4U(2018). 몸, 육체. http://www.bible4u.co.kr (2018. 4. 10. 인출).

Brand, P. & Yancey, P.(2016). 그분의 형상을 따라(최종훈 역). In his image. 서울:포이에마.

Edlin, R. J.(2004). 기독교교육의 기초(기독교학문연구회 교육학분과 역). The cause of christian education. 서울: 그리심(한국로고스연구원).

Green, Jr. A. E.(2000). 기독교세계관으로 가르치기(현은자, 정희영, 황보영란 역). Reclaiming the future of Christian education: a transforming vision. 서울: CUP.

Harari, U. N.(2015). 사피엔스(조현욱 역). Sapiens: a brief history of humankind. 서울: 김영사.

Houser, A.(2016). 문학과 예술의 사회사(백낙청, 염무웅, 반성완, 역). 서울: 창비. (원전은 2000년에 출판).

Knight, G. R.(1995). 철학과 기독교교육(박영철 역). 서울:침례신학대학교 출판부.

Lucado, M.(2002). 너는 특별하단다(아기장수의 날개 역). You are Special. 서울: 고슴도치.

Middleton, R. & Walsh, B. J.(1987). 그리스도인의 비전(황영철 역). The Transforming vision. 서울: IVP.

Opitz, D. & Melleby, D.(2010). 공부하는 그리스도인(이지혜 역). The Outrageous idea of academic faithfulness. 서울: IVP. (원전은 2007년에 출판).

Pascal, B.(2015). 팡세(김형길 역). Pensées. 서울: 서울대학교출판문화원.

Research Institute for Healthcare Policy Korean Medical Association(2014). Statistics of Korean Medical Association Members 2013. Retrieved from http://www.rihp.re.kr/.

Seymour, J.(2001). 기독교교육의 지도 그리기(고용수 역). Mapping christian education: approaches to congregational learning. 서울: 한국장로교출판사.

Van Brummelen, H. W.(2006). 기독교적 교육과정 디딤돌(이부형 역). Steppingstones to curriculum: A biblical path. 서울: IVP.

Wolters, A.(1995). 창조 타락 구속(양성만 역). 서울: IVP.

〈웹 사이트〉

위키백과(2018). 빅토리아시대 https://ko.wikipedia.org (2018. 5. 10. 인출).

한국갤럽(2015). 외모와 성형수술에 대한 인식조사. http://www.gallup.co.kr/gallupdb/reportContent.asp?seqNo=656 (2018. 5. 8. 인출).

제3장

의사소통영역

: 하나님의 특별한 선물, 관계를 맺는 언어

임 희옥(수원대학교 교육대학원 유아교육과 교수)

소통, 타자의 관점이 해답이다.

노나라 임금은 날아들어 온 아름다운 새 한 마리를 황금 새장에 모셔놓고 새가 먹을 수 없는 산해진미와 함께 음악까지 들려주며 온갖 애정을 쏟아 극진히 대접하였다. 그러나 새는 슬퍼하며 아무것도 먹지 않고 사흘 만에 죽고 말았다. 노나라의 임금은 그토록 사랑했던 그 새를 다시는 볼 수 없게 되었다.

문제는 노나라 임금이 그 새를 사랑하지 않은 것이 아니라는 사실이다. 그가 새라는 타자와 관계 맺을 때 새를 자신과 같은 사람처럼 대접했기 때문이다. 새를 기르는 방법으로 새를 기르지 않은 것이다.

이러한 의사소통의 논의에는 창조주 하나님을 내 삶의 주인으로 보는 사람과 신이란 실존하지 않는 가상의 존재로 생각하는 사람들 간의 소통이 얼마나 어려울지 생각하게 한다. 노나라 임금이 새를 사람으로 대한 것처럼 우리도 타자가 나 자신인 것처럼 소통하는 방식에 문제를 제기할 수 있다.

사람과 사람의 소통에는 가장 보편적으로 자신이 속한 공동체의 언어를 사용하는 것을 전제로 한다. 그러나 말이 같다고 소통이 어디 그리 쉬운 일인가? 우리들도 종종 노나라 임금처럼 아이들을 황금새장에 가두어 놓고 미래에 도움이 된다고 산해진미 같은 교육을 강요하고 있는 건 아닐까?

하나님께서는 기꺼이 우리에게 먼저 다가오셔서 말씀(언약)으로 우리의 삶에 개입하셨다.

1 관계를 맺는 도구, 언어

1) 소리의 여행

(1) 소리가 가는 길

소통하기 위하여 사용하는 언어의 범주에는 구어와 문어뿐 아니라 신체언어와 표정까지 포함시키기도 한다. 그러나 흔히 의사소통 과정에서 가장 먼저 그리고 빈번하게 사용되는 주된 도구는 역시 음성언어이다. 당연한 것처럼 언어를 통해 소통하고 살지만 음성언어를 생성하여 타자에게 전달하는 데 관여하는 신체기관의 시스템은 생각보다 매우 복잡하다.

우선 발성과정에는 메시지를 보내는 뇌, 뇌의 명령에 따라 공기의 흐름을 늦추는 폐와 횡격막, 공기가 지나가는 통로인 기도, 목구멍, 성대, 후골 그리고 구강 내에서 소리를 차별화시키는 입술, 혀, 치아의 협동 활동이며 소리를 운반하는 공기와 그를 음파로 전달하는 생물학적 구조가 사용된다(Crystal, 2013).

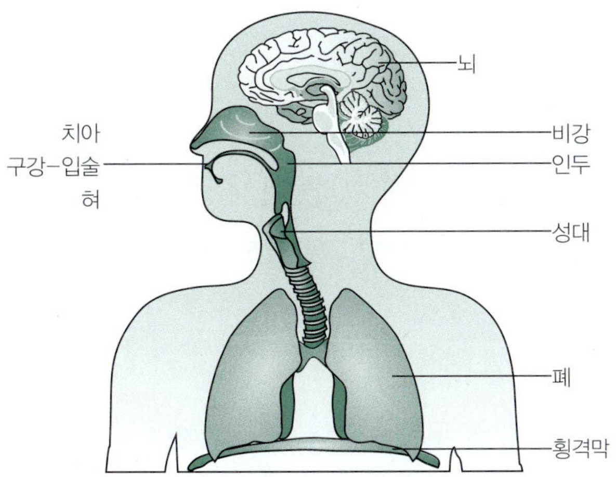

[그림 3-1] 발성과정의 생물학적 구조

또한 발성된 소리를 수용하는 과정에는 여러 차례 그 에너지를 변환하며 전달한다. 청각기관은 '음향에너지'로 발생된 소리를 S자 모양의 외이도를 지나며 음파를 반사하여 고막까지 전달하고, 고막을 통해 음향에너지를 진동시키는 '기계에너지'로 바뀐 소리는 이소골(3개의 단단한 뼈)을 지나고 전정기관과 와우골(달팽이관)을 지나며 '유체에너지'로 변환된 다음, 청신경에서 뇌로 전달되는 전기에너지로 모양을 바꾸어 가며 전달되는 복잡한 생물학적 구조이다(김승국, 1996).

하나님의 놀라우신 창조솜씨에 탄복하지 않을 수 없다.

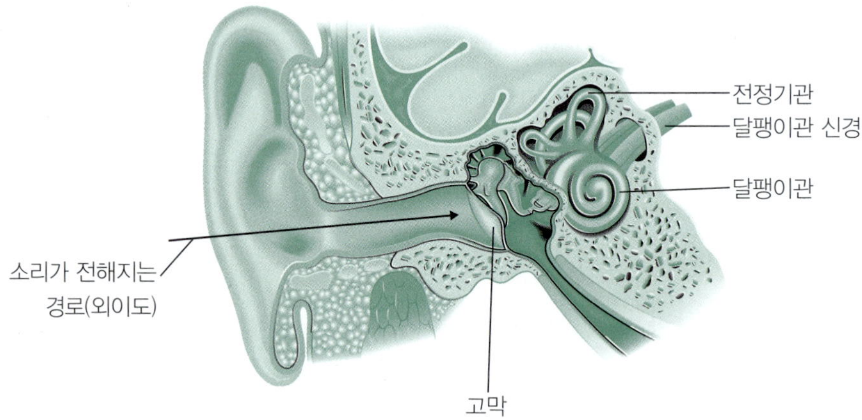

[그림 3-2] 에너지가 변환되며 전달되는 소리

그렇지만 인간 간의 의사소통이 신체적인 발성기관과 청각기능만으로 화자의 메시지를 청자에게 그대로 전달하면 그만인 단순하고 기계적인 존재가 아니다.

(2) 소리, 말, 언어

생후 5개월 된 아기도 자기 집단의 말투와 타 집단의 말투를 구분할 줄 알 뿐 아니라 자기 집단의 말투를 선호한다고 한다(Kinzler et al, 2007). 겨우 백일잔치를 할 무렵, 조카에게 '잼잼'을 가르쳐 본 적이 있다. 조카는 '솔 도 도 레'의 멜로디와 독특한 리듬을 따라 반복하는 나의 손동작과 소리를 유심히 보고 듣다가 손바닥을 접었다 펴는 동작을 하게 되었다. 그런데 손녀딸의 이 모습을 보고 너무 기뻐하시던 어머니가 손녀 곁에 다가가셔서 '잼잼'을 연신 외쳤는데 웬일인지 아이는 신기한 눈으로 그저 바라보기만 했다. 내 판단으론 나와 어머니의 '잼잼'이 멜로디와 리듬이 전혀 달랐기 때문인 것 같았다. 다시 원래대로 내가 들려주자 아이는 웃으며 다시 손바닥을 쥐었다 폈다. 어린 아기도 소리의 높낮이를 구분할 수 있다. 그래서 아주 어린 아기도 모국어와 엄마의 음성에 반응을 하게 된다.

들을 수 있는 귀와 발성기관을 가진 인간의 아기는 태어나 별다른 특화된 교육활동 없이 듣기만 하고도 불과 2~3년 만에 여러 단어를 말하고 그것을 문법의 규칙에 따른 문장으로 만들어 간다. 그리고 종내에는 타인과 소통이 가능해진다. 이러한 아기 언어의 변화는 우리가 외국어를 습득하기 위해 애쓰는 노력과 비교해 볼 때 매우 놀라운 변화임이 분명하다.

2) 언어의 시작, 미지의 시원

15종이 넘는 언어지도 혹은 언어교육이라는 대학교재를 살펴본 결과 예비유아교사들을 위한 대학의 〈유아언어교육〉 교재는 한결같이 언어의 정의와 기원, 언어발달의 역사를 소개하는데, 정작 그 시원은 알 수 없다고 고백한다. 간혹 성경의 창세기에서 말씀으로 세상을 창조하신 하나님과 바벨탑 사건을 다루는 교재가 있으나 "지금까지 세상에 알려진 어떤 신화보다 인간 언어의 다양성을 적절하게 설명하고 있는 신화"라는 틀로서 설명하고 있다.

(1) 진화론자의 고민

다윈은 인간의 언어를 진화론 속에 반영시키고자 했지만 언어에 관한 한, 원숭이의 몸짓언어로부터 비롯되었다는 그의 주장에 한계를 느꼈던 것 같다. 그는 "인간과 다른 동물이 차이가 나는 것은 오로지(differs soley) 다양한 음성과 생각을 결합시키는 거의 무한정으로 큰(almost infinite) 능력에 있다."며 인간언어의 탁월성에 탄복하였다. 진화론자들은 침팬지의 발성기관과 비교해서 인간의 턱 구조가 진화해서 정밀한 조음을 할 수 있게 되었다고 보지만, 그것은 조음구조에만 해당되는 것이고 정작 인간의 다양한 언어구사능력은 단순히 소리 내는 기능 이상의 능력이 필요하다. 그리고 만약 진화되어서 인간의 언어가 특별하다면 왜 침팬지는 아직도 존재하며 그들의 언어는 왜 진화하지 못하는 건지 설명할 수 없다.

사실 인간 개인의 초기언어의 습득에 대한 가설들은 탄생과 성장을 통해 곁에서 관찰하며 발견할 수 있지만, 인류 초기 언어의 기원에 대한 것은 적어도 문자의 발견 이전의 양태이니 확인하기가 더욱 어려운 것이 사실이다. 그렇다고 예비교사용 교재에 담긴 멍멍설[1], 아하설(쯧쯧설)[2], 딩동설[3] 등의 가설들은 그리 논리적이지도 합리적이지도 않다. 멍멍이는 태어날 때부터 자신의 고유한 소리를 가지고 태어나 자신의 감정을 표현하는데, 어떻게 인간은 제 소리가 없어서 멍멍이의 소리를 흉내 내다가 그토록 완벽한 언어를 습득했다고 믿을 수 있단 말인가? 어릴 적부터 진화론을 과학적 사실로 배워온 나로서도 진화의 과정으로 제시하는 이러한 이론은 신뢰할 수가 없다. 차라리 천지창조부터 이미 소통할 수 있는 존재로 하나님께서 창조하셨다는 가설을 믿는 것이 더 합리적이지 않은가?

진화론적 관점의 연장인 행동주의 이론은 유아언어의 습득이 성인 언어의 모방과 관찰에 의해서라고 주장한다. 초기 언어가 어휘 중심의 습득이라는 사실은 순전한 모방으로 언어습득을 해석하기 어렵게 한다. 특히 유아의 언어발달과정에서 성인들이 사용하지 않는 어휘와 특정 문법의 확대 적용 같은 사례는 진화론적 관점으로 설명하는 데 한계가 있다.

---

1) 멍멍설: 개의 짖는 소리를 듣고 따라서 발성하면서 언어를 습득했을 것이라는 가설.
2) 아하설: 언어의 시원이 특이한 현상이나 대상을 보며 놀라는 감탄사로부터 시작되었다는 가설.
3) 딩동설: 사물에서 나는 소리를 표현하려는 데에서 시작되었다는 가설.

언어 초기, 둘 내지 세 개의 어휘로 간단한 문장을 만들어 사용하는 영아들은 종종 부정형 문장의 부사인 '안'을 확대해서 사용한다. 바라보는 상대가 엄마가 아니라는 주장을 '안 엄마야!'라고 말하는 식이다.

(2) 생득론자의 도구

촘스키는 인간언어 표현의 무한성은 자연수의 무한성과 유사하다고 묘사함으로 인간언어 표현의 다양한 확장성에 감탄을 보냈다. 그는 인간의 언어능력은 다른 동물들과 '유일하게' 다른 능력이 아니라 '우선적으로(primarily)' 그리고 '거의 무한정'이 아니라 '한계가 없다'고까지 주장하였다. 그리고 그 능력은 (심각하게 비정상적인 경우를 제외하고는) 인류 전체가 보편적으로 가지고 있는 '언어각(faculty of language)'[4]이라는 뇌의 부위 때문이라고 보았으며, 언어습득기제(language acquisition device)를 통해 자신이 들은 언어와 언어 그 이상의 것(문법)을 산출해 내는 능력이 있다고 주장하였다.

촘스키(Chomsky, 2007)는 특히 언젠가는 인간의 뇌에 대한 연구가 발달해서 언어와 관련된 기제를 발견할 것이라고 기대했는데, 실제로 20세기 들어와서 뇌 연구의 발달로 부분적이기는 하나 브로카영역과 베르니케영역처럼 언어능력에 밀접하게 관련된 부분을 발견하게 되었다. 그러나 언어의 습득과 사용에 대한 모든 과정을 완벽하게 이해하기에는 아직 멀었다. 뇌생리학적으로 일부 해석이 가능하나 전 세계적으로 각각 다른 언어를 일정한 단계를 따라 변화하는 언어발달을 설명하지는 못하고 있다. 의학적 신체구조나 화학적 설명으로 인간의 발달을 설명하는 데는 인간을 물리적 존재로만 의식하고 영적 존재로서의 가치를 외면하는 위험이 따른다.

4) 언어각: 시각, 청각, 촉각, 후각, 미각의 5감각 같은 의미의 언어에 대한 각.

진화론자는 생물학적으로 타고난 특별한 언어능력을 진화론으로 설명할 수 없었고, 생득론자는 '언어습득기제'라는 관찰하거나 증명할 수 없는 뇌의 기제를 통해 설명할 수밖에 없었다.

3) 사회적 의사소통

진정한 의미의 의사소통은 누군가 말하는 사람이 있고 그 말을 듣는 사람이 있다면 곧 의사소통이 된다는 단순한 공식으로 성립될 수 없다. 의사소통의 두 주체가 일방적으로 듣기만 하거나 말하기만 하는 과정 그 이상의 단계가 있어야 된다는 뜻이다.

말하는 사람에게는 자신의 이야기가 상대방의 언어와 상대방의 수준으로 전달해야 하는 능력이 있어야 하고 듣는 사람은 말하는 이의 이야기를 소리로 듣는 것이 아니라 말의 의미를 마음으로 들어야 진정한 소통이 가능하다. 즉 듣고 말하기 위해서 혹은 읽고 쓰기 위해서 인간은 생각하고(thinking) 대상과 그 대상이 전달하려는 내용을 바라보고(viewing) 상상하는(drawing) 능력을 동시에 발휘하게 된다. 3살 남짓 아이의 말을 듣고 그 마음을 이해하고 적절한 대답을 들려주려는 교사의 노력과 능력이 있어야 교사-유아 간의 소통이 가능해진다. 비슷한 연령, 비슷한 학력, 비슷한 환경에서 성장한 가족들 간에 그리고 벗들 간에 오해를 쌓는 것을 감안하면 어린이와 통하는 유아교사의 소통능력은 대단한 능력이라고 해야 할 것 같다.

(1) 의사소통의 이해

교실에서의 교사-유아 간 의사소통은 의견을 조정하고 새로운 정보를 산출해 나가는 관계가 되어야 가능하다. 따라서 정보를 전달하고 그대로 받아들이는 대화는 진정한 의미의 소통이 아니고 단지 전달일 뿐이다. 어떠한 관점과 접근으로 인간의 의사소통 문제를 보느냐에 따라 의사소통은 각기 다른 의미를 지닌다(유혜령, 2003).

오랫동안 인간들 간의 의사소통에 관한 연구는 하나의 시각, 즉 코드모델(code model)에 근거하여 왔으나, 그와 대비되는 추론모델(inferential model)이 제기되었다(Sperber & Wilson, 1986; 오문자, 2003, 재인용). 이 두 가지의 모델은 의사소통과정을 각각 아래와 같이 설명한다.

전자의 입장에서 본 의사소통은 화자가 메시지를 코드로 만들어 내면 청자는 그 코드를 풀어내는 과정으로 본다. 따라서 이 모델을 교실 안으로 적용한다면 의사소통은 화자인 교사가 지식을 갖고 전할 때, 청자인 유아는 그대로 잘 받아내어야 하는 과정이다.

화자 ➡ 메시지 ➡ 청자

[그림 3-3] 코드 모델

그러나 같은 언어로 소통하면서도 서로 오해를 쌓는 경우가 얼마나 많은가? 특히 유아교사들은 교실에서 전달자일 뿐 아니라 유아의 제한된 언어표현의 이야기를 특정 상황과 맥락하에서 해석하여야 한다. 자유선택활동시간에 교사가 유아들을 지속적으로 관찰하며 접근하는 이유가 그 때문이다. 유아 역시 교사의 이야기를 자신이 처한 상황에 따라 해석하므로 메시지와 함께 당시의 상황을 어떻게 해석하느냐가 소통의 중요관건이 된다는 것이다.

박정순(1995)은 의사소통을 단순히 〈송신자-메시지-수신자〉의 시스템(코드모델)으로 보는 객관주의적 관점과 비교하여 추론모델의 의사소통을 다음과 같이 설명하였다.

첫째, 의사소통이란 '함께 공유하는 것'으로 메시지를 보내는 사람과 받는 사람이 의미를 공유하는 것이다. 즉 의미를 서로 교환하고, 교환하면서 새로이 생성된 현상은 공유하게 된다.

둘째, 말을 듣는 사람과 듣는 사람의 마음이 중요하다. 대화는 귀로 듣는 것이 아니라 마음으로 듣는 것이기 때문이다.

셋째, 마음으로 듣는다는 것의 의미는 메시지를 들으면서 듣는 이가 해석해야 하는 것이다. 의사소통의 목적은 다른 사람의 행동과 마음에 영향을 미치는 영향력의 행사가 아니라 서로 메시지를 함께 만들어 가는 것이다.

따라서 의사소통 및 대화과정은 대화하는 당사자의 메시지 전달만큼 대화과정이 더 중요할 수 있다.

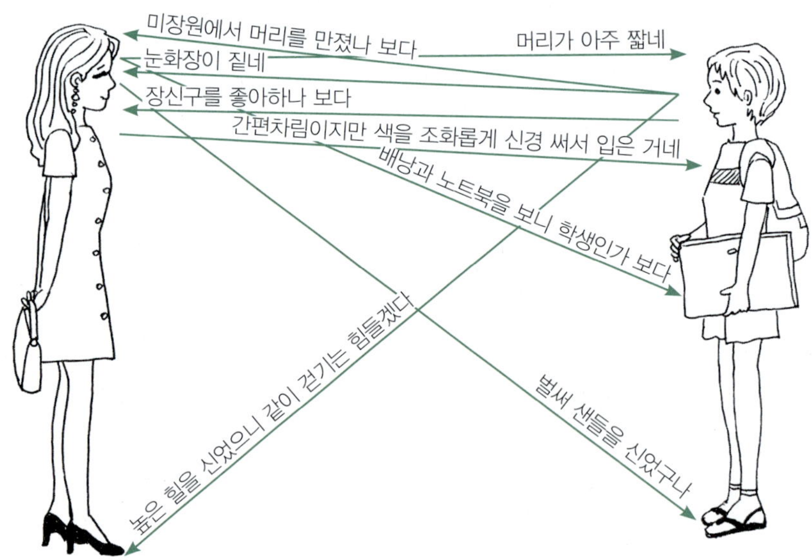

[그림 3-4] 추론모델의 의사소통

결론적으로 언어란 가치중립적인 수단일 수 없다. 이미 언어는 그 자체가 가치내재적(value laden)이다. 말하는 사람이 사용하는 어휘의 선택과 음성의 조절, 내용에 그의 가치관이 드러나고 듣는 사람의 독해력 또한 그의 가치관에 의존하기 마련이다. 교사의 언어가 중요한 이유가 바로 그것이다. 교사는 어떤 언어를 어떠한 태도와 어떤 표정으로 사용하느냐에 따라 말 그 이상의 수많은 메시지를 유아에게 전달하게 되기 때문이다. 누리과정의 의사소통영역을 '관계 맺는 언어'라는 주제로 접근하는 이유가 바로 이것이다.

쉬어가기

혼잣말처럼, 의사소통과 전혀 무관한 언어도 있다. 놀이하며 혼잣말을 하는 어린이, 실림실이를 만지며 혼잣말을 하는 노인의 언어는 타자와 소통하기 위한 언어가 아니다.
조금 다르지만 반려동물과 눈을 마주치며 동물의 표정과 소리의 반응을 스스로 해석하며 혼잣말을 하기도 한다. 자동차를 타고 가며 내비게이션에게 말을 던지기도 하고 로봇청소기를 따라가며 말을 걸기도 하는 기계를 상대로 혼잣말을 하기도 한다.
어쩌면 인간의 언어는 먼저 자신과의 소통을 시도하는 혼잣말(사고)일지도 모르겠다.

(2) 의사소통의 원리

'노나라 임금이 종묘 안에 데리고 와서 키운 바닷새 이야기'를 통하여 장자는 소통이 불가능한 관계를 "새를 기르는 방법으로 새를 기르지 못한 것"이라고 하였다(강신주, 2005). 최근엔 많은 사람들이 이 이야기를 어떠한 선입견이나 편견도 갖지 말라는 의미로 이해하지 않고, 더 나아가 다른 사람(타자)을 만나서 서로 옳고 그름(서로 다름이 아니라)을 따지는 것이 문제가 있다고 보는 것이다. 과연 우리는 옳고 그름에 대한, 그리고 최고의 실존(하나님)에 관해 공유하는 가치관이 전혀 없는 관계에서도 진정한 소통이 일어날 수 있을까?

대체적으로 우리는 공동의 공간을 공유하는 자, 시간적으로 동시대에 살아가는 자들끼리 역사와 문화를 공유한다. 따라서 대단한 자기성찰을 하지 않는 한,

자신이 속한 공동체 안에서 태어나 여전히 그 안에 소속되어 있을 때는 자신의 내면화된 선입견이 잘 의식되지 않는다. 하지만 다른 공동체에 속한 사람과 만나게 되면 자연스럽게 자신의 관점으로 타자를 평가하고 판단하게 된다. 이러한 견해를 흔히 편견이라고 정의하고 서로 다른 관점을 무조건 수용하라고 강요하는 포스트 모던 시대를 살고 있다.

종종 다원주의 사회에서 강조하는 위와 같은 견해는 유일신과 유일한 구속의 방법을 믿는 기독교진리를 흔히 '소통이 불가능한 편견'이나 '자신들만의 구원의 길을 주장하는 독선적 종교'라고 비난하곤 한다. 하지만 기독교가 모든 문화적 차이를 거부하는 것이 결코 아니다.

창조와 구속의 하나님을 유일신으로 믿는 신앙을 제외하고, 기독교는 모든 인간 사회의 의식주와 관련된 차이를 적극 수용했다. 오순절 다락방 사건부터 오늘날 수많은 전 세계의 교회는 단일한 예배의식, 단일한 성전, 단일한 경전의 언어를 고집하는 이슬람교와 분명한 차이가 있다(임희옥, 2012). 자신들의 건축문화를 예배당에 접목시키고, 시대의 흐름과 문화적 변화에 따라 예배형식을 변화시켜 가고 있다. 또한 세계의 수많은 언어로 그들의 문화적 배경을 통해 성경을 번역하고 재해석하고 있다. 흰 눈을 한 번도 본적이 없는 종족에게 피와 같이 붉은 죄가 흰 눈처럼 더 희어진다는 말씀을 번역하기 위해 고심하던 선교사가 코코넛 열매 속처럼 하얘진다고 변형시킨 것처럼 말이다.

4) 언어학에 대해 알아보기

혹시 언어학이라는 타 학문분야의 용어가 교사들을 머리 아프게 하는 건 아닌지 걱정이 된다. 그러나 겁내지 말고 읽어 보면 고교시절 국어시간에 들어 본 기억이 날 수 있을 것이다. 유아교육학이 유아에 대해 연구하고 탐구하는 학문이듯이 언어학은 말 그대로 언어에 대해 탐구하는 학문이다. 유아교육은 연구대상이 사람이고 언어학은 그 대상이 사람의 언어이다. 유아나 언어는 모두 유동적이다.

> 어느 고등학교 영어교사가 시험을 마친 학생들에게 물었다.
> "얘들아 시험 잘 봤니?"
> "네! 하얀 건 종이였구요. 까만 건 글씨였어요!"
>
> 또 다른 선생님. 열심히 이론을 설명하시고 확인하셨다.
> "얘들아 이해가 가니?"
> "그럼, 다음 해가 와요~"
> 언어유희를 즐기는 학생들이다.
> 그리고 그런 대답을 웃음으로 수용하신 교사는 더욱 훌륭하다.

(1) 언어학의 분류

전통적인 언어학은 구조주의 언어학으로 조음기관에서 형성되는 음성의 성격을 규명하는 음성학, 자음과 모음 48개의 음소 조화를 연구하는 음소론과 운율적 특성, 소리의 고저 장단, 강약을 연구하는 음운론, 독립형태소와 조사, 어간, 어미, 접사 등의 의존형태소와 상관관계를 살피는 형태론, 단어와 단어가 결합하여 구와 문장을 이루는 규칙 및 문장의 변형규칙을 연구하는 통사론 등 언어자체의 구조와 문법을 주로 연구과제로 삼았다.

또한 언어학은 공시언어학과 통시언어학, 이론언어학과 응용언어학, 미시언어학과 거시언어학으로 구분하기도 한다.

공시언어학(共時言語學)이란 특정한 시기의 언어구조를 기술하며, 통시언어학(通時言語學)은 언어의 역사적 발달 및 구조적 변화를 기술한다. 이론언어학은 언어구조의 일반이론이나 언어들의 기술을 위한 이론적 틀을 다루며, 응용언어학은 언어학의 발견과 과학적 분석방법을 언어교육의 개선방안 및 언어 정책 같은 실제적인 과제에 응용한다. 미시언어학은 언어 자체의 분석에만 치중하며, 거시언어학(또는 분야 간 언어학)은 언어의 사회적 기능, 말의 산출과 이해의 기초를 이루는 심리적 기능 또는 언어의 미적·의사소통적 기능 등 언어의 다양한 측면을 모두 포함한다. 여기에는 심리언어학, 사회언어학, 인류언어학, 전산 및 수리언어학, 방언학, 문체론 등까지 포함된다(Daum 백과사전, 2014. 10. 3.).

그러나, 최근 언어학이나 언어에 대한 교육계의 관심도 언어자체(어휘의 의미와 문법 대화법 같은 규칙의 습득)보다 언어의 사회적 기능과 심리적 기능, 그리고 의사소통적 기능(거시언어학이라고 하는)에 대해 관심을 쏟고 있다. 새롭게 등장한 심리언어학, 응용언어학, 신경언어학 및 사회언어학은 언어의 사용에 관한 용법과 규칙뿐 아니라 언어적 변이와 사회적 조건들을 함께 연구하여 언어적 요인들과 사회적 요인을 함께 고려해야만 복잡하면서도 규칙의 지배를 받는 언어적 행위를 설명할 수 있다고 보는 거시언어학인 셈이다.

(이런 전문용어를 모른다고 해서 대화를 못 하거나 언어교육에 관련된 유아교육 분야의 연구물을 읽을 수 없는 것은 아니니 참 다행인 셈이다.)

(2) 언어능력, 타고나는 것인가?

유아교사들은 대학에서 유아의 언어발달에 대해 배우면서 촘스키에 대해 듣게 된다. 촘스키의 언어습득기제는 유아교사로 하여금 유아에게 말을 훈련시키기보다 다양하고 교양 있는 언어모델로서의 역할에 대한 책임감을 느끼게 한다.

[그림 3-5] 촘스키

촘스키는 다양한 언어 환경에 있는 유아들이 비슷한 시기에 언어체계를 습득하고 지능의 차이에 관계없이 모두 5~6세가 되면 모국어를 이해하고 구사하는 것을 인간이 생득적으로 타고나는 장치에 의한 것이라고 믿는다.

촘스키는 언어에 대한 다음과 같은 관점을 가지고 있다(Spolsky, 1998).

① 언어를 안다 함은 규칙과 원칙의 체계를 숙달하는 것이다. 즉 유아가 성인들의 언어를 들으면서 그 속의 문법구조를 파악한다고 믿었다.
② 촘스키는 어린이가 이러한 문법 지식을 얻는 방식은 언어 성장의 과정 속에서 발달하는 갖가지 체계를 매우 정확하게 결정하는 풍부한 생물학적 기질을 바탕으로 한다.
③ 언어의 사용은 규칙의 지배를 받는 행동이라고 본다.
④ 그러나 언어사용은 항상 새로운 형태를 생산하고 새로운 해석을 제시한다는 의미에서 창조적이다.

즉 촘스키는 언어습득기제라는 생득적 체계에 기초를 두지만 언어는 사용하는 사람에 의해 새롭게 창조된다고 보았다.

(3) 문자언어, 시공간을 뛰어넘는 의사소통

[그림 3-6] 갈릴레오

최근 유아교육과정은 언어발달이나 언어생활에서 '문자언어에 대한 관심을 갖도록 하는 목표'를 추구하고 있다. 갈릴레오는 언어의 능력에 대한 그의 놀라움을 다음과 같이 표현하였다. "언어란 굉장히 비밀스러운 생각들을 다른 사람에게… 그것도 24개의 작은 글자(한글도 24개의 자. 모음)들을 종이 위에서 다양하게 배치하는 만큼의 수고를 가지고서 멋지게 전달하는 수단이다(Chomsky, 2007)."

글자로 된 언어, 文語(문어)는 시공간을 초월하는 인간 언어의 결정체이다. 짐승의 뼈, 돌과 쇠붙이, 점토판, 대나무 등의 나무 조각, 파피루스, 양피지, 비단

등에 남은 기록(부길만, 2008)들은 문자에 대한 역사를 추측하게 도와준다. 증거 자료가 기록으로 남아 있어서 볼 수는 있지만 여전히 정확하게 문자의 발달이 어떻게 이루어졌는지를 밝히는 것은 간단치가 않다.

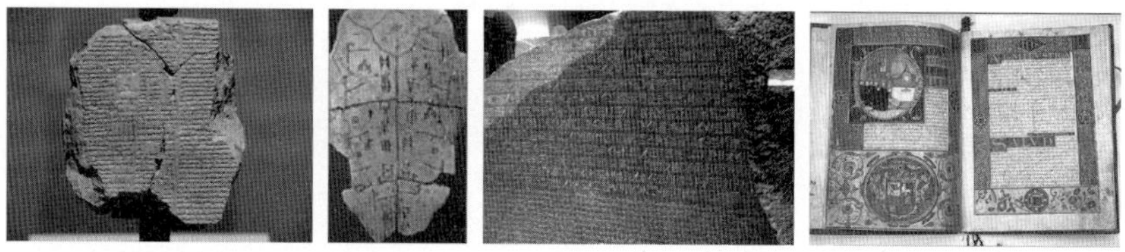

흙판 갑골문자 로제타 스톤 양피성경

[그림 3-7] 기록으로 남은 문자들

단순히 문자를 배우는 것이 아니라 문자를 통해 의사소통할 수 있다는 것은 인간을 더욱 다른 생명체와 구분할 수 있는 의미 있는 차이가 된다. 인간은 지금 바로 여기 옆에 있는 대상뿐 아니라 지금은 만날 수 없는 사람, 더 나아가 앞으로 한 번도 볼 수 없을지 모르는 사람에게도 소통을 시도할 수 있다. 동굴 벽에 들소들과 사람을 그리던 인간은 돌이나 점토판에 암호 같은 글자들을 새기거나 양피에 새기게 되었다. 인쇄술이 발달하면서 엄청나게 증가하는 정보를 대량으로 유포하게 되었고, 적은 공간에 더 많은 정보를 수집하여 더 많은 사람과 교통할 수 있는 과학기술의 결정체인 컴퓨터를 발명하게 되었다. 손안에 들어오는 작은 전화기는 더 이상 음성언어의 소통에만 사용되는 것이 아니라 다양한 서적을 담아놓을 수 있고 어디에서나 문자정보를 접할 수 있는 소형 컴퓨터가 되었다.

성경의 모국어 번역과 함께 전 세계 성경 보급에 큰 영향을 미친 것은 인쇄술의 발명이다. 어린 시절 길에서 쪽 복음을 받아 개심을 한 경험이 있다면, 라틴어로 된 성경을 읽을 수 없었던 중세기의 기독교인들이 모국어로 성경을 읽을 수 있었을 때의 감동을 상상할 수 있을까?

땅 끝까지 복음을 전하라 하신 주님의 말씀은 이렇게 과학기술의 발달과 함께 속도를 더하게 되었다.

(4) 언어의 사회 문화적 용도

언어의 일차적인 목적은 물론 의미를 전달하기 위한 것이지만 또한 그것은 사회적 관계를 확립하고 그 관계를 돈독히 하고 유지시켜 나가기 위한 것이기도 하다(Spolsky, 1998). 언어란 단순한 메시지 전달의 도구 그 이상의 것이어서 의사소통이란 언어의 사회적 용도이며, 서로가 서로를 이해하고 이해시키려는 과정이다(오문자, 2003). 곁에 있는 사람과 한마디도 안하고 하루를 보내기로 작정해 보라, 얼마나 고통스러울지. 이미 투옥된 죄수들의 추가적 벌인 독방에 고립되는 고통이 이해되기도 한다.

의사소통을 연구하기 위해 사회언어학에 관심을 갖는다면 공동체 안에서 사회적, 경제적, 정치적, 문화적, 종교적 구분에 따라 미묘하게 나타나는 언어공동체의 반응에 관심을 기울여 볼 만하다. 아마도 재미있는 현상을 발견할 것이다. 누군가 당신 주변의 인물이 죽었다는 사실을 전하는 데에 이러한 구분이 확연히 드러나게 된다. '영면하셨다', '돌아가셨다', '눈을 감으셨다', '소천하셨다', '돌아오지 못할 길을 떠났다', '운명하셨다', '한 줌 흙으로 돌아갔다', '숨을 거두었다' 등 죽은 이의 종교, 나이, 사회적 위치 등을 유추할 수 있는 다양한 어휘를 사용한다. 물론 책에 진술할 수는 없지만 험악한 비속어나 은어에도 같은 의미를 지닌 어휘가 있다.

내 주변의 유아교사들은 독특한 언어형식을 가지고 있다. 어린이나 어른을 막론하고 상대에게 요청을 하려면 "~해 줄 수 있겠어요?"라고 정중한 요청을 한다. 유아교사들은 예비교사시절부터 어린 유아에게 도움을 요청할 때도 학습자의 판단과 선택을 중시해야 한다고 배웠기 때문이다. 물론 말의 형식만 그렇고 전혀 아이의 선택을 존중할 생각이 없다면 불행하다.

따라서 '사회언어학'의 관심대상은 세상의 모든 언어가 가지고 있는 '변화'이다. 통시적 변이[5]나 공시적 변이[6]는 모두 사회적 조건들과 함께 연구되어야 이해가 가능하다. 스폴스키(Spolsky)에 의하면 이러한 변화에 따라 특정 집단만의 언어로 경계적 태도를 취해서 자신들의 권력을 입증하는 사회적 권위를 내세우기도 하고, 그런 언어를 공유하지 못하는 집단에 대한 사회적 낙인이 나타나게 되어 경제적·정치적 힘의 원천이 되기도 한다. 어려운 용어나 전문적 용어를 사용하며 대화하는 집단에 들어가 보라. 같은 한국어를 사용하는 사람들과 함께 있는데도 소외감을 느끼게 된다. 언젠가 주식투자에 열심인 주부들의 대화를 곁에서 들은 적이 있다. 최고학력을 지닌 필자였지만 30분 동안 단 한마디도 이해할 수가 없었다. 분명 한국어인데도… 언어에 대한 이러한 관점의 변화는 언어와 함께 사회적 환경의 변화에 관심을 갖는 동인이 된다.

소쉬르는 언어기호란 단순히 사물과 이름의 연결이 아니라 개념과 청각영상의 연결이라고 하였는데, 청각영상이란 실제 소리가 아니라 소리에 대한 청자의 소리에 대한 심리적 결과이다. 예를 들면 같은 소리를 내는 닭 울음소리가 각 나라 언어마다 달라지는 이유가 사회문화적으로 학습된 결과이며, 끼니를 걱정하던 소시민들이 소쩍새의 울음소리를 솥이 적다는 소리로 해석하는 한국의 옛 문화는 당시의 핍절했던 소시민들의 삶인 사회적 환경의 영향을 알 수 있다.

따라서 소쉬르는 모든 개인은 언어사용자로서 사회적 존재이고 언어는 무엇보다 한 공동체가 공유하는 사회적 현상이므로 모든 언어기호를 개인적인 심리의 사실로만 받아들일 수는 없다고 강조하였다(Harris, 1999).

---

5) 통시적 변이란 일정한 시점과 다른 시점 사이의 언어의 변이를 말한다.
6) 공시적 변이란 일정한 시점 내에서의 변이를 말한다.

사회언어학이라니? 생경스러운 용어 때문에 교사들을 지레 겁먹게 할 생각은 없다. 간단히 설명하자면 사회언어학이란 한국이라는 사회에서 태어나 자란 사람들끼리도 직업 연령 성별 출신지역 등에 따라 같은 용어를 각각 다른 언어로 이해하거나, 같은 용어를 각각 다르게 해석하고 사용하는 현상을 이해하고 분석하려는 학문이다. 혹시 당신은 자신의 말을 당신의 의사와 다르게 엉뚱하게 해석하고 항의해오거나 그러한 이유로 누군가와 갈등상태에 빠지게 된 경험이 있지 않은가? 언어와 인간관계, 언어사용과 언어사용자가 속한 사회적 구조들과의 관련에 대해서 연구하는 사회언어학은 의사소통의 정의에 중요한 단서를 제공한다.

유아와 교사, 유아와 부모, 유아와 유아 간 의사소통에 대해 이해하려면 사회적 상황에서의 언어와 언어사용을 연구할 필요가 있다. 친구와 말할 때와 어른과 말을 할 때의 어법의 차이, 화가 났을 때 어떻게 표현하는 것이 상대를 배려하면서도 감정을 솔직하게 전달하는 어법인지 알아 가는 것 등이 곧 소통을 위한 사회적 언어를 배우는 것이다.

5) 언어의 용도

인간언어는 감각을 통해 확인할 수 있는 사실을 전하는 용도 외에도 말하는 사람 자신의 감정과 전달 목적에 따라 다양한 용도를 가지고 있다(Crystal, 2013).

(1) 언어유희

인간은 유일하게 언어유희가 가능하다는 점에서 의사전달 그 이상의 가치를 언어에 부여한다. 우리는 코미디언의 예상을 뒤엎는 언어유희에 재미있어하고, 묘하게 말을 비틀어 정곡을 찌르는 정치 비판에 카타르시스를 느낀다.

언어학자로서 '언어학의 철학'에 관심을 가졌던 소쉬르와 '철학적 언어학'에 관심을 기울였던 비트겐슈타인은 서로 다른 전공분야에서 서로 만나 본 적도 소통한 적도 없으면서 공통적으로 언어가 가지고 있는 '유희성'에 관심을 기울였다고 한다. 두 사람이 발견한 놀이와 언어의 공통점은 다음과 같다(Harris, 1999).

첫째, 놀이와 언어는 규칙이 있지만 유아는 놀이와 언어의 규칙을 말로 설명할 수는 없어도 참여할 수 있다. 참으로 다행이지 않은가? 아무리 어린 유아라도 온 가족이 모여 윷놀이를 하면 적어도 윷을 들고 높이 던질 수 있다. 물론 한 칸 뒤로 물러서야 하는 백도(Back도)가 나와도 아이는 환성을 지르기는 하지만 말이다.

둘째, 그 규칙이 공유되어야 놀이와 대화가 지속될 수 있다. 따라서 유아와의 대화나 놀이에는 대상인 성인이 그 점을 고려해야 지속이 가능하다. 그리고 그러한 규칙이 공유되고 나면 공감에 의해 변이될 수도 있다. 놀이의 규칙을 변형시킬 수도 있듯이, 언어를 비트는 언어유희가 가능해진다.

인간은 언어로 유희를 즐기기도 한다. 그리고 다른 사람들의 언어유희를 즐기기도 한다. 코미디 프로그램을 보면서 코미디언들의 말장난을 즐거워하고, 다른 사람의 음성이나 말투를 흉내 내거나 타인이 흉내 내는 것을 듣는 것을 즐긴다. 수수께끼를 통해 언어의 문자적 의미 뒤의 숨은 뜻을 찾아내며 재미있어한다. 끝말잇기 놀이를 하거나 같은 뜻을 가진 다른 어휘를 찾아내며 즐거워한다. 어른들도 빈칸에 들어가는 가로세로 단어 맞추기에 열중하곤 한다.

아주 어린아이들도 말놀이를 즐긴다. 아이들은 반복되는 어휘나 리듬 있는 문장을 선호하므로 좋은 동화는 내용만 좋은 것이 아니라 문장의 구성이나 단어의 사용도 리듬을 사용하는 문자놀이를 구성한다. 동화의 줄거리뿐 아니라 극 중 주인공들의 대사가 그렇다. 아기 돼지 삼 형제를 들으며 돼지 삼 형제가 차례차례 나타나 집을 짓는 줄거리나, 막내 돼지와 함께 "벽돌을 쌓고 시멘트를 바르고" 하는 과정을 합창으로 외치거나 교사와 함께 주인공 늑대가 되어 "단숨에 날려버릴 테다"라고 외칠 때, 유아들의 즐거움은 극에 달한다.

오랫동안 전해오는 '꼬부랑 할머니가…', '뽕나무가 뽕하고 방귀를' 같은 전래 노래들이 그렇고, 동요 가사를 거꾸로 읽는 놀이도 있었다. '산토끼 토끼야'를 '끼토산 야끼토'로 부르면서 성공적으로 불렀을 때 자랑스러워하며 놀았던 시절도 있었다.

다음의 문장을 읽어 보고 우리말 자음의 순서대로 어휘가 등장한 것을 찾아보고 한 번쯤 시도해 보기를 권한다.

> 가득가득 넓은 들판에 라일락이 만개하면 부드러운 손길과 유희의 즐거움처럼 찬란하게 코끝에서 톡톡 튀어 오르는 푸르른 희열 그 자체였다.

(2) 정체성의 표현

인간의 언어는 정체성을 표현하기도 한다. 일반적인 대화를 하다가 상대방의 직업을 눈치채기도 한다. 상담사들은 일반적인 상황에서도 상담 시 사용하는 어휘를 사용한다. 유아교사들은 커피숍에서 종업원에게도 "커피 한 잔 주실 수 있으세요?"라고 말하는 버릇이 있다. 유아들과의 대화에서도 상대방의 의견을 존중하겠다는 교사의 가치관이 버릇이 되어 나타난 말투이다. 물론 직업마다 독특한 전문용어가 있다. 대상영속성 개념이니 언어습득기제나 구체적 조작기 같은 용어는 분명 한국어지만 유아교육 전공자들끼리 쉽게 통용되는 전문용어이다.

언어에는 특정 가치관을 드러내어 표현하는 정체성이 있다. 앞서 설명했듯이 죽음이라는 현상을 표현하는 단어의 선택에 따라 상대의 종교나 인간관을 알 수 있다. 기독교신자는 '천국으로 떠나셨다', '소천하셨다', '하나님의 부름을 받았다'라는 용어 등으로 표현하기도 하지만 '영겁에 이르렀다', '한 줌 흙으로 돌아갔다'는 표현은 쓰지 않는다.

헌신이라는 단어를 알고 있었지만 아주 오랫동안 들어보지 못했다고 고백한 교사가 있다. 그녀는 그런 단어는 선교사나 사용하는 단어라고 생각했다고 한다.

(3) 관계 유지

언어는 종종 좋은 관계를 유지하기 위해 사용한다. 상대를 기쁘게 하려고 어떤 미사여구를 사용할지 심사숙고하는 사랑에 빠진 청년들을 보라. 고객의 마음을 사려고 언어적 기술을 훈련받는 세일즈맨도 언어를 그런 용도로 사용한다. 아기가 서툰 발음으로 "함미" 하고 할머니를 불렀을 때 사랑고백을 받은 청년만큼이나 행복한 표정을 짓는 노인의 표정을 본적이 있을 것이다.

우리 속담에는 "말 한마디로 천 냥 빚을 갚는다."라는 속담이 있다. 성경, 특히 잠언은 사람의 말이 긍정적이든 부정적이든 얼마나 강력한 힘이 되는지를 알려주고 있다.

[잠언 15:1] 유순한 대답은 분노를 쉬게 하여도 과격한 말은 노를 격동하느니라

[잠언 16:24] 선한 말은 꿀송이 같아서 마음에 달고 뼈에 양약이 되느니라

[잠언 20:10] 한결같지 않은 저울 추와 한결같지 않은 되는 다 여호와께서 미워하시느니라

[잠언 21:28] 거짓 증인은 패망하려니와 확실히 들은 사람의 말은 힘이 있느니라

스키너와 반두라 같은 행동주의 학자들은 아기는 다양하고 직접적인 상호작용을 통하여 언어를 습득한다는 점에 초점을 맞추어 언어발달을 설명한다. 그러나 임의적인 방식을 사용하여 다양한 상황에서 다양한 표현을 구사하는 어른들의 말을 일일이 기억하고 모방한다는 가설은 인간의 언어발달을 설명하기에 미흡하다. 언어는 태초부터 하나님께서 관계를 맺기 위해 인간에게 주신 선물이다.

(4) 세상을 변화시키는 도구

언어는 때로 세상을 변화시킨다. 언어는 전쟁을 시작하게도 하고 마치게도 한다. "말 한마디에 천 냥 빚도 갚는다."는 우리 속담은 말의 위력을 실감 나게 한다. 유명한 연설가의 연설이 세상을 바꾸기도 하고 따뜻한 말 한마디가 한 사람의 인생을 바꾸기도 한다. 분노한 다윗을 가라앉힌 나발의 아내 아비가일의 언어가 그랬다(사무엘상 25:23-31).

[잠언 14:23] 모든 수고에는 이익이 있어도 입술의 말은 궁핍을 이룰 뿐이니라

[잠언 12:25] 근심이 사람의 마음에 있으면 그것으로 번뇌하게 되나 선한 말은 그것을 즐겁게 하느니라

[이사야 3:8] 예루살렘이 멸망하였고 유다가 엎드러졌음은 그들의 언어와 행위가 여호와를 거역하여 그의 영광의 눈을 범하였음이라

[잠언 18:4] 명철한 사람의 입의 말은 깊은 물과 같고 지혜의 샘은 솟구쳐 흐르는 내와 같으니라

(5) 생각을 정리하는 도구

언어는 사고와 밀접한 관련이 있다. 언어를 사용하지 않고 생각을 한다는 것 자체가 불가능하다. 언어와 사고 중에서 어느 쪽을 더 강조하느냐는 기준에 따라 언어우선론과 인지우선론으로 구분하기도 하지만 분명한 것은 둘의 관계가 뗄 수 없는 관계라는 것이다.

유아들과 노인들은 종종 혼잣말을 하곤 한다. 노인들에게 아무도 듣는 사람이 없는데 왜 혼잣말을 하시느냐고 물으면 기억을 유지하거나 생각을 정리하는 데 도움이 된다고 하신다. 유아들도 혼잣말을 하며 놀이에 몰두하곤 한다. 다양한 경험과 관련된 언어들, 어휘와 관련된 다양한 사물이나 상황들은 언어와 인지를 연결하는 매개체들이다. 하지만 언어와 더불어 경험을 한다는 것은 언어에 관한 지식을 획득하는 일과는 다르다. 하이데거(Heidegger, 2012)는 존재하는 모든 것

이 말 안에 거주하므로 언어의 본질이란 언어와 더불어 사유하는 경험으로 '존재의 집'이라고 정의하였다.[7] 그래서일까? 성경은 말을 앞세우지 않고 생각하도록 주의 시키신다.

> [잠언 29:20] 네가 말이 조급한 사람을 보느냐 그보다 미련한 자에게 오히려 희망이 있느니라

> [잠언 15:28] 의인의 마음은 대답할 말을 깊이 생각하여도 악인의 입은 악을 쏟느니라

(6) 감정의 표현

언어는 감정을 표현하는 데에도 매우 유용하다. 감정을 표현하기 위해 얼굴표정만을 사용한다면 얼마나 곤혹스러울지 생각해 보라. 연인을 얼마나 사랑하는지 표현하기 위해 눈웃음과 입꼬리만 사용한다면 얼마나 안타까울까?

"사랑은 생각만 해도 웃음이 나오는 거예요?" 하고 묻던 세 살배기 유아의 언어 능력 때문에 사랑은 더욱 빛이 난다.

특정단어를 사용할 때 우리는 상대의 감정적 상태를 눈치챌 수 있다. 어떤 단어를 보거나 들을 때 우리에게 전해지는 감정을 내포(connotation)라고 하는데 크리스털(Crystal, 2013)은 이 때문에 신문을 읽거나 뉴스를 보거나 웹사이트를 방문할 때 각별한 주의가 필요하다고 하였다. 경계심을 늦추지 않으면 대중매체가 우리의 사고나 감정을 좌지우지할 수 있기 때문이라는 것이다. 논쟁할 때 감정을 다스리는 것은 아주 어려운 과제다. 그러나 무엇보다 교묘하게 나의 감정을 조절하는 화법을 파악하고, 내 생각을 공감시킬 수 있을 만큼의 수사학적 기

---

7) 하이데거는 사유한다는 것을 학문적 표상행위와 구분하여 설명하였다.

술[8)]을 익히는 것은 중요하다.

유아교사들이 언어의 시원을 무엇이라고 믿는지 그리고 어떤 발달심리학의 가설을 믿는지의 선택에 따라 유아의 언어를 확장하고 발달시킬 수 있는 교수방법을 결정하는 데 영향을 미치게 된다. 교사의 언어를 모방하여 배우는지, 교사의 언어구조를 분석할 수 있는 언어습득기제를 통해 습득하는지 뿐 아니라 심지어는 유아교사가 명명설을 믿는지 창조설을 믿는지도 교육현장과 절대적으로 상관이 있다.

2 기독교 세계관으로 조명한 언어

하나님이 자신의 형상과 모양대로 인간을 만드셨다는 것은 땅, 바다 그리고 하늘에 있는 것들에 대한 지배권을 갖는 것을 나타낸다(Douglas, 1996). 하나님은 피조세계를 관리하게 하시려고 그럴 만한 인간을 만드셨고 그에게 다스리라 명하셨다(창세기 1:26-28). 다른 생명체는 그냥 존재할 뿐이지만, 인간에게는 다른 생명체를 관리하는 과제를 부여하시고 맡기셨다는 것이다. 이를 위해 하나님께서는 오직 인간만을 생령(living being)으로 창조하시고(창세기 2:7) 과제를 부여한 당신을 잊지 않도록 영원을 사모하는 마음을 주셨다.

> [전도서 3:11] 하나님이 모든 것을 지으시되 때를 따라 아름답게 하셨고 또 사람들에게는 영원을 사모하는 마음을 주셨느니라…

8) 사람을 설득하고 그에게 영향을 끼치기 위한 언어기법을 연구하는 학문. 수사학은 오랫동안 문장을 장식하는 수단(ornament, decoration)으로 생각되었으나, 현대에 이르러서는 정확한 전달과 설득을 위한 모든 수단을 고찰하는 기능으로 인정되고 있다. 특히 리처즈(I. A. Richards)를 중심으로 한 미국의 신비평가(新批評家, new critics)들은 고전적 수사(修辭)의 가치를 재발견하여, 이를 현대 언어와 문학의 본질적인 기능으로 보고 있다(한국현대문학대사전, 2004).

파스칼(Pascal, 1991)은 “이성이 취해야 할 마지막 태도는 이성을 초월하는 것들이 무한히 많이 있다는 것을 인정하는 것이라고 하였다. 이것을 아는 데까지 이르지 못한다면 이성은 연약한 것에 불과하다.”고 하였다. 하이데거는 성경을 책 중의 책이라고 하면서 “신학적 유래가 없었다면 언어에 대한 사유의 길에 도달할 수 없었다.”고 고백하였다. 사유한다는 것은 학문적 표상행위와는 다른 것이다. 아무리 많은 책을 읽고 다양한 이론을 습득하여도 명제적 지식의 습득에 그치고 사유하지 않는다면, 그리고 자신의 삶에 적용하지 않는다면 인간의 사고는 인공지능에 한참 뒤떨어진 충분하지 않은 ‘정보의 창고’일 뿐이다.

촘스키(Chomsky, 2007)는 수 세기 동안 공유했던 서구의 과학적 사고들의 전제가 틀렸다고 하면서 ‘신체구조들은 유전적으로 계승되고 지적 구조들은 학습된다(후천적으로 획득된다)’고 하였다. 그는 이미 오래전(1975년)에 인간의 궁극적 형태들은 유전적 기질에 크게 의존하고, 장차 사회적 상호작용, 언어, 인간성의 분석 등을 담당하는 뇌 안의 구조들을 발견하게 될 것이라고 확신하였다(Otero, 2007). 그의 기대대로 뇌와 언어의 관계에 대한 의학적 연구결과들이 차츰 더 나타났다. 좌뇌 대뇌피질 전두엽과 후두엽에 위치하여 서로 신경경로로 연관되어, 실제언어의 구사와 관련된 브로카영역이나 언어의 이해와 파악에 관련된 브로니케영역처럼 의학 분야에서 뇌와 언어능력의 관계가 입증된 사례들이 있다(Walters, B., 2009). 그러나 이러한 이해방법은 인간의 사고와 언어를 단순히 물리적인 현상으로만 이해하게 만드는 오류를 범하게 된다. 인간의 언어는 단순히 소리를 내니까 말이 되고 소리를 들으니 이야기가 되는 것이 아니다.

이제부터 인간의 언어를 기독교세계관으로 조명하여 영적인 차원에서 이해하려고 한다. 창조, 타락, 구속의 기독교세계관으로 구분하여 하나님이 창조하신 언어, 타락한 인간의 언어 그리고 구속받은 인간이 사용해야 하는 언어로 나누어 소개하기로 한다.

1) 창조: 관계를 맺기 위한 도구, 언어

생태교육, 다문화교육, 평화교육 등 연구할 주제에 대한 기독교세계관을 살피려고 할 때, 제일 먼저 성경에 나타난 하나님의 뜻을 탐구하는 일이 신학자가 아닌 교육자에게 쉬운 일은 아니지만 매우 필요하고 의미 있는 작업이다. 하나님께서 필요한 만큼의 지혜를 주시리라 믿고 출발하여 하나님의 창조섭리를 찾아가는 과정은 참으로 감격스러운 작업이고, 결과적으로 학문을 통한 하나님께 영광을 돌리게 되는 결론은 늘 교육자들의 예배이기 때문이다.

하나님께서 인간에게 언어를 사용할 수 있도록 창조하신 데에도 역시 특별한 목적이 있을 것이다. 그것을 찾는 작업은 온전히 성경으로 돌아가 시작해야 한다.

(1) 하나님이 주신 언어적 과제-이름 짓기

하나님은 제일 먼저 동물의 이름을 짓는 언어적 과제를 주었다(창세기 2:19). 이 명명하기의 힘을 이해하고 있었던 코메니우스는 세계최초의 그림책『세계도회』를 통해 현명해진다는 것은 올바르게 이해하고 올바르게 행동하고 '올바르게 말하는 것'이며 이를 위해 모든 것의 이름을 신의 도움을 받아 가르치겠다고 책의 서두에 밝혔다. 이 책은 창세기 2장 19절과 20절로 시작되어 마지막 150번째의 그림으로 최후의 심판이 있음을 가리키고 있다. 코메니우스의 저작 의도를 눈치 챌 수 있을 것이다.

하나님이 부여하신 문화명령에 따라 아직도 인간들은 끊임없이 이름을 짓는다. 새롭게 발견한 바이러스에 이름을 붙이고 새롭게 확인된 질병의 이름을 짓는다. 해마다 부는 태풍에도 이름을 붙이고, 제조한 선박에 이름을 붙이며, 애완동물에 이름을 붙여서 기쁘게 이름을 부른다. 누군가에게 무언인가에 이름을 붙인다는 것은 정체성을 부여하는 것이다.

카톨릭 교회는 세례명을 통해 신앙인으로서의 특정한 정체성을 부여하기도 한다. 데니스가 치과의사가 될 확률과 루이즈라는 이름을 가진 사람이 루이지애나와 세인트루이스에 이사할 확률이 평균 이상이라는 재미있는 연구결과도 있다(Bègue, 2013). 하이데거(Heidegger, 2012)가 말을 '존재의 집'이라고 불렀던 이유이기도 하다.

(2) 하나님의 선물, 언어

이러한 가치를 담은 언어는 결국 하나님, 사람, 자연과 '관계를 맺기 위한 도구로 하나님께서 주신 선물'이라고 정의한다. 꽃을 키우는 사람은 꽃에게 말을 걸고, 애완견을 키우는 사람들은 그들에게 말을 걸 뿐 아니라 그들의 몸짓과 소리를 자신의 사고구조대로 해석하며 소통이 된다고 탄복한다. 하지만 사실 이보다 훨씬 더 놀라운 대화는 세상과 우주를 창조하신 하나님께서 죄악으로 방향이 비틀어진 피조물 인간과의 대화를 끊임없이 시도하신다는 점이다.

언어의 기원에 대한 언어학자들의 가설이 모호하지만, 성경은 언어를 하나님의 선물이라고 명확하게 가르친다. 하나님이 먼저 인간에게 말을 거셨으며 인간은 응답하였다. 하나님은 우리와 관계를 맺기 원하셔서 하나님과 교제하며 하나님을 섬기며 그분의 통치 아래에서 순종하는 삶을 살아가도록 인간을 창조하셨다(주해홍, 2014). 그리고 그러한 삶에 축복을 하신다고 약속하셨다. 노아에게 하신 무지개 언약을 비롯하여 아브라함과 이삭, 야곱과 요셉에게 주신 언약, 다윗과 솔로몬에게 하신 언약 등, 인간의 말로 주신 하나님의 약속은 믿음으로 약속을 받은 사람들의 축복과 유익을 위해서 하나님이 세워 주신 은혜로운 보증이다.

언약은 사람에게만 한정된 것이 아니라 모든 피조물에게 함께 해당된다. 그리고 그 책임을 인간에게 부여하셨다. 성경은 창세기부터 요한계시록까지 언약이라는 단어를 294번이나 반복하며 태초의 약속을 보증하고 계신다.

하나님은 노아에게 인간과 언약을 세우시고 다시는 모든 생물을 홍수로 멸하지 않고 하나님과 모든 생물 사이에 영세까지 세우는 언약의 증거로 무지개를 구름 속에 두셨는데 이것이 세상과의 언약의 증거(창세기 9:11-13)라고 하셨다.

또한 아브라함에게는 하나님이 언약을 아브라함뿐 아니라 대대 후손의 사이에 세워서 영원한 언약을 삼고 아브라함과 아브라함의 후손의 하나님이 되겠다(창세기 17:7)고 약속하셨다. 애굽의 노예로 전락한 이스라엘 민족을 구출하기 위해 하나님은 안식일을 지킴으로 영원한 언약을 삼을 것(출애굽기 31:16)이라고 말씀하셨다. 예수님도 열두 제자들에게 당신의 죽음이 많은 사람의 죄 사함을 얻게 하려고 흘리는 피인데 그것이 곧 '언약의 피(마태복음 26:28)'라고 하셨다. 훗날 다마스커스로 가는 노중에서 예수를 만나 회심한 바울은 평강의 하나님께서 영원한 언약의 피로 죽은 자 가운데서 예수님을 이끌어 내셨다(히브리서 13:20)고 찬양하였다. 요한은 하나님 성전이 열리면 언약궤가 보일 것(요한계시록 11:19)이라고 하였다. 하나님은 인간을 구원하시기 위한 언어로 하신 약속을 잊지 않고 계신다.

(3) 성경 속의 언어

하나님의 구조를 거부하고 방향[9]이 일그러진 인간과 대화하기 위하여 모든 방법을 통해 당신의 뜻을 전달하시고자 애쓰셨다. 성경은 인간의 언어로 구술되어 전승되고 문자로 기록된 '하나님의 애쓰심'을 기록한 특별계시이다. 시편이나 잠언 같은 시가서들은 그 자체가 문자언어로 된 예술인 문학작품이다.

또한 성경에는 야고보서와 잠언처럼 직접적인 말에 대한 교훈도 허다하다. 성경은 말을 절제하고 아름답게 사용하는 것이 얼마나 어려운지 마치 온 몸을 굴레 씌우는 것과 같다(야고보서 3:2)고 하였으며, 커다란 배를 움직이는 작은 방향키

9) 월터스(Wolters, 2007)는 하나님이 창조하신 세계의 구조 자체는 본래 설계하신 그대로지만 죄라는 영적 세력이 모든 방향을 비틀어 본연의 목표에서 벗어나게 만들었다고 설명하기 위해 이 용어를 사용하였다.

와 같고(야고보서 3:4), 말이 끼치는 해악은 마치 작은 불이 수풀을 태우는 것과 같다(야고보서 3:5)고도 묘사하였다.

솔로몬 임금은 모든 수고는 유익이 있으나 입술의 말은 궁핍을 이룰 뿐이며(잠언 14:23). 미련한 자의 입술이 다툼을 일으키고 그의 입은 매를 자청한다(잠언 18:6)고 어리석은 말의 폐해를 탄식하였다. 유순한 대답은 분노를 쉬게 하며(잠언 15:1) 온순한 혀는 생명나무(잠언 15:4)이며 선한 말은 꿀송이 같아서 마음에 달고 뼈에 양약(잠언 16:24)이라고 하였다. 때에 맞는 말은 아름답다(잠언 15:23)고 함으로써 같은 말도 적합한 때를 가려서 사용하는 지혜를 가르쳤다. 성경은 말의 힘을 강조하기 위해 부드러운 혀가 뼈를 꺾는다(잠언 25:15)고까지 표현하였다.

그뿐 아니라 성경에는 말로 인해 인생의 방향이 달라진 구체적인 이야기들도 많이 나와 있다. 남편의 생명을 구했을 뿐 아니라 결국 자신이 위대한 왕의 아내가 되는 아비가일(사무엘상 25:24-40)처럼 구체적인 사례도 있다. 모세는 이스라엘을 구원하기 위해 애굽으로 떠나라는 하나님의 명령에 하나님의 권능보다 자신의 초라함에 초점을 맞추었으며(출애굽기 3:11), 그들이 하나님을 잘 알지 못한다고 걱정했으며(출애굽기 3:13), 그들이 자신을 믿지 않을까 봐 미리 걱정했고(출애굽기 4:1) 자신이 말을 잘 못한다는 점 때문에 망설였으며(출애굽기 4:10) 자신보다 더 나은 보낼 만한 사람을 보내라(출애굽기 4:13)고 하나님의 선택을 의심하며 설득하려고 하였다.

참으로 어리석은 것 같지만 이와 같은 두려움과 자괴감으로 우리들도 얼마나 많이 망설이고 포기하였는지 돌아보면 왜 하나님께서 출애굽의 성공적인 서술만 남기지 않으시고 굳이 모세와의 이 대화를 기록하였는지 이해가 된다.

성경은 '다양한 저자'뿐 아니라 '다양한 문체'로 우리와 의사소통하고 있다. 은유와 환유, 풍유와 중의 등 다양한 수사적 문체는 성경에서 얼마든지 찾아낼 수 있다. 특히 시편을 비롯한 시가서(아가서, 욥기, 전도서, 잠언)와 비유를 통한 예수님의 설교는 참으로 문학적이다. 하지만 예수님의 비유는 1세기경 당시 팔레스타인의 문화적 배경인 그때 거기(then & there)에서 읽혀지고 해석되어야 오늘날 우리에게 분명한 메시지를 줄 수 있다(이종원, 2003)는 점에서 성경은 문화적 역사적 관점으로 깊이 연구할 만한 텍스트이다.

성경에 기초한 주요 가치들을 소개한 반 브루멜른(Van Brummelen, 2006)은 '언어적 커뮤니케이션의 가치'를 사회적 가치, 심리적 가치로 구분하였다. '사회적 가치'란 타인 존중, 협력, 신뢰롭고 이타적인 관계, 친절, 신뢰성으로 설명하였으며, '심리적인 가치'로는 정서적 균형, 타인에 대한 민감함, 자기소절, 인내, 분별하는 용기를 제안하였다. 즉, 언어란 진정을 담고 의미를 전달하되 명료하게 소통하도록 노력하고, 상대의 의견을 존중하되 서로 다른 의견을 조절하기 위해서는 협력하며 신뢰하고, 상대를 이롭게 하고자 하는 의도로 친절하게 소통하려는 구체적 행동을 하는 것이 의미 있으며, 이를 위해 타인에 대한 민감함을 기르고, 자기감정을 조절하고, 상대의 말에 귀 기울이기 위해 필요한 인내와 듣고 보는 정보들을 분별할 줄 아는 용기를 가지고 소통하는 것이 가치 있는 소통인 것이다.

(4) 하나님의 소통방식–끝없는 구애

> "하나님의 말씀은 어떻게 우리에게 오는가? 사물들은 그들이 존재하는 방식 그대로이며 그대로 계속 존재한다. 왜냐하면 그들은 하나님의 말씀에 의해 창조되었으며 하나님의 말씀에 의해 계속적으로 존재가 유지되기 때문이다.
> -중략-
> 말씀의 유용성은 **대화**에 있다. 우리가 말씀을 듣기 위해 우리의 마음을 열기만 한다면 하나님은 창조세계 안에서, 그 창조세계를 통해서 우리에게 말씀하시려고 한다."
>
> (Green, 2000)

하나님의 소통방식은 피조세계를 통해 이해할 수 있는 '일반계시'와 함께 성경을 통한 '특별계시'를 사용하신다. 성경은 역사를 통해 배우게 된 '소통하시고자 하시는 하나님'께서 여전히 우리와 소통하고 있다는 증거이다. 하나님은 온 세계가 당신의 것임(출애굽기 19:5)을 알게 하기 위해 이스라엘을 제사장의 나라(출애굽기 19:6)로 세우셨으며, 노아와의 언약, 아브라함과의 언약, 모세를 통해 맺은 이스라엘 백성과의 언약, 다윗과의 언약을 통해 하나님의 나라를 이루시려는 열망을 지속적으로 나타내셨다(주해홍, 2014).

그리고 상대를 진정으로 이해하고자 하나님은 그의 아들 예수 그리스도를 인간의 몸으로 태어나게 하는 모험을 감행하셨고 십자가 죽음으로써 세상 끝날까지 함께하시겠다는(마태복음 28:20) 약속을 환기시켜 주셨다. 그리고 하나님은 여전히 우리 인간과 소통하기를 원하시고 있다.

루트번스타인(2007)은 이해하고자 하는 대상이 될 때 그 대상에 대한 가장 완벽한 이해가 이루어진다고 주장하였다. 하나님은 인간과 소통하시고자 인간을 체휼하시기 위해 인간으로 태어나는 모험을 감행하셨다. 하나님이 원하시는 소통은 하나님과 거래를 통해 자신의 이익을 계산하려는 인간의 소통방법(기도)과 다르다.

하나님께서는 인간을 관리자로서 세우시기 위해 '말을 거심'으로 소통을 시작하셨다(창세기 1:28). 하나님은 에덴동산에서의 안정된 삶을 위해 규약을 세워 가르치셨으며(창세기 2:15-17), 아담이 동물들의 이름을 어떻게 짓나 보시려고 동물들을 이끌어 이르셨으며(창세기 2:19), 아담과 하와가 타락한 순간에도 먼저 찾아가시어 그들과 이야기 나누셨고(창세기 3:9), 이스라엘에게 명령하시고 명령에 대한 인간의 태도에 따라 복을 약속(신명기 전체)하셨다.

부활하신 예수님 역시, 제자들과의 만남에서 적극적이셨다. 사람들 앞에서 스승을 외면하였을 뿐 아니라 선생님의 빈 무덤을 보고도 부활의 약속을 의심한 상태로 그냥 집으로 돌아갔으며(요한복음 20:3-10) 다른 제자들과 숨어 있다가 낙심하여 다른 제자들까지 데리고 본업인 어부로 돌아갔던 베드로를 찾아가 권면하시고 '내 양'을 치는 목자로 세우셨다(요한복음 21:15-18).

따라서 기독교의 신본주의적 관점에서 인간이 하나님과 의사소통한다는 것은 인간이 하나님의 뜻을 조율하고 거래하는 과정이 아니다. 하나님의 뜻을 이해해서가 아니라 이해할 수 없는 순간까지도 하나님의 말씀이기 때문에 순종하는 것이 첫 의사소통의 과제였다. 하나님은 선악과를 금하는 제한(창세기 2:16-17)을 명하셨다. 아담과 하와가 가장 잘 볼 수 있는 동산 중앙에 선악과를 두고(창세기 2:9) 그것만은 따먹지 않도록 함으로써 그들로 하여금 하나님이 이 모든 것의 주인이라는 것을 명심하도록 하신 관계 맺음이었다.

현대를 사는 우리들도 특별계시인 성경을 통해 여전히 하나님의 말씀을 듣는다. 성경은 구전된 하나님의 언약의 역사를 문자로 수록하였고(모세오경), 선지자들을 통해(선지서) 우리를 향한 하나님의 마음이 어떠하신지 알게 하셨으며, 복음(사복음)을 통해 하나님의 언약을 들려주셨고 잠언, 전도서, 계시록(지혜서)을 통해 하나님의 뜻하시는 바를 적용하여 살 수 있는 지혜를 피조세계를 바라보고 깨닫도록 도우신다.

기독교인은 하나님이 인류 역사에 개입하시며 당신이 계획한 목적지로 역사를 일직선으로 인도하신다는 역사에 대한 확신을 통상적으로 가지고 있다고 한다(Bebbington, 1997). 하나님께서 인간의 역사에 개입하시는 목적은 심판이나 자비를 베풀기 위함이며, 계속적으로 선지자들을 통해 선포되었던 예언은 예수 그리스도를 통해 완성되었다. 지금도 하나님은 우리들(선택된 백성)을 통해 연결되는 일직선적인 당신의 목적을 이어가고 있으시며, 우리는 인간사에 간섭하시는 하나님의 역사(성경)와 나의 개인사를 통해 읽어내고 믿는 것이다.

(5) 하나님의 소통 목적–만민 구원

하나님은 만민을 구원하심으로 그들로부터 영광을 받으시고자 원하신다. "피조물의 행복은 하나님을 기뻐하는 것이며 또한 하나님은 피조물이 하나님을 기뻐하는 것에 의해 존귀하게 되시며 높임을 받으신다(Edwards & Piper, 2003)." 하나님의 메시지는 오직 하나, 인간의 구원에 대한 그 분의 열망이시다. 많은 신앙의 선배들이 '성경말씀을 읽지 말고 묵상하기'를 요청하는 것은 66권 성경에 담긴 하나님의 한결같은 메시지를 놓치지 않기 위함이다.

요나서는 1차 청중인 니느웨 사람에게는 '회개하라'의 메시지이었지만 동시에 요나에겐 '니느웨에 대한 하나님의 긍휼하심'을 알려 주시고자 함이었다. 그런데 정작 니느웨성의 백성들은 요나의 선언을 듣자마자 회개하였지만 메시지를 전달한 선지자 요나는 소명을 거부하고 하나님의 눈을 피해 도피하였다.

요나서의 이 메시지는 2차 청중 즉 '문자로 기록된 요나서'를 읽게 되는 이스라엘 백성과 오늘날 21세기의 3차 청중인 우리에게 주시는 말씀의 적용범위가 달라진다(이광재, 2014). 2차 청중인 이스라엘 민족에게 하나님이 주시는 메시지는 이스라엘만 구속 받을 백성이 아니라 세계 만국 백성이 회개하고 돌아오기를 고대하시는 하나님의 마음을 전달하고자 그들을 제사장(베드로전서 2:5, 9)과 맏아들(로마서 8:29; 출애굽기 4:22)로서 소명을 감당하기를 요청하시는 메시지였다.

> [베드로전서 2:5] 너희도 산 돌 같이 신령한 집으로 세워지고 예수 그리스도로 말미암아 하나님이 기쁘게 받으실 신령한 제사를 드릴 거룩한 제사장이 될지니라

> [베드로전서 2:9] 그러나 너희는 택하신 족속이요 왕 같은 제사장들이요 거룩한 나라요 그의 소유가 된 백성이니 이는 너희를 어두운 데서 불러 내어 그의 기이한 빛에 들어가게 하신 이의 아름다운 덕을 선포하게 하려 하심이라

> [로마서 8:29] 하나님이 미리 아신 자들을 또한 그 아들의 형상을 본받게 하기 위하여 미리 정하셨으니 이는 그로 많은 형제 중에서 맏아들이 되게 하려 하심이니라

동시에 3차 청중인 오늘날의 우리에게도 요나서는 만국 백성을 모두 사랑하시고 구원받기를 원하셔서 인내하시는 하나님, 그러므로 먼저 믿은 우리에게 맡기신 소명, 선교의 필요성을 알게 해 준다.

이 소명을 감당하기 위해 유아교육현장에 있는 기독교사는 비록 자신의 일터가 기독교학교가 아니고 주어진 교육과정이 기독교교육과정이 아니라 해도 맡겨진 유아를 하나님의 관점에서 바른(언어와 의사소통을 할 수 있는) 인재로 양성하고 싶은 열망이 있어야 한다. 선교의 목적을 달성하기 위한 이러한 달란트를 주셨다는 각성은 대한민국 기독유아교사들에게 누리과정을 재조명하고 재구성하고자 하는 열정을 요구하신다.

2) 타락: 관계를 파괴하는 언어

(1) 창조주 하나님을 인정하지 않음

관계를 파괴하는 인간의 언어는 무엇보다 하나님의 권위와 실존을 인정하지 않는다.

성경은 최초의 인간이 하나님과 소통한 상황을 묘사하고 있다. 하나님은 에덴동산에 인간을 그냥 두시고 방치하신 게 아니었다. 에덴동산을 다스리고 지키게(창세기 2:15) 하셨을 뿐 아니라, 모든 것을 허용하신 중에 오직 한 나무 선악과만은 먹지 말도록 명(command)하셨다. 하나님께서 아담에게 선악과를 먹지 말라 하신 명령은 인간과 거래하고자 하신 것이 아니라 그분의 명령에 복종해야 하는 의무를 선언한 것이다.

왜 하나님은 아예 그런 시험이 없는 동산을 만드시지 않으셨냐고? 하나님은 우리에게 자유의지를 주셨지만 선택사양이 없는 자유의지는 허상에 불과하기 때문이다. 100km 이상 속도를 낼 수 있는 자동차가 없는 국가에서는 과속 탐지기가 전혀 필요 없는 것과 같다. 도덕적 존재로 지음 받은 인간은 하나님의 금기사항을 지키는 것으로 내가 하나님과의 관계를 유지하고 있음을 증명할 수 있는 것이다(Halley, 1997).

[창세기 2:17] 선악을 알게 하는 나무(of the tree of the knowledge of good and evil)의 열매는 먹지 말라 네가 먹는 날에는 반드시 죽으리라 하시니라

선악을 알게 한다는 의미는 무엇일까? knowledge는 '지식적으로 안다'는 것보다 히브리적 개념으로 '체험적으로 안다'는 의미의 동사인 '야다(yada)'라고 한다. 그러므로 선악과를 금하신 것은 선과 악을 체험하기를 금하신 것이다(노희원, 1998). 하나님의 명을 지킴으로 관계를 유지하게 되는 것이 선이며 그것을 거역함으로 관계가 깨어지는 것이 악이 된다는 것을 알리신 것이다. 우리가 어떤 삶을 살 것인가는 다른 피조물과 달리 자유의지를 가진 존재이기에 선택할 수 있는 사양이다. 에덴동산 가운데(창세기 2:9)에 있어서 가장 눈에 잘 띄는 선악과는 날마다 아담과 하와가 주어진 선택의 기회를 어떻게 활용하는지 스스로 점검하는 과속금지 신호이며 속도측정기였던 셈이다.

(2) 인간관계를 파괴하는 언어

아담은 하와가 건네주는 선악과를 먹은 후, 나무 뒤에 숨은 자신을 찾아온 하나님께 배우자를 고발하면서 모든 책임이 근본적으로 하나님께 있다고 항변하였다. 한눈에 반해 살 중의 살이요, 피 중의 피라고 고백했던 그 여자를 주신 하나님께 책임이 있다고 자신의 책임을 회피하고 떠넘긴 것이다.

[창세기 3:12] 아담이 이르되 하나님이 주셔서 나와 함께 있게 하신 여자 그가 그 나무 열매를 내게 주므로 내가 먹었나이다

타락한 아담이 에덴에서 추방당한 것은 '하나님과의 관계단절'이라는 엄청난 비극의 상징이다(주해홍, 2014). 그리고 이어서 그는 아내와의 관계에서 실패하였다. 에덴을 떠나면서 스스로 결핍된 존재가 된 인간은 그 결핍을 채우기 위해

피나는 노력을 기울였으며 그 결과 문명을 이루었지만 인간이 이룬 문화와 문명은 결핍의 문화이고 복이 되지 못하고 화가 되는 문명(김세윤, 2000)이다. 그 후 하나님과의 관계단절은 인간 역사 속에서 인간 간의 관계 역시 단절시키는 결과를 초래하고 있음을 지속적으로 보여 준다.

가인이 어떻게 제사를 드렸는지 성경에 구체적으로 나오지 않았지만 그는 자기가 드린 제사를 받지 않으시는 하나님께 분을 내어 대들었으며, 죄의 욕망을 다스리라는 하나님의 경고에도 불구하고 동생 아벨을 죽이기까지 하였다(창세기 4:4-7). 모세는 하나님의 명령을 듣고도 하나님의 능력보다 자신의 결핍에 대해 집중하였다(출애굽기 3:11-4:17). 가룟 유다는 3년간 예수님의 곁에서 사역을 눈으로 몸으로 체험하였음에도 예수를 팔아버리기 위해 정치적 권력자들과 방책을 의논하기까지 했으며(누가복음 22:4), 나머지 사랑하던 제자들은 재판정에 선 그들의 선생을 외면하여 도망하였고(마태복음 26:56), 수제자 베드로마저 저주하면서까지(마태복음 26:74) 자신이 그의 제자인 것을 부인하였다.

오늘날의 우리들도 여전히 우리에게 주신 언어를 자신을 옹호하거나 주장하고 타인을 비판하고 정죄하기 위해 사용한다. 처음 사람 아담처럼 우리의 고단한 삶이 하나님 때문이라고 항변한다. 우리가 저지른 잘못을 정정하기보다 기독교인임을 잠시 잊고 싶어 하고, 심지어 하나님의 뜻을 헤아려 살고자 애쓰는 사람을 율법적이라고 비난하며 스스로를 인간중심적인 사변으로 변호하며 위안을 받고자 한다. 더 나아가 우리의 삶과 사역을 하나님이 사용하시기 좋도록 내어놓기보다 오히려 내가 우선되고 내가 드러나기 위해 일하면서 하나님의 사역이라고 주장하기까지 한다.

[잠언 6:2] 네 입의 말로 네가 얽혔으며 네 입의 말로 인하여 잡히게 되었느니라

3) 선교와 언어: 깨어진 관계의 회복

폴 히버트(Hiebert, 2011)는 '특정한 상황에서와 일반적인 상황에서 적절한 행동유형이 무엇인지를 규정하는 문화적 지식, 규율, 규범을 묘사할 목적으로 그 민족의 민속분류학적 위치를 발견하기 위해 명사와 동사 같은 단어집단들의 내적 질서에 초점을 맞추는 방법'을 시도하였다.

바위	천사	여자
사자	나무	모래
남자	소	신
수풀	물고기	소녀
귀신	사슴	고래
미키 마우스	바이러스	거인

Hiebert, P. G.(2011). 21세기 선교와 세계관의 변화. 홍병룡 역. 복있는사람. p. 174.

위와 같은 단어들을 힌두인들과 마사이족이 분류하는 방식을 보면 그들의 세계관이 다름을 이해할 수 있다는 것이다. 힌두교인들은 위계질서에 따라 단어들을 배열하고 마사이족은 서로 관계가 있는 단어들을 묶어 분류한다. 끝없이 윤회하는 재순환을 믿는 힌두교인들은 위의 단어들을 '신-천사-귀신-남자'로 시작해서 '여자-동물-식물-바위-모래'까지 위계를 세워 배열하고 마사이족 청년은 남자, 사자 고래를 묶고 모두 지배자들이라고 했으며 여자, 소녀, 소를 함께 묶었다.

잠깐! 마사이족이 여자와 소를 같이 묶는 것을 보고 불쾌한 생각이 드는가? 사실 마사이족의 풍습에 남자가 결혼하기 위해 신부에게 많은 소를 주는 것을 보고, 선교사들은 오랫동안 마사이족이 여자를 돈을 주고 거래하는 소유물로 생각한다고 오해하였다. 하지만 마사이족은 자기에게 여자를 선물로 준 처가에 결혼 후 자기가 줄 수 있는 가장 소중한 선물로 소를 주는 것이며, 마사이족이 여자와 소를 중요하게 생각하는 이유는 그들이 '생명을 낳는 존재'이기 때문이라는 것을 후에야 알게 되었다.

현대 선교학자들은 이러한 문화적 이해를 위한 소통이 있어야 종족의 세계관에 대한 바른 이해가 가능하며 그것이 온전한 선교를 돕는다고 본다. 교실이 선교지라고 믿는다면 유아교사들은 유아와 그들의 부모들의 언어를 이해하기 위해 노력하는 것이 마땅하다.

그러나 누구보다 더 강력하게 문화적 차이에도 불구하고 끊임없이 소통을 원하시는 분은 우리의 하나님이다.

(1) 찾아오시는 하나님

하나님께서는 하나님의 영광을 위해서 존재하시는 만큼이나 하나님 안에서 나의 영원하고 영원히 증가하는 기쁨을 위해 노력하시는 분이시다. 타락한 아담을 먼저 찾아가셨으며, 동생을 죽인 가인에게도 긍휼을 베푸셨고(창세기 4:9-15), 다섯 번이나 거부하고 움츠러드는 모세를 끝까지 설득하여 사용하셨다(출애굽기 3:1-4:17). 멸망해도 마땅한 타락한 니느웨 성에도 좌우를 분변치 못하는 자(어린이)가 십이만여 명이고 가축도 많이 있어서 긍휼을 베풀고자 요나를 파송하셨다(요나 4:11). 하나님은 열두 제자들을 비롯하여 초대 기독교신자들의 분쟁과 분열 속에서도 세상을 구원할 당신의 목적을 여전히 포기하지 않으셨던 분이다. 그리고 지금까지도 나를 위해 인내하고 기다리시며 부르시고 계신다. 왜? 당신의 언약 때문이다.

> [말라기 3:1] 만군의 여호와가 이르노라 보라 내가 내 사자를 보내리니 그가 내 앞에서 길을 준비할 것이요 또 너희가 구하는 바 주가 갑자기 그의 성전에 임하시리니 곧 너희가 사모하는 바 언약의 사자가 임하실 것이라

(2) 세상을 변혁하기

세속문화에서 성도들이 자유의지로 선택할 수 있는 길은 여러 가지가 있다. 세상과 완전히 담을 쌓고 등지고 사는 격리주의, 세상과 적응하여 세상을 벗하여

사는 적응주의, 세상을 등지지는 않았지만 성과 속을 구분하여 사는 구획주의 그리고 세상을 그리스도의 문화로 변혁시키며 사는 변혁주의의 삶으로 구분할 수 있다(송인규, 2001). 그리스도인은 이 세상에 살면서 세상과 동화되지 않고 세상을 등지지도 않고 세상 가운데서 세상을 변혁시켜야 하는 소명을 받은 사람들이다. 그리스도인은 하나님께서 알게 하신 하나님의 뜻을 인간과의 소통 가운데서 전하기 위해 인간을 섬기도록 부름 받은 자들이며 이를 통해 이 땅에 하나님의 나라를 세워 가는 것이다.

언어와 의사소통을 고찰하는 우리에게 가장 중요한 목적은 바로 우리와 소통하고 관계를 맺으시려는 하나님의 열망을 따라가는 것이다. 우리의 열망도 하나님과 우리의 관계, 하나님과 그들의 관계를 바로 잡는 언어를 사용하고 교실이나 교실 밖에서 우리가 만나는 그들과 소통함으로 하나님의 존재를 알려 주는 선교인 것이다.

3 기독교사의 도전과 역할

1) 의사소통영역의 이해

의사소통영역은 유아교육과정의 내용체계 중에서 '언어생활 영역(1, 5, 6, 7차)' 혹은 '언어발달영역(2, 3, 4차)'에 속한다. 2차 교육과정에서부터 전인발달을 강조하기 위해 4개 발달영역으로 개정된 언어발달영역은 다시 5차에서 생활영역으로 바뀌면서 '언어생활영역'으로 명칭이 변경되었으며 이 명칭은 7차에 해당하는 2007 개정유치원교육과정까지 지속되었다(이기숙 외, 2011).

2012년 표준보육과정과 제7차 유치원교육과정을 우리나라의 국가수준유아교육과정인 '누리과정'으로 통합하는 과정에서 언어생활영역은 표준보육과정의 의사소통생활영역이라는 명칭을 사용하게 되었다. 사실상 의사소통의 '기술적 성격'을 강조하여 유아의 발달에 대한 과학적 확실성을 추구하는 설명의 차원으로 의사소통을 바라보게 하였다. 유아교육과정이 언어발달이나 언어생활이 아닌 의사소통영역이라 내용범주를 전환한 것은 전통적인 교사-유아 간의 언어적 상호작용을 소통의 의미로 확장하려는 노력이라고 보아야 한다.

(1) 의사소통영역과 언어교육

통합 국가수준 교육과정으로 발표된 누리과정은 언어영역을 의사소통영역으로 명칭을 바꾸고 그 목표를 유아가 일상생활에서 언어 사용을 즐기고 일상생활과 관련된 다양한 상황에서 대상과 상황에 적절한 언어를 사용하는 능력을 기르며 바른 언어사용 능력과 태도를 기르기 위한 영역이라고 진술하고 있다. 누리과정이 의사소통 능력을 단순히 듣고 말하고 읽고 쓰는 능력에 초점을 맞추는 것처럼 분류한 이유는 초등교육과정과의 연계, 전통적인 유아교육과정의 언어영역의 분류방식을 그대로 인용했기 때문이다.

의사소통 영역은 단순하게 말하기 듣기 읽기 쓰기의 네 가지 내용으로 구분하여 기술을 가르치는 것이 아니라 네 가지 영역을 사용하여 의사소통하기 위한 기본적인 능력과 태도를 기르는 데 그 의의가 있다.

2010년 교육과학기술부는 핵심역량으로 유아 기본능력 영역 및 하위요소를 자기관리, 창의성, 의사소통, 대인관계, 문제해결, 시민의식, 문화이해 일곱 가지를 들었는데, 핵심역량이란 교육과정이 추구하는 인간상의 구체화라고도 할 수 있다.

육아정책연구소(2017)는 개정안을 통해 누리과정의 추구하는 인간상을 자주적인 사람, 창의적인 사람, 교양 있는 사람, 민주시민 등으로 제안하고, 그러한 인간상을 구현하기 위해 결정되는 핵심역량을 여섯 가지로 나누고, 그중 다섯 번째로 다양한 상황에서 자신의 생각과 감정을 효과적으로 표현하고 다른 사람의 의견을 경청하며 존중하는 의사소통역량을 제안하였다.

그러나 엄밀하게 보면 진정한 의사소통은 말하기와 듣기, 읽기와 쓰기 이외에도 보기와 상상하기, 해석하기 등의 과정이 포함되어야 가능해진다. 인간의 의사소통이 사물인터넷처럼 단순한 정보를 전달하는 것에 그치지 않기 때문이다. 마치 하나님이 인간에게 말을 걸으신 것처럼, 우리가 서로 말을 걸고 대답하는 과정에 관계를 이으려는 노력이 배제되면, "○○! 음악 틀어줘~"라는 명령어에 반응하는 기계적 응답에나 만족하고 산다면 과연 우리가 사는 세상이 광고 속 주인공처럼 만족스러울 수 있을까 생상해 보라.

예비교사교육의 교육과정도 〈유아언어교육〉 과목을 통해 유아가 언제 어떤 소리부터 시작하여 말하기가 시작되고 유아의 반응적 행동에 따라 듣는 수준을 파악하고 읽기와 쓰기 기술의 특징을 탐구하여 가르칠 수 있는 교수방법을 탐구하는 방향으로 관심을 집중하게 된다. 5세 누리과정의 교육내용과 교사용 지도서의 활동목표를 분석한 연구에 의하면 모든 영역의 목표 진술에서 '지식'과 '기능'이 많은 부분을 차지했으며, 특히 의사소통 영역에서도 학습을 통해 학습자가 얻게 되는 능력인 지식 기술 태도 중에서 기능이 가장 많은 부분을 차지하였다(배성옥, 2013). 이는 3차 교육과정에서 발달영역으로 구분했던 '기초적인 언어기능 습득하기'의 목표성향과 유사하다.

반 브루멜른(Van Brummelen, 2006)이 제시한 '교육과정 기획을 위한 기본적인 세계관 질문'에 언어교육을 적용하여 정리해 보면 다음과 같이 정리할 수 있을 것이다.

① 언어교육이란 무엇이며, 인간언어 사용의 본질, 사명, 목적은 무엇인가?

- 누리과정의 언어교육은 자신의 의견을 정확하게 전달하고 타인의 의견을

경청하기 위해 필요한 언어적 기술과 지식에 있다.

② 인간 언어, 언어교육은 무엇이 잘못되었는가?

- 인간 언어는 자신의 유익을 우선하고 자신의 실책을 변명하기 위해 사용하는 데 주 관심을 가진다.

③ 우리가 사용하는 언어의 치유책은 무엇인가?

- 우리의 언어가 타인에게 미치는 영향을 이해하고 타인을 세우고 섬기기 위해 필요한 언어를 찾아 사용하도록 격려한다. 하나님의 사랑을 전하는 도구로서 나의 언어창고에서 사랑의 언어를 찾아 사용한다.

④ 우리 언어의 미래를 유지해 주는 것은 무엇인가? 어디서 희망을 발견하는가?

- 유아의 언어를 연구 탐색하는 것을 통해 복음을 전하려는 선교적 노력, 언어가 가진 힘을 인식하고 그 부정적 용도를 자제하려는 노력, 성경적 세계관이 담긴 언어를 보존하고 확장하려는 노력 등을 통해 발견할 수 있다.

(2) 의사소통영역의 내용범주

'누리과정'은 교과별이 아니라 신체, 언어, 인지, 정서, 사회성발달을 포괄하는 5개 발달영역과 관련된 능력과 소양을 고르게 기를 수 있도록 신체운동·건강, 사회관계, 의사소통, 예술경험, 자연탐구의 5개 생활영역별 세부내용으로 구성되었다. 누리과정 교사용 지도서의 각 활동은 누리과정 5개 영역을 통합하여 놀이의 형태로 기술되어 있다. 따라서 의사소통 영역의 내용은 단지 언어발달만 관련된 영역이 아니라 사회성발달을 포함하는 나머지 4개 발달 영역과 연관되어 구성된 활동을 소개하고자 노력하고 있다.

언어영역 관련의 교육목표는 1차 교육과정의 '바르게 듣고 말하기', 2차의 '언어습관 및 태도 기르기', 3차의 '기초적인 언어기능 습득하기', 4차에서 '언어이해

및 언어표현의 기초기능 습득', 5차에서 '말과 글에 관심을 가지게 하고 기초적인 언어능력을 기르게 함으로써 즐거운 언어생활을 할 수 있게 한다'로 점차 바뀌었다. 6차에 와서 '바르게 언어를 사용하는 경험을 가진다'로 바뀐 언어생활영역은 7차에서는 '창의적인 표현, 바른 언어사용습관을 강조하며 유아가 일상생활 속에서 자신이 사용하는 말과 글이 다른 사람에게 미치는 영향을 인식하고 자신 및 타인과의 관계 속에서 말과 글을 책임감 있고 효과적으로 사용할 수 있는 능력과 태도'를 강조하여(문미옥, 2008), 소통의 도구로서의 언어에 관한 관심을 나타내었다.

한편, 누리과정의 의사소통 영역은 ① 유아가 일상생활에서 언어사용을 즐기고, ② 일상생활과 관련된 다양한 상황에서 대상과 상황에 적절한 언어를 사용하는 능력을 기르며, ③ 바른 언어사용 능력과 태도를 기르기 위한 영역이다. 그러나 대상과 상황에 적절한 언어를 사용한다는 것은 언어의 기술에 있다기보다 '언어가 언어 되게 한 상황'과 '나와 소통하는 대상에 대한 이해의 정도'에 의해 좌우된다.

따라서 '의사소통'은 잘 듣고 읽고 잘 말하고 잘 쓰기의 기술에서 더 나아가 상대의 표정과 제스처와 심지어는 상대의 과거경험이 미치는 영향과 대화 순간의 침묵까지 잘 살펴 이해하는 것이 무엇보다 필요하다. "누군가는 말할 수 있고 또 끊임없이 말하지만 아무것도 말한 것이 없을 수 있고, 이에 반해 어떤 이는 침묵하면서 아무 말도 않았지만 이렇게 아무 말도 하지 않는 가운데 그는 많은 것을 말할 수 있다(하이데거, 2012)."

의사소통을 위해서는 어휘의 문법적 이해와 사용이 전제되는 것이 사실이지만, 맞춤법에 맞는 글자쓰기와 적절한 어휘를 사용하는 것 그 이상의 능력이 요구된다는 의미이다. 흔히 '행간을 읽는다'라는 표현이 이를 설명한다.

그러므로 의사소통영역의 내용범주는 한 가지 부가하여야 마땅한 '~하기'가 있다. 그것은 잘 소통하기 위해서 필요한 '보기'이다. 서로 눈빛을 바라보는 것만으로도 대상과 가까워지는 감정을 체험할 수 있다. 또한 이미 보고 들었던 것(특히 대화 상대의 상황)에 대해 '생각하고 이해하기'라는 영역의 인지능력, 감정이입이라는 정서능력, 친화력이라는 사회적 능력을 필요로 한다.

심지어 일본 동경대학 데즈카 교수는 "다양한 의미 속에서 이해되는 말함은 언제나 음성적인 것의 물리적 감각적인 것을 넘어서고 있다. 언어는 소리를 내고 글자로 기술되는 의미로서 그 자체가 超感性的(초감성적)인 어떤 것이다."라고 하였다. 즉, 올바른 의사소통을 위해서는 언어발달의 네 가지 영역인 구어와 문어의 전달방식과 함께 '보기' 그리고 경험을 기억하고 추론해 내는 '생각하기'의 영역과 연관되어야 하며 이는 감성 이상의 것이다. 하나님께서 창조주이신 당신을 닮은 형상으로 만든 인간은 '창조적 생각하기'가 가능한 존재이다.

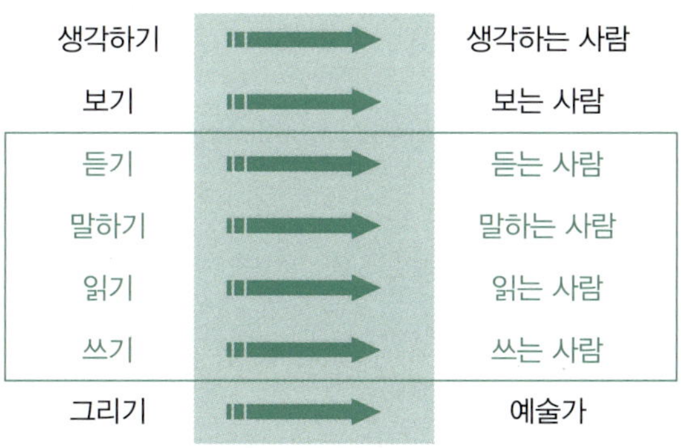

[그림 3-8] 언어의 예술가

루트번스타인과 루트번스타인(Root-Bernstein & Root-Bernstein, 2007)[10]은 창조적 생각하기를 위한 통합교육의 기본목표를 강조하였다. 이는 유아교육이 전통적으로 강조하였던 통합교육과 다를 바 없다. 괄호 안의 내용은 필자의 보충문

10) 로버트 루트번스타인과 미셸 루트번스타인(Root-Bernstein & Root-Bernstein, 2007)은 창조적 생각하기를 위한 13가지 생각도구를 관찰, 형상화, 추상화, 패턴인식, 패턴형성, 유추, 몸으로 생각하기, 감정이입, 차원적 사고, 모형 만들기, 놀이, 변형, 통합으로 제안하였다.

장이다.

① (단편적 지식을 가르치기보다) 학생들에게 보편적인 창조의 과정을 가르치는 데 중점을 두어야 한다.

② (기술을 가르쳐야 한다면) 창조과정에 필요한 직관적인 상상의 기술을 가르쳐야 한다.

③ (유아교육과정처럼) 예술과목과 과학과목을 동등한 위치에 놓는 다학문적 교육을 수행하여야 한다.

④ (학문마다 상이한 용어로 정의내리기보다) 혁신을 위해 공통의 언어를 사용함으로써 교과목을 통합해야 한다.

⑤ (유아교육의 활동처럼) 한 과목에서 배운 것을 여러 분야에 응용할 수 있어야 한다.

⑥ (위인들의 이야기를 통해) 과목 간의 경계를 성공적으로 허문 사람들의 경험을 활용해야 한다.

⑦ (프로젝트수업처럼) 모든 과목에서 해당 개념들을 다양한 형태로 발표하는 법을 가르쳐야 한다.

⑧ 상상력이 풍부한 만능인을 양성해야 한다. (이미 유아들은 몽상적인 만화가, 과학자처럼 상상력이 풍부하므로 가능하다)

유혜령(2003)은 인간의 이해과정에 대한 통찰은 유아교육에 있어서 의사소통과 이해의 문제를 다시 한번 반성하게 하는 계기를 제공한다고 하였다. 아동을 교육한다는 것은 결국 교사와 아동과의 '관계 맺음'이 이루어진다는 것이며 그 독특한 '현상적 맥락을 공유한다'는 것이기 때문이다. 따라서 의사소통이 단순히 '가치중립적인 기술'이 아니라는 것을 인정한다면, 교육적 의사소통 역시 단순히 누리과정에 담긴 활동 혹은 주제와 관련된 인간의 탐구에 의해 발견된 지식을 그대로 전달하는 과정이 아니라 교사와 아동, 아동과 아동, 부모와 교사가 함께 살아가며 삶에서 의미를 공유하는 것이 진정한 교육적 의사소통이 될 것이다.

(3) 의사소통영역의 해석과 재구성

의사소통영역을 기독교세계관으로 재구성하려면 어떤 질문을 먼저 던져야 할까? 반 브루멜른(Van Brummelen, 2006)이 교육과정의 주제에 대해 던진 질문을 의사소통영역에 적용해 보면 다음과 같다.

① 우리가 탐구하고자 하는 언어에 대한 하나님의 의도는 무엇인가?

② 인간의 불순종과 죄의 결과로 이러한 언어의 목적은 어떻게 변질되었는가?

③ 하나님의 의도하신 본래의 언어의 정의를 최소한 부분적으로라도 회복할 수 있는가?

④ 유아들이 바람직한(기독교적인) 언어 양식을 이해하고 경험하고 그것에 헌신하게 하기 위해 우리는 어떻게 도울 수 있는가?

"기독교학문의 임무는 하나님의 영광의 나타나심으로서의 실재를 연구하며, 정확하게 그 실재에 관해서 말하며, 그 안에 있는 하나님의 아름다우심을 맛보는 것이다(Edwards & Piper, 2003)." 그리고 기독교세계관은 하나님나라가 이 땅에 임하기를 소망하는 성경의 일관된 주제를 자신의 삶의 영역(학문을 포함한)에 적용하고자 착용한 기독교인의 안경이다.

기독교적 지성을 형성하는 것은 기독교사에게 쉽지 않은 작업이지만 동시에 보람 있는 소명이다. 그렇다고 유아들과의 모든 활동과 교재교구에 뚜렷한 기독교적 시각을 제공하지 못하는 것에 대한 불필요한 죄책감을 가질 필요는 없다. 존 볼트(Bolt, 2006)는 일련의 교과들에서 그리스도인 교사들이 사용할 수 있는 자원들까지 모두 무시하거나 폐기해야 한다고 믿는 반지성주의(反知性主義)[11] 에서는 벗어나라고 말한다. 즉, 누리과정이 인본주의 사상을 근거로 하고 있다고

---

11) 반지성주의(反知性主義, 영어: Anti-intellectualism) 또는 반주지주의(反主知主義)는 지성, 지식인, 주지주의에 대한 적대적 태도와 불신을 말하며, 주로 교육, 철학, 문학, 예술, 과학이 쓸데없고 경멸스럽다는 조롱의 형태로 나타난다. 또는, 학계의 엄격한 기준에 부합하기에 실패한 자칭 지식인들을 반지성주의자라고 하기도 한다. 다만 이런 경우에는 사이비 지식인(pseudo-intellectualism)이라는 표현이 더 흔하게, 보다 정확한 의미로 사용된다.

덮어버리고 성경말씀을 들려주는 것으로 대신하기보다 누리과정의 장점을 찾아 활용하고 기독교세계관으로 재구성하는 노력은 일반 공립학교나 비기독교학교에서 종사하는 기독교사에게 보람 있는 소명이며 필요조건이다.

코플(Kopple. 1991)에 의하면 기독인으로서 언어를 잘 사용한다는 것은 다른 사람에게 우리가 할 수 있는 한, 가장 분명하고 충실하며 정확하게 실재(최고의 실재-창조주 하나님)를 전달하는 것(전도)이 하나님과 인간의 관계를 정립하는 길이며, 다른 사람을 사랑하고 그들을 예수 안에서 세우는 일(세움) 즉 인간과 인간의 관계를 정립하는 것이다(현은자, 1999, 재인용).

2) 기독교사의 역할

유아교사는 유아의 발달특성을 이해하고 그에 적절한 교수방법을 구안하여 교수를 실천하는 활동가이다. 동시에 유아의 발달특성을 기준으로 수학과 과학, 어학과 사회학 등 각 학문분야에 대한 정보를 수용하여야 하는 '학문의 통섭가'이다. 누리과정 의사소통영역의 이론적 기초도 사회과학인 유아교육에 언어학이라는 인문학이 만나는 접점이며 통합과정인 셈이다. 이를 다시 기독교세계관으로 조명하고 재구성하는 작업은 철학과의 만남이며 의사소통의 영역을 다루는 심리학과 사회학으로 보다 넓게 바라보아야 하는 학문의 통합과정이 될 것이다.

사실, 유아교사는 학문의 통섭, 학제 간 통합이라는 과제가 요구되기 훨씬 이전부터 이를 시도했던 탐험가들이다. 특히 각 학문분야의 발전으로 인해 그 통섭과 통합이 이 탐험가들에게 더욱 어려운 과제가 되고 있다. 심리학뿐 아니라 뇌생리학, 사회학, 수학과 과학에 대해서도 알아야 하고 언어학에 대해서도 좀 더 알아야 하기 때문이다.

피아제의 '유아의 자기중심성' 정의에 대한 많은 증거에도 불구하고 유아의 대화를 분석한 연구가 대상의 연령에 따라 어휘를 구분하는 유아의 능력을 증명한 것처럼, 아주 어린 유아도 말을 잘할 수 있기 전에 자기보다 작은 사람이나 사물에 대해서만 사용하는 특별한 화체가 있다. 이는 유아에게도 타자중심적인 언어를 가르칠 수 있다는 신념에 기초를 제공한다(Spolsky, 2000).

(1) 관계를 맺는 언어의 모델, 교사

인터넷처럼 온 세상을 연결하는 소통의 통로가 만들어졌음에도 너무 많이 연결된 세상은 오히려 일과 휴식의 경계가 사라져서 사실 가까운 사람과의 소통을 막는 단절된 사회이기도 하다.

렉서스(빠른 것과 합리적인 것)를 추구하는 사회에서도 여전히 연결고리를 찾고 나름의 공동체를 만들고 자신의 올리브나무(정체성)를 찾는 것이 사람의 특성이다(Friedman, 2009). 유아교사도 자신이 속한 교실 내에서 나름의 독특한 공동체를 만들어 간다. 같은 기관에 속했어도 각기 자신의 학급에서 교사들은 자신들만의 언어공동체를 형성할 수 있을 것이다. 친구의 실수나 실패 등의 아픔을 보고 어떤 언어 반응을 보이고 소통방식에서 고려하는 점이 무엇인지를 결정하는 역할을 담당하는 부모와 교사의 태도와 언어반응이 큰 영향력을 가지고 있다.

특히 유아는 또래들과의 놀이를 통한 상호작용에서 의사소통능력을 발달시키며 특히 아동의 언어발달은 사회놀이를 통하여 촉진된다(이하원 외, 2012). 의사소통은 정보를 전달하는 지적 기능과 관계를 맺는 도구로서 사회적 기능도 함께 하게 된다. 유아의 의사소통 능력은 동료 혹은 교사와의 상호작용에서 교사가 제공자로서의 역할, 즉 어떤 언어기회를 제공하는지 어떤 교육 자료를 준비하는지에 따라 달라질 수 있다.

두말할 것 없이 유아교사가 자료제공자뿐 아니라 언어의 모델로, 유아 언어의 관찰자로, 상호작용자로, 스스로 답을 찾아가도록 기다려 주는 균형자(이경화 외, 2014)로 단련되어야 하는 것은 유아교사의 언어가 유아 언어발달에 커다란 영향을 미치는 언어모델이 되기 때문이다. 말하기와 듣기뿐 아니라 책을 대하는 태도, 책을 읽는 즐거움에 대한 교사의 관점 등은 유아의 구어 및 문어에 대한 태도를 결정하는 모델이 된다.

(2) 언어로 창조세계를 안내하는 교사

범주화의 정신적 과정이란 유기체와 사물을 식별하고 분류하여 적절한 명칭을 부여하는 과정에서 나타난다. 물리적 특성의 두 극단 사이에 늘어져 있는 연속적 척도를 구분하도록 언어를 명료화하는 것은 매우 어려운 과제이다. 자동차라고 부르는 것은 어떤 모양 어떤 크기를 상상하게 하는가? 초록색이라 함은 정확하게 수많은 초록색의 밴드에서 어떤 색을 가리키는가 등을 분류하는 것은 정신적인 과정이 필요하다. 이렇게 '온도와 색체의 분류는 오로지 정신적 과정으로 생각될 수 있으며 인지언어학의 중심부에 있는 낱말의미의 심리적 개념적 견해의 출발점 역할을 했다(Ungerer & Schmid, 2010).

착한 행동이란 구체적으로 어떤 상황에서 어떤 행동을 하는 것인가? 사이좋게 나눈다는 것은 구체적으로 어떤 상황에서 어떻게 나누는 것인가? 동물을 사랑한다는 것은 구체적으로 어떤 동물을 어떻게 다루는 것을 말하는가? 등등의 추상적인 개념을 행동목록으로 구분하여 명료화시키는 것은 쉽지 않다.

교사는 어휘를 문법적으로 나열한 문장을 전달하여 유아의 언어발달을 이끄는 단순한 기술자가 아니다. 유아의 사고영역을 확장시키는 상호작용을 고안하고 제공하는 인도자이다. 무엇보다 세계의 범주화를 위한 강력한 인지적 도구로서의 비유법, 은유와 환유를 즐겨 사용하는 교사는 유아의 사고영역과 언어영역을 확장시키게 된다. 특히 어떤 과업 혹은 유아의 역할이나 정체성 및 가치를 부여하기 위해 사용하는 교사의 은유는 강력한 언어능력의 전달자가 될 수 있다. 단순하고 틀에 박힌 칭찬이나 격려는 의미가 결여된다. 은유는 이러한 관점에서 유아 각 개인을 특별한 존재로 인식시킬 수 있는 언어의 마술이다.

"은영이는 하늘반의 빛나는 별 같구나!"

"선생님은 혜진이가 웃는 얼굴을 바라보면 달콤한 초콜릿을 먹는 것 같아!"

"얘들아, 정원이가 활짝 핀 장미꽃처럼 멋진 말을 했단다."

"오늘 희영이가 해 준 말은 세상에서 가장 맛있는 아이스크림 같아."

"혜민아, 네가 친구를 기쁘게 해 준 말을 들었어. 말은 재밌는 놀이를 하는 것처럼 즐겁다, 그렇지?"

교실의 문해환경 중에서도 가장 중요한 환경은 교사의 언어적 상호작용으로 제공되는 언어모델일 것이다. 물론 유아들은 이미 가정에서 기본적인 언어습관과 태도 그리고 어휘량이 각각 다르다. 가정의 소득수준의 차이보다 가정 내에서 경험하는 문해경험의 차이로 인해 어휘력의 차이가 나며(이강이 외, 2008) 유아기 어머니와 얼마나 언어적 상호작용을 하였는가가 유아의 어휘에 10배의 차이가 난다는 보고가 있다(Santrock, 1995). 사회경제적 수준의 차이가 문해환경에 영향을 준 것이지 사회경제적 수준이 언어발달에 직접적인 원인이 되지 않는다. 따라서 교사나 부모가 유아의 문해 환경을 풍부하게 제공하는 것은 매우 의미 있는 교육적 접근이다.

기독교사의 언어는 성경구절을 가르치거나 하나님을 부르게 하는 것만큼 하나님이 창조하신 세상, 대상 유아를 하나님의 아름다운 피조물로 범주화하도록 돕는 역할을 한다. 더욱이 공립학교나 비기독교학교 교사에게는 이러한 방법이 공식적으로 우선 사용할 수 있는 매우 기독교적인 교수방법이다.

(3) 언어의 즐거움으로 안내하는 교사

언어학자인 촘스키는 스스로 언어교습의 방법들을 제시할 수 있을 만큼 특정한 자격과 지식을 갖추지 못했다고 고백하면서도 가장 좋은 교수방법이란, 배우는 과목이 배울 만한 가치가 있음을 확실하게 해 주고 진리와 세계 이해에 대한 어린이와 혹은 성인의 천부적 호기심과 흥미가 발달할 수 있도록 부추기는 것이 90%, 교수방법은 나머지 10%일 것이라고 말하였다(Chomsky, 2007). 언어발달 혹은 언어학습을 위한 교사의 역할은 우선적으로 진리에 대한 호기심을 격려하고 지원하는 역할을 해야 한다는 것이다. 완벽한 과정을 제시할 수는 없겠지만 이는 우리 교육자들의 몫일 것이다.

교사와의 언어적 상호작용과 다양한 언어놀이 활동은 '언어는 즐거운 선물'이라는 것을 알려 주는 시원이 될 것이다. 교사는 유아들과 재미있는 말놀이, 글놀이를 통해 언어의 즐거움의 세계로 안내하고 있다. 가치 있는 내용과 언어를 담은 동화는 물론이고 수수께끼, 끝말잇기 놀이, 동시를 통해 의태어 의성어를 즐기기, 동극을 통해 다양한 주인공을 묘사하는 말투와 목소리를 꾸미기, 노래 가사를 바꾸기, 동화에서 반복되는 대사를 함께 외침으로 참여하기 등등 끝없이 많다. 기독교사는 대화상대를 칭찬하고 위로하고 격려하는 아름답고 따뜻한 언어로 인도하여야 한다.

참고문헌

강신주(2005). 장자, 타자와의 소통과 주체의 변형. 서울: 태학사.

강은주, 송수현(2012). 만 5세 누리과정의 의사소통 영역의 기독교적 적용. 제17회 총신 유아교육학술대회. 만 5세 누리과정의 기독교적 조망.

교육과학기술부, 보건복지부(2012). 5세 누리과정 해설서.

김세윤(2000). 주기도문 강해. 서울: 두란노.

김승국(1996). 특수교육학. 파주: 양서원.

김은영, 강은지, 염혜경(2017). 3~5세 연령별 누리과정 개정(안) 개발연구. 육아정책연구소.

노희원(1998). 구약성서의 깊은 세계. 서울: 연세대학교출판부.

문미옥(2008). 제7차 유치원교육과정 개정의 과정과 방향. 다학문적 접근을 통한 유아교육의 정체성탐구. 서울: 아이코리아.

박정순(1995). 대중매체의 기호학. 서울: 나남.

배성옥(2013). 5세 누리과정 교육내용과 교사용지도서의 활동목표 분석. 경성대학교 대학원 박사학위논문.

부길만(2008). 책의 역사. 서울: 일진사.

송인규(2001). 평신도 신학. 서울: 홍성사.

오문자(2003). 교사-유아들의 학습공동체를 지원하는 의사소통 책략. 2003년 교원워크숍. 유아교육에서의 의미 있는 의사소통. 한국어린이육영회 연수원.

유혜령(2003). 유아교육에 있어서의 의사소통과 이해의 문제, 2003년 교원워크숍. 유아교육에서의 의미 있는 의사소통. 한국어린이육영회 연수원. 3-17.

이강이, 성미영, 장영은(2008). 가정문해환경과 유아의 어휘 및 읽기 능력. 대한 가정학회, 46(10), 97-106.

이경화, 조순옥, 김정원, 심은희, 이연규, 이문정(2014). 언어교육. 서울: 창지사.

이광재(2014). 성경을 어떻게 읽을 것인가? 올바른 해석과 적용을 위한 지침서.

이기숙, 장영희, 정미라, 엄정애(2011). 유아교육개론. 파주: 양서원.

이윤재, 이종준(2014). 말 콘서트. 서울: 페르소나.

이종원(2003). 성경에 나타난 비유법 연구. 연세대학교 대학원 석사학위논문.

임희옥(2012). 기독교세계관에 기초한 다문화교육프로그램의 개발 및 효과. 서울여자대학교 대학원 박사학위논문.

임희옥, 유혜숙, 서광일, 김정준(2010). 기독교 세계관으로 조명한 유아 교육하기. 서울: 창지사.

정희영(2013). 누리과정에 담긴 세계관 분석. 기독교세계관으로 조명하는 누리과정의 자연탐구영역. 한국기독교유아교육학회 2013 추계 학술대회.

주해홍(2014). 통큰 통독. 서울: 두란노.

현은자(1999). 성경적 세계관과 학교교육. 서울: 학지사.

Bebbington, D.(1997). 역사관의 유형들(김진홍, 조호연 역). Patterns in history. 서울: IVP.

Bolt, J.(2006). 이야기가 있는 학교(이정순 역). 서울: IVP.

Bègue, L.(2013). 도덕적 인간은 왜 나쁜 사회를 만드는가(이세진 역). 서울: 부키.

Chomsky, N.(2007). 촘스키 사상의 향연(이종인 역). Chomsky on democracy & education(C. P. Otero 엮음). 서울: 시대의창.

Comenius, J. A.(1999). 세계최초의 그림교과서(남혜승 역). 서울: 씨앗을 뿌리는 사람.

Crystal, D.(2013). 언어의 작은 역사(서승순 역).서울: 휴머니스트.

Douglas . D.(1996). 새성경사전(나용화, 김의원 역).New Bible dictionary. 서울: 기독교문서선교회.

Edwards, J. & Piper, J.(2003). 하나님의 열심(백금산 역). God's passion for his glory. 서울: 부흥과개혁사.

Friedman, T. L.(2009). 렉서스와 올리브나무(장경덕 역). 파주: 21세기북스.

Green, Jr. A. E.(2000). 기독교세계관으로 가르치기(현은자, 정희영, 황보영란 역). Reclaiming the future of Christian education : a transforming vision. 서울: CUP.

Halley, H. H.(1997). (최신) 성서핸드북(박양조 역). Bible handbook: an abbreviated Bible commentary. 서울: 기독교문사.

Harris, R.(1999). 소쉬르와 비트겐슈타인의 언어: 어떻게 언어로 놀이를 하는가?(고석주 역). Language, Saussure, and Wittgenstein : how to play games with words. 서울: 보고사.

Heidegger, M.(2012). 언어로의 도상에서(신상희 역). Unterwegs zur Sprache. 파주: 나남.

Hiebert, P. G.(2011). 21세기 선교와 세계관의 변화(홍병룡 역). 서울: 복있는사람.

Kinzler, K. D., Dupoux, E., & Spelke, E. S.(2007). The native language of social cognition. *Proceedings of the National Academy of Sciences, 104*(30), 12577-12580.

Pascal, B.(1991). 팡세(김형길 역). Pensées. 서울: 서울대학교출판부.

Root-Bernstein, R., & Root-Bernstein, M.(2007) 생각의 탄생(박종성 역). Sparks of genius. 서울: 에코의서재.

Sandel, M. J.(2009). 정의란 무엇인가(이창신 역). Justice: what's the right thing to do?. 파주: 김영사.

Santrock, J. W.(1995). *Life-Span Development*. Iowa: Brown & Benchmark Publishers.

Spolsky, B.(2005). 사회언어학(김재원, 이재근, 김성찬 역). Sociolinguistics. 서울: 박이정.

Ungerer, F., & Schmid, H. J.(2010). 인지언어학 개론(임지룡, 김동환 역). An introduction to cognitive linguistics. 서울: 태학사.

Van Brummelen, H. W.(2006). 기독교적 교육과정 디딤돌(이부형 역). Steppingstones to curriculum: A biblical path. 서울: IVP.

Walters, B.(2009). *Academic Reading Builder 2*. 서울: 다락원. (e book).

Wolters, A. M.(1992). 창조 타락 구속(양성만 역). 서울. IVP.

제4장
사회관계영역

: 평안의 공동체를 위한 하나님의 법칙

최성진 (한국성서대학교 영유아보육학과 외래교수)

풀기 힘든 인간관계, 그 해답은?

특별한 기도제목을 가지고 기도원에 오는 사람들을 대상으로 조사한 결과, 기도제목 중에 가장 많은 부분을 차지하는 것이 '불편한 인간관계'에서 비롯된 것이라고 한다. 기독교인뿐 아니라 대부분의 사람들은 잘 맞지 않는 부부문제, 속 썩이는 자녀, 용서하기 힘든 직장 상사나 동료 때문에 버거워한다. 다만 기독교인이라면 이러한 관계의 문제들 때문에 하나님을 더 찾고 도우심을 구한다.
유아교사들이라고 다를까? 억지를 쓰거나 인격적 관계를 거부하는 학부모, 동료 교사와의 의견 차이, 정책 입안자나 관계 공무원과의 입장 차이 등으로 업무가 더 힘들어지지 않는가? 한번 깨어진 관계는 다시 회복하기가 얼마나 더 힘든가? 유아교사들은 종종 한숨을 쉬며 말한다.
"아이들만 보는 거라면 정말 좋겠어요."

기독교 기업이라는 정체성으로 유명한 한 회사에 입사하게 된 직원이 전체 직원교육장에서 회장님께 질문할 기회를 얻었다. 그는 최근 고민하고 있는 자신의 문제에 대해 질문하였다. 원하지 않는 술자리에 억지로 앉아 있는 것도 고역인데, 술을 강권하는 거래처 사람에게 어떻게 처신해야 하는지를 물었다. 회장님의 대답은 무엇이었을까?
"당신이 알아서 해요. 내가 그것까지 가르쳐야 됩니까?"
사회생활을 몇 십 년은 더 경험한 직장의 선배가 신자로서 후배에게 줄 수 있는 조언이 없다는 것은 무엇을 의미하는가?

1 사회적 존재로서의 관계 맺음

현대의 정보화, 테크놀로지의 발달은 사람들 간의 직접적인 관계보다는 SNS(Social Network Services)나 대중매체를 통한 간접적인 관계를 추구하게 만들었고, 결과적으로 인간의 사회적 고립을 더욱 심화시키는 결과를 초래했다(정희영 외, 2013). 영화 'Her'[1]에서 남자주인공의 상실감은 이러한 고립감에서 벗어나 자신을 인정해 주는 특별한 누군가와 연결되고자 하는 이 시대 사람들의 간절함을 역설적으로 보여 준다.

사람은 어느 누구도 혼자 살아갈 수 없다. 혼자 집을 짓고 혼자 밥을 먹고 혼자 일을 하며 살 수 없다. 밥을 먹기 위해서는 쌀을 생산하는 농부, 도정하고 포장하고 배달하는 사람, 판매하는 사람, 주방기구를 만드는 사람들의 도움이 필요하다.

간혹 모든 관계를 내려놓고 잠시 혼자 쉬고 싶을 때가 있을지라도 영원히 고립되어 있을 수는 없다. 첨단 통신과 과학 기술의 발달로 세계화가 급속히 진행되고 있는 현대사회에서 사회변화에 발 빠르게 적응하고, 자신이 속한 사회와 환경들을 이해하면서 가정이나 지역사회, 그리고 국가의 구성원으로서 사람들과 원만한 사회적 관계를 맺고 더불어 생활할 수 있는 능력과 태도를 갖추는 것은 매우 중요한 일이다(교육과학기술부, 보건복지부, 2013b; 윤정아, 박은혜, 1998; Melandez et al., 2000). 국가수준 교육과정의 5개영역 중 전인적 성장을 추구하는 목적의 일환인 사회관계영역에서는 자존감과 자기조절능력뿐 아니라 타인과의

1) 영화 'Her'의 남자주인공 테오도르는 "당신에게 귀기울여 주고, 이해해 주고, 알아줄 존재"라는 광고에 이끌려 컴퓨터 OS를 구입하면서 '그녀'와 관계를 맺어 간다. 하지만, '그녀'가 남자 주인공과 대화하는 동안에도 팔천 명이 넘는 이들과 동시에 대화하고 있었고, 칠백 명이 넘는 사용자(user)와도 연애하고 있었다는 사실을 알게 되면서 큰 상처를 받는다.

관계를 중시하며 사회적 지식과 아울러 사회적 태도와 기술까지 중요하게 다루고 있다.

우리는 인간관계를 통해 위로받고 삶의 의미와 가치를 느끼게 된다. 하지만 우리를 피폐하게 하고 삶의 의미와 가치를 잃게 만드는 것도 인간관계에서 오는 경우가 많다. 특히 인간관계의 중요성을 인식하고 올바른 관계회복과 원만한 대인관계를 형성하기 위해 최근 부각되고 있는 것이 인성교육이다. 독립된 두 인격체가 진정으로 연결되는 과정에는 인간다움(인성)이라는 기본자질이 필수적이기 때문이다. 특히 인간관계 성향의 기초가 형성되는 유아기의 인성교육은 그래서 더욱 중요하게 여겨진다.

1) 사회관계영역의 기초, 인성교육

2010년 교육과학기술부는 유아기 핵심역량으로 자기관리, 창의성, 의사소통, 대인관계, 문제해결, 시민의식, 문화이해 일곱 가지로 구분하였는데, 그중의 네 가지 의사소통, 대인관계, 시민의식, 문화이해는 인간의 성품과 타인과의 관계를 다루는 핵심역량이라 할 수 있다. OECD는 핵심역량의 3범주로 다양한 도구(언어, 상징, 텍스트)를 상호작용적으로 활용하는 능력, 자율적으로 행동하는 능력과 함께 사회적으로 이질적인 집단과 상호작용하는 능력을 소개하고 있다(박은혜, 2012). 특히 사회적으로 이질적인 집단과 상호작용하는 능력은 다른 사람과 관계를 잘하는 능력, 다른 사람과 협동하는 능력, 갈등을 관리하고 해결하는 능력으로 구체적인 내용을 소개하는데, 모두 타인과의 관계에 대한 역량이다.

교육과정의 핵심역량은 '추구하는 인간상'을 구체화한 것이다(김은영 외, 2017). 최근 교육의 핵심이 지식에서 역량으로 바뀌고 있는 것은 '학생이 학교에서 무엇을 배워야 하는가'라는 문제 못지않게 학교교육을 통해 어떤 사람이 되어야 하는가에 관심을 두는 접근방식이라고 할 수 있다(이기숙, 2015). 2017년 12

월 국가수준 교육과정인 누리과정의 개정안 개발연구팀은 개정이 필요한 중요한 이유 중에 누리과정이 '추구하는 인간상'을 제시하지 못한 점을 들었다(김은영 외, 2017). 사회관계영역과 관련된 개정사항으로, 인간관계 형성에 초점을 맞추어야 할 것과 인성에 대한 내용을 포함할 것을 제안하였다. 아동의 권리뿐 아니라 시민으로서의 책임감, 공동의 선, 공적인 기여를 위한 협동과 질서, 배려, 존중이 더 보완되어야 한다고 피력한 것이다.

누리과정 사회관계영역은 공동체 지향의 인성을 기르는 것을 궁극적 목표로 하고 있다. 유아가 자신을 알고 소중하게 여기며, 가족, 또래와 함께 원만하게 지내는 방법뿐만 아니라 공동체에서 함께 살아가는 방법을 익히고 주변 세계에 관심을 가지고 적응해 나갈 수 있는 기초능력과 인성을 기르기 위한 영역이다(교육과학기술부, 보건복지부, 2013b). 따라서 자신과 타인에 대한 존중과 배려, 협력, 질서 등 타인과 더불어 살아가기 위해 필요한 기초예절과 소양을 기르기 위해 힘쓰며, 원만한 대인관계 속에서 건강한 자아를 지닌 유아로 성장할 수 있도록 인성교육에 강조를 두고 있다.

인성교육이란 인지적으로 편중된 교육 상황에서는 별로 다루지 않는 정의적 측면 및 인간의 본성과 관련한 것으로, 학습자로 하여금 건강한 전인적인 민주 시민으로 성장하고 생태적인 본성을 실현함으로써 보다 풍부하고 자유로운 삶을 살 수 있도록 하기 위한 교육적 경험을 제공해 주는 것이다(한국교육학회, 2001).

(1) 인성교육

인간관계 회복에 대한 노력은 기독교인뿐만이 아니라 일반교육의 현장에서도 인성교육의 강조로 나타나고 있으며, 국가차원에서도 주목하고 있는 부분이다. 정부는 1995년 교육개혁위원회 5·31 교육개혁안에서 실천 중심의 인성교육을 공식화하였고(정희영 외, 2013), 2010년에는 창의 · 인성교육의 개념과 가치를 새롭게 확립하여 '더불어 살 줄 아는 인재'를 양성하기 위해 배려, 공동체 의식, 창의성, 개방성 등을 함양하고자 하였다(교육과학기술부 보도자료, 2010. 1. 4.).

창의성과 인성을 유기적으로 연결 또는 통합하는 교육으로서 주로 인간관계와 관련된 덕목과 도덕적인 판단에 필요한 능력을 인성교육이라고 정의한다(교육과학기술부, 2009). 도덕적 앎, 도덕적 감정, 도덕적 행동이 일치해야만 그 결과가 좋은 인성으로 드러나게 될 것이다. 이렇게 좋은 인성을 발달시키기 위한 의도적이고 행동지향적인 노력을 인성교육이라고 한다(Lickona, 1991). 인성교육이란 도덕성, 사회성, 정서를 포함한 바람직한 인간으로서의 성품을 기르는 교육이며(교육부, 1998), 덕성을 바탕으로 교양과 능력을 겸비한 인간으로 기르는 교육이다(한국교육개발원, 1985).

인성교육은 21세기 글로벌 인재양성에 필요한 교육으로 오늘날 사회에서 요구하는 바람직한 인간상을 함양하는 것이고, 인간다운 면모와 자질을 갖추기 위한 교육이며, 자기중심성에서 벗어나 타인 및 공동체와 바람직한 관계를 형성할 수 있도록 하는 교육이다(정창우, 2010). 주로 인간관계와 관련된 덕목과 도덕적 판단에 필요한 능력을 교육하는 것으로(교육과학기술부, 2009), 인성교육을 통해 유아는 긍정적인 자아감을 형성하고 남을 배려하고 서로가 다름을 인정할 수 있는 소양을 갖춤으로써 더불어 즐겁게 삶을 영위할 수 있는 사회적 기초를 다지게 된다(교육과학기술부, 2012).

누리과정 역시 올바른 인성이야말로 사회라는 공동체 안에서 건강하고 행복한 구성원으로 살아가기 위해 필수적인 요소라고 보고, 3~5세 유아교육의 주요한 방향으로 삼았다. 올바른 인성은 타인 및 공동체와 바람직한 관계를 맺기 위한 것이며, 자신의 일을 스스로 하는 것을 시작으로 다른 사람을 배려하고, 정해진 규칙을 준수하며 공동체 구성원들이 공유하고 있는 행위의 기준과 도덕적 가치를 자신의 것으로 내면화하는 것까지를 포함한다.

(2) 유아인성교육프로그램

현대 지식정보화 사회에 능동적으로 대처하기 위해서는 사람과 사람의 관계를 가치 있게 여기고 더불어 살아갈 수 있는 인재를 양성하는 것이 필요하다는 국민적 공감대가 확산되면서 인성형성에 결정적 시기인 유아기부터 인성교육을 시작해야 한다는 목소리도 높아졌다. 이에 따라 교육과학기술부(2012)에서는 '유치원기본과정 내실화를 위한 인성교육프로그램'을 개발하였고, 이 프로그램에서 선정한 인성교육의 여섯 가지 덕목인 '배려', '존중', '협력', '나눔', '질서', '효'는 3~5세 누리과정 교사용지도서에 인성관련요소로 제시되어 있다.[2] 여섯 가지 인성교육 덕목의 구체적인 내용은 다음과 같다.

첫째는 '배려'다. '배려'란 기본적으로 타인과의 관계를 전제로 하면서 타인에 대한 보살핌, 관심, 이해를 기반으로 다른 사람과 관계를 회복시키며 나아가 자신을 되돌아보게 하고 스스로 성장시킬 수 있는 윤리적 기본 원리이다. 하위 내용으로는 친구에 대한 공감과 배려, 가족에 대한 공감과 배려, 이웃에 대한 공감과 배려, 동식물에 대한 배려로 사람에 대해서는 공감과 배려와 동시에 제시하였지만, 자연에 대해서는 배려만을 제시함으로써 인간과 동식물에 대한 배려의 차원을 달리하고 있다.

둘째, '존중'은 사람과 사물까지 기본적으로 그들의 존재만으로도 존중할 가치가 있다는 것을 인식하고 그 가치를 소중히 여기는 것이다. 인간 스스로 자신에 대한 존중감, 환경에 대한 존중, 더 나아가 다른 생명에 대한 존중을 포함하고 있다.

셋째, '협력'은 단순히 시간·공간적으로 함께 모여 있는 것 혹은 함께 활동을

2) http://www.moe.go.kr (교육부 홈페이지) 2012년 3월, '유치원 교육과정 내실화를 위한 인성교육프로그램' 탑재되어 있음.

하는 것만이 아니라, 두 명 이상의 구성원이 공동의 목표를 설정하고 이를 달성하기 위해 개인적 책임을 다하고 서로 조언 및 조력을 주고받는 것이다. 하위 내용으로는 긍정적인 상호의존성, 개인적 책임감, 집단 협력과정이 있다.

넷째, '나눔'은 자기 스스로 우러난 마음에서 남을 돕기 위해 하는 일이며, 대가를 바라지 않고 지속적으로 도와주는 것이다. 나눔의 의미와 필요성, 나눔의 대상, 나눔의 실천, 나눔에의 참여로 하위 내용을 다루고 있다.

다섯째, '질서'는 민주주의 사회에서 책임감 있는 민주시민으로 살아가기 위해 필요한 사회규범을 지키는 것이다. 하위 내용으로 기초질서, 법질서, 사회질서가 있다.

여섯째, '효'는 인간된 도리를 충실히 하는 것으로, 부모님을 비롯한 어른에 대한 효를 말한다. 하위 내용은 자식으로서 부모님의 은혜에 감사드리고, 보답하고자 하는 마음과 태도를 형성하고 다양한 방법으로 효를 실천하는 것과 조부모님, 지역사회 어른들을 공경하는 것이다.

이 프로그램은 유아인성교육의 교수학습방법으로 토의와 협동학습, 현장학습, 역할놀이, 도서 활용, 모범적 인물이나 훌륭한 삶의 본보기를 제시하는 스토리텔링, 다양한 분야에서 일하는 세대 간 지혜 나눔 전문가를 활용하여 통합적이고 유아의 자발적인 동기를 유발하도록 구성하기를 제안하고 있다.

(3) 인성교육진흥법

인성교육에 대한 사회적 요구가 높아짐에 따라 2015년 세계 최초로「인성교육진흥법」이 제정되었다. 교육부에서는 인성교육 우수학교를 지정, 운영하고 있으며, 우수사례 발표, 인성교육 포럼 등을 개최하여 인성교육 프로그램의 실천을 장려하고 있다.

「인성교육진흥법」 제2조(정의)에서는 아래와 같이 인성교육 및 인성교육의 내용을 정의하고 있다.

1. '인성교육'이란 자신의 내면을 바르고 건전하게 가꾸고 타인·공동체·자연과 더불어 살아가는 데 필요한 인간다운 성품과 역량을 기르는 것을 목적으로 하는 교육을 말한다.
2. '핵심 가치·덕목'이란 인성교육의 목표가 되는 것으로 예(禮), 효(孝), 정직, 책임, 존중, 배려, 소통, 협동 등의 마음가짐이나 사람됨과 관련되는 핵심적인 가치 또는 덕목을 말한다.
3. '핵심 역량'이란 핵심 가치·덕목을 적극적이고 능동적으로 실천 또는 실행하는 데 필요한 지식과 공감·소통하는 의사소통능력이나 갈등해결능력 등이 통합된 능력을 말한다.

(4) 인문학 진흥과 유아기 인성교육

우리나라는 2006년부터 현재까지 매해 가을 인문주간을 추진함으로써 인문학에 대한 관심을 나타내기 시작하였으며, 2017년 1월 〈인문학 진흥 기본계획〉(교육부, 2017)을 수립하였다. 이 계획안의 서두에는 한국사회의 지속가능한 발전을 위해 인문학적 사고력, 통찰력, 문제해결능력 등 인문소양을 갖춘 창의인재가 긴요하다고 밝히고 있다. 그리고 이러한 인재가 필요하다는 인식 뒤에는 학교폭력, 자살, 인간 소외 등 사회적·국가적 차원의 문제를 인식하고 있음을 알 수 있다. 당시 정부는 국정과제로 인문정신문화 진흥을 제시하고 2017년부터 2021년까지의 인문학 진흥 기본계획을 세웠으며, 생애주기별 인문교육의 체계화 정책에 유아기 교육은 인성교육이라는 이름으로 간단하게 제시하였다.

인성교육의 내용은 현대 사회가 요구하는 바람직한 인간상이 어떤 것인지, 인간다운 면모와 자질은 어떤 것인지에 대한 고민으로부터 출발하며, 일반적으로 한 사회에서 전통적으로 지녀온 가치와 현시대를 잘 살아가기 위한 가치들로 구성된다(김민희, 2015).

선행연구에서 나타난 인성교육의 내용을 살펴보면 다음과 같다.

〈표 4-1〉 선행연구에 나타난 유아 인성교육 내용

선행연구	인성교육 내용
Lickona(1991)	신뢰, 존중, 책임감, 양심, 자존감, 겸손, 감정이입, 선에 대한 사랑, 자기 통제, 시민의식
이원영, 박찬옥, 노영희(1993)	청결, 물질만능배제, 근면, 질서, 예절, 인내, 타인존중, 협동, 양보, 긍정적 사고, 타인신뢰, 주체의식, 공동도덕 준수, 정직, 생명존중, 책임감, 전통윤리·존중
허경철, 조난심(1994)	기본생활 습관, 자아확립, 효도·경애, 공동체 의식
Berkowitz & Grych(2000)	자기 조절, 감정이입, 사회적응, 자존감, 사회적 기술, 순종, 양심, 도덕적 추론, 정직, 이타심
계영애, 강정원(2001)	청결, 정리정돈, 절약, 질서, 예절, 근면, 자기조절, 감정이입, 감정표현, 대인문제해결, 타인입장의 존중, 친절, 협동, 동정하기, 추론하기, 규칙준수, 생명존중, 책임, 정직, 양심, 순종, 애국심, 이타주의
Josephson(2002)	신용, 존중, 책임감, 공정, 배려, 시민정신
김영옥, 장명림, 유정희(2009)	문제해결력, 의사소통, 자아개념, 사회적 관계, 타인배려, 도덕적 기초, 사회적 지식, 정서인식, 정서표현, 정서조절, 감정이입
안영진(2010)	이해심과 배려, 존중, 공정과 관용, 협동, 사랑, 친절, 평화, 자신감, 성실과 믿음, 책임·인내, 자기비교, 정직, 긍정적인 사고, 용기
교육과학기술부(2012)	배려, 존중, 협력, 나눔, 질서, 효
인성교육진흥법(2015)	소통, 협동, 효, 존중, 배려, 예, 정직, 책임

출처: 권은주(2016). 그림책을 활용한 인성교육활동이 유아의 사회정서능력에 미치는 효과, p. 7.
법제처(2015). 인성교육진흥법.

OECD가 추천하는 세계 5대 교육과정 중의 하나인 페리 유치원의 하이 스코프 프로그램과 레지오 에밀리아 프로그램을 비롯하여 발도르프 프로그램, 몬테소리 프로그램 등 많은 유아교육과정은 유아의 가능성에 대한 커다란 기대를 가지고 시작하였다(이기숙 외, 2014). 특히 주 1회씩 2년간 보상교육의 관점에서 실시한 페리유치원의 연구결과는 저소득층 흑인 아동 123명을 대상으로 한 연구로서 원래 기대했던 초등학교의 지능검사에서는 만족한 결과를 나타내지 못했지만, 인내심, 성실성, 자아존중감 등의 인성적 요인이 증가하였다고 보고하였다.[3] 의미 있는 유아교육의 효과가 확인된 페리유치원의 교육과정은 유아가 스스로 계획하고 실행하고 평가할 수 있는 존재라는 아동관으로부터 출발하였다. 유아교사의 인간관, 특히 아동관이 교육현장을 변화시킬 수 있다는 것은 환상이나 꿈이 아니고, 실현 가능한 현실이다.

(5) 인성교육자로서의 교사

형식적인 교육과정뿐만 아니라, 겉으로 드러나지는 않지만 교사-학생 간의 상호작용으로 형성되는 잠재적 교육과정과 물적, 인적자원을 토대로 하는 교실안의 분위기는 사회·정서적 발달에 더 큰 영향력을 발휘할 수 있다(DeVries & Zan, 1997). 즉 최고의 교수법은 바람직한 인성을 경험하도록 하는 것이며(교육과학기술부, 2012), 그 중심에는 교육과정을 실현하는 교사들이 있다.

하지만 유아인성교육을 시행하는 데 있어서 교사들은 여러 가지 어려움에 직면하게 된다. 아직은 유아교육계에서 인성교육을 위한 경험적 토대가 부족하고 인성교육의 정의와 내용에 대한 학자들 간의 논의도 계속되고 있기 때문이다(Berkowiz & Grech, 2000). 인성교육에 대한 유아 교사들의 신념과 교수 전략에 대한 정보 부족, 중요하게 인식하는 인성교육 덕목과 교육 수행정도의 차이(예: 교사들이 정직이나 책임 등을 중요하게 여긴다 할지라도 교육활동으로 실천하기는 어려움) 등은 교사들에게 큰 부담이 되고 있다. 하지만 유아의 인성교육을 위해 교사의 인성을 바로 갖추는 것은 매우 중요하다. 좋은 인성의 교사는 영유아에게 인성적 모델이 되어 주며 올바른 가치관을 정립하도록 돕기 때문이다(김미량 외, 2017). 한국교육학회(2001)는 교사의 인성으로 자기이해, 자기수용, 자기

3) https://highscope.org/ 유아교육을 경제학적 관점으로 접근하여 분석한 노벨 경제학상 수상자인 미국의 헤크만 박사는 페리유치원의 40년 자료를 바탕으로 유아기에 투자한 자본은 17배가 되어 돌아온다는 보고를 하였다. 이 종단연구를 통해 질적으로 우수한 교육을 받은 유아는 그렇지 못한 아이보다 고등학교 진학률과 취업률, 평균소득이 높으며 자녀양육, 가족과의 화목에서 더 낫고 범죄율은 떨어지므로, 국가가 0~5세의 교육에 투자해야 하는 자본주의적 명분을 제공하였다.

개방, 인간관계, 도덕성 함양, 사회성 함양과 더불어 가치관 확립을 중요부분으로 제시하였다.

교사의 사고과정과 신념체계는 교사의 실천행위와 깊은 관계가 있다. 아동관, 유아교육의 목적, 교수-학습의 본질 등에 대해 교사가 어떻게 생각하는가에 따라 환경구성, 교수자료, 내용, 방법, 유아-교사 상호작용의 본질이 달라질 수 있다(박은혜, 1996). 즉 교사가 어떤 세계관을 가지느냐에 따라 교육의 목표, 내용과 방법, 평가 등이 달라지고, 이에 따른 유아의 경험도 크게 달라질 수 있다는 것이다(김정준 외, 2016). 따라서 교사는 자신이 어떤 신념을 가지고 있는지, 감추어진 신념들을 드러내어 검토하고 분석할 수 있어야 한다(박은혜, 1996).

교사들의 신념은 자신들이 무언가를 가르칠 때 그것을 왜 가르치고 있는가를 아는 것에서부터 출발한다(DeVries & Zan, 1997). 유아교사도 누리과정에 따라 연간계획, 월간, 주간, 일일교육계획안을 작성하면서, 지속적으로 자신의 신념을 되돌아보며 누리과정과 자신의 신념을 분석하며 목표를 설정하고 구체적인 활동을 준비해야 한다.

교사들이 교실 현장에서 부딪히는 수많은 선택의 상황에서 교사의 신념이 드러나는데, 교사들은 다양한 상황에 대한 기술이 아니라 판단의 기준이 필요하다. DeVries가 말한 '기술자가 아닌 전문적 교육가로서의 결정을 내릴 수 있도록 해주는 이론과 원리'는 '일반교사가 아닌 기독교사로서의 결정을 내릴 수 있도록 해주는 기독교세계관'이라고 바꿔 말할 수 있다. 따라서 우리는 기독교사로서 자신이 올바른 세계관을 가지고 있는지, 그에 따라 무엇을, 어떻게, 왜 가르쳐야 하는지, 그 기준은 어떤 것인지에 대해 점검해야 할 필요가 있다.

2) 기독교 인성교육에 관한 연구

정희영 등(2014)은 일반 인성교육과 기독교 성품훈련프로그램, 성경의 인성교육에서 해당 덕목들을 비교하고 공통적인 덕목들을 추출해서 성령의 아홉 가지 열매를 포함한 '경건, 절제, 화평, 정직, 협동, 기쁨, 양선, 인내, 책임, 사랑, 존중, 배려' 12가지를 선정하였고, 이것을 기독교 인성교육의 통합덕목으로 정의하고 인성교육의 실제를 다루었다. 기독교 인성교육 덕목을 정의하면서 이는 인간과 사물, 자연에 대한 수평적 의미뿐만 아니라 하나님과의 수직적 의미를 포함하고 있으며, 기독교 인성교육 덕목이 일반 인성교육 덕목의 정의도 포함하는 광의의 의미를 가진다고 보았다. 즉, 기독교 인성교육이 일반적 인성교육을 포함하는 전인적이고 총체적인 관점을 가지고 있으며(김정희, 2016; 정희영 외, 2014), 이 둘이 모두 다 하나님께 속해 있다는 것을(정희영 외, 2013) 확인해 준다.

기독교 인성교육은 하나님의 창조물인 인간이 하나님의 형상을 회복하여 부르심에 응답하고 하나님과 인격적인 관계를 가지며, 하나님의 뜻대로 이웃을 사랑하고 하나님의 피조물에 대한 청지기적 사명을 감당하도록 하기 위한 것이다(김정희, 2016; 주연수, 2015). 기독교 인성은 성령의 아홉 가지 열매, '사랑, 희락, 화평, 오래참음, 자비, 양선, 충성, 온유, 절제(갈라디아서 5:22-23)'로 제시할 수 있는데(강용원, 2015; 김정희, 2016; 장화선, 2014; 정희영 외, 2013), 헬라어 원문을 통해 보면 단수로 표현된 한 가지 열매를 의미한다. 이는 아홉 개의 개별적인 각각의 열매가 아니라 내적으로 연결된 하나의 열매라는 것이다.

특히 성령의 열매는 '행위'가 아닌 '존재'를 중요시하고 있으며, '행위(성령의 열매)'를 통해 '선한 성품'이 나타나는 것이 아니라 '선한 성품'을 통해 '행위(성령의 열매)'가 결정된다고 본다(강용원, 2015; 김정희, 2016). 즉, 성령의 열매를 실천해서 기독교 인성을 갖추도록 하는 것이 아니라, 먼저 하나님 안에서 자신의 존재를 알고 하나님을 경험하면 성령의 열매가 자연스럽게 나타나면서 기독교

인성을 갖출 수 있다는 것이다.

이것은 일반적 인성교육이 행위에 초점을 두고 있는 것에 비해 기독교 인성교육은 존재에 초점을 두고 있다는 점에서 큰 차이를 보여 주는 것이며, 기독교 인성교육이 단순히 윤리화된 인성교육이 아니라 하나님과의 관계가 전제되어야 함을 강조하는 것이다. 따라서 덕목을 지나치게 분류하거나 개념화하는 것을 피하고, 덕목의 세분화뿐만 아니라 내적 통합성을 추구해야 한다. 또한 역행적 덕목[4)](팔복 중 '심령이 가난함, 애통함, 의를 위해 박해를 받음'과 같은)에 대한 관심도 필요하다(강용원, 2015).

기독교 인성교육은 성령의 주도하에 인간의 내면세계가 그리스도를 닮아 가는 것이며, 우리 속에 그리스도의 형상을 이루어 가는 전인적인 성숙의 과정이라고 볼 수 있다. 이는 성령께 순종함을 통해 가능하며 순종은 훈련을 필요로 한다. 따라서 성령의 역사와 우리의 책임을 균형 있게 이해하는 것이 필요하다(신국원, 2014).

2 하나님이 맺어 주신 삼중적 관계

그리스도인이 자유롭게 관계를 맺는다는 것은 역설적으로 말씀(하나님의 뜻)에 의지하는 것을 의미한다. 하나님은 피조세계가 서로 연관되어 순환하도록 설계하셨다. 창조의 순서가 정해졌으며(창세기 1장, 2장), 하나님은 제일 먼저 모든 생명체가 존재하기 위해 기본적으로 필요한 빛과 물과 흙을 준비하시고, 식물

4) 역행적 덕목이란 보통의 방향과 반대로 거슬러 나아가는 덕목이라는 뜻으로 마음이 부요하다거나 기뻐하라거나 의로움으로 해를 피하게 된다는 일반적 덕목의 지향과 반대되는 덕목을 의미한다.

과 동물 그리고 인간의 순서로 창조하셨다. 얼마만큼의 흙이 있는 곳엔 곧 내가 심지 않은 풀이 자라는 것을 볼 수 있고 음식찌꺼기가 있는 곳엔 어느새 벌레가 생긴다. 하나님께서 창조하신 순환질서는 여전히 유효하기 때문이다. 하나님은 여전히 세계를 주관하고 계신다.

그리고 하나님은 인간과 이 순환 질서를 유지하는 하나님의 사업에 동참하는 동역자와의 관계 유지를 위한 언약을 맺으셨다. 하나님과의 관계를 확인할 수 있는 선악과를 준비하셔서 인간에게 통지하셨고, 모든 피조세계를 관리하는 책임을 부여하심으로 인간을 삼중적 관계 즉 인간과 하나님과의 관계, 인간과 인간(동료)과의 관계, 인간과 자연과의 관계 속에 두셨다(Hoekema, 2012).

이 삼중적 관계를 살펴보면 다음과 같다.

1) 관계에 대한 성경적 관점

(1) 수직적 교제 : 인간의 의존성과 자유

인본주의적인 관점에서는 수직적 관계를 인정하지 않는다. 인간은 스스로 판단하고 선택하고 추진할 수 있는 독립된 존재로서 존중받아야 한다고 주장한다.

반면, 기독교 인간론에서 인간은 하나님과의 수직적 관계에 있는 존재이며, 이는 하나님이 온 우주와 인간을 창조하셨다는 성경의 선언으로 확인된다. 인간은 피조물이므로 당연히 창조주 하나님을 인정하고 하나님께 반응하고 하나님과 교제하고 하나님을 사랑하는 하나의 인격체로서 존재성이 확인된다. 하지만 하나님은 당신이 창조하시고 우주를 다스릴 책임을 맡게 된 인간이 로봇처럼 자발적 의지가 없는 수동적인 존재이기를 원치 않으셨다.

하나님은 자신의 형상을 닮은 인간을 만드시고, 인간에게 자유의지를 허용하셔서 하나님과의 관계를 인간의 자율적인 선택에 맡기시는 인격적인 교제를 원하셨다. 인격체라는 것은 상대적인 독립성을 갖는다는 것이고 최소한 스스로 선택할 수 있다는 의미에서 자유를 소유했음을 뜻한다. 윌라드는 이런 인간의 정체성을 '주어진 존재'인 동시에 '인격적 결단을 통해 만들어지고 혁신되는 존재'라고 표현하였다(신국원, 2005). '창조된 인격체', 이것이 기독교 인간관의 핵심적 신비이다. 인간은 피조물인 동시에 인격체이다. 이것은 인간이 의존성과 자유를 동시에 지녔다는 것이고, 이 두 가지 특성은 함께 유지되어야 한다(Hoekema, 2012).

인간은 본성에 얽매이지 않는 자유의지를 지닌 유일한 생명체이면서 동시에, 십자가에 못 박혀 돌아가심으로 죄의 노예로 사는 인간을 자유하게 하신 그리스도와 성령의 도우심을 바라는 의존성을 가지고 있다. 이러한 자유는 현실적으로 다른 사람의 필요와 관계될 때 상호의존하게 되고 그 안에서 진정하게 자유로울 수 있다(Banks, 2007). 그러나 인간이 누리는 자유는 개별성을 보장하는 것과 동시에 공동체를 살리는 방향으로 보호되어야 한다. 현대사회가 주장하는 개인의 자유는 종종 공동체를 파괴하는 방종을 포함하기 때문이다.

(2) 수평적 교제: 개별성과 관계성

인간과 인간과의 관계는 인간과 하나님과의 관계가 실현되는 형태이다. 사람과 사람의 관계는 하나님과 사람과의 관계를 투영한다. 즉 이웃에 대한 사랑을 통해 하나님에 대한 사랑을 표현하는 것이다. 사람은 신체적으로 누군가의 도움이 없이는 살아갈 수 없는 존재로 태어난다. 각자의 개성을 타고난 개별적 존재이지만 홀로 살아가는 것이 아니라 공동체 안에서 다른 사람과 관계를 맺으며 살아가야 한다. 지구상의 생명체들 중에 사람만이 유일하게, 태어나서 1년여 동안 절대적인 도움의 손길을 필요로 한다. 더군다나 생애 초기 3년여의 관계 맺음이 일생을 지속하는 인간관계 성향의 기초가 되는 것을 보면 사람은 정신적으로나 신체적으로 '나' 아닌 '너' 즉, '타자'의 도움이 필요한 존재이다.

가깝게는 부모, 형제, 이웃에서부터 멀게는 우리나라, 세계의 사람들과도 다양한 관계를 형성한다. 또한 자신이 사랑받을 만한 가치가 있는 존재이며 무엇인가를 잘할 수 있는 유능한 사람이라고 생각하는 자아존중감은, 다른 사람들과 함께 원만하게 생활하는 능력의 기초가 될 뿐 아니라 위기 극복이나 문제해결을 위해 반드시 필요한 자질이다.

인간은 인간들을 향한 삶을 살아간다. 인간은 스스로 완전하거나 고립된 존재가 아니며, 타인과의 교제가 필요하고 타인을 떠나서는 완전하지 않은 존재이다. 하나님이 '남자와 여자를 창조(창세기 1:27)'하셨다는 것은 성적 구별을 넘어 인간 상호 간의 교제의 필요성을 함축하는 것이며, 이웃을 자신처럼 사랑하라고 하신 것은 인간에게 이웃이 필요하다는 것을 의미한다.

우리는 부모와 자녀, 배우자, 동료들과의 관계 속에서 하나님과 나 사이의 비슷한 속성들을 발견할 수 있다. 제멋대로인 자녀들의 모습에서 나의 모습을 찾아내고, 그런 나의 모습을 참아 주시는 하나님의 마음을 조금이라도 헤아려 볼 수 있다. 가장 깊숙이 숨겨진 나의 약점들이 들춰지고 상처 입게 되는 배우자와의 관계에서도 하나님이 나를 '아는' 것이 어느 정도인지 유추해 볼 수 있다. Buber(1977)도 사람들과의 친밀한 관계에서 드러나는 '나-너 관계'가 하나님과 인간의 관계를 반영한다고 했다. 누군가와 맺는 참된 관계가 '영원한 당신'이신 하나님과의 관계를 보여 주는 흔적이 되고, 관계 속에서 참된 사랑이 뿜어져 나올 때 하나님의 존재도 드러난다(Scazzero, 2015). 이렇게 사람 간의 관계는 하나님과의 인격적인 관계를 경험할 수 있는 시청각 자료인 셈이다(Foster, 1986).

예수님은 사람 간의 사랑의 계산법을 빚진 자의 비유를 통해 설명해 주신다(마태복음 18:23-35). 만 달란트(현 시가로 약 3조 8천억 원에 해당)의 빚을 진 사람은 하나님의 사랑의 빚을 진 바로 우리들이다. 우리가 인간을 사랑해야 하는 것은, 그렇게 큰 빚을 탕감해 주신 하나님의 사랑을 기억하고, 이웃에게 꾸어 준 백 데나리온(현 시가 약 700만 원)의 빚을 면제해 주어야 하는 것처럼 당연한 것이다.[5)]

인간은 사회적 존재로서 타인과의 교제와 격려가 필요하다. 타인과의 교제를 통해서 우리가 누구이며 어떤 존재인지, 어떤 능력을 가졌는지 알게 된다. 타인을 받아들인다는 것은 자기 자신을 바르게 받아들이는 일을 필요로 하기에, 모든 인간은 자신의 은사와 재능을 자기 확대의 수단이 아닌 타인의 삶을 풍요롭게 하는 수단으로 사용해야 한다(Hoekema, 2012; 최성진, 2018). 거기에는 가족과 친구들 그리고 이웃과 더불어 사회 권력과의 관계도 해당된다.

교사들도 마찬가지이다. 교사들은 교실 안에서 개별적 존재로 존중받아야 하는 여러 유아들과 대면한다. 그리고 그들의 부모뿐 아니라 가족구성원들, 동료교사들과도 관계를 맺게 된다. 그들이 기독교인이든 아니든 상대의 부족한 부분을 채워 필요를 공급하고 고통과 기쁨을 함께 나누어야 한다.

(3) 위탁관리관계: 자연에 대한 인간의 책임

'인간과 자연'의 관계는 '하나님과 인간'의 관계처럼 수직적이라고 할 수 없고 '인간과 인간'의 관계처럼 수평적이라고도 할 수 없다. 인간이 하나님처럼 무한한 능력을 가진 존재가 아니며, 자연이 인간처럼 자유의지를 가진 것도 아니기 때문이다.

'인간과 자연'의 관계에서 인간은 자연에 대한 지배권을 부여받은 존재이다. 이는 '다스리라, 정복하라(창세기 1:28)'라는 말씀에서 드러난다. 하지만 거기에는 '경작하며, 지키는(창세기 2:15)'일이 포함된다. '경작하다'의 원어인 히브리어 '아바드'는 '섬기다'라는 뜻을 가진 단어이며, '지킨다'는 단어 '샤마르'는 '감시

5) 헬라시대의 은 1달란트는 6,000드라크마(데나리온)이고 1드라크마는 노동자 하루 품삯이었다. 2018년 한국의 노동자 1일 최저임금으로 계산해도 4조원에 가깝다(라이프 성경사전).

하다, 보존하다, 돌보다'라는 뜻을 가지고 있다. 따라서 인간은 자연을 다스릴 뿐만 아니라 보존하는 것을 의미한다(Hoekema, 2012; 신국원, 2005; 임희옥 외, 2010). 하나님은 인간에게 자연을 위탁하셨고, 창조세계에 대한 우리의 다스림과 보살핌은 하나님과 이웃에 대한 사랑을 표현하는 또 다른 방법이 된다.

기독교유아교육과정에서 말하는 '사회관계영역'은 하나님과의 수직적 관계를 기초로 사람에 대한 하나님의 사랑을 드러내는 인간관계에 대한 것이지만, 자연을 관리하는 자로서의 정체성은 '자연탐구영역'에 속한 것이라고 할 수 있다. 그러나 일반 교육과정에서는 '하나님과 인간'의 관계나 자연에 대한 위탁관리 관계를 인정할 수 없으므로, '인간과 인간'의 관계만을 인간의 윤리와 도덕에 기초하여 다루고 있다.

2) 변질된 관계

(1) 하나님에 대한 불신

하나님의 형상으로 만들어진 우리의 모습은 아담의 범죄 이후로 타락하게 되었다. 하나님과 같아지려는 사탄의 교활한 함정(창세기 3:1-5)[6]은 하나님이 허락하신 우리의 자유의지를 비뚤어진 방향으로 사용하도록 인간의 교만한 본성을 부추긴다. 하와는 그저 목이 말라 배가 고파 선악과를 따먹은 것이 아니다. 그리고 하나님도 과일 하나가 아깝거나 명령을 어긴 사실 하나 때문에 괘씸해서 그들을 에덴에서 추방한 것이 아니었다.

하와는 그 열매를 먹으면 정녕 죽으리라는 하나님의 경고를 무시했을 뿐만 아니라 하나님처럼 되고 싶어서 먹었으며, 자신의 남편에게도 주었다. 아담은 아내가 권한 선악과를 먹고 난 후에 하나님의 낯을 피하였고(창세기 3:8), 먼저 찾

6) 하와로 하여금 하나님과 약속한 선악과를 먹게 만든 것은 궁극적으로 하나님과 같아지고 싶다는 욕망이었다.

아오신 하나님께 이렇게 된 모든 결과가 '하나님이 주셔서 나와 함께하게 하신 하와'의 탓(창세기 3:12)이라고 책임을 전가했다. 첫눈에 반해 '내 뼈 중의 뼈요 살 중의 살'이라고 고백했던 아담이었다. 인간관계의 실패는 이미 하나님과의 관계에서 실패한 증거이다.

베드로전서 2장 6-8절을 살펴보면 '믿는다'라는 단어는 '불순종하다'라는 단어와 서로 반대의 뜻이다. 성경에서 '믿는다'는 단어는 단순히 존재를 인정하거나 지성적으로 사실을 인정하는 것 외에 많은 의미를 지니고 있다(Bevere, 2008). 하나님께서는 우리들과 친분을 맺기 원하셨다. 따라서 우리가 인간 간의 관계에 더 치중해서 하나님과의 관계를 외면하면, 순종의 관계는 깨어지고 만다.[7)]

세종대왕을 안다는 것은 그 왕에 대한 정보를 가지고 있다는 의미이다. 하지만 하나님을 안다는 것은 하나님에 대해 정보를 가지고 있다는 의미 이상이다. 하나님을 힘써 알자고 하던 호세아 선지자의 말은 하나님에 대하여 지식적으로 알자는 의미가 아니다(크리스티 김, 2004). 히브리어로 '안다'라는 단어 '야다(yada)'는 인격적으로 만나고 직접 경험하는 친밀한 관계를 말한다. 타락한 아담은 하나님과의 만남을 회피하려고 숨어버렸다. 동산에서 자유롭게 거하던 아담은 나무 사이에 숨어버리는 것으로 하나님과의 관계를 단절하고자 한 것이다. 하나님을 안다는 것은 숨지 않고 외면하지 않고 대면하여 관계를 지속하는 것이다.

(2) 왜곡된 인간관계

타락한 인간의 삶이란, 구조적 의미에서 하나님의 형상은 여전히 그 안에 존재하지만 그 방향이 비뚤어진 것을 말한다(Hoekema, 2012; 신국원, 2005). 하나님은 피조물인 인간이 당신을 향해 바로(straight) 서도록 만드셨는데, 타락한 인간 존재는 피조 세상을 향해 구부러(bent)진 것이다(Litchfield & Litchfiels, 1997).

7) 비비어(Bevere)는 하나님의 뜻에 따라 살고자 할 때, 때로 사람의 요구를 만족시켜 주지 못한다는 것을 강조한다.

타락한 인간은 자신의 창의성과 독창성을 통해서 무언가 이룰 수 있다고 믿는다. 인간은 자신을 피조물이 아닌 무한한 가능성을 가진 존재로 인식하기 때문에 스스로 나약하고 어리석다고 인정하기보다 위대하고 존귀한 존재로 해석해려 한다. 따라서 현대 교육사상은 인간이 무엇인가를 할 수 없다는 사실을 가르치는 것을 불편하게 여긴다.

타락한 인간의 왜곡된 자기중심적인 이해 구조는 타인과 풍요롭게 교제할 수 있는 능력을 자신의 이기적인 목적을 위해 사용하게 만들었다. 그러나 때로는 반대로 인간관계가 우선되어 성령의 역사를 방해할 수도 있다. 학부형과 기관운영자의 뜻에 거스르지 않기 위해 하나님의 나라를 이 땅에 세우는 것임을 유보하지는 않는가? 우리가 일하는 유아교육기관의 문화는 어떤 가치와 기준이 주도하고 있는가를 살펴보아야 한다. 스토트(Stott, 1999)는 교회가 사회와 문화에 영향력을 미칠 수 있는 '총체적인 제자'를 만드는 노력이 절실히 필요하다고 보았다(Guthrie, 2014, 재인용).[8)]

(3) 이기적인 목적으로 오용되는 자연세계

타락한 인간은 하나님의 명령에 따라 자연을 돌보고 관리해야 하는 책임을 잊고, 자신의 능력을 욕심껏 이기적으로 사용하고자 한다. 마구잡이로 자연을 훼손하면서 눈앞의 이익만을 취한 결과로 스스로가 거주할 자연이 심각한 환경오염과 자원 고갈의 상태에 이르게 되었으며 스스로의 생명마저 위협받고 있다.

하나님께 드려야 할 예배가 하나님이 만드신 자연물이나 돈, 명예, 쾌락 등을 섬기는 것으로 왜곡되었다. 비뚤어져서 왜곡되고 타락한 형상을 반영하는 인간의 삶은 하나님을 모르는 사람들도 그 심각성을 분명하게 알고 있다. 간디가 지

8) 존 스토트(John Stott)는 1999년 제자도에 관한 국제회의에서 '교회가 성장하는 어떤 곳에서도 깊이가 없다'고 하였다. 이는 교회가 사회적, 정치적, 경제적 영향력이 없다는 의미이다.

적한 7대 사회악(원칙 없는 정치, 노동 없는 부, 양심 없는 쾌락, 인격 없는 지식, 도덕성 없는 상업, 인간성 없는 과학, 희생 없는 신앙)은 낙하산 인사, 전관예우, 도박중독, 간통죄 폐지, 동성애 합법화 추진, 한탕주의, 자살의 미화 등 우리 사회 곳곳에서 온갖 모습으로 드러난다.

하나님의 뜻은 인간이 타락한 모습대로 영원한 생명을 누리는 것이 아니다.

3) 구속의 은혜에 부응하는 기독교인

죄의 기원과 구속의 원리에는 하나님의 주권에 의한 '오직 은혜로만'이라는 명제와 인격체인 우리가 '믿기로 선택'해야 한다는 양면적인 특성이 공존한다. 인간의 삶이(보다 정직하게는 나의 삶이) 새로워지기를 간절히 바라는 것은 구속의 은혜를 사모하는 마음이다.

(1) 주권적 은혜

구속은 바른 방향으로 회복되는 것, 특히 비뚤어진 인간의 마음 방향을 하나님께로 바로잡는 일이다(신국원, 2005). 하나님께서 관여하셔서 관계를 회복하고자 시작하신 일이다. 하나님은 하나님을 피해서 숨은 아담에게 찾아와 관계를 회복하고자 하셨다.

[창세기 3:9] 여호와 하나님이 아담을 부르시며 그에게 이르시되 네가 어디 있느냐

하나님은 아담이 선 자리를 확인시키고자 하셨으며, 덕분에 아담은 자신이 하나님의 눈을 피해 숨어 있다는 사실을 확인하였다.

하나님은 에덴에서 추방하시되 아담에게 시들어 말라버리는 나뭇잎 옷이 아니라 죄 없는 동물의 피를 흘려 만든 가죽 옷을 입히셨다. 하나님은 사탄을 벌하시는 선고에서도 여자의 후손(동정녀 탄생)이 그의 발꿈치를 상하게 할 것이라는 소망의 메시지를 주셨다.

구원은 인간의 선행과 예배를 통해 이루어지는 것이 아니라, 주권적인 하나님의 은혜로 인해 부어지는 선물이다. 선행과 예배는 구원에 응답하는 인간의 감사 표현이며, 불완전하지만 하나님이 기뻐하시는 동참이다. 은혜의 언약에서 하나님의 주권적 은혜와 인간의 진지한 책임은 둘 다 필요한 것이다(Hoekema, 2012).

(2) 샬롬으로 이루는 이웃 선대

구속의 역사는 일차적으로 하나님의 주권적 은혜 아래서 이루어질 수 있지만 하나님은 인간의 책임 있는 참여를 요청하셨다. 특히 네 이웃을 네 몸과 같이 사랑하라는 명령은 인간이 인간을 대하는 태도를 정의한 하나님의 명령이다. 물론 모든 인류공동체는 나름의 윤리적 지침으로 이웃에 대한 태도를 규명하고 있다. 하지만 인간과 인간 간의 관계를 윤리적으로 규명하는 것은, 문화적 관습으로 바라보면 시대적 변화와 상황에 따라 언제나 변화하기 마련인 규범을 따르므로 그 내용이 언제나 바뀔 수 있다.

구속받은 기독교인은 성화[9]되어야 한다. 성화는 '인간의 책임 있는 참여를 수반하는 성령의 역사'라고 할 수 있다. 이것은 기독교인의 모든 삶과 관계에 있어서도 똑같이 적용된다. 12사도를 비롯한 1세대 그리스도인들은 극한의 상황에서도 이 유언을 지키려고 박해를 무릅쓰고 복음을 전하였으며 100여 년 전 이 땅에 복음을 들고 온 선교사들 역시 그랬다.

책임 있는 기독교인의 삶은 인간과 피조세계에 화목의 복음을 전하는 선교자로서 자기 삶의 방향을 바꾸어 하나님의 뜻에 합당하게 수평적 관계를 재구성하

9) 성화(聖化)란 칭의(稱義, 의롭다고 인정받는 것)처럼 단번에 이루어지는 것이 아니라 구원받은 후에 하나님의 성품을 닮아 가려고 노력하여 개인의 성품과 사람 가운데 실제적인 변화가 이루어지는 과정을 의미한다.

려는 태도로 드러나야 한다. 이러한 그리스도인의 삶의 태도를 표현하는 가장 적절한 단어가 '샬롬(shalom)'이라 할 수 있다. '샬롬'은 '평화'를 뜻하는 말로 히브리인들이 말하는 '안녕하세요'의 의미를 가졌다.

종말의 시대를 살아가는 신자의 삶은 모든 불의와 갈등을 덮어버린 채 눈을 감고 살아가는 거짓 평화가 아니라, 이 땅에서 하나님의 뜻을 이루고 정의를 구현하기 위해 순종하는 삶을 살아가는 것이다(Wolterstorff, 2007). 참된 평화는 정의의 실현에서 오며 그로 인해 임하는 평화는 하나님과의 관계 회복뿐만 아니라 인간과 인간 간의 관계 회복을 포함한다.

(3) 책임 있는 참여, 청지기

기독교인은 모든 민족을 대상으로 소망을 가진 사람들이다. 책임 있는 참여란 문화의 변혁과 창조를 기꺼이 감당하는 청지기의 삶을 살아가는 것이다. 그들이 서 있는 곳이 어디든 갈등이 있는 곳마다 화평을 이루어야 하는 책임이 있다. 예수님은 이웃이 누구냐는 율법학자들의 질문에 그들 자신이 먼저 누구의 이웃이 되어야 하는지를 가르쳐 주셨다(누가복음 10:25-37). 이기적인 기준에 따라 이웃의 범위를 정해버리는 인간들에게 강도만난 사람을 정성으로 도와준 사마리아인처럼 이웃이 되어주라고 명하셨다.

유아교사가 책임 있는 청지기의 역할을 감당할 곳은 당연히 교실이다. 세상에서 가장 약자인 유아가 안심하고 기꺼이 의지하도록 유아들 간의 평화를 이루도록 해야 한다.

호온(Horne, 1980)은 교육이 효과적으로 이루어지려면 교사와 학생의 마음과 마음이 만나는 정신적 합류의 장소, 공통의 광장이 마련되어야 한다고 하였다. 또한 이 일을 행하는 데는 교사가 지닌 적응성과 기교가 필요하다고 보았다. 접촉점을 만드는 방법은 이야기를 통하는 방법과 사건을 통하는 방법, 한마디의 유머를 통하는 방법이 있으며 가장 좋은 방법은 놀이를 함께하는 것이라고 하였다. 유아교사는 유아와 늘 놀이장면에서 만난다.

3 기독교사의 역할과 도전

유아교육은 초·중등학교와 달리 수업의 계획과 진행, 평가 등이 전적으로 교사에 의해 좌우되므로(윤정아, 박은혜, 1998), 교사의 질이 교육의 질을 좌우한다는 부담스러운 명제를 인정할 수밖에 없다.

국가수준의 교육과정이 고시되었다고 해서 모든 교육현장의 교육활동이 동일하게 수행되는 것은 아니다. 국가수준 교육과정이란 추상적, 공통적, 일반적, 기본적 수준이기 때문에 교육내용의 국가 기준일 뿐, 이 자체가 개별 유아교육기관에 알맞은 실천계획이 될 수는 없기 때문이다(교육부, 1998). 각 교실의 교사는 국가수준의 기준을 토대로 지역과 기관수준의 기준을 참고하여 실제적인 교수학습방법을 계획해야 하는데, 이를 위해 교육과정의 이해와 현장적용, 효과적인 교수학습활동 전개에 도움이 되는 교사용 지도서를 많이 활용하고 있다(박찬옥 외, 1997; 부성숙, 1999; 최정혜, 2014).

앞서 말했듯이, 동일한 국가수준 교육과정에 따른 교사용 지도서를 사용한다고 해서 모든 기관의 유아교육과정의 동질성이 지켜진다고 볼 수 없으며, 교육의 질을 보장해 줄 수도 없다. 유아교육과정의 실행은 교사의 교육과정 문해력, 관련 지식과 경험, 기관의 상황, 유아들의 상황에 따라 다르게 나타날 것이기 때문이다. 따라서 양질의 교육을 위해서는 교사가 교육과정, 교과내용, 교수방법에 대한 지식과 활용능력, 상황을 파악하고 대처하는 능력을 갖추어야 한다. 이에 더하여 기독교사는 교육과정의 내용을 점검하고 실행하는 데 있어서 기독교세계관이 반영되어야 한다.

다음은 사회관계영역의 교육내용이 기독교적인 안목을 가진 교사나 학교가 과연 똑같이 교수활동을 할 수 있는지에 대한 탐구이다.

1) 사회관계영역의 이해

2012년 '5세 누리과정'으로 시작된 누리과정은 교육과 보육과정을 통합하여 유아기 단계에서 교육의 질을 제고하고 생애 초기 출발점의 평등성을 보장하는 데 그 의의가 있다. 특히, 2013년 '3~5세 연령별 누리과정'을 확대 실행하면서, 사회적 분위기를 반영하여 타인을 배려하고 존중하며 공감하는 역량을 기르기 위한 인성교육을 대폭 강화하였다(교육과학기술부, 보건복지부, 2013a). 이는 누리과정의 구성방향에서 '질서, 배려, 협력 등 기본생활습관과 바른 인성을 기르는 데 중점을 두어 구성한다'는 것을 첫 번째로 명시한 것에서도 잘 나타난다.

(1) 타자의 이해, 인간관

유아기는 인성의 기초가 형성되는 시기이며, 교육의 효과도 크고, 이 시기에 형성된 태도와 습관이 평생 지속되기 때문에 유아기 때부터 타인 및 공동체 안에서 바람직한 관계를 맺기 위한 교육이 필요하다(교육과학기술부, 2012). 자신과 타인을 존중하고 서로 간의 관계를 존중한다는 것은 상대를 보고, 듣고, 느끼고, 이해하는 것에서부터 시작하여 서로를 인정하고 수용하고 배려하고 협력하는 것까지를 포함한다(교육과학기술부, 보건복지부, 2013b).

따라서 인성교육은 일상생활 속에서 자연스럽게, 지속적으로, 통합적인 과정을 통해 이루어져야 하며, 지식 중심의 도덕교육이나 훈계를 통한 윤리교육의 전통적인 틀에서 벗어나 실천중심의 교육활동을 고안하여 다양한 경험을 제공할 필요가 있다. 유아들은 성인이 가르치는 대로 행동하는 것이 아니라, 성인이 행동하는 대로 행동하기 때문이다. 하지만 불행하게도 유아들이 일상생활 속에서 자연스럽게 지속적으로 훨씬 더 많이 경험하는 인성은 배타적이고 이기적인 양상이다.

국가수준 교육과정의 교육내용이 완벽하게 준비되었다 하더라도 지속적인 교사-유아 관계, 유아-유아관계, 교사-부모관계 속에서 자연스러운 경험의 제공이 필수적이다. 실제적으로 이런 과제는 각 교실에서 개별교사가 만들어 가는 교육과정을 통해 완성되기 마련이다.

누리과정의 사회관계영역은 아래의 〈표 4-2〉와 같이 1969년부터 국가수준 교육과정(유치원교육과정) 안에서 사회 → 사회, 정서발달 → 사회성 발달 → 사회생활영역(2007)으로 그 명칭이 변화되어 왔다.

〈표 4-2〉 유치원 교육과정과 누리과정 사회관련 영역의 명칭 변천

유치원 교육과정	1차	2차	3차	4차	5차	6차	2007 개정	3~5세 연령별 누리과정
연도	1969	1979	1981	1987	1992	1998	2007	2012
영역	사회	사회, 정서발달	사회성발달	사회성발달	사회생활	사회생활	사회생활	사회관계

2007년 1차 고시된 표준보육과정은 처음부터 사회관계영역으로 고시되었으며, 이후 2013년 3~5세 유치원 교육과정이 누리과정으로 통합되면서 0~2세 국가수준 교육과정은 '제3차 어린이집 표준보육과정'으로 남았고, 역시 사회관계영역으로 구분되어 있다.

5차 유치원 교육과정부터는 사회성과 정서발달이 사회생활이라는 생활영역으로 통합되어 제시되고 있으며, 현재 사회관계영역은 사회적 지식과 사회정서발달에 관한 내용이 구분 없이 제시되어 있다(조운주, 2014).

이러한 사회관련 영역의 명칭 변화는 사회관련 영역 안에 사회적 지식에 대한 내용과 유아에게 요구되는 태도인 사회성을 통합 또는 분리하는 문제, 사회성발달과 정서발달을 통합하고 분리하는 문제, 내용범주와 하위 내용에 대한 분류자체에도 많은 변화의 과정을 반영하고 있다.

(2) 교육목표 고찰하기

교육과정은 시대적, 사회문화적 변화를 담아내고 있다. 사회관계영역의 목표에서도 사회가 요구하는 인간상에 따라 그 내용이 변화되어 온 것을 알 수 있다. 1960년대는 사회적 기준에 맞는 바람직한 사회구성원으로서의 개인과 그 개인이 자주적으로 행동하는 것이 강조되었다면, 점차 개인의 삶에 대한 가치를 중시하여 2010년대 이후에는 '자기 스스로를 존중하는 개인의 삶'에 대한 존엄과 함께 '더불어 사는 상호협력의 삶'에 대해 강조하는 내용으로 변화되었다(안지영, 2016).

만 3~5세 유아의 심신의 건강과 조화로운 발달을 도와 민주시민의 기초를 형성하는 것을 목적으로 하는 누리과정은 5개 영역의 발달을 반영하는 5개의 목표를 가지고 있다. 사회관계영역은 민주시민의 기초를 형성하기 위한 구체적 목표로 ① 자신을 존중하고, ② 다른 사람과 더불어 생활하는 능력과 태도를 기르는 것으로 제시하고 있다. 즉 사회관계영역이라는 생활영역은 타인과 더불어 살아가기 위해 필요한 기초예절과 소양(존중, 배려, 협력, 질서 등)을 기르고, 원만한 대인관계 속에서 건강한 자아를 지닌 유아로 성장할 수 있도록 하는 인성교육을 강조하고 있다(교육과학기술부, 보건복지부, 2013a). 단순히 친구와 사이좋게 지내는 것을 목표로 삼기엔 대인관계능력과 건강한 자아개념을 갖는 것이 그리 쉽지 않은 복잡한 사회에서 살고 있기 때문이다.

이는 현대사회가 포스트 모던적 사고의 영향을 받아 개인의 판단과 성향을 존중하려는 의지가 반영된 것이지만, 개인의 선택을 존중하는 것이 공동체가 추구하는 가치와 대립되지 않을 것이라는 그릇된 신념을 대변하는 것이기도 하다.

교육목표가 훌륭하다고 훌륭한 인간이 양육될까? 교사는 공동체를 위해 자신의 이익을 희생할 수 있는 인품인가? 기관장은 그리고 학부모는 그러한 사람들인가? 이렇게 아름다운 교육목표는 과연 실현가능할까? 인간은 개인의 이기적인 목표와 공동체 정신이 상치될 때 우선적으로 타인과 공동체를 의식할 수 있는 고상한 존재인가에 대한 깊은 성찰이 필요하다.

(3) 사회정서발달과 사회적 행동

사회적 지식을 배우고 나면 당연하게 사회·정서적으로 발달하는 것일까? 아니면 사회징서발달이 이루어진 것을 확인하고 나서 사회적 지식을 가르쳐야 하는 것일까? 분명한 것은 사회적 지식(예: 놀이기구는 차례를 지켜 이용해야 한다)은 사회정서발달(자신의 차례를 지켜 기다릴 수 있다)을 위해 필요하다는 사실이다. 그러나 애석하게도 사회적 지식이 사회·정서적으로 발달된 행동을 보장하는 것은 아니다. 어른들이 교통법규를 몰라서 신호를 무시하고 과속하고 난폭운전을 하는 것은 아니지 않은가? 규칙을 알게 된다고 해서 당연히 규칙을 따르는 행동을 하는 것이 아니라면, 교사는 사회적 지식을 가르칠 때 사회적 지식과 규범만 가르치고 있는 것은 아닌지 되돌아봐야 한다. 그러나 사회문화적으로 바람직한 행동이 무엇인지 가르치지도 않고 유아가 우연히 그러한 행동을 할 때까지 인내심으로 기다린다면 그것 또한 교육의 본질[10]에서 벗어난다.

누리과정의 사회관계영역은 사회정서발달과 이에 합당한 관점과 태도에 중점을 두고 있다. 이해를 필요로 하는 지식보다 이해에 필요한 가치관(자신 혹은 타인에 대한)에 중점을 두고 있다. 그러나 현장에서는 다양한 사회과학적 지식을 가르치는 데 더 열중하고 있는 게 현실이다.

10) 교육이란 "바람직한 행동을 가르치기 위한 의도적이고 계획적인 노력"이라는 정의에 의하면 막연히 기다리기만 하는 것을 교육이라고 보기 어렵다는 견해에 따름.

“다른 기관에 다니는 옆집 아이는 세계 여러 나라 풍속에 대해 배우느라고 요즘 덴마아크의 풍차에 대해 배운다는데, 우리 애는 (식상하게) 자동차만 배우는 것 같아 수준 높은 곳으로 옮기려고 해요.” 당신이 이러한 부모를 만나면 무엇이라고 응대할 것인가?

“우리는 다음 주제로 인공지능 자동차를 가르칠 계획인데요~”라고 대답하고 교육계획안을 수정하는 것이 정답일까?

아니면,

“세상의 모든 사물에 대한 지식을 배워 아는 것보다, 먼저 창의성과 인성을 갖춘 어린이로 키우려는 저희 교육철학을 이해하셨으면 좋겠어요”라고 설득해야 할 것인가?

자동차와 풍차 그리고 로봇을 만들 줄 아는 인간 존재는 누구인가? 하나님께서 자신의 형상을 닮은 존재로 우리를 만드신 궁극적인 목적은 무엇인가? 하나님은 인간을 다스리는 자이며 관리하는 자로서 창조하셨다. 따라서 그것이 자동차이든 초음속비행기이든 인간이 만드는 모든 창작물은 인류의 미래와 현재에 도움이 되는지를 먼저 생각해야 할 책임이 있다. 이를 위해 우리는 우리의 후손들이 누구나 평등하게 사랑하며 협력하며 지내는 법을 배우고 친구의 마음을 헤아리는 품성을 가진 아이로 양육하는 것이 더 중요하다는 사실을 마음속에 담고 교실에 있어야 한다.

이렇게 가르치는 것이 가능한가? 아니, 적어도 기독교사들은 이러한 마음으로 가르쳐야 한다고 생각하고 있는가? 그럴 생각이 있다면 분명히 가르치고자 고민하고 애쓰고 있는 자신을 발견할 것이다.

2) 사회관계영역의 내용 탐구

사회관계영역의 내용범주는 나로부터 가족, 이웃, 사회의 관계와 관심이 확장되는 동심원적 체계가 반영되도록 구성되어 있다(교육과학기술부, 보건복지부, 2013a; 교육과학기술부, 보건복지부, 2013b; 최정혜, 2014). 누리과정 사회관계영역의 내용은 '나를 알고 존중하기', ' 나와 다른 사람의 감정 알고 조절하기', '가족을 소중히 여기기', '다른 사람과 더불어 생활하기', '사회에 관심 갖기'의 범주로 이루어져 있으며 그 내용은 다음과 같다.

(1) 나를 알고 존중하기

이 내용범주는 유아가 자신을 아는 것으로부터 출발하여 자신을 소중히 여기는 태도를 갖게 하며, 이러한 자아존중감을 바탕으로 자신의 일을 스스로 계획하고 실천하는 자기 주도성을 형성하도록 하는 데 중점을 두고 있다.

'나를 알고 소중히 여기기'는 긍정적인 자아개념 형성을 돕기 위해서 자신을 소중히 여기는 심성을 강조하지만 이는 결과적으로 타자를 존중하는 사람을 기르는 지름길이다.

다양한 활동을 통해 나에 대해 충분히 탐색해 봄으로써(현재 자신의 존재가 어디에서부터 시작되었는지, 몸 이외에 나의 생각과 마음에 대해서도) 자신을 소중히 여기며(자신의 모습 그대로 인정할 수 있도록), 나와 다른 사람과의 차이를 인정하고 존중하는 태도를 형성하도록 한다. '나의 일 스스로 하기'는 내가 하고 싶은 일을 선택하고 계획, 실행함으로써 성취감과 책임감을 기르도록 하는 내용이다.

영유아가 자기를 존중한다는 의미는 구체적으로 어떤 것인가? 영유아가 자신을 존중하는 것은 자신의 대해 긍정적으로 생각하고 자신을 소중하게 여기는 것이다. 인본주의 교육은 자기를 존중한다는 의미를 "난 못해"라고 망설이지 않고

"나는 할 수 있어!"라고 능동적인 태도를 취하는 것이라고 정의한다.

구체적으로 능동적인 태도란 어떤 것일까? 부모나 교사 같은 성인이나 자신보다 더 유능하게 보이는 친구들과 대면한다 해도 자신이 하고 싶은 것과 할 수 있다는 가능성을 믿을 수 있어야 하며 포기하지 않고 권리를 주장해야 한다. 여기서 중요한 것은 자신을 사랑하고 믿는 것은 인간의 무한한 역량을 믿는 것이 아니라는 사실이다. 한 사람 한 사람을 온 천하보다 더 귀하게 여기시는 창조주 하나님을 믿기 때문에 모두 중요한 존재라는 것이다. 다만 유의할 점은 자기존중만을 강조하고 인간의 약점과 한계를 가르치지 않는 교육과정과 유아 중심의 가정생활과 양육환경은 자칫 유아들을 무례한 왕자와 공주로 양육할 위험이 크다는 사실이다.

파스칼의 말처럼 기독교인은 스스로를 벌레에 비유하면서도(욥기 25:6) 비천해지지 않고, 자신을 하나님의 자녀라 믿으면서도(요한복음 1:12) 겸손할 수밖에 없는 존재이다. 분명 유아와 그들의 부모, 교사를 비롯한 모든 인간은 하나님께서 창조하신 존귀하고 아름다운 존재이다. 하나님은 인간을 천사보다 조금 못하게 하시고 영화와 존귀로 관을 씌우셨다(시편 8:5). 그러나 동시에 우리는 모두가 죄인이며 하나님의 피조물이다. 의인은 이 세상에 단 한 사람도 없고(로마서 3:10), 모든 사람이 죄를 범하여서 하나님의 영광에 이르지 못하며(로마서 3:23) 죄인 중의 괴수인(디모데전서 1:15) 한없이 천하고 악한 자신을 성찰하고 자신의 실체를 겸손히 인정해야 한다. 그러므로 하나님과의 관계를 바르게 맺어가고 있는 기독교사라면 인본주의 교육이 표방하는 인간 이해는 인간의 자율성과 자아존중감을 미화하고 인간의 본질을 왜곡하고 있다는 것을 기억해야 한다.

(2) 나와 다른 사람의 감정 알고 조절하기

이 내용범주는 다른 사람과의 원만한 관계를 형성하기 위한 기초로서, 유아가 자신과 다른 사람의 감정을 알고 자신의 감정을 긍정적으로 조절하여 표현하는 내용으로 구성되어 있다.

'나와 다른 사람의 감정 알고 표현하기'는 자신에게 여러 가지 감정이 있다는 것을 알고 자신의 감정을 표현할 줄 알며, 다른 사람의 감정에 대한 관심과 이해를 바탕으로 다른 사람의 감정을 공감하는 내용이다. 이를 위해 자신의 감정을 언어적, 비언어적으로 표현하는 방법을 익히고 다른 사람의 감정을 수용하고 공감할 수 있는 태도를 형성해야 한다.

'나의 감정 조절하기'는 자신의 감정을 상황에 맞게 조절해 보는 내용이다. 특히 화가 날 경우 신체적 대응을 불사하는 유아의 특성상 사회적, 문화적으로 수용될 수 있는 방식으로 감정을 표현할 줄 알고 조절함으로써 성숙한 정서발달을 도모하고, 이러한 감정조절 기술을 습득하여 다른 사람과 긍정적인 관계를 맺는 기초를 형성하는 것이 매우 중요하다.

화를 내는 것은 쉽지만 적절한 순간에 적절한 대상에게 적절한 수준으로 화를 내는 일은 매우 어렵다. 유아들은 자기중심성이 강하기 때문에 다른 사람의 관점과 감정을 조망하기 힘들다. 따라서 자신의 관점을 벗어나 다른 사람의 입장에 설 수 있는 탈중심화는 유아기 사회성 발달의 중요한 지향점이다. 탈중심화는 이야기 나누기 시간보다는 교실에서 일어나는 여러 가지 실제적인 갈등을 해결하는 과정에서 효과적으로 배울 수 있다(DeVries & Zan, 1997).

예를 들어 놀잇감을 서로 가지겠다고 다투는 상황에서 각자의 감정을 무시한 채 잘잘못만 따지고 훈계를 하게 되면, 자신의 심정을 표현하지 못한 유아들의 억울한 감정은 그대로 남아서 결국은 하루 일과 중 교사나 상대 유아에게 폭발해 버리기도 한다. 이런 상황에서는 각자의 입장과 감정을 표현하고 상대방의 감정을 들여다보는 시간이 필요하다. 이때 교사의 중재를 통해 유아들은 '나'가 아닌

'너'의 존재와 감정을 인식하게 되고 서로 다른 입장을 이해하게 되며 이를 바탕으로 진정한 화해에 이르게 된다. 즉 나와 다른 너의 입장을 이해하고 '나'와 동등한 '너'의 존재를 귀하게 여길 때 자기감정을 조절하는 통제력도 갖게 된다.

때로는 적절한 언어표현이 아직 서툴러서 교사의 도움이 필요하기도 하다. 간혹 유아의 이야기를 듣고 상대방 유아에게 교사가 전달하는 경우를 볼 수 있는데, 그보다는 유아의 이야기를 반영적으로 경청해 주고 유아끼리 문제를 해결하도록 코치만 하길 바란다. "소희야, 정우가 갑자기 가져가서 화가 났구나. 그런데 정우는 네가 왜 화가 났는지 모르는 것 같아. 정우에게 '내가 그거 먼저 가지고 있었던 건데 말도 안 하고 집어가서 나 화났어'라고 이야기해 줘"라고 말해 줄 수 있다. 그러나 그 말 자체는 유아가 할 수 있도록 기다려 주어야 한다. 그래야 앞으로 교사가 없는 자리에서도 유아 스스로 상황과 감정을 표현하면서 갈등을 해결해 나갈 수 있다.

누가복음 10장 25-30절에는 이웃을 선별해서 한정지으려는 율법사에게 들려주신 예수님의 비유가 있다. 자신의 출신과 사회적 지위를 이용하여 사마리아인을 개처럼 대하고 자신을 사랑하듯 이웃을 사랑하라고 하신 하나님의 명령을 자신이 경계 지은 집단에게만 적용하려던 그들에게 강도만난 사람에 대한 예수님의 비유는, 특정한 자격을 갖춘 자가 아닌 도움이 필요한 모든 사람에게 이웃이 되어 주라는 새로운 도덕률을 제시하신 것이다.

(3) 가족을 소중히 여기기

이 내용범주는 유아가 가족의 의미를 이해하고 가족을 사랑하고 아끼는 마음과 가족을 신뢰하고 존중하는 태도를 갖도록 하는 내용을 담고 있다. 또한 가족이 행복해지기 위해서는 가족 구성원 모두가 사이좋게 지내기 위해 함께 노력해야 함을 인식하고, 가족 간에 서로 도움이 되는 구체적인 방법에 대해 알아보는 내용을 다룬다.

'가족과 화목하게 지내기'는 가족의 의미와 소중함을 알고 가족과 화목하게 지내는 내용이며, 감사한 마음과 소중히 여기는 마음을 갖도록 한다. '가족과 협력하기'는 가족의 구성원들과 각자의 역할을 알아보고 내가 할 수 있는 일을 찾아서 실천해 보는 내용이다. 또한 다양한 가족구조를 이해하고 편견 없이 수용하는 태도를 형성하도록 한다.

3세 유아가 '엄마가 내 곁에 계셔서 감사해요'라고 고백하는 것을 들어 본 적이 있는가? 당신도 이것이 가능하다는 것을 기독교교육 현장연구를 통해 확인할 수 있다. 연구자들은 유치원에서 성경적 기초를 가지고 가족 생활주제를 진행하는 동안 가족치유와 함께 어린 유아까지도 가족의 가치에 대한 수준 높은 이해가 가능하다는 놀라운 사실을 확인하였다.

그런데 만약 부모들이 반목하고 가족이 갈등에 빠져 있다면 이러한 교육과정이 과연 의미가 있으며 더 나아가 어린 유아를 통해 그 가족이 변화될 수 있을까?

(4) 다른 사람과 더불어 생활하기

다른 사람과 더불어 생활하는 능력과 태도를 기르는 것은 자신의 감정과 타인의 감정이 다를 수 있다는 것을 이해하며, 자신의 감정을 조절하고 적절한 방법으로 표현하게 함으로써 자신과 함께 생활하는 사람들과 원만한 사회적 관계를 맺으며 살아갈 수 있도록 하는 것이다. 이는 유아의 가족, 또래, 이웃뿐만이 아니라 지역사회와 우리나라, 세계 여러 나라에 관심을 갖고 공동체 의식을 갖춘 유능한 시민을 길러내는 것이며, 이를 위해 필요한 기초예절과 소양은 인성교육을 통해 가능하다고 보고 있다.

이 범주에서는 우리 사회가 서로 다른 사람들이 함께 살아가고 있는 공동체임을 알고 친구와 함께 놀이하며 갈등을 긍정적으로 해결하는 방법을 익히고 다른 사람과 협력하여 화목하게 지내도록 하는 내용을 다룬다. 또한 다른 사람의 생각과 행동을 존중하며 배려할 줄 알고 대인관계에 필요한 기본예절과 기초 질서 및 공공규칙을 익히도록 하는 내용이다. '친구와 사이좋게 지내기'는 친구의 소중함을 알고 친구들과 바람직한 관계를 형성하고 유지하는 능력을 기르는 내용으로 친구들에게 친밀감을 표현하고 사이좋게 지낼 수 있는 사회적 기술을 익히도록 지도한다. '공동체에서 화목하게 지내기'는 다른 사람에게 도움을 받기도 하고 다른 사람을 도와주기도 하면서 서로 협력하여 화목하게 지내는 행복한 생활을 알도록 하는 것이다. '사회적 가치를 알고 지키기'는 사회의 질서를 유지하기 위해 필요한 사회적 가치를 알고 이를 실천하면서 올바른 습관을 형성하도록 지도한다.

먼저 교사들이 스스로 돌아보았으면 좋겠다. 나는 동료들과 협동하는가? 동료와의 갈등을 해소할 수 있는 능력이 있는가? 갈등에 빠진 교육기관에서 동료들과 화목하게 지내기 위해 기꺼이 노력하며 긍정적인 방법으로 해결하고 있는가? 그러나 이런 과정이 인간적인 노력으로 끝난다면 하나님을 믿지는 않지만 인격적으로 성숙한 교사와 다를 바가 무엇인가? 우리는 자신의 죄인된 속성을 인정하고 성령님의 도우심을 간구하며 성화되어 가는 기독교사라는 지속적인 자기인식이 필요하다. 그래야 자기중심성에 갇혀서 다른 사람 눈 속의 티를 들춰내면서 자기의 들보를 보지 못하는(마태복음 7:3) 어리석은 자기 합리화에서 벗어날 수 있을 것이다.

(5) 사회에 관심 갖기

이 범주는 자신이 속한 지역사회에 대해 알아보고, 우리나라를 대표하는 것과 전통문화에 대해 알며, 이를 바탕으로 우리나라에 대한 자긍심을 가질 수 있는 내용으로 구성되어 있다. 더 나아가 세계 속에서 함께 생활하는 다양한 사람들이 있음을 알고 이에 관심을 가지며 이들과 더불어 살아가는 방법에 대해 알아보는 내용을 다룬다.

3) 교사의 역할과 도전

누리과정 사회관계영역을 대하면서 기독교사는 먼저 우리가 원하는 바람직한 유아의 모습이 어떤 것인지를 생각해 보아야 한다. 그리고 그들을 대하는 이상적인 교사의 모습은 어떤 것이어야 하는지. 그리고 그러한 생각이 어디에서 온 것인지, 누구의 기준에서 시작된 것인지를 스스로 물어야 한다. 기독교사의 기준은 기독교세계관, 성경적 세계관, 하나님의 관점이어야 한다. 따라서 3~5세 연령별 누리과정의 사회관계영역을 교육현장에서 실행하려고 할 때, 우리는 다음과 같은 기독교세계관에 기초한 개념들을 염두에 두어야 한다.

(1) 나와 너-자아존중, 타인존중

기독교사는 먼저 '긍정적인 자아개념'의 근거에 대해 생각해 보아야 한다. 무엇을 근거로 자신을 존중할 수 있는지, 실패하고 좌절하는 상황에서도 무슨 근거로 자신에 대해 긍정적인 생각을 가질 수 있는지 말이다. 자기교만이나 비하가 아닌 건강한 자아상을 가질 수 있는 근거는 내가 '세상에서 유일한 존재'이기 때문만이 아니다. 자랑스러운 성취나 행동을 근거로 하는 것도 아니다. 그것은 이 세상을 창조하신 하나님이 그분의 형상을 따라 나를 만드셨고, 나를 사랑하신다는 것에서 기인한다. 자신의 생명으로 나를 사셨고, 종이 아니라 친구로 불러서 교제하길 원하신다는 사실이다. 이는 내가 어떤 상황, 어떤 처지에 있는가에 상관없이, 나에 대한 친구나 부모, 사회의 어떤 편견이나 평가와도 상관없이 내 존재 자체의 의미가 되고, 아무런 부족함 없이 기쁘게 이 세상을 살아가는 힘이 된다. 더 이상 다른 사람들이 좋아할 만한 사람이 되려고 노력할 필요가 없고 다른 사람의 기준에 맞춰 내가 원치 않는 모습이 되려고 애쓰지 않아도 된다(Litchfield & Litchfiels, 1997).

하지만 후크마(Hoekema)가 말한 것처럼 우리는 '창조된 인격체'이기에, 이런 사실을 믿을 수 있는 것은 전적인 하나님의 은혜와 주권이며, 우리는 감정에 좌우되지 말고 어떤 상황에도 이러한 사실을 믿기를 선택하고 결단해야 한다.

이렇게 올바른 자아상을 가질 때 또 다른 '나' 인 '너'의 존재도 소중히 여길 수 있다. 지구상의 모든 사람들도 하나님의 형상으로 만들어졌기 때문에 그들이 나와 상관 있는 '너'가 되며, 그로 인해 모든 사람은 존귀하게 여겨져야 하고 '나'처럼 존엄과 가치를 지닌 존재로 대접받아야 한다. '그것'이 아닌, 나와는 다른 독특하고 독립된 인격체인 '너'로 여겨져야 한다(Buber, 1977; Scazzero, 2015).

이러한 사실은 유아에게만 해당되는 관념적인 이론이 아니라 교육을 실천하는 교사의 자기인식에서부터 비롯되는 것이어야 한다. 교사가 이런 인식을 바탕으로 교사 자신과 다른 사람을 존중할 때, 유아가 자신을 존중하고 타인을 존중하는 일이 시작될 수 있다.

(2) 더불어 사는 삶-지체, 환대

현대사회는 1인 가구가 증가하고, '나홀로족'들이 점점 많아지고 있는데, 이것이 (적어도 겉으로는) 전혀 불편하게 보이지 않는 시대이기 때문에, 왜 '다른 사람과 더불어 사는 것'을 목표로 해야 하는지에 대해서도 질문할 수 있다. 하지만 이 질문은 하나님의 사랑을 경험하면 해결될 수 있다.

하나님의 사랑을 경험하면 자연스럽게 이웃을 향한 사랑이 나타나게 된다. 하나님과의 교제는 자연스럽게 다른 사람들과의 교제로도 이어진다. 우리는 서로를 의지하도록 창조되었고 그리스도의 몸 된 지체인 우리는 서로를 필요로 하며 서로에게 의지한다. 고립된 혼자만의 삶이 아니라 다른 사람들과 관계를 맺고 다른 사람들을 섬기고 그것을 통해 기쁨을 누리도록 창조되었기 때문이다.

하지만 셀만(Selman)의 대인 간 이해의 수준에서 보면, 유아들은 자기중심적, 충동적 수준(0수준)이나 단독적, 일방적 수준(1수준)에 해당되기 때문에 타인의 감정과 의도를 생각하는 조망수용능력은 아직 부족하다. 이러한 유아들에게 대인관계는 자아를 구성해 나가는 장(場)을 제공하는데, 특히 유아들의 또래관계는 자아에 대한 의식을 넓혀 주고 다른 사람의 의도와 바람이 무엇인지 고려할 수 있도록 해 준다. 여러 가지 갈등상황을 겪으면서 유아는 자신과 타인을 분리해서 의식하기 시작하고 그 차이를 알아 가며 타인으로부터 분리된 자아를 구성하게 된다(DeVries & Zan, 1997).

정신분석학에서는 남들도 각자 자신의 마음을 가지고 있고 그들의 생각이나 감정이 나와 다를 수도 있다는 것을 이해하는 심리적 성장을 '정신화(mentalization)'라고 하는데, 정신화는 인간관계 자극을 통해서 발달한다고 보았다. 건강하고 기분 좋은 인간관계의 자극은 뇌를 건강하게 발달시키고 이런 뇌를 가진 유아가 남의 마음도 헤아릴 줄 아는 역지사지(易地思之)가 가능하게 된다(이무석, 이인수, 2013).

유아의 정서적 안정과 효과적인 뇌기능 발달은 밀접하게 연결되어 있다. 즐거움의 정서와 전두엽의 이성적 판단은 밀접하게 상호작용하기 때문에 즐거운 분위기에서 더 잘 사고할 수 있다(권정윤 외, 2011; 양금희, 2011). 따라서 교사들은 이 시기 유아들의 특성을 바탕으로 유아들을 이해하며 유아들이 자연스럽게 자아를 찾아갈 수 있는 분위기와 상호작용을 격려해 주어야 한다.

드브리스(DeVries)는 교실 안에서의 수용적 분위기에 대해 이야기하면서 환대의 분위기를 통해서 자신이 존중받고 수용되고 인정받는 것을 느끼면서 자신감이 생기고 자연스럽게 자기규제가 이루어진다고 보았다. 호의를 통한 즐거운 마음은 감사의 마음을 갖게 하며, 내적 가치를 스스로 세워갈 수 있도록 하여 사회도덕적 발달을 이루게 한다(DeVries & Zan, 1997).

보이지 않는 잠재적 교육과정이라고 할 수 있는 교실 분위기는 형식적인 교육과정보다 더 큰 영향력을 발휘하기도 한다. 호의적이고 사랑이 넘치는 교실 분위기는 불필요한 권위를 내려놓은 교사, 하나님과 동행하는 교사, 그리고 그 교사가 만들어 가는 관계들을 통해서 이루어진다.

(3) 자유-자율적인 선택

하나님의 사랑은 자유가 없이는 존재할 수가 없다(Timothy, 2015). 하나님은 우리를 만드셨지만, 그의 명령을 그대로 실행하는 로봇으로 만드신 것이 아니라, 자유의지를 가진 인격체로 만드셨다. 하나님이 우리를 사랑하시며 우리에게 자유를 주신 것처럼 아이들에게도 선택할 수 있는 자유를 주고 그 안에서 사랑을 느낄 수 있도록 해야 한다. 사람은 하고 싶은 일을 할 때 가장 기분이 좋다. 그리고 기분 좋은 경험을 많이 할수록 뇌의 시냅스도 더 잘 연결되고 이에 따라 사고능력은 더 잘 발달한다. 이렇게 스스로 어떤 일을 성취해 본 아이가 자존감도 높은 아이가 되고(이무석, 이인수, 2013), 그것이 대인관계의 기초가 된다.

하지만 표면적인 행동만을 사회화한 유아는 성장해서도 타인의 규제에 의존하고, 어느 권위에든지 쉽게 끌려다니게 된다. 타인에 의한 통제를 필요로 하거나 추구하게 되고, 결단력이 부족하고, 습관적으로 적대적이거나 의존적이게 된다(DeVries & Zan, 1994). 부모나 교사가 유아의 행동을 통제할 수는 있어도 마음과 생각까지 통제할 수는 없다(Timothy, 2015). 유아가 성인이 원하는 어떤 행동양식을 그대로 따라 할 수는 있지만, 그것이 유아에게 그 행동의 필요성을 알게 해 주는 것은 아니라는 것이다.

유아들은 의도를 갖지 않고도 성인들이 원하는 행동의 형태를 모방할 수 있다. 문제는 그 행동을 다른 상황에서 적용하지 못한다는 것이다(DeVries & Zan, 1997). 필요성을 인식한 행동이 아니기 때문에, 강요받지 않는 상황에서는 그 행동이 나올 수가 없는 것이다. 이렇듯 자발적인 의지가 없이 강요된 사회관계 기술은 겉으로는 부모나 교사가 원하는 행동을 하지만 내면적으로는 거부하고 반항하는 이중인격을 만들어 낼 수 있다.

따라서 진정으로 몸과 마음이 같이 가는 인간관계를 만들어 가기 위해서는, 유아들이 행동할 수 있는 기준을 갖게 하는 것이 필요하다. 이것은 스스로 그 행동의 의도와 의미를 부여할 수 있는 생각할 기회를 주고 행동을 선택하게 하는 것이다. 교사는 유아들에게 예의 바른 사람이 되어야 한다고 강요할 것이 아니라 다른 사람을 진심으로 대하는 모습을 보여 주고, 진정성을 유아들이 간접적으로 경험할수 있도록 상황을 조성하는 것이 중요하다.

진정한 변화는 스스로 의미를 부여하는 생각에서 시작될 수 있다. 드브리스(DeVries)도 성경에 나타난 '다른 사람이 너에게 해 주기 원하는 것처럼 네가 다른 사람에게 하라'와 같은 황금률을 인류보편적인 이상이라고 보았고, 이것은 타인의 권리를 존중하며 자신의 행동에 책임을 지라는 원리를 내포하고 있다. 무엇보다 유아가 자신이 대접받고 싶은 대로 타인을 대접해야 한다는 도덕적 필요성을 이해하도록 해야 한다(DeVries & Zan, 1997).

그러나 천사의 말을 할지라도 사랑이 없으면 소리 나는 구리와 울리는 꽹과리가 된다는 사도바울의 유명한 말씀(고린도전서 13:1)은 단순히 도덕적 실천으로 우리가 할 바를 다했다고 여길 수 없게 한다.

(4) 감정-인식, 표현, 조절

오늘날 많은 사람들이 분노조절 장애를 겪고 있다. 표현되지 못하고 억압된 감정들이 한꺼번에 폭발하면서 가까운 사람들에게 큰 상처를 입히기도 하고 사회적 범죄행위로 나타나기도 한다. 기독교인들에게도 감정표현은 중요한 문제다. 기독교인들은 부정적인 감정을 숨기거나 분노를 무조건 참아내고 항상 밝은 모습을 보여야 한다는 생각을 하는 경우가 있다. 하지만 이것은 잘못된 생각이다.

하나님은 우리의 있는 모습을 그대로 받아들이고 사랑해 주신다. 하나님과 사람 앞에서 우리의 감정을 솔직하게 대면하고 표현할 수 있을 때, 우리는 하나님뿐만 아니라 사람들과도 더 좋은 관계를 맺어갈 수 있다. 자신이 느낄 수 있는 감정에는 어떤 것이 있는지, 자신의 감정은 지금 어떤 상태인지, 왜 그런 상태가 되었는지 살펴보는 것이 필요하다. 이런 과정에서 하나님은 이 모든 것을 알고 계신다는 것을 전제하고 솔직하게 고백하고 표현해야 한다. 그것이 부정적인 감정일 때도 하나님 앞에 내어놓고 자신의 상태를 고백하고 도우심을 바라는 마음으로 하나님을 향해야 한다. 그것이 건강한 정서를 유지하는 방법이고 그것이 하나님과 동행하는 삶이다.

교사가 먼저 자신의 감정을 정확하게 인식하고 솔직하게 표현하며 상황에 맞게 조절하기 위해 노력할 필요가 있다. 이러한 과정은 특정 활동으로 배울 수 있는 것이 아니기 때문에 일상생활 속에서 지속적으로 이루어져야 한다. 자신의 감정 인식, 표현과 조절이 제대로 되지 못할 때 인간관계는 파괴되고 신앙은 의심받으며 하나님과의 관계는 단절되기 때문이다. 자신의 의를 쌓지 않되 하나님과의 바른 관계 안에서 이웃과의 관계에도 사랑이 나타나도록 성령님의 인도하심을 겸손히 구해야 한다. 그러나 우리가 이 주제로 인해 죄의식에 시달리지 않아야 할 이유는 분명하다. 우리의 구주되시는 예수 그리스도께서 이미 나의 죄짐을 담당하시고 십자가에 죽으셨으며, 사흘 만에 부활하셔서 죄와 사망의 권세로부터 나를 해방시키셨기 때문이다.

무엇보다 이 모든 것이 하나님의 사랑에서 시작하고 사랑으로 귀결됨을 또한 잊지 말아야 한다. 하나님의 핵심적, 중추적, 근본적 속성은 사랑이기 때문이다(요한1서 4:8; Timothy, 2015). 하나님의 사랑은 아무런 조건이 없는, 존재 자체를 위한 사랑이기에 고유한 개성을 존중하는 인격적 사랑이다. 모든 생명이 사랑이신 그분으로부터 흘러나오기 때문에 사랑은 또한 생명이며, 이는 베풂을 통해 나타난다(Timothy, 2015). 이러한 사랑의 속성들은 하나님의 형상으로 지음을 받은 우리 속에 들어 있으며 우리의 삶에서 자연스럽게 나타나게 된다.

(5) 기독교사의 가치관, 그 기준

기독교사는 세상과 다른 가치관을 지닌 사람이며, 세상과는 차원이 다른, 세상을 뛰어 넘고 세상을 아우르는 더 큰 가치관을 가진 사람이다. 사회적인 선악의 기준이 아니라 하나님의 기준에 따라 사는 사람이다. 코람데오(하나님 앞에서), 하나님이 보고 계신다는 차원에서 판단하고 행동해야 한다. 이것은 하나님을 경외하는 삶이고 두려워하는 마음을 가지는 것이지만 이 두려움은 안전하고 풍성한 삶으로 인도하는 두려움이다.

또한 하나님과 우리 사이에 화평케 하시는 예수님과 우리의 마음과 생각을 도우시는 성령님으로 인해 우리도 화평케 하는 삶을 살아갈 수 있다. 그러기 위해서 우리는 더욱 하나님을 알아 가야 하며 아는 것은 사랑을 통해 가능하다. 사랑 자체가 앎의 방식이며 사랑하는 만큼 알게 된다(Palmer, 2006).

요한복음 15장의 말씀처럼 가지가 나무에 붙어 있으면 열매는 저절로 맺히게 된다. 가지는 자신이 나무가 아니라는 사실을 알아야 하고 원천이 아니라 통로임을 아는 겸손함을 가져야 하며, 나무에 붙어 있으려는 의지가 있어야 한다. 오직 은혜를 구하는 가난한 마음과 믿음의 고백, 자신을 내려놓는 감사를 통해 붙어 있을 때, 그 생명력은 자연스럽게 전해지고 때가 되면 풍성한 성령의 열매를 맺게 되는 것이다.

사회관계영역에서 기독교사는 관계에 대한 기술을 가르치는 것이 아니라 존재 자체의 존귀함을 경험할 수 있도록 해야 한다. 이를 위해서는 먼저 교사 자신이 신앙인으로서 건전한 자아상을 가져야 한다. 자신이 존귀한 자임을 알 때, 다른 사람을 똑같이 존귀하게 여길 수 있다. 특히 신체적, 인지적으로 미숙한 유아들도 하나님의 형상으로 만들어진 존귀한 자이며, 하나님을 갈망하는 영혼을 가지고 있음을 기억해야 한다.

기독교사는 인성발달을 위한 인성덕목들과 효과적인 인성교육프로그램에 앞서서 이 영혼들을 위해 간절히 기도할 수 있다. 왜냐하면 자신의 교사적 자질과 영향력을 주관하시는 하나님의 전지전능을 믿는 존재들이기 때문이다.

누구나 좋은 교사가 되길 원한다. 유아들에게 선한 영향력을 끼치기 원한다. 시대의 흐름에 따라, 개인의 가치에 따라 다르게 정의될 수 있는 좋은 교사의 상과 선한 영향력은 하나님의 법 안에서 변하지 않는 진리 가운데 있다. 이 진리를 위해 함께 고군분투하고 서로를 지지할 수 있는 믿음의 교사공동체가 필요하다(박상진, 2007; 최성진, 2018).

국가교육과정을 운영하는 교사, 누리과정 사회관계영역을 현장에 적용하는 기독유아교사는 하나님과의 친밀함으로 하나님의 사랑을 나타내는 거룩한 투영체가 되어야 한다. 그것은 하나님의 사랑과 은혜를 경험하고 감사함으로 나누는 예배자의 삶이다. 그것은 완성된 모습으로 나타나는 것이 아니라 만들어져 가는 진행형이다(에베소서 2:20-22).

참고문헌

강용원(2015). 기독교 인성교육의 성경적 기초. 기독교교육정보, 47, 361-398.

교육과학기술부(2009). 유치원 지도서 총론.

교육과학기술부(2012). 5세 누리과정 교사용 지도서, 1-11.

교육과학기술부(2012). 유치원기본과정 내실화를 위한 인성교육프로그램. 서울:교육과학기술부.

교육과학기술부(2013a). 3세 누리과정 교사용 지도서, 1-10.

교육과학기술부(2013b). 4세 누리과정 교사용 지도서, 1-11.

교육과학기술부, 보건복지부(2013a). 3~5세 연령별 누리과정 해설서.

교육과학기술부, 보건복지부(2013b). 3~5세 연령별 누리과정 교사용 지침서.

교육과학기술부 보도자료(2010. 1. 4.). 교과부 '창의·인성교육 기본방안' 발표.

교육부(1998). 유치원 교육과정 해설. 서울: 대한교과서주식회사.

교육부(2017). 인문학 진흥 5개년 기본계획(2017~2021). 교육부 학술장학지원관 학술진흥과.

권은주(2016). 그림책을 활용한 인성교육활동이 유아의 사회정서능력에 미치는 효과. 총신대학교 교육대학원 석사학위논문.

권정윤, 정미라, 박수경(2011). 뇌 발달 연구에 기초한 영유아교육의 방향. 2011 한국육아지원학회 춘계학술대회, 뇌 과학과 유아교육의 만남, 111-135. 4월 30일. 성남: 경원대학교.

김미량, 김수희, 박미선, 박효진(2017). 보육교사 인성론. 고양: 공동체.

김민희(2015). 그림책을 활용한 인성교육이 유아의 조망수용능력 및 친사회적 행동에 미치는 영향. 중앙대학교 교육대학원 석사학위논문.

김은영, 강은진, 염혜경(2017). 3~5세 누리과정 개정안 개발연구. 육아정책연구소.

김정준, 남규, 김유정(2016). 기독교세계관에 기초한 5세 누리과정 동화분석. 신앙과 학문, 21(1), 117-144.

김정희(2016). 기독교학교에서의 기독교 인성 및 기독교 인성교육에 대한 이해. 기독교교육논총, 46, 265-286.

박상진(2007). 교회학교 부흥을 위한 교사교육의 새로운 패러다임. 서울: 예영커뮤니케이션.

박은혜(1996). 반성적 사고와 유아 교사교육. 유아교육연구, 16(1), 175-192.

박은혜(2012). 세계유아교육과정 동향에 비추어 본 국가수준 교육과정의 개정방향: 영국, 뉴질랜드, 미국의 유아교육과정 비교를 기반으로. 유아교육학논집, 16(5), 487-514.

박찬옥, 정미라, 김영옥(1997). 제5차 유치원 교육과정 평가연구. 유아교육연구,

17(2), 27-53.
부성숙(1999). 유치원교육과정에 대한 교사들의 관심도와 활용수준. 이화여자대학교 대학원 석사학위논문.
신국원(2005). 니고데모의 안경. 서울: IVP.
신국원(2014). 개혁주의 기독교세계관과 영성문화. 신앙과 학문, 19(4), 65-87.
안지영(2016). 3~5세 연령별 누리과정 및 유치원 교육과정 사회관련 영역의 변화의 흐름과 시사점. 유아교육학논집, 20(4), 517-547.
양금희(2011). 기독교 유아·아동교육. 서울: 대한기독교서회.
윤정아, 박은혜(1998). 유아사회교육개념에대한유아교사의개념도분석. 한국교원교육연구, 15(2), 107-127.
이기숙(2015). 한국유아교육과정의 과거 현재 미래에 대한 조망. 한국유아교육학회 2015년 춘계 학술대회 자료집, 19-47.
이기숙, 장영희, 정미라, 엄정애(2014). 유아교육개론(제3판). 파주: 양서원.
이무석, 이인수(2013). 스펙보다 중요한 내 아이의 자존감. 서울: Denstory.
임희옥, 유혜숙, 서광일, 김정준(2010). 기독교 세계관으로 조명한 유아 교육하기. 서울: 창지사.
장화선(2014). 개혁주의 기독교교육관점에서의 인성교육. 기독교교육논총, 40, 47-76.
정창우(2010). 인성교육에 대한 성찰과 도덕과 교육의 지향. 윤리연구, 77, 1-33.
정희영, 이정규, 한민좌(2013). 기독교 유아인성교육을 위한 덕목추출. 기독교교육논총, 36, 195-217.
정희영, 최영해, 정희정, 방승미, 이정규, 유희진(2014). 기독교 유아 인성교육의 이론과 실제. 서울: 꿈을이루는사람들.
조운주(2014). 3~5세 유아사회교육 내용의 비교, 분석 및 유아사회교육 내용에 대한 교사들의 인식. 유아교육학논집, 18(5), 5-27.
주연수(2015). 기독교적 가치관에 기초한 정서조절과 기독교인성교육. 기독교교육논총, 44, 77-115.
최성진(2018). 기독교 유아교사를 위한 영성교육 프로그램 개발. 이화여자대학교 대학원 박사학위논문.
최정혜(2014). 5세 누리과정 교사용 지도서의 사회관계영역 교육내용 분석. 유아교육학논집, 18(1), 433-453.
크리스티 김(2004). 인생의 응어리를 풀라. 서울: 규장.
한국교육개발원(1985). 국민윤리 교사용. 서울: 한국교과서주식회사.
한국교육학회(2001). 인성교육. 서울: 문음사.

Ashton, J.(편저)(2013). 감추어진 신: 50인의 과학자가 창조론을 믿는 이유. (안종희 역). In six days: why fifty 50 scientists choose to believe in creation. 서울: 케루빔.

Banks, R. J.(2007). 바울의 공동체 사상(장동수 역). Paul's idea of community: The early house churches in their cultural setting. 서울: IVP.

Berkowitz, M. W. & Grych, J. H.(2000). Early character development and education. *Early Education & Development*, *11*(1), 55-72.

Bevere, J.(2008). 관계-자유함과 영적 성장으로 이끄시는 하나님의 계획(우수명 역). The Bait of satan: Living free from the deadly trap of offense. 서울: NCD.

Buber, M.(1977). 나와 너(표재명 역). Ich und du. 서울: 문예출판사.

DeVries, R. & Zan, B.(1997). 유아를 위한 사회 도덕성 교육(이은화, 이경우, 곽향림 역). Moral classroom, moral children; creating a constructivist atmosphere in early education. 서울: 창지사.

Foster, R. J.(1986). 영적훈련과 성장(권달천 역). Celebration of discipline. 서울: 생명의말씀사.

Guthrie, S.(2014). 21세기 선교(정흥호 역). Mission in the third millenium. 서울: CLC.

Hoekema, A.(2012). 개혁주의 인간론(이용중 역). Created in God's image. 서울: 부흥과개혁사.

Horne, H. H(1980). 예수님의 교육방법론(박영호 역). Teaching techniques of Jesus. 서울: 기독교문서선교회.

Lickona, T.(1991). *Educating for character*. New York: Bantam.

Litchfield, N. B. & Litchfield, P. J.(1997). 하나님께 바로서기: 역기능 가정에서 나타나는 사람의존성으로부터의 회복(정성준 역). Let's stand up straight. 서울: 예수전도단.

Melandez, W. R., Beck, V., & Flectcher, M.(2000). *Teaching social studies in early education*. New York: Delmar.

Moltman, J.(1992). 생명의 영: 총체적 성령론(김균진 역). The spirit of life. 서울: 대한기독교서회.

Palmer, P. J.(2006). 가르침과 배움의 영성(이종태 역). To know as we are known: education as a spiritual Journey. 서울: IVP.

Scazzero, P.(2015). 정서적으로 건강한 영성(강소희 역). Emotionally healthy spirituality. 서울: 두란노.

Timothy R. Jennings, M. D.(2015). 뇌, 하나님 설계의 비밀(윤종석 역). The God-shaped brain. 서울: CUP.

Wolterstorff, N.(2007). 정의와 평화가 입맞출 때까지(홍병룡 역). Until justice and peace embrace. 서울: IVP.

제5장
예술경험영역

창조의 하나님을 닮아 가다

방은정(고려대학교 사범대학 시간강사)

마지막 만찬, 이 그림 속의 이 사람은 사실 여자?

레오나르도 다빈치의 최후의 만찬

어느 여름, 미술감상 특강을 하고 있는 어린이집의 교실에서 일어난 일이다. 복도에서 수업을 잠시 관찰하게 되었다. 강사는 레오나르도 다빈치의 〈마지막 만찬〉을 보여 주며 설명하고 있었다.

"예수님과 열두 제자를 그린 이 작품에서 사실 이 중 한 사람은 제자가 아니라 마리아라는 여자란다."

강사의 이 이야기는 정통 미술사도, 전해지는 야화도 아니다. 국내에서도 수입 상영된 〈다빈치 코드〉라는 영화의 원작 소설의 모티브가 되는 작가의 설정이다.

예수님이 마리아와 결혼을 하여 그 후손이 있다는 암시를 담은 그림이 〈마지막 만찬〉이라는 상상하에 그 후손을 지키려고 조직된 결사대로 인해 일어나는 살인사건을 시작으로 전개되는 소설이었다. 예수님을 바라보는 요한(가장 젊었던 제자로 알려진)을 반대편으로 옮겨놓으면 예수님의 어깨에 머리를 기댄 여자 형상이 되는 기하학적인 작업이 수학자이기도 했던 다빈치의 암시였다는 설정이었다.

소설과 미술사도 구분 못 하는 미술강사의 자질도 문제지만, 기독교인인 내게는 예수님의 십자가 사건(사형-죽음-부활)을 사기극으로 만드는 소설을 사실인 양 전달하는 강사의 황당한 무책임이 충격이었다.

담임 교사는 특강 강사를 초빙한 대신 교사실에서 다른 업무를 보고 있었으며 강의 내용도 파악하지 못하고 있었다. 그렇다면 교사에게 아무 책임이 없다고 할 수 있을까?

1 예술경험과 창의성

인간은 자기표현의 욕구와 창의성을 하나님으로부터 부여받은 선천적인 예술가이다. 창의성이란 과거 경험의 재생에 의지하지 않고 다른 방법에 의해 문제를 해결하는 방법이나 태도를 말한다. 모든 피조물 중에 하나님을 닮은 인간만이 창의적 작업 즉 예술과 예술적인 작업을 수행한다. 인간이라면 특별한 창작활동을 하지 않는 사람도 아름다운 것을 보고 듣고 느끼는 일상적 경험을 통해 아름다움을 추구하고 그 기쁨을 알아 가며 자신의 다양한 감각을 이용하여 세상을 경험하고 탐색하며 이해해 간다.

특히 유아는 과학자나 만화가와 비견할 만큼 상상력이 풍부하다. 과학자는 상상력을 기초로 숨겨져 있던 원리와 규칙을 발견하고 나아가 과학적 산물을 만들어 내는가 하면, 만화가는 더욱 자유롭게 그들의 상상력을 그림으로 드러낸다. 그들에 비해 유아는 언어적, 회화적 표현능력은 미숙하지만, 그들만의 독특한 감각과 풍부한 감성으로 자신이 경험하고 느낀 것을 그림, 춤, 노래, 극놀이 등의 예술적 표상을 통해 자연스럽게 나타내게 되며, 또한 이 과정을 매우 즐긴다.

이러한 예술적 표상활동은 창조적인 작업이며 이 작업의 근원은 종종 영감(inspiration)으로 거론되곤 한다. 영감은 라틴어의 어원대로 '영을 부어넣음' 즉 '신의 숨결이 불어넣어짐'이라는 의미이다(신국원, 2017). 그래서 영감은 때로 광기와 유사한 의미로 이해하기도 한다. 히브리 역사에서 성전건축자들과 사사들, 선지자들은 성령의 부으심을 경험했다. 성령의 부으심으로 완성된 그들의 창의성은 광기의 산물이 아닌 신적 선물이고 그 선물을 통해 하나님을 경배하는 것이 가능해진다. 따라서 예술의 신적 기원과 예술가의 창조성을 모순 없이 포용하는 것은 기독교적 영감뿐이다(신국원, 2017). 창의성과 예술적 안목에 대해 탐구하는 것은 예술경험영역을 이해하는 마중물이 될 수 있을 것이다.

1) 예술적 안목의 형성

유아기는 주변에 관심을 갖고 감각과 신체를 이용하여 보고, 듣고, 만지며 느낀 것을 자연스럽게 표현함으로써 예술적 요소를 인식할 수 있는 기초능력이 발달하는 시기이다(교육과학기술부, 보건복지부, 2013). 이러한 시기의 예술경험은 다양한 표상체계의 발달을 도와 연관된 지식으로 확장해 나가는 데 중요한 역할을 할뿐 아니라(Hargreaves, 1989), 기쁨과 즐거움을 지속적으로 추구하도록 돕는다.

상상하고 실험하고 사물을 만들어 내는 능력은 예술가만의 일이 아니라 교육의 영역에도 적용될 수 있다. 예술경험은 어린이가 상상하고 실험하고 사물을 만들어 내는 경험을 제공하는 영역이다. 국가수준 교육과정인 누리과정에서 예술경험의 가치를 인정하고 유아교육현장에서 체계적으로 예술경험을 실천할 것을 권고하고 있는 것은 당연하다. 우리나라 초등교육과정에서 어느 순간 체육과 음악이 사라져버린(유정애, 2018) 것과 비교된다.

유아기는 영아기를 지나면서 예술경험을 통해 단순히 감각적 즐거움만을 추구했던 것을 넘어서서 예술을 매개로 감성과 지성을 통한 예술적 안목을 형성해 가는 중요한 시기이다. 또한 더 나이든 아동에 비해 자신의 생각이나 느낌, 감성을 자유롭게 표출할 수 있으며 다채로운 예술 활동을 통해 창조적 즐거움을 깊게 체험할 수 있다. 유아기에 경험한 예술경험 기회의 양이나 질은 미래의 예술성 발달과 풍요롭고 행복한 삶을 영위하는 데 지대한 영향을 미치게 되므로 유아교육기관에서의 예술교육은 중요한 의미를 지닌다.

그렇다면 우수한 예술은 어떤 것이며 그 질을 판단하는 기준은 무엇일까?

2) 선택된 예술경험

(1) 동요, 음악예술

유아가 태어나서 가장 먼저 접하는 예술경험은 무엇일까? 우선 아기는 태내에서부터 엄마의 자장가노래를 듣거나 엄마가 선택한 음악을 함께 공유한다. 아기로서는 음악을 선택할 권한이나 능력이 없으므로, 어른의 취향에 따라 전통제례악이든 농악이든, 판소리든 혹은 격정적인 베토벤의 음악이든 경쾌한 스트라우스의 음악이든 아니면 재즈나 록이나 힙합이든 자신의 기호와 상관없이 경험하게 될 것이다. 여기에서 순수예술과 대중예술, 클래식과 현대음악의 차이와 가치를 논하려는 생각은 없다. 그저 유아들에게 선택권이 없다는 것이며, 이러한 상황이 어떤 종류의 음악을 더 선호하도록 유아에게 영향을 준다는 것을 말하려는 것이다.

유아가 교육기관에 들어가도 가정과 마찬가지로 자신이 선택하지 않은 동요들을 듣고 감상하고 배우게 된다. 담임교사가 생활주제에 따른 지식과 정보를 주려고 마음먹으면 그런 가사가 담긴 곡을 선정하게 될 것이다. 혹은 교사가 아름다운 가사와 멜로디나 좋아하는 작가의 노래를 선택한 경우 그 음악을 듣게 될 것이다. 그리고 유치원이나 어린이집에서는 엄마 대신 선생님이 들려주는 노래, 손유희에 집중하게 될 것이다.

(2) 그림동화, 그림과 언어 예술

유아는 엄마가 선택한 재미있는 혹은 교육적인 이야기를 듣거나 아름다운 그림(시각예술)과 이야기(언어예술)가 결합(collaboration)된 그림동화책이라는 예술경험의 세계에 들어간다. 엄마나 교사가 유아에게 윤리적이고 도덕적인 훈화를 들려주어 모범생을 만들겠다는 의지가 확고하다면 유아의 엉뚱하고 쓸모없는 상상력을 자극하는 동화는 배제될 것이다. 새로운 어휘를 많이 배우는 것이 우선이라고 생각하는 어른들이라면 더욱 다양한 그림동화책을 선택하게 될 것이다.

만약 어떤 목적이 별도로 없다면 세계적인 아동문학상 수상작들을 열심히 찾아 보여 줄 수도 있다.

최근에는 유아들에게 명화감상활동을 제공하는 교사들도 많다. 그런데 그들은 왜 고흐의 그림이어야 하는지 왜 레오나르도 다빈치의 그림이어야 하는지 설명하지 않는다. 우리는 '왜?' 라는 질문을 먼저 던져야 하지 않을까? 왜 그 그림이 교사의 관심을 끌었고 어떤 점이 그 그림의 매력인지 혹은 관전 포인트인지 교사들의 주관이 있어야 하지 않을까? 왜 고야의 검은 연작 시리즈의 판화를 보여 주지 않고 왜 마네의 누드화를 보여 주지 않는지 스스로에게 설명할 수 있어야 한다. 교육은 가치중립적이어야 한다고 주장하는 교사라도 말이다. 선택의 기준이 다르면 과연 그 기준이 다음세대를 이끌어 갈 어린이들에게 적합하며 가치로운 근거에 기반을 둔 것인지 살펴보고 판단하면 좋겠다.

(3) 춤, 몸의 움직임으로 표현하는 예술

음악을 듣고 몸으로 표현하는 춤도 유아에게 무한정 자유롭게 표현할 수 있는 기회가 제공되기 어렵다. 교실공간은 제한되어 있고, 유아들이 흥분해서 활동이 절제되지 않을까 봐 두렵기도 할 테니까 말이다. 물론 유아들은 교사가 가르쳐 주는 동작을 익히고 익숙하게 모방할 수 있도록 훈련받기도 한다. 만약 그 동작 활동이 누군가에게 보여 주기 위해 발표해야 하는 경우라면 더욱 정확하게 동작을 익혀야 할 것이다.

자유롭게 자신의 감정을 표현할 수 있는 음악과 함께 교사의 적절한 멘트가 제공되면 훨씬 풍성한 음률활동이 될 수도 있다. 훌륭한 무용가의 춤동작을 구경할 수도 있다. 미술, 음악과 마찬가지로 교사가 제공하는 움직임과 춤 활동도 제한적이다. 발레를 관람할 수 있는 기회가 주어진다면 탈춤이나 사물놀이의 경험도 제공되어야 할 것이다. 교사가 만약 탈춤이나 사물놀이 혹은 전통제례악에 맞춘 전통춤에 관심이 없다면 유아들은 역시 서양의 춤과 음악, 무대 미술만을 체험하게 될 것이다.

3) 예술작품을 대하는 교사의 가치관

여름 소낙비가 지나간 후 숲으로 들어갔다가 문득 거미집을 발견한 유아들이 탄성을 지른다.

"와~ 선생님, 거미집이 조금 이상한 모양이 되었지만 무너지지 않았어요."
"거미는 대단해요!"
"으이, 징그러워요. 그만 볼래요!"
"거미는 어떻게 이런 거미줄을 만들게 되었을까요?"
"학교에 가지도 않는데요."

예술경험활동을 제공하고 싶은 교사와 과학탐구활동을 제공하려는 교사는 다양한 유아들의 반응을 선택하고 거기에 답할 준비를 해두었을 것이다.

우리에게는 한국의 유아교육기관이 준거로 삼아야 하는 국가수준 교육과정이 있다. 0~2세 영아를 위한 표준보육과정과 3~5세를 위한 누리과정이다. 각 교사가 선호하여 의도적으로 혹은 무의식적으로 선택한 활동이나 의도적으로 배제해 버린 활동을 통해 교실마다 이루어지는 각 학급의 교육과정은 결코 일치할 수 없다. 이 사실은 기독교사에게 희망적인 메시지가 될 수 있다. 창조주를 믿는 교사는 어떤 반응에 주의하고 답을 어떻게 준비할 수 있을까? 너무 걱정할 것 없다. 새롭고 특별하게 기독교교육과정을 누군가 당신의 손에 쥐여 주지 않는다 해도, 몇 되지 않는 아주 사소한 활동을 하거나 혹은 하지 않는 것만으로도 기독교교육은 시작되기 때문이다. 그리고 그 작업은 외로운 작업이 아니다. 하나님의 일이기 때문에 그분이 당신보다 먼저 시작할 것이다.

예술은 아름다움과 예술적 가치를 지닌 무엇인가를 표현하는 것이며 오랜 시간동안의 노력과 통찰력을 지닌 예술가에 의해 드러난다. 초기 예술(art)의 의미는 고대그리스어인 테크네(techne)에서 온 라틴어 아르스(ars)로부터 비롯되었으며, 그 원천은 이성적인 규칙을 기반으로 이루어지는 모든 활동을 의미하는 포이에시스(테크네를 활용해서 물건을 제작하는 것)[1)]와 영감을 받아 이루어지는 활동을 가리키는 뮤지케(뮤즈 여신의 영감을 받아 이루어지는 활동)이다(철학아카데미, 2014).

특히 고대 예술에서 시와 연극, 화가, 조각가들 모두 신의 영감을 예술의 원천으로 언급하였다. 물론 영감이라는 것이 광기와 신들림, 환각상태, 무의식의 작용 등으로 이해되기도 하였다(신국원, 2017).

현대의 예술관은 예술에 대한 전통적 통념을 깨고 있다. 아름다움의 기준을 기꺼이 포기하고 따라서 예술적 가치란 표현하는 사람도 감상하는 사람도 강권할 수 없다고 주장하며 순간적이고 즉흥적인 표현도 기꺼이 예술로 간주하는 경향이 있다. 마르셀 뒤샹의 작품인 〈샘〉이라는 공장에서 제작된 변기나 오펜하임의 〈털로 덮인 컵〉' 그리고 피에로 만초니의 〈예술가의 똥〉이 그러하다.

특히 현대예술은 메시지는 가져야 하지만 교훈적이어서는 안 된다고 몰아가고 있으며(현은자 외, 1999), 그뿐 아니라 예술의 궁극적 가치가 재화로 계산되면서 재화를 더 크게 생산하려는 욕망은 더 크고 강한 충격을 던지려는 의도로 예술혼의 목적이 변질되어 가고 있다. 심지어는 충격을 주지 못하는 작품은 예술성이 떨어지는 것으로 취급되기도 했다(철학아카데미, 2014).

유아들이 경험하는 예술을 예술이 되게 하려면 즉 하나님을 닮은 창의성을 발휘하는 작업이 되게 하려면 기독교사는 무엇부터 시작해야 할까? 제일 먼저 교

1) 포이에시스는 라틴어 포에시스(poesis)로 번역된 뒤 영어로 포이트리(poetry), 즉, 시 혹은 시작(詩作)으로 번역되었다.

사는 기독교에서 예술이란 하나님의 은사로 주어지며 그 사용이 자유의지에 맡겨지는 것(서성록, 2017)임을 이해하여야 한다.

그리고 하나님의 지혜로운 솜씨를 찬양하며 유아들과 함께 세상이 얼마나 아름다운지 경탄할 수 있어야 한다. 늘 보던 노을과 하늘과 구름, 늘 향기를 맡던 꽃, 아름다운 새소리들, 맛난 과일과 풍요롭고 다양한 곡물 속에서 감사한 마음을 표현할 수 있도록 도울 수 있다. '예술가'란 존재는 솜씨 없고 통찰 없는 동료 인간을 대신하여 하나님이 창조하신 세상의 의미와 목적과 아름다움을 풀어내는 제사상적 직분을 행하는 자(신국원, 2017)라면 기독교사가 유아를 위한 예술경험을 제공한다는 것은 그런 의미와 목적과 아름다움을 표현할 기회를 제공하는 역할을 해야 할 것이다.

2 하나님을 닮은 창의성

예술경험은 흔히 미술활동과 춤, 음악활동을 다루는 교육내용을 지칭한다. 유아교육분야의 관련자들은 유아들이 이러한 활동을 즐거워하는 것을 인식하고 동시에 예술경험은 창의적 활동이며 아울러 즐겁고 기쁨을 주는 활동이므로 교육적으로 효과가 있다는 것에 동의한다.

다만 어떤 예술경험을 제공하느냐 하는 것은 앞서 설명한 것처럼 교사 개인의 가치관에 따라 달라질 수 있다. 국가수준 교육과정 지도서의 활동에서 유아들에게 미술작품을 소개하며 그림의 가격이 얼마나 비싼지를 질문하는 것은 교육현장에서 유아에게 소개할 예술작품을 선정하는 데 준거가 된 현대사회의 물신주의 가치관을 여실히 보여 주었다고 할 수 있다.

삶의 현장에서 개인의 선택은 세계관에 기초하여 이루어지며 세계관은 특정한 과제를 선택하고 삶의 전반적인 목적을 부여하고 도덕적 판단의 근거를 제공한다. 따라서 기독교세계관에 기초한 학문이란 하나님의 말씀에 근거하여 창조, 타락, 구속의 틀이 학문에 반영되는 것을 의미하는 것으로, 기독교적인 학문 연구가 기독교적이 되게 하는 최종적인 준거는 학문적 가설과 이론이 성경적 세계관에 기초한 것인가를 따져 보는 일일 것이다(임희옥 외, 2010).

1) 창조: 아름다운 세상

사람들은 종종 웅장한 자연을 바라보며 '아름다운 그림' 같다고 경탄한다. 그러나 엄밀하게 말하자면 훌륭한 화가의 아름다운 대작을 보면서 하나님의 놀라운 자연을 따라갈 수 없다고 느끼는 게 옳은 방향이 아닐까 생각한다.

하나님이 창조하신 우주는 그 아름다움으로 하나님께 영광을 돌리는 것 같지 않은가? 질서정연해서 아름답고, 무한하게 다양해서 아름답고, 각각의 고유성을 드러내서 아름답지 않은가? 우리는 눈에 보이는 아름다운 산과 넓은 들판, 햇살 아래 반짝이는 강과 파도치는 바다를 보면서 하나님의 창조의 솜씨와 아름다움에 경이로움을 느낄 수 있다. 이른 아침 풀잎에 맺힌 이슬을 본 적 있는가? 어떤 보석이 이보다 아름다울까? 숲속에서 각양각색의 새소리를 들으며 황홀해 본 적이 없는가? 각각의 다른 새들의 소리가 오랫동안 곡을 만들고 연습해서 연주하는 오케스트라 연주처럼 감동스러운 적이 없었는가?

(1) 하나님의 예술, 천지창조

우선 '창조'라는 말은 두 가지 의미를 갖고 있다. 하나는, 창조 기사를 말할 때 하나님이 세계를 만드시는 창조의 행위, 즉 '만들다'라는 의미를 말한다. 모든 것을 있게 하신 무에서 유의 창조를 말한다. 다른 하나는, 창조계의 아름다움을 말할 때 사용되는 단어로서 창조의 산물인 '우주'를 뜻하며, 이 우주는 헬라어 코스

모스(cosmos)에서 유래된 말로서 '장식', '아름다운 배열'을 의미하는 창조 질서를 말한다(Wolters, 1985). 즉 창조는 이미 질서를 그 기초로 삼고 있다.

하나님은 자신의 '탁월한 완전성'을 드러낼 수 있는 세상을 창조하셨으며, 자신의 아름다움이 창조세계까지 이어지게 하심으로써 모두가 하나님의 성품을 볼 수 있도록 하셨다. 아름다운 것을 설계한 분의 성품을 외면하고서는 그 어떤 아름다운 광경도 제대로 인식할 수 없다. 아름다움이란 하나님과 분리될 수 있는 추상적 개념이 아니라 하나님의 본질적인 성품이시며 하나님이 창조하신 영역은 하나님의 아름다움을 반드시 드러내게 된다(Sweeney & Strachan, 2012).

우리는 태양계의 운동, 동식물의 생태계를 보면서 사람이 살 수 있도록 혼돈하게 창조하지 않으신(이사야 45:18) 질서의 하나님을 확인할 수 있다. 또한 지금도 여전히 하나님은 이 우주의 질서를 위해 만물을 다스리고 섭리하신다는 사실 때문에 감격한다(요한계시록 11:17; 느헤미야 9:6; 시편 146:6).

하나님을 알고 믿는 사람은 하나님이 창조하신 세상의 아름다움을 발견하고, 하나님이 인간에게 주신 창의적 능력을 발휘하여 다양한 방식으로 표현하며 그것을 감상한다. 빗소리에서 소리의 강함과 약함을 느끼고, 물 흐르는 소리에서 소리의 빠르기에 귀를 기울이며, 다양한 새소리의 규칙적인 패턴의 리듬을 찾아내는 것은 음악적 요소에 대한 탐색이며, 나비의 가벼운 날갯짓과 육중한 코끼리의 걸음걸이에서 모양과 힘, 또는 빠르기의 차이를 알아내는 것은 움직임과 춤의 요소에 대한 탐색이다. 꽃과 열매에서 다양하고 고유한 색을 발견하고, 나무껍질의 울퉁불퉁함, 가지의 미끌미끌함, 실크스카프의 부드러움과 같이 자연과 사물의 재질에서 질감을 구별하고 그 차이를 발견하는 것은 미술적 요소에 대한 탐색 과정이다.

(2) 창조세계 질서의 놀라움과 기쁨, 예술감상

창조세계는 자연물의 눈에 보이는 동식물뿐 아니라 바람이나 빛처럼 눈으로 볼 수는 없지만 존재를 확인할 수 있는 것들도 있다. 의사들은 인간 신체의 구조와 정밀한 체계 때문에 감탄하고 우주공학자는 우주의 아름다움에 경탄하고 그 질서에 놀라곤 한다. 이처럼 예술적 요소로 가득한 창조세계는 우리 주변을 둘러싸고 있지만 일상생활에서 그 아름다움을 늘 발견하며 놀라는 것은 아니며 인식하지 못한 채 살아가거나 지나치기 일쑤이고, 발견했다 하더라도 그 아름다움을 창조하신 하나님의 놀라운 솜씨에 감탄하기보다는 '좋다'는 자신의 만족에 머무르기 십상이다. 우리에게 너무 친숙하기 때문에 아무렇지도 않게 지나쳐 버리는 것들의 아름다움과 심오함을 의식하게 해 주는 것이 바로 예술의 기능 중 하나이다.

하나님은 "이 백성은 내가 나를 위하여 지었나니 나를 찬송하게 하려 함이니라(이사야 43:21)"라고 말씀하신다. 하나님이 창조하신 세계의 아름다움을 발견하고 감탄하며, 신묘막측[2]하게 창조하신 하나님께 감사하고 찬양하는 것이야말로 우리의 존재 이유인 것이다. 따라서 유아들의 예술경험에서 '아름다움 찾아보기'는 창조세계의 아름다움을 찾는 것에서 그치는 것이 아니라 그 아름다움을 만드신 하나님께 감사하며 그 미려한 솜씨에 감탄하는 것을 포함한다.

2) 오염된 창의성: 감각적 기쁨과 재화의 축적 도구, 예술

우리는 '피조물' 가운데 지극히 아름답다고 생각되는 모든 것들의 원천이시며 그 모든 것을 만드신 분을 높이는 것이 아니라, 그분이 만드신 것을 높이는 경향이 있다(Veith, 1992). 하나님께서 만드신 것들은 분명히 선한 것들이나 그 어떤 피조물도 우리 삶에서 궁극적인 것 또는 창조주의 자리를 빼앗을 수 없다. 사실 하나님의 창조세계가 너무 흔히 볼 수 있는 평범한 것이라는 이유만으로 모든 오묘함과 사랑스러운 아름다움을 무시하는 것은 타락 이후로 이어져 내려온 인간

2) 神妙莫測: 신통하고 묘하여 미리 추측할 수 없다는 의미.

의 둔감함과 비틀어진 관점의 일면이다.

(1) 예술 활동, 나의 기쁨

인간이 하나님의 말씀에 불순종함으로 말미암아 죄를 짓고 인간의 범죄는 인간을 타락시켰다. 인간의 타락은 하나님과의 관계와 인격의 변화를 초래하였다. 타락의 영향은 인간과 하나님과의 관계, 인간의 인격, 그리고 자연계뿐 아니라 사회, 문화 등의 여러 영역에 미치고 있음을 쉽게 찾을 수 있다. 정희영(2000)은 천박한 예술작품들은 물질주의의 파괴력, 환경자원의 낭비, 탐욕으로 오염된 기업윤리처럼 인간의 타락으로 인한 죄의 영향이라고 하였다. 그렇다면 천박한 예술과 고상한 예술의 기준은 무엇인가? 예수님이나 성경이야기를 그린 그림, 하나님을 찬양하는 음악만이 경건하고 고상한 예술이라고 생각하는 것은 지나친 단순함이다.

인간은 창조적 질서를 왜곡하여 나의 평화, 나의 기쁨, 나의 행복을 추구하지만, 기독교인의 감각이 예술 분야에 보다 폭넓게 관여하고 확대되면 인격적인 감화와 함께 나와 사회, 나와 세상의 소통을 시도한다(서성록, 2017). 타락한 예술은 기쁨이나 즐거움이 아니다. 많은 예술가들이 자신의 작업을 투쟁이라고 묘사하는 것과 마찬가지로 삶의 모든 양상처럼 예술경험도 고역(Hilary & Adrienne, 2004)이 된 것은 왜곡된 이해이다.

(2) 문화산업으로서의 예술, 자본축적의 도구로서의 예술

타락한 예술의 다른 한 면은 예술가들이 그들의 작업을 재화로 계산하고 가치를 부여하는 것을 당연시하게 된 것이다. 꽤 알려진 서양화가의 전시회에서 안내하는 이의 설명을 듣다가 그 작품이 얼마를 호가하는지 누구에게 팔려 어디에 전시되었는지를 빠지지 않고 소개한다는 사실에 식상하였다. 작품이 어떤 의도로

어떤 과정을 거쳐 어떤 의미를 갖는지는 그리 중요하지 않아 보였다.

인간은 아름다움을 추구하는 경험에서조차 아름다움의 의미를 퇴색시키고 변질시키며 자신의 욕망을 채우기 위한 도구로 삼아버렸다. 돈을 쫓는 학자처럼 돈을 쫓는 예술가들이 판을 치는 세상이다. 오래전 유명 대기업이 판화작가 로이 리히텐슈타인(Roy Lichtenstein)의 〈행복한 눈물〉을 창고에 보관하고 있다는 소식이 논란의 대상이 된 적이 있다. 미술관을 보유하고 있는 재벌기업이 유명 미술작품을 구입하는 것이 비자금의 한 형태라고 보았기 때문이다. 덕분에 명화를 구입하거나 심지어 관람할 여유가 없는 보통사람들까지 유명한 화가의 작품이 상상 그 이상의 가격을 호가하는지를 알게 된 사건이다.

추태화(2003)는 문화 자본의 위험성은 대중의 욕망을 조작한다는 데 있다고 하였다. 현대인들은 수많은 문화상품 중에서 능동적으로 선택한다고 믿고 있겠지만 나름대로의 선별기준을 가지기도 전에 소비자의 기호와 욕구를 충분히 연구한 문화자본에 의해 유아들처럼 구매를 강요당하고 있다는 것이다. 문화가 아니라 문화산업이 된 예술은 재화적 가치를 입증하지 않는 한 가치가 사라진다.

3) 예술의 청지기: 진실을 행함[3)]

타락으로 인한 피조물의 탄식과 고통은 회복을 필요로 한다. 타락 이전의 손상되지 않은 선한 상태로 돌아가야 한다. 선한 상태로의 회복을 성경에서는 구원이라는 말로 표현하고 있다(Wolters, 1985). 구원은 구속, 화해, 그리고 거듭남 등으로 성경에 표현되었으며, 이들은 각각 '다시 오시다', '본래 상태로 돌아가다', '죽음에 떨어진 후 다시 생명으로 돌아가다'의 의미를 지니고 있다.

기독교문화의 실천에 요구되는 것은 미술의 기능적 활용 또는 기독교의 정당성을 입증하는 것이 아니라 그리스도의 삶을 본받는 일이다. 서성록(2017)은 기

3) 서성록(2017)은 기독교적 예술의 실천을 위한 제언에서 기독교예술의 지향하는 바를 '성화', '성령의 역사', '초월', '관통', '참여'와 '진실을 행함' 등으로 묘사하였다.

독교인들이 문화로부터 도피하지 않고 침묵하지 않아야 하며 기독교예술인들이 그리스도 안에서 희망과 의미와 목적 그리고 구속의 가능성을 보여 줄 수 있다고 하였다.

그리스도로 인한 구속은 그리스도 안의 인류를 회복시키며 원래 하나님이 인간에게 부여하셨던 하나님의 형상이 온전하게 회복되는 것이다. 따라서 인간의 최초 청지기적 직분을 회복하여 타락으로 인해 어두워진 것들을 새롭게 하는 일을 감당해야 한다. 비이스(Veith, 1992)는『예술에 대해 성도가 가져야 할 태도』라는 그의 저서에서 예술에 관한 성경적 원칙을 언급하였는데 그중 하나는 '예술을 할 수 있는 능력은 하나님의 은사'라는 것이다. 예술적 재능은 인간의 개인적 재주가 이루어 낸 바가 아니라 은혜의 역사로 생각해야 한다는 것이다.

그리스도로 인한 구속은 그리스도 안의 인류를 회복시키며 원래 하나님이 인간에게 부여하셨던 하나님의 형상이 온전하게 회복되는 것이다. 따라서 인간의 최초 청지기적 직분을 회복하여 타락으로 인해 어두워진 것들을 새롭게 하는 일을 감당해야 한다.

(1) 예술적으로 표현하기

국가수준 교육과정의 예술적 표현하기는 노래와 악기연주, 움직임과 춤, 다양한 미술활동을 경험하고 즐기는 것으로 시작한다. 노래를 흥겹게 부르고 리듬악기로 다양한 리듬을 연주하는 것, 신체를 움직여 다양한 동작을 만들어 내는 것, 가위나 풀, 붓과 물감을 사용하여 만들거나 그리는 것은 예술의 방법적인 요소이다. 이때 무엇을 노래하는지, 움직임으로 무엇을 묘사하는지, 그리는 것이 무엇인지에 대한 것은 예술의 내용 측면이라 할 수 있다.

다만 활동의 내용과 목표가 기독교적 세계관에 위배되는지 아닌지를 분별하는 것은 기독교사의 필수적 의무이다. 예를 들어 전래동요의 '인사만사 주머니 끈'[4] 이라는 노랫말이나, 북청 사자놀음[5]에서 사자가 악귀를 쫓는 움직임을 그대로 적용하고 활동하기에 적합하지 않다는 것은 기독교사라면 쉽게 인식할 수 있다.

또한 기독교세계관을 바탕으로 예술적으로 표현하는 활동을 한다는 것은 내용과 방법을 모두 검토해 보아야 한다. 예를 들어 방법적 측면에서 볼 때, 노래의 음의 높낮이와 리듬의 정확성을 강조하여 부르거나, 미술활동을 하면서 모두 같은 재료와 순서로 획일적으로 동일한 결과물을 만들어 내는 것, 또는 모두 똑같은 움직임을 하도록 하는 동작활동보다는(이러한 활동을 절대 하지 말아야 한다는 것은 아니지만), 노래하면서 신나고 즐거우며, 조금씩 다르더라도 다양한 결과물이 만들어지는 미술활동, 신체를 움직이면서 창의적이고 독특한 표현을 인정하는 분위기 등이 인간에게 주신 창조성을 발휘할 수 있게 하는 표현활동이 될 것이다.

예술적 표현하기에서의 목표는 자신의 생각과 느낌을 표현하는 것이다. 곡의 분위기를 느끼며 노래를 부르고, 주변의 움직임을 자유롭게 표현하며, 상상하고 느낀 것을 신체와 도구를 활용하여 창의적으로 움직여 표현하는 것과 다양한 재료로 독특하게 표현하는 것은 예술경험에서 매우 중요하다.

그러나 창의적인 표현이라는 것이 언제나 허용되어야 하는 것인가에 대해 고민해 볼 필요가 있다. 아름다움의 기준이 다양하다고 믿는 현대 포스트 모던 사

---

4) 인사만사(人事萬事), 즉 사람이 사는 세상의 갖가지 일의 덧없음을 의미한다(www.google.co.kr).

5) 5세 누리과정 교사용 지도서(교육과학기술부, 2012)에는 북청 사자놀음의 목적이 마을의 안녕과 풍년을 기원하는 데 있다고 소개한다. 백수의 왕인 사자를 통해 악귀를 내몰아 마을의 평안을 가져오고 풍농을 기원하는 종교적 기능과 마을의 단결과 화합을 도모하는 사회적 통합의 기능을 수행하였으며 사자놀이를 준비해 정초 밤부터 각 집을 방문하여 사자놀이를 놀아줌으로써 각 가정에 액운을 막아주고 복을 불러들인다 하여 집안 구석구석까지 돌았다고 설명하고 있다.

회에서 우리는 과격한 소음이나 침묵이 음악으로 여겨지고, 버려지는 쓰레기나 오물에도 제목을 붙여 조형작품으로 전시하는 것을 어렵지 않게 볼 수 있다. 현대예술은 전통예술에서 추함의 범주에 들어가는 모순과 불협화음, 비동일성, 파편화, 분열 같은 요소를 적극 수용하고 있다(철학아카데미, 2014). 부버(Buber, 1965)는 인간의 창조를 향한 본성을 '창조자의 본능(originator instinct)'이라 부르면서 창조적인 본능을 훈련시키는 교육은 새로운 인간고립을 가져오게 되므로 상호관계를 경험하도록 해야 한다고 주장하였다(Bresler & Thomson, 2013, 재인용). 유아가 자신의 생각과 느낌을 남과 다르게 독특하게 표현하는 것이 예술경험에 있어서 중요하다는 것은 유아의 생각과 느낌이 늘 아름답다는 것을 의미하지는 않는다. 이는 타락한 인간의 속성에서 그 이유를 찾을 수 있다. 하나님 없이 인간의 힘과 노력이나 창의성만으로 아름다움을 창조할 수 있다고 믿는 것이야말로 타락의 전형적인 모습이다.

그렇다면 아름다운 표현이란 무엇을 의미하는가? 아름다움이 아름다움으로 여겨지려면 '공감'을 얻어야 한다(김도일, 2009). 하나님은 세상을 창조하신 후 '보시기에 좋았더라(창세기 1장)'라고 말씀하셨다. 하나님이 만족하신 세상은 현재도 여전히 우리 모두가 아름답다고 느낀다. 자신이 아름답다고 느끼고 표현한 것을 다른 사람도 아름답게 느끼는 것이 예술의 '소통'이라는 측면이며 이는 감상과 연결된다.

(2) 예술작품 감상하기

다양한 예술작품에서 작가가 표현하고자 하는 의미와 메시지를 공감하고 느끼며 소통하는 것은 감상의 본질이다. 예술경험영역의 '예술 감상하기'는 다양한 예술과 전통예술을 감상하는 것이 내용이며 다른 사람의 음악, 춤, 미술작품, 극놀이 등을 듣거나 보면서 즐기고 가치 있게 여기는 것을 의미한다(교육과학기술부, 보건복지부, 2013).

유아에게 제시하는 예술작품에서 암시된 메시지가 하나님의 창조세계와 그 아름다움을 드러내고 있는지를 분별하는 것도 중요하며, 그것을 이해하고 소통할 수 있도록 돕는 것이 교사의 역할이다. 이때 작가가 기독교인인지 아닌지가 중요한 것은 아니다. 기독교인이 아니라 하더라도 꽃과 하늘의 아름다움을 그림으로 그릴 수 있고 그것을 감상하는 유아들이 평소에는 지나칠 수 있는 꽃잎의 색깔과 모양이나 푸른 하늘의 아름다움을 작품 속에서 발견할 수 있다면 충분히 감상의 대상이 될 수 있다.

다만 작품의 예술적 완성도와 가치를 떠나 그 작품의 암시된 메시지가 비기독교적인 것일 때 교사들이 유의할 필요가 있다. 예를 들어 한옥의 지붕에 장식된 동물조형물이 악귀를 몰아낸다고 믿어서 만들어진 것이고 이것을 유아들에게 감상하게 한다면 거기에서 그치지 않고 하나님을 몰랐던 과거 우리 조상들이 무엇을 두려워했고 왜 두려워했는지, 그리고 그것을 해결하는 방법으로 왜 귀신을 섬겼는지에 대해 다룸으로써, 조형물 모양의 정교함과 섬세함은 감상할 수 있지만 작품에 담긴 사상은 걸러낼 수 있도록 해야 할 것이다.

대부분의 예술은 어떤 종류의 내용 또는 주제를 담고 있기에 예술은 무언가에 관한 것이다. 예술은 예술작업 외부에도 존재하는 어떤 지각, 개념, 세계관, 체험 등을 담고 있는데 예를 들어 풍경화는 산이나 나무, 마을 같은 것을 묘사할 수 있으며 그런 구체적인 장소들은 그림의 외부에 존재하는 것들이다. 또한 그 그림은 어떤 특정한 분위기, 즉 우울하다거나 흥분되어 있다거나 하는 분위기를 표현하는 것일 수도 있고 또한 그 그림은 의식적으로든 무의식적으로든 어떤 철학이나 세계관을 담고 있을 수도 있다. 한 화가의 그림에서 자연에 대한 그의 생각, 또는 당대 사람들의 자연관에 대한 그의 반응과 시대 조류 등을 분명하게 알 수도 있다. 감상은 단순히 듣거나 보는 것 이상을 의미하며 감상하는 대상에 대해 적극적이고 능동인 목적과 의식을 가져야 심미적 경험을 이룰 수 있다(김인실, 2003).

다음의 두 그림은 비슷한 시기에 그려진 작품으로서 일하는 여인들의 모습을 담은 그림이다. 동일한 주제의 그림이지만 각각 다른 세계관을 보여 준다고 느껴지지 않는가? 페르메이르와 마스의 작품을 비교하여 보라. 노동, 노동자를 바라보는 작가의 관점이 드러난다.

요하네스 페르메이르의 〈우유 따르는 여인〉
1632

니콜라스 마스의 〈게으른 하인〉
1655

3 기독교사의 도전과 역할

교사가 교육과정을 계획·전개할 때 국가수준의 교육과정을 교사수준의 교육과정으로 재구성하는 것이 일반적이다(이기숙, 2013). 여기에 기독교인 유아교사는 자신을 교사로 세우신 하나님의 뜻에 따라 유아들을 교육해야 할 책임과 의

무가 더해진다. 기독교사에게 요구되는 역할은 하나님의 명령을 받은 선한 청지기, 부름 받은 그리스도의 제자로서의 자각과 유아들에게도 그것과 함께 무엇보다도 하나님의 사랑과 은혜를 전해야 한다는 것이다.

그리스도인에게 기독교는 삶의 일부분을 차지하는 종교로서 기능하는 것이 아니라 오히려 인간 삶의 토대가 되는 세계관의 위치를 갖는다. 따라서 그리스도인들은 현재 타락한 세상에서 이루어지고 있는 모든 현상들을 그대로 수용하기보다는 하나님의 기준에 의해 어떤 의미를 갖는지 살펴볼 필요가 있다. 하나님을 볼 수 없게 만드는 수많은 세상의 학문과 넘쳐나는 사상들 가운데서 그분의 뜻을 분별하고 회복하는 귀한 사명을 감당하기 위해서 기독 유아교사들도 유아를 가르칠 때 어떤 관점에서 그들을 바라보고 가르쳐야 할지 생각하고 성경적인 교육은 어떤 것인지, 자신의 가르침이 기독교세계관에 맞는지 검토해야 한다. 이것이 국가수준 교육과정인 누리과정을 기독교세계관으로 재구성해야 하는 이유이다.

정희영 등(2012)은 기독교적 세계관에 대해 연구한 월터스와 고힌(Wolters & Goheen, 2005), 이승구(2005), 사이어(Sire, 2004), 아서(Arthur, 1985), 브라이언과 미들턴(Brian & Middleton, 1984)의 기독교세계관적 요소를 종합하여 세 개 이상의 연구에서 일치하는 공통적인 요소를 선정하였다. 창조에서는 새로움, 창조질서, 다양성을, 타락에서는 왜곡, 분리 · 분쟁과 소외, 죽음을, 구속에서는 관계적 회복과 화해-화평을 선정하였다.

이에 따라 누리과정 예술경험영역의 세부내용을 선정된 기독교세계관의 요소에 따라 분류하면 다음 〈표 5-1〉과 같다(방은정, 김정준, 2015).

〈표 5-1〉 기독교세계관 공통요소와 예술경험영역 관련 내용

기독교 세계관	공통요소	예술경험영역 관련 내용
창조	새로움	· 하나님이 인간에게 부여하신 창의성을 통해 새롭게 만들어 내고 감사한다.
	창조질서	· 하나님이 창조하신 세상의 아름다움을 발견한다. · 창조세계의 질서와 조화를 찾아내고 감탄한다.
	다양성	· 창조세계에는 다양한 종류의 자연물이 많이 있다는 것을 안다. · 사람은 외모와 재능 등이 모두 다르게 창조되었다는 것을 이해한다. · 똑같은 작업을 다 같이 하게 하지 않으며 다양하게 표현하게 한다.
타락[6]	왜곡	· 아름다움의 기준이 자신에게 주는 만족에 있다. · 사람들에게 주는 충격이나 경제적 가치로 예술작품의 가치를 판단한다.
	분리, 분쟁, 소외	· 자신의 생각과 느낌만 가치 있고 타인의 생각과 느낌에는 관심이 없다. · 나만 중요하고 내 맘에 들면 되며, 다른 사람의 필요에는 관심이 없다.
	죽음	· 나 외의 다른 존재에 대해 관심이 없다. · 아름다움을 섬세하게 보고 듣는 눈과 귀가 타락하여 평범하게 보고 듣거나 무감각하다. · 하나님 없이도 인간의 힘으로 아름다움을 창조하고 회복할 수 있으며 아름다운 세상을 만들 수 있다고 믿는다.
구속	관계적 회복	· 예술을 통해 하나님과 나의 관계를 회복하고 감사한다. · 소통의 예술로 하나님의 뜻을 드러낸다. · 피조세계에서 아름다움을 발견하는 능력을 회복한다. · 피조세계에서 하나님의 아름다움을 새롭게 발견하고 찬양과 영광을 돌린다.
	화해-화평	· 다른 사람의 작품을 존중하고 가치 있게 여긴다.

1) 예술경험영역의 재구성

유아교사가 예술경험영역을 효과적으로 운영하려면 유아의 일상생활을 통한 예술경험이 교육과정과 잘 연계되도록 재구성할 필요가 있다. 국가수준 교육과정으로 제시된 문서라는 측면에서 벗어나 해석과 반성을 통해 교육과정에 의미와 생명을 불어넣고 예술경험을 즐기는 교사의 역할과 태도가 요구되며, 또한 유아의 예술경험 활동이 특정 예술경험이나 기능의 습득에 치우치지 않도록 주의

6) 타락에 해당하는 내용은 이해를 돕기 위해 부정적 표현을 사용하였으나 유아교육현장에서는 해당 내용이 잘못되었다는 것을 알도록 하는 것이 교육내용이 된다.

를 기울여야 한다.

임부연 등(2014)은 실제 유아교육현장에서의 예술경험은 상급학교의 예술교육과 다를 바 없이 그림, 음악, 춤, 극놀이 등으로 분절된 단위 활동 위주로 전개되고 있으며, 예술경험과 과정보다는 가시적인 결과물에 초점을 두고 있는 형편이고, 대부분의 예술경험 관련 활동은 교사 주도하에 이루어지며 유아 스스로 경험하며 즐거워하는 미적 몰입과 자유롭고 창의적인 표현과 심미적 향유를 내포한 의미 있는 예술경험이 되지 못하는 실정이라고 보고하였다.

이는 교사가 자신의 일상생활에서 미적 감수성과 예술경험을 충분히 향유하지 못한 채 기계적으로 국가수준 교육과정의 교육내용을 답습하고 있기 때문으로 여겨진다.

기독교사가 누리과정에 대한 해석과 반성을 통해 교육과정을 재구성한다는 것은 인본주의 철학을 바탕으로 한 누리과정의 내용을 기독교세계관으로 재해석(정희영, 2013)해야 하는 것이 최우선이다.

반 브루멜른(Van Brummelen, 1988)은 교사들이 주제 진술을 작성할 때 다음과 같은 질문을 해 볼 것을 제안한다.

Q1. 우리가 조사하려고 하는 창조의 영역을 위한 하나님의 의도는 무엇인가? 왜 하나님은 우리에게 (________)을 주셨는가?

Q2. 창조세계에 대한 이러한 하나님의 목적이 어떻게 인간의 죄의 결과로 왜곡되었는가? 창조세계는 하나님의 본래의 계획으로부터 어떻게 벗어나 있는가? 하나님은 우리가 어떻게 반응하기를 바라시는가?

Q3. 어떻게 이 주제의 학습이 그리스도인의 삶의 방식에 대한 더 깊은 이해와 경험과 헌신을 발달시킬 수 있는가?

첫 번째 질문은 창조세계의 본래의 목적을, 두 번째 질문은 인간의 타락으로 인한 창조세계의 왜곡과 구속받은 그리스도인으로서의 청지기의 사명을, 세 번째 질문은 태도와 헌신에 대한 것이다. 교육과정을 구성하는 교사가 위와 같은 질문을 통해 매순간 자신의 교육활동을 점검하는 일은 기독교사로 소명을 다하는 충실한 청지기의 모습일 것이다.

2) 국가수준 교육과정 재구성의 사례

3~5세를 위한 국가수준 교육과정의 교사용 지도서는 생활주제별로 구성되어 있으며, 각 생활주제에 따른 소주제별로 활동이 제시되어 있다. 각 활동에는 활동의 제목, 활동유형과 영역이 표기되어 있고, 활동의 목표와 누리과정 관련요소, 창의·인성 관련, 초등학교 교육과정 관련 내용이 명시되어 있다. 다음으로 활동자료, 활동방법, 활동의 유의점, 활동 평가, 확장 활동 순으로 제시되어 있다. 이 내용을 검토하여 기독교적 예술경험 활동으로 적용하기 위해 재해석 및 재구성이 필요한 활동을 첫째, 활동의 목표를 기독교세계관으로 재해석하여 목표를 수정하거나, 새로 추가해야 할 필요성이 있는 활동, 둘째, 활동에 제시된 자료나 교수매체가 비기독교적 내용을 담고 있어 교체가 필요하거나, 충분한 예술경험이 되기 위해 활동자료를 추가해야 하는 활동, 셋째, 활동 진행에 있어서 활동의 순서나 교사의 발문이 수정·보완되거나 삭제·추가되어야 하는 활동의 세 가지 유형으로 나누어 살펴보고자 한다.

(1) 활동목표의 해석과 재구성

활동의 목표는 실제적으로 학습을 안내하는 지표가 된다. 교사용 지도서에 제시된 활동의 목표는 그 활동을 진행하면서 유아들이 수행할 행동적 목표로 서술되어 있다. 그러나 제시된 목표가 기독교세계관에 입각해 부적절하거나 부족하다면 수정하거나 보충해야 할 필요가 있다. 다음에 제시된[7] '나는 특별해'라는 노래 부르기 활동의 목표는 '특별함에 관심을 가진다'로 되어 있다.

사례 1 나는 특별해

<table>
<tr><td rowspan="2">(나와 가족)
제목: 나는 특별해</td><th>활동유형</th><th>영역</th></tr>
<tr><td>대·소집단 활동</td><td>음률영역</td></tr>
<tr><th>목표</th><th colspan="2">누리과정 관련요소</th></tr>
<tr><td>· **나의 특별함에 관심을 가진다.**
· 노래를 부르며 즐거운 마음을 가진다.</td><td colspan="2">예술적 표현하기 - 음악으로 표현하기</td></tr>
<tr><th colspan="3">나. 활동방법</th></tr>
<tr><td colspan="3">1. 내가 잘할 수 있는 것에 대해 생각해 보고 이야기 나눈다.
2. '나는 특별해' 노래의 가사를 알아본다.
3. '나는 특별해' 노래를 들어 본다.
4. 노래를 들어 본 후 노래에 대해 이야기 나눈다.
5. 다양한 방법으로 불러 본다.
6. 노래를 불러 본 느낌에 대해 이야기를 나눈다.
- '나는 특별해' 노래를 불러 보니 어떤 느낌이 드니?
- 나는 다른 사람과 달리 어떤 점에서 특별하다는 생각이 드니?
- 우리들이 이야기한 노래의 느낌에 맞게 불러 볼까?</td></tr>
</table>

활동의 방법을 살펴보면 다른 사람과의 차이점과 특별함에 대한 발문이 포함되어 있다. 인본주의적 관점에서 인간은 서로 다르기 때문에 특별한 존재라고 보지만, 성경적 관점에서 볼 때 인간은 하나님의 형상에 따라 만들어진 피조물이므로 귀하고 특별하며(현은자 외, 1999), 또한 예수님께서 친히 이 땅에 오셔서 죽음으로 값을 치르고 구속하셨기 때문에 귀한 존재이다. '다르다'라는 사실이 '특별하다'는 가치관을 입증하는 것이라면 개개인은 서로 비슷하기 때문에 공감할 수 있는 공동체가 아니라 늘 별다르고 특출해야 할 부담을 안고 살아야 한다.

---

7) 활동을 제시한 표에는 독자의 이해를 돕기 위해 설명에 필요한 내용만을 부분 발췌하였고, 본문에 해당되는 내용은 굵게 표시하였으며 누리과정 관련요소는 예술경험영역에 관련된 것만 제시하였다.

기독교사는 이 활동의 목표에 '세상에 하나밖에 없는 나이기에', '우리 부모에게는 내가 특별히 사랑하는 존재'이기에 또는 '나를 만드신 분이 나를 보기에 좋다하시고 온 천하보다 귀하다고 하셨으므로 특별하다'는 목표를 추가한다면 같은 노래를 부르더라도 기독교세계관으로 접근이 가능해진다.

혹시 기독교교육에 대한 가정과 기관의 저항을 염려하는 교사가 있다면 창조주가 추가된 목표는 겉으로 드러내지 않되 마음에 단단히 담아둘 필요가 있다. 교사의 이러한 목표는 구체적으로 활동을 진행하는 동안 활동과 수업내용과 상관없이 일대일의 상호작용을 통해 전달될 수 있다.

사례 2 이런 동물도 있어요

'창의적으로 표현한다'는 말은 여러 표현활동에서 예술경험영역의 중요한 목표로 제시되고 있으며 음악이나 미술, 춤과 같은 특정한 예술활동이 아니라 하더라도 요리, 이야기 나누기 등 과학이나 언어활동에서도 종종 목표로 제시되고 있다. 하나님이 인간에게 부여하신 창조성을 가지고 창의적인 표현, 남과 다른 독특한 표현을 하는 것은 바람직한 일이다. 또한 다양성이라는 창조의 내용에도 부합한다. 그러나 인간의 창의성이라는 것의 한계는 없는지, 유아의 창의적 상상력이란 언제나 허용되어야 하는 것인지에 대해 고민해야 한다. 그리고 창의성은 창조가 아니라는 인간의 한계에 대해 겸손하게 수용하는 마음가짐도 가르칠 필요가 있다.

미술활동인 '이런 동물도 있어요'는 노새, 라이거 등 인간이 서로 다른 종의 동물을 교배하여 태어난 동물들을 다루고 있고 나아가 유아들이 더 다양한 새로운 동물을 합성하여 창의적으로 표현하게 하는 미술활동이다.

<table>
<tr><td rowspan="2">(농식물과 자연)
제목: 이런 동물도 있어요</td><td>활동유형</td><td>영역</td></tr>
<tr><td>자유선택활동</td><td>미술영역</td></tr>
<tr><td>목표</td><td colspan="2">누리과정 관련요소</td></tr>
<tr><td>· 새롭게 생겨난 동물에 대해 관심을 가진다.
· 새로운 동물을 창의적으로 표현해 본다.
· 독특한 생각이나 상상한 내용을 그려 본다.</td><td colspan="2">예술적 표현하기 - 미술활동으로 표현하기</td></tr>
<tr><td colspan="3">가. 활동자료</td></tr>
<tr><td colspan="3">동물의 사진(새로운 동물: 노새, 라이거, 레오폰, 기존의 동물: 말, 당나귀, 수사자, 암호랑이, 사자, 표범), 여러 가지 그리기 재료와 꾸미기 재료</td></tr>
<tr><td colspan="3">나. 활동방법</td></tr>
<tr><td colspan="3">1. 그림을 보며 옛날에는 없었지만 새로 생겨난 동물에 대해 이야기를 나눈다.
2. 앞으로는 어떤 동물이 나타날 수 있을지 이야기를 나눈다.
3. '합성동물'로 이미지를 검색하여 고양이와 펭귄, 악어와 독수리 등을 합성한 사진을 본 후, 상상하여 그리기를 할 수 있다.</td></tr>
</table>

하나님이 인간에게 창조하신 세상을 '다스리라'는 명령은 창조세계의 질서를 어지럽히고 인간이 하나님의 영역인 생명의 창조를 넘보라는 뜻이 아닐 것이다. 호기심 때문에 새롭게 유전자를 조작하는 것의 위험성은 이미 식물의 유전자 연구로 느끼고 있다. 더구나 노새나 라이거와 같이 인간의 잡종교배에 의해 태어난 동물들은 건강하게 성체로 살아남는 경우도 드물고, 대부분 생식능력이 없다(위키백과)[8]는 사실은 피조세계의 질서를 교란시킨 당연한 결과이다.

이 외에도 '미래의 유치원 만들기' 미술활동은 미래에 다니고 싶은 유치원을 상상하여 만들고 구성하는 활동이다. 인간의 과학기술로 상상한대로 이루어지고 그런 미래는 행복할 것이라는 낙관은 인간이 하나님 없이 인간의 능력만으로도

8) 당나귀의 정자는 31개의 염색체를 가지고 있으며, 말의 난자는 32개의 염색체를 가지고 있다. 따라서 당나귀와 말 사이에 태어난 노새는 63개의 염색체를 가지고 있는 셈이다. 이때 노새는 성체로 발달할 수 있는 체세포 분열에는 문제가 없지만, 유성생식을 하는 진핵생물(세포에 막으로 싸인 핵을 가진 생물)에서 생식세포를 형성하는 과정인 감수분열이 일어나지 않아 생식이 되지 않는 것이다(http://legacy.h21.hani.co.kr/ 인터넷 한겨레 KISTI 과학의 향기). 그러나 2002년 8월, 모로코의 페즈시 인근 시골마을에서 노새가 새끼를 낳아 학계에 큰 논란을 일으키기도 했었다(www.animalpark.or.kr).

행복하고 좋은 미래를 건설할 것이라는 타락한 인간의 모습을 반영한다. 유아의 창의적 표현을 위해 상상력을 무한히 조장하는 것이 과연 바람직한 일인가에 대한 숙고가 필요하다.

(2) 활동자료, 교수매체의 수정이 필요한 활동

활동자료는 활동내용을 구체적으로 전달하고, 유아에게 시각적, 청각적 자극을 통해 흥미를 유지하며, 특히 예술경험 활동에서는 다양한 예술작품을 자료로 사용하여 심미감을 느끼도록 돕는다. 음식, 동물, 가족 등을 소재로 한 명화를 활동자료로 활용하여 그에 대한 이야기 나누기를 하는 경우 누리과정 관련요소에 '다양한 예술 감상하기'를 포함하고 있다.

그러나 아래 제시한 '동물이 주는 즐거움' 이야기 나누기 활동은 동물이 그려진 명화를 활동자료로 활용하였으나 활동의 유의점에 '명화 감상이 되지 않도록 유의한다'라고 명시해 놓았다. 즉, 이야기를 위한 도구일 뿐 명화감상의 목적이 아니라는 것이다. 그럼에도 불구하고 누리과정 관련요소에는 예술 감상하기라고 명시해 두는 오류를 범하고 있다.

동물이 주는 즐거움이나 동물을 소중히 여기는 태도 등은 인간과 동물의 관계적 회복, 동물을 '다스리는' 인간의 책무와 같은 내용을 담고 있어 기독교적 세계관에 적합하지만 그림이나 사진이 아닌 명화를 활동자료로 사용했다는 것만으로 예술경험 활동이라고 볼 수 있는가에 대해 생각해 볼 필요가 있다.

또한 사람이 느끼는 기분을 이야기 나누기 위해 감정표현이 나타난 명화를 사용한 예에서도 뭉크의 '절규'를 활동자료로 선택한 이유가 공포와 불안 같은 감정을 이야기하기 위해 선택한 것인지, 단순히 유명한 화가의 그림이기 때문에 선택한 것은 아닌지 생각해 볼 필요가 있다. 만약 예술작품을 선택할 때 그 작품의 예술성이나 활동의 목표를 달성하기에 필요하기 때문이 아니라 미술관에 전시되어 있는 작품이라는 이유로 선택된다면, 아름다움이라는 선한 기준을 대신하는 사회적 성공과 재화적 가치를 중시하는 오염된 기준에 따르게 되기 때문이다. 마치 청소를 하다가 우연히 미술관 구석에 세워둔 걸레가 관람자들에게 예술작품으로 오해되는 것처럼 우스꽝스러운 일이 아닐 수 없다.

사례 3 동물이 주는 즐거움

(동식물과 자연) 제목: 동물이 주는 즐거움	활동유형	영역
	대·소집단 활동	이야기 나누기
목표	**누리과정 관련요소**	
· 동물이 우리에게 주는 즐거움을 안다. · 동물을 소중하게 여기는 태도를 가진다.	예술 감상하기 - 다양한 예술 감상하기	
가. 활동자료		
동물이 들어간 명화		
나. 활동방법		
1. 그림을 보며 이야기를 나눈다. - 어떤 동물이 보이니? - 그림 속 고양이는 무엇을 하고 있니? - 이 그림 속 고양이를 보면 어떤 느낌이 드니? - 너희가 이 그림 속에 있는 동물과 함께 있다면 무엇을 하고 싶니? - 고양이처럼 우리가 함께 놀이할 수 있는 동물은 어떤 동물이 있니? 2. 동물이 우리에게 주는 즐거움을 이야기해 본다. - 함께 놀이하는 즐거움, 보는 즐거움, 듣는 즐거움을 주는 동물, 교통수단이 되는 동물 3. 동물과 어떻게 지내고 싶은지 이야기를 나눈다.		
다. 활동의 유의점		
1. 활동의 초점이 명화 감상이 되지 않도록 유의한다.		

사례 4 '사자 왕의 행진'과 '우리 동네 춤을 함께 추어요'

움직임과 춤으로 표현하는 활동 중 사자처럼 움직이는 신체활동으로 북청 사자놀음과 동물의 사육제를 활동자료로 사용한 예를 비교해 볼 수 있다. 두 활동은 모두 내용상 유아들이 사자의 움직임을 신체로 표현하는 활동이다. '사자 왕의 행진'에는 사자의 생김새와 움직임을 이야기하고 사자처럼 움직이도록 하기 위해 사자의 움직임을 보여 주는 동영상을 활동자료로 사용하였다.

'우리 동네 춤을 함께 추어요'는 내용측면에서는 사자처럼 움직이는 것으로 '사자 왕의 행진'과 유사한 활동이지만 북청 사자놀음을 자료로 활용함으로써 부산의 동래학춤과 함께 동네를 대표하는 춤으로 소개하고 있다. 교사는 움직임과 춤으로 사자를 표현하는 신체활동을 위해 선정된 자료로서 어느 것이 더 적합한 신체표현 활동이 될 것인지를 판단해야 한다. 만일 우리 동네의 전통 춤에 대해 알아보기 위한 것이라는 점에 초점을 두기 위해 북청 사자놀음을 활동자료로 사용한다면 그 유래를 전달할 때는 좀 더 유의할 필요가 있다.

<table>
<tr><td rowspan="2">(우리 동네)
제목: 우리 동네 춤을 함께 추어요.</td><th>활동유형</th><th>영역</th></tr>
<tr><td>대·소집단 활동</td><td>신체</td></tr>
<tr><th>목표</th><th colspan="2">누리과정 관련요소</th></tr>
<tr><td>· 우리 동네 전통 춤에 관심을 가진다.
· 우리 동네 춤의 유래에 대해 안다.
· 신체를 이용하여 다양한 춤 동작을 표현하는 경험을 한다.</td><td colspan="2">예술적 표현하기 - 움직임과 춤으로 표현하기</td></tr>
<tr><th colspan="3">가. 활동자료</th></tr>
<tr><td colspan="3">북청 사자놀음 동영상, 신체 표현을 할 수 있는 소품 준비(한복, 전통 악기, 여러 가지 탈, 보자기, 리본 등)</td></tr>
<tr><th colspan="3">나. 활동방법</th></tr>
<tr><td colspan="3">1. 우리 동네를 대표하는 춤 동영상을 본 후 이야기 나눈다.
- (부산 동래학춤과 함경도 북청 사자놀음 춤 동영상을 보면서) 무엇을 하고 있니?
- 왜 학춤, 사자춤이라 했을까?
2. 학춤과 북청 사자놀음 춤의 유래를 듣고 난 느낌에 대해 이야기를 나눈다.
- 마을 사람들은 이런 춤들을 왜 추었을까? 언제 이 춤을 추었을까?
- (이후 신체표현 활동)</td></tr>
</table>

(동식물과 자연) 제목: 사자 왕의 행진	활동유형	영역
	대·소집단 활동	신체
목표	누리과정 관련요소	
· 사자의 특징을 창의적으로 표현한다. · 신체활동에 즐겁게 참여한다.	예술적 표현하기 - 움직임과 춤으로 표현하기 예술적 표현하기 - 통합적으로 표현하기	
가. 활동자료		
사자왕의 행진 동영상, 생상스 동물의 사육제 중 '사자 왕의 행진' 음원, 망토(보자기 또는 스카프)		
나. 활동방법		
1. 동물원에서 사자를 본 경험에 대해 이야기를 나눈다. 2. 사자 왕의 행진 동영상을 보며 사자의 생김새와 움직임에 대해 이야기를 해 본다. - 사자는 어떻게 생겼니? - 사자의 갈기는 어떻게 표현하면 좋을까? - 사자처럼 큰 동물을 표현하기 위해서 우리 몸을 어떻게 하면 좋을까? - 사자는 어떻게 걸어가니? 사자가 걸어가는 모습을 누가 나와서 보여 주겠니? - 또 사자가 무엇을 하는 모습을 표현해 볼 수 있을까? - (이후 신체표현 활동)		

(3) 활동방법의 재해석 및 재구성이 필요한 활동

누리과정 교사용 지도서에 수록된 활동 중에는 목표와 누리과정 관련요소에 예술경험에 관련된 내용이 제시되어 있으나 활동방법을 기술한 부분에 유아들이 예술경험을 할 수 있는 내용이나 발문을 찾기 어려운 것들이 있었다. 특히 '음악으로 표현하기'와 '미술활동으로 표현하기'는 전체 예술경험 관련 내용 중 절반에 해당할 정도로 많은 비중을 차지하고 있다. 이 중에는 '풍향계 만들기'는 순서대로 종이접기를 하여 선물상자를 만들거나, 부직포를 가위로 오린 후 냄비 장갑에 붙여서 꾸미기, 종이와 빨대로 정해진 순서로 풍향계를 만드는 등 미술재료를 사용하는 활동이기는 하지만, 예술을 위한 기초적 신체적 기술을 다룰 뿐 창의적인 표현이나 미술적 요소를 다루지 않는 활동이다. 반면 '가을하늘 만들기'처럼 가을 하늘의 색깔을 탐색하고 물감을 혼합하여 비슷한 색깔을 만들어 내고 그것을 여럿이 협동 작업으로 완성함으로써 미술적 요소를 다루는 훌륭한 예술경험 활동이면서 동시에 창조세계의 아름다움을 탐색하고, 그것을 표현하기 위해 또래와 협동하는 등 기독교세계관을 형성하기에 적합한 활동도 있다.

사례 5 풍향계 만들기와 가을하늘 만들기

(환경과 생활) 제목: 풍향계 만들기	활동유형	영역
	자유선택활동	미술영역
목표	**누리과정 관련요소**	
· 풍향계를 만들어 바람의 방향을 알아본다. · 바람에 따른 풍향계의 움직임에 관심을 가진다.	아름다움 찾아보기 – 미술적 요소 탐색하기	
나. 활동방법		
1. 사진 자료를 보며 바람이 많이 부는 날에 있었던 일들에 대해 이야기 나눈다. 2. 풍향계 사진을 보며 이야기 나눈다. 3. 풍향계를 만들어 본다. - 펠트지를 그림과 같이 자른다. - 빨대 양쪽에 그림과 같이 붙인다. - 수수깡을 빨대의 중앙에 놓고 시침핀으로 고정시킨다. - 종이컵에 빨대 풍향계를 끼우고 찰흙으로 고정시킨 후 방향을 표시한다. 4. 완성된 풍향계를 친구들에게 소개한다. 5. 완성된 풍향계로 바람의 방향을 측정해 본다.		

(봄 · 여름 · 가을 · 겨울) 제목: 가을 하늘 만들기	활동유형	영역
	자유선택활동	미술 영역
목표	**누리과정 관련요소**	
· 가을 하늘의 아름다움을 느낀다. · 다양한 색을 사용하여 가을하늘의 아름다움을 표현한다. · 나와 다른 사람의 예술 표현을 소중히 여기는 마음을 갖는다. · 다른 사람과 협력하여 얻는 즐거움을 느낀다.	아름다움 찾아보기 – 미술적 요소 탐색하기 예술적 표현하기 – 미술활동으로 표현하기 예술 감상하기 – 다양한 예술 감상하기	
가. 활동자료		
가을 하늘 사진이나 가을 하늘 영상 자료, 가을 하늘을 주제로 그린 미술작품, 아크릴물감(흰색, 파란색, 보라색, 흰색 등), 도화지, 아세테이트지(전지 크기), 붓, 물감통, 물통, 작업복, 건조대, 걸레		

나. 활동방법
1. 바깥놀이 전, 후에 **가을 하늘 모습을 감상한다.** - 하늘이 무슨 색깔이니? - 하늘에 무엇이 있니? - 하늘을 보니 어떤 마음이 드니? 2. 여러 가지 빛깔의 가을 하늘 사진(혹은 영상 자료)을 감상한다. 3. 하늘의 모습을 담은 미술작품을 감상한다. 4. 가을 하늘 만들기 활동을 계획한다. **5. 여러 가지 색 물감으로 가을 하늘 만들기 개별 작업을 한다.** **- 물감으로 여러 가지 색깔을 만들어 보자.** - 파란색 물감에 하얀색 물감을 섞어 보자. 무슨 색이 되었니? - 하얀색 물감을 더 넣어 보자. 색이 어떻게 달라졌니? - 만들고 싶은 하늘 색깔을 만들어 보자. - 도화지 위에 칠해 보자. 6. **가을 하늘 만들기 공동 작업을 한다.** - ㅇㅇ반 어린이들이 모두 함께 그리려면 어디에 그리면 좋을까? - 파란색, 연파란색, 보라색, 청록색 물감에 하얀색 물감을 조금씩 섞어 가며 여러 가지 색을 만들어 보자. - 어느 부분부터 칠해 볼까? **여러 명이 나누어서 칠하려면 어떻게 해야 할까?**
다. 활동의 유의점
가을 하늘 사진 감상 시 **서정적인 분위기를 지닌 음악을 틀어주어** 유아들이 시각적, 청각적으로 심미감을 느낄 수 있도록 지원할 수 있다.
라. 활동 평가
2. 가을하늘의 특징과 아름다움을 이해하여 표현하는지 평가한다. **- 다양한 색을 사용하여 가을 하늘의 아름다움을 표현하는가?** **- 다른 사람과 협력하여 활동에 즐겁게 참여하는가?**

마찬가지로 음악으로 표현하기의 노래부르기 활동에 수록된 노래 중에는 정보와 지식을 전달하는 노래들, 예를 들어 컴퓨터와 인터넷의 올바른 사용방법과 TV시청 규칙이나 자동차, 시계, 청소기 등의 기계를 움직이는 에너지원의 종류, 사람의 나이나 역할, 상황에 따라 사용하는 다양한 안경의 종류 등을 노랫말로 하는 것들이 있다. 이 노래들은 유아들에게 전달하고자 하는 지식을 노래형식으로 전달하는 활동방법을 사용할 뿐이지 음악적 요소를 탐색하거나 아름다움을 다루고 있지는 않다. 반면, 노래 '작은 집 창가에서'는 유아들이 다양한 리듬을 창

의적으로 만들고 악기를 연주함으로써 음의 길이와 다양한 리듬, 음의 높낮이와 화음 등의 음악적 요소를 다루고 있다.

다음에 제시한 활동은 생활주제 '우리 동네'의 노래 부르기 활동 중 두 개이다. '내가 살고 있는 동네는?'은 동네 이름과 함께 마트도 있고 공원도 있는 살기 좋은 동네라고 노래 부른다. 한편 '아름다운 동네를 만들어요'는 이웃과 더불어 살고 도움을 주고받는 것을 아름답다고 노래한다. 생활에 편리한 마트가 있고 보고 즐기기에 좋은 공원이 있어서 동네가 살기 좋은 곳이라는 생각은 지나치게 편협된 가치관과 물질주의 세계관을 주입할 우려가 있는 내용이지만 도움을 주고받는 이웃이 있어서 아름다운 동네라는 내용은 '이웃을 섬기라'고 명령하신 하나님의 뜻을 전달하기에 적합하다.

사례 6 내가 살고 있는 동네는?과 이름다운 동네를 만들어요

<table>
<tr><td rowspan="2">(우리 동네)
제목: 내가 살고 있는 동네는?</td><th>활동유형</th><th>영역</th></tr>
<tr><td>대·소집단 활동</td><td>음악</td></tr>
<tr><th>목표</th><th colspan="2">누리과정 관련요소</th></tr>
<tr><td>· 내가 살고 있는 동네에 관심을 가진다.
· 내가 사는 동네의 이름을 안다.
· 노래를 다양한 리듬에 맞춰 표현한다.</td><td colspan="2">예술적 표현하기 - 음악으로 표현하기</td></tr>
<tr><th colspan="3">나. 활동방법</th></tr>
<tr><td colspan="3">1. 내가 사는 동네 이름에 대해 이야기 나눈다.
2. '내가 살고 있는 동네는?'의 노랫말을 들려주고 이야기 나눈다.
3. '내가 살고 있는 동네는?'의 노랫말을 생각하며 다양한 방법으로 노래를 불러 본다.
- 반주에 맞추어 한 가지 소리로, 노랫말을 넣어
4. '내가 살고 있는 동네는?'의 노랫말(건물, 장소 등)을 바꾸어 불러 본다.
5. '내가 살고 있는 동네는?' 노래를 여러 가지 방법으로 불러 본다.
- 손뼉을 치며, 발을 구르며, 빠른 부분은 뛰면서
6. 리듬막대를 치면서 부른다.</td></tr>
</table>

<table>
<tr><td rowspan="2">(우리 동네)
제목: 아름다운 동네를 만들어요.</td><th>활동유형</th><th>영역</th></tr>
<tr><td>자유선택활동</td><td>음률영역</td></tr>
<tr><th>목표</th><th colspan="2">누리과정 관련요소</th></tr>
<tr><td>· 더불어 사는 동네 만들기에 관심을 가진다.
· 이웃과 더불어 살아가는 방법을 안다.
· 즐거운 마음으로 노래를 부르며, 수화로 표현하는 경험을 한다.</td><td colspan="2">예술적 표현하기 - 음악으로 표현하기</td></tr>
<tr><th colspan="3">나. 활동방법</th></tr>
<tr><td colspan="3">1. 아름다운 동네를 만들어요. PPT를 보면서 이야기 나눈다.
- (태안반도 봉사활동, 장애우와 나들이하는 사진을 보면서) 무엇을 하고 있니?
- 왜 이렇게 하고 있을까?
- 남의 도움을 받아 보거나 다른 사람을 도와준 적이 있니?
- 도움을 주거나 받았을 때 기분이 어땠니?
2. '아름다운 세상'이라는 노래의 노랫말에 대해 이야기 나눈다.
- 혼자 있었을 때 어떤 마음이었니?
- 혼자 있었는데 다른 사람이 너희와 함께해 주면 어떤 느낌이 들까?
- 노래 제목을 왜 아름다운 세상이라고 했을까?
3. '아름다운 세상' 노래 동영상을 보여 주고 난 후, 이야기 나눈다.
- 아름다운 세상이 되려면 어떻게 해야 할까?
4. '아름다운 세상' 노래 동영상을 다시 보면서 노래를 같이 부른다.
5. '아름다운 세상' 수화 동영상을 보면서 수화로 노래를 부르고 느낌을 이야기한다.</td></tr>
<tr><th colspan="3">다. 활동의 유의점</th></tr>
<tr><td colspan="3">3. 세상에는 혼자가 아니라 공동체가 함께하면 아름다운 동네가 되고 모두가 하나 되어 더불어 함께 살아가는 이웃이 된다는 노래의 의미에 관심을 갖도록 한다.</td></tr>
</table>

이상과 같이 기독교적 예술경험 활동이 되기 위해서 활동 목표, 활동자료, 활동방법에 수정이 필요한 활동들을 누리과정 지도서를 통하여 살펴보았다.

우리나라의 예술교육은 예술과 인간의 삶을 분리하여 생각할 수 없는 것임에도 불구하고 필수과목이 아닌 부차적 과목으로 인식되고 있다. 지식중심의 사회적 분위기, 예술은 재능을 부여받은 천재들의 영역이라는 신념, 예술은 미술관, 음악회 등에서 목격되는 작품처럼 무언가 고급스럽고 우아하며 세련되게 보이는 것이라는 사회적 통념 등의 영향일 것이다.

유아기 예술교육에 대한 잘못된 이해는 예술교육이 조기교육의 일환으로 단계적 기능습득 위주로 전개되고 있는 현상(이정화, 2004), 초등학교 준비교육의 일환으로 바라보는 학부모들의 인식(임부연 외, 2015) 등에서도 나타난다. 이러한 예술경험에 대한 오해와 불균형에서 초래되는 기교적인 예술경험을 경계하고, 하나의 특별 활동으로 다루어지는 것을 예방하기 위해 예술의 본질적 의미, 즉 유아의 주변세계에 대한 창조적 즐거움을 제공해 주는 의미 있는 예술활동이 유아 교실에서 활발하게 전개될 필요가 있다. 일반적인 유아교육의 관점에서 볼 때도 유아들이 스스로 경험하고 누리는 예술표현이 폭 넓게 이루어질 때 유아들은 비로소 참다운 아름다움에 대한 바른 인식과 태도를 갖게 될 것이다.

누리과정 교사용 지도서에 제시된 활동은 아름다움을 느끼고 표현하는 데 부족하며, 제공된 교수학습 자료들도 누리과정 예술경험영역에서 제시하는 목적과 목표를 충분히 반영하지 못하고 있다는 것이 유아교사들의 생각이다(임부연 외, 2015). 따라서 실질적인 교육과정의 결정자이자 실행자인 유아교사가 문서상의 누리과정 예술경험영역을 기독교세계관을 통하여 어떻게 이해하고 해석해서 교육실천에 옮기느냐에 따라 유아들이 경험하는 예술경험영역의 구성과 질이 크게 좌우될 수 있다.

특히 누리과정의 활동은 표현활동의 비중이 탐색과 감상활동보다 3배가량 높아 세 가지 유형의 활동이 균형을 이루지 못하고 있다(방은정, 김정준, 2015). 유아기 예술경험의 발달을 위해서 표현과 더불어 탐색과 감상활동이 더 활성화되도록 자연과 주변 환경에서 동작, 음악, 미술의 요소를 주의 깊게 탐색할 수 있는 다양한 활동이 지속적으로 전개될 필요가 있다. 더욱이 미적 요소에 대한 탐색은 창조세계의 아름다움을 발견하는 예술적 시선의 발달과 직접적인 관련성이 있다는 점에서 이후의 표현과 감상능력에까지 영향을 미치게 될 것이다.

누리과정 교사용 지도서의 활동들은 유아들에게 생활주제별 기본지식과 정보를 제공하고 전달하는 데 초점을 두고 분류하고 서술된 것이다. 따라서 탐색, 표현, 감상이라는 예술경험영역의 목표를 충실히 달성하기 위해서, 또한 유아들이 창조세계의 아름다움을 발견하고 감사하며 하나님을 찬양하는 경험이 되기 위해서는 교사가 기독교세계관을 바탕으로 지도서의 활동을 재해석 및 재구성하여 적용할 필요가 있다.

3) 기독교사의 도전, 해석과 재구성

기독교사는 유아들에게 진정한 예술경험이 되기 위한 예술활동이란 무엇인가에 대한 숙고를 바탕으로 국가수준 교육과정에서 제시된 단편적인 활동방법을 재구성하여 실행해야 한다. 이것이 교사와 유아 모두에게 예술에 대한 왜곡된 시각으로 만연된 타락한 세상에서 하나님이 창조하신 예술가 본연의 모습으로의 회복을 의미할 것이다.

하나님의 형상을 닮아 예술가로 창조된 인간이, 최고의 예술가이신 하나님의 작품, 즉 창조세계에서 아름다움을 발견하고 감탄하며, 그 감동을 소리와 색과 형태와 몸짓으로 나타내는 것은 너무도 당연하다. 그러나 대부분의 사람들은 일상생활의 번잡함 속에서, 혹은 세속적인 가치를 바라보느라 아름다움을 아름답게 여기지 못하는 타락한 인간의 모습으로 살아가고 있다. 현 세대의 가치관을 반영하여 만들어진 누리과정으로는 예술적 본성을 지닌 유아가 창조세계의 아름다움을 발견하고 표현하며 하나님께 감사하고 찬양하는 본질적인 예술경험을 제공하기 어렵다.

따라서 하나님의 소명을 받은 기독교사는 교육과정의 활동을 기독교세계관으로 조명하여 재해석하여 실행해야 할 책무가 있다. 즉 예술경험 활동의 목표가 세상지식을 얻거나 자기만족을 위한 것에 그치지 않도록 수정하거나, 유아들이 기독교세계관으로 세상의 아름다움을 바라볼 수 있도록 돕는 목표를 추가하여야 한다. 또한 세상 사람들이 인정하는 명화나 명곡을 무조건 유아들을 위한 적합한 활동자료라고 간주하고 사용하는 것이 훌륭한 예술경험이 될 것이라 여기는 무심함은 고급예술에 대한 막연하고 맹목적인 동경과 가치부여에서 시작되는 것이므로 경계해야 할 것이다.

끝으로, 기독교사인 우리들은 하나님께서 우리에게 위탁하신 유아들의 모습에서 순전한 아름다움을 매순간 발견하는 행복한 직업인이다. 그리스도인의 삶 자체보다 더 중요한 예술작품이 있을 수 없으며, 모든 그리스도인은 각기 이러한 의미에서 예술가가 되도록 소명을 받았다(Schaeffer, 1995). 아름다운 세상과 그보다 더 아름다운 유아들을 보면서 이 모든 것을 창조하신 하나님을 찬양하는 기독교사의 삶 자체가 하나의 '아름다운 예술'임을 기억하고, 예술가가 작품을 완성하기 위해 모든 것을 쏟아붓는 것처럼 '기독교세계관으로 가르치는 일'에 최선을 다해야 할 것이다.

4) 연구참여교사들의 고백

예술경험영역의 실행연구(김예은 외, 2015)를 진행한 교사들은, 연구 초기 아름다움에 대한 기준이 무엇인가에 대해 고민하고 있었지만 활동을 진행해 가면서 하나님이 원하시는 아름다움이 무엇인지 분명해진다는 것을 느꼈다고 하였다.

> 예술경험영역을 기독교적인 관점으로 풀어 간다는 것은 정말 어렵다. 유아들이 느끼는 아름다움의 기준과 교사인 나의 기준, 그리고 하나님이 원하시는 아름다움의 기준은 모두 다른 것일 텐데, 내가 하나님이 원하시는 아름다움의 기준을 알고 아이들에게 바로 전할 수 있을까 하는 것이 가장 많은 고민이 된다.
>
> (5세반 교사의 저널)

> 활동 중반에 접어들면서 아이들이 느끼는 아름다움의 기준은 모두 달랐지만 보기에 좋은 것, 듣기에 좋은 것에 아름다움을 느끼고 있는 것은 분명하다는 것이 느껴졌다. 하나님이 천지를 창조하시며 보시기에 좋았다는 성경말씀이 떠오르며 아마도 하나님은 우리를 만드시는 순간부터 하나님이 원하시는 아름다움의 관점을 사람에게도 보고 느낄 수 있게 만들어 주시지 않았을까라는 생각이 들었다.
>
> (5세반 교사의 저널)

특히 연구가 진행되는 동안 '우리나라' 생활주제를 다루면서 전통예술에서 표현되는 비기독교적인 내용을 다룰 때 유아들이 기독교세계관으로 이해하도록 하기 위해 노력하는 모습을 보여 주었다.

> 처음에는 어떻게 해야 하나 난감하고, '우리나라'의 전통적으로 뿌리박고 있는 불교라는 종교가 반영된 문화 속에서 기독교의 관점과 기독교 관점으로 바라본 예술경험을 유아들과 하나님 보시기에 알맞게 풀어 나갈 수 있을지 여러 고민들이 있었다. 고민을 하며 원장님과 선생님들과 어떻게 하면 좋겠냐는 질문을 여러 차례 해 나가는 도중에…… 이로 인해 한복에는 고운 색과 자수들이 있고, 한복의 고운 색과 자수들은 자연으로부터 왔고, 이는 하나님께서 창조해 주신 자연세계로부터 비롯되었다는 것을 유아들과 알아보기로 하였다.
>
> (4세반 교사의 저널)

> 특별히 생활주제 중 '우리나라' 주제 속에는 비기독교적인 요소가 많이 있었는데, 이것을 어떻게 지도해야 할지 또한 난감했다. 이전에는 이러한 비기독교적 요소가 나올 때면 일반교육과정을 진행하는 원에서는 되도록 언급되지 않게 피하며 다른 부분을 강조하여 진행하기도 하였다. 그러나 이제 '우리나라' 주제를 진행하며 우리나라 전통한복과 음식에서 아름다움의 요소를 찾고, 그 아름다움이 사람에게서 나온 것이 아니라 하나님께서 만드신 자연을 통해 아이디어를 얻고 표현됨을 느끼며…
>
> (3세반 교사의 저널)

실행연구를 마무리하면서 교사들은 아름다움의 근원은 하나님께로부터 온다는 것을 인식할 수 있었다고 고백하였고, 이러한 결론은 유아들과의 소통과 공감으로부터 얻을 수 있었다고 밝히고 있다.

> 활동을 마무리하며, 이번 예술경험 영역을 기독교적 관점으로 풀어 볼 수 있었다는 것을 하나님께 감사드리고 싶다. 처음에는 막막하고 머릿속에 정리되지 않았었는데 감사하게도 아이들과 함께 활동을 진행해 가면서 정리가 되고 어떻게 끌어나가야 할지 조금씩 틀이 잡히기 시작했던 것 같다. 처음 고민이었던 아름다움의 기준은 정말 공감과 소통을 통해 그 기준이 정해질 수 있다고 느꼈다. 여러 가지 활동을 통해 어느새 아이들과 내가 함께 공감할 수 있는 아름다움은 결국 하나님이 주신 그대로의 것임을 느끼면서 그것이 바로 하나님께서도 원하시는 아름다움의 모습이 아닐까 생각했다.
>
> (5세반 교사의 저널)

실행연구를 진행하는 동안 교사들은 위와 같이 수시로 저널을 작성하고 서로 나누었는데 이를 통해 자신을 포함한 다른 교사들의 반성적 사고 과정을 확인할 수 있었으며 초기에 어렵게만 느껴졌던 것이 서로에게 도움을 주고받는 과정에서 해결의 실마리를 찾아갈 수 있었다. 이러한 노력이 누리과정에 대한 해석과 반성이며 동시에 하나님께 부여받은 교사로서의 소명을 다하기 위해 기독교세계관으로 재해석하는 과정이 되었다.

참고문헌

교육과학기술부(2012). 5세 누리과정 교사용 지도서, 1-11.

교육과학기술부(2013). 3세 누리과정 교사용 지도서, 1-10.

교육과학기술부, 보건복지부(2013). 3~5세 연령별 누리과정 해설서.

김도일(2009). 예술과 함께 하는 기독교교육. 교육교회, 10, 14-20.

김예은, 권민정, 최희정, 이유선, 장연욱(2015). 기독교세계관으로 조명한 누리과정 예술경험영역의 실행연구 I (생활주제: 우리나라). 2015 한국기독교유아교육학회 학술대회.

김인실(2003). 유아기 감상교육에 관한 연구. 미래유아교육학회지, 10(1), 85-117.

방은정, 김정준(2015). 누리과정 예술경험영역의 기독교적 재해석. 2015 한국기독교유아교육학회 학술대회.

서성록(2017). 예술의 창조적 영성. 예술에 있어서 초월과 관통: 기독교적 예술의 실천을 위한 시론. ARTMISSION.

신국원(2017). 예술의 창조적 영성. 예술의 기원: 영감 혹은 테크닉. ARTMISSIOMN.

유정애(2018). 제4차 산업혁명시대의 인재교육을 위한 예술·체육 활동의 내실화 방안. 교육정책 네트워크 (2018. 8. 23. 인출).

이기숙(2013). 유아교육과정. 파주: 교문사.

이승구(2005). 기독교세계관이란 무엇인가?. 서울: SFC.

이정화(2004). 유아기 예술교육에 대한 이해. 교육과학연구, 1(9), 297-310.

임부연, 전경미, 김성숙(2014). 유아예술교육의 비평적 이해: 유아교사의 예술 및 예술교육에 대한 이해를 중심으로. 육아지원연구, 9(1), 127-149.

임부연, 정문옥, 오정희(2015). 누리과정 예술경험영역에 대한 유아교사의 운영 실태. 아동교육, 24(1), 263-283.

임희옥, 유혜숙, 서광일, 김정준(2010). 기독교 세계관으로 조명한 유아 교육하기. 서울: 창지사.

정희영(2000). 주제중심의 기독교유아교육과정. 서울: 다음세대.

정희영(2013). 누리과정에 담긴 세계관 분석. 한국기독교유아교육학회 2013년 추계학술대회.

정희영, 방승미, 이정규, 유희진(2012). 유아용 게임 어플리케이션의 재미요소 분석과 기독교적 관점에서의 평가. 2012 한국기독교유아교육학회 학술대회.

철학아카데미(2014). 철학, 예술을 읽다. 파주: 동녘.

추태화(2003). 광장에서 문화를 읽다. 서울: 예영.

현은자, 이기숙, 서광일, 추태화, Greene(1999). 기독교유아교육을 위한 시편 활용방안에 관한 연구. 서울: 창지사.

Brand, H., & Chaplin, A.(2001). 예술과 영혼(김유리, 오원성 역). Art and Soul. 서울: IVP.

Bresler, L. & Thomson, C. M.(2013). 유아예술교육(김상림, 김은심, 안효진, 황윤세, 강진주 역). The arts in children's lives. 파주: 정민사.

Brian, J. W. & Middleton, J. R.(1984). 그리스도인의 비전(황영철 역). The Transforming Vision: Shaping a Christian World View. 서울: IVP.

Buber, M.(1965). *Between man and man*. New York:: Macmillan.

Hargreaves, D. J.(1989). *Developmental psychology and the arts*. In D. J. Hargreaves(Ed.). Philadelphia: Open University Press.

Schaeffer, F. A.(1995). 예술과 성경(김진홍 역). Art and the Bible. 서울: 생명의말씀사.

Sire, J. W.(2004). 기독교세계관과 현대 사상(김헌수 역). The universe next door. 서울: IVP.

Sweeney, D. A. & Strachan, O.(2012). 하나님의 아름다움(김찬영 역). On beauty. 서울: 부흥과개혁사.

Van Brummelen, H. W.(1988). 기독교적 교육과정 디딤돌(이부형 역). Steppingstones to curriculum: A biblical path. 서울: IVP.

Veith, G. E.(1992). 예술에 대해 성도가 가져야 할 태도(오현미 역). The gift of art. 서울: 나침반.

Wolters, A. M. & Goheen, M. W.(2005). 창조 타락 구속(양성만, 홍병룡 역). Creation Regained. 서울: IVP.

Wolters, A. M.(1985). 창조, 타락, 구속(양성만 역). Creation Regained. 서울: IVP.

제6장
자연탐구영역

: 하나님의 지혜를 발견하고 찬양하다

김정준(총신대학교 교육대학원 유아교육전공 교수)

하나님이 만드신 건 자란다~

다섯 살 무렵, 딸아이는 거의 매일 같은 질문을 반복했다.
"엄마, 이건 하나님이 만들었어? 이 컵도 하나님이 만들었어?'
"아니, 너는 하나님이 만드셨고 식탁이랑 컵은 사람이 만들었어"
"이 대야는 누가 만들었어? 이것도 하나님이 만드셨어?"
"대야는 사람이 만들었어, 어디서? 대야공장에서~"

아이의 질문은 거의 1년 가까이 집요하게 지속되어서 바쁘고 피곤한 날에는 성가시기도 했다. 가끔은 초인적인 인내가 필요할 때도 있었다.

어느 날이었다.
"엄마, 이제 알았어, 하나님이 만드신 건 커진다(자란다는 의미). 봐~ 나는 하나님이 만드셨잖아. 그래서 점점 커, 언니가 되지? 진돌이(집에서 키우던 강아지)도 커져, 나무도 잎이 커진다. 그런데 사람이 만든 건 안 커져, 못쓰게 된다! 망가져~"

"그래! 하나님께서 생명 주신 것은 다 자라고 새로워지는구나! 그러나 사람이 만든 것은 아무리 정교하게 솜씨를 부려서 공들여 만들어도 시간이 지나면 낡고 못쓰게 되고 마는구나, 그걸 난 이제껏 생각하지 못했었네!"
아이의 그 오랜 사색은 창조주 하나님이 어떤 분인지 내게 분명히 가르쳐 주었다.

1 자연탐구와 지식

교육학자 오욱환(2014)은 이 시대의 한국교육은 드라마에서 딜레마로 전락하는 위기에 처해 있다고 진단하였다. 한국교육은 단기간 동안 놀라운 경제발전과 국가성장을 이루는 원동력이 되어 세계의 주목을 받았었지만 이제 그로 인해 각종 문제가 발생하고 그 해결도 교육으로 해야 한다는 '교육만능주의'에 빠져 있다. 여전히 교육에 대해 과도한 기대를 하고 있지만 정작 교육의 수혜자인 모든 연령의 학습자들은 배우는 것을 기뻐하지 않으며 오히려 배워야 하는 상황을 지겨워하고 지적 호기심이 사라진 학문적 노인이 되었다고 개탄하였다(오욱환, 2015).

호기심은 인간이 지식을 즐겁게 탐구하고 습득하는 데 꼭 필요하다. 호기심이 없다면 주변의 신기한 사물이나 현상을 보고도 관심을 기울이지 않게 되며 지적 탐구의 즐거움을 알 수 없다. 그럼에도 불구하고 많은 교사들은 요즘 아이들은 아는 게 너무 많다고 말한다. 실제로 수학과 과학 성취도 국제비교연구(Trends in International Mathematics and Science: TIMSS)나 2015년 학업성취도 국제비교연구(Programme for International Student AssessmenT: PISA) 결과를 보면 한국 학생들의 학업성취도는 상위 집단에 속한다. 그러나 불행하게도 한국 학생들은 학업을 싫어하는 정도에서도 최상위권이다(오욱환, 2015). 이 말은 한국의 학생들은 지식을 탐구하는 과정에서 호기심을 유발하지 못하며 억지로 지식이 주입되고 있다는 의미일 것이다.

배움을 중시하는 우리 사회는 이제 지식의 축적 자체가 미덕이 되고, 정작 지식과 지혜를 아는 것이 얼마나 즐겁고 기쁜 일인지와 앎 자체에 대한 관심은 사라진 것 같다. 그러나 자연탐구영역의 목적은 지식의 축적과 발달 자체에 있는 것이 아니라 지식을 탐구하면서 진리이신 하나님을 알아 가는 즐거움과 기쁨을 느끼고 누리는 데 있어야 한다. 지식과 지혜의 하나님을 알아 갈 때 인간은 그 안에서 기쁨을 누리고, 깊고 오묘한 하나님을 찬양하지 않을 수 없게 된다.

하나님은 당신이 어떤 분인지 성경을 통해 우리에게 알려 주시지만 동시에 자연만물의 피조세계를 통해서 보여 주고 알려 주신다. 피조세계는 창조주 하나님께서 만드신 우주 전체를 말한다. 피조 세계 전체는 하나님의 섭리를 낱낱이 드러내고 있다. 무심코 지나치는 일상적인 주변세계를 낯설게 보고 자세히 관찰하고 탐구하여 그 안에 숨겨진 하나님의 지혜를 발견할 때 인간은 말로 형용할 수 없는 기쁨을 누릴 수 있다.

1) 문명의 발달과 지식의 형성

인간은 하나님에게 세상을 다스리는 문화명령을 받은 대리자이다. 아담은 '생육하고 번성하여 땅에 충만하라, 땅을 정복하라, 바다의 고기와 공중의 새와 땅에 움직이는 모든 생물을 다스리라(창세기 1:28)'는 명령을 받았다. 최초의 인간인 아담의 직업을 현대적으로 해석하면 아마 동물학자라고 불렀을 것이다. 창세기는 하나님이 각종 들짐승과 공중의 각종 새를 지으시고 아담이 무엇이라고 부르나 보시려고 그것들을 그에게로 이끌어 가셨고 아담이 각 생물을 부르는 것이 곧 그 이름이 되었다(창세기 2:19)과 기록하고 있다.

하나님은 노아에게 방주를 지을 것을 명령하실 때 수학적 표상으로 방주의 크기를 알려 주신다.

> [창세기 6:14~16] 너는 고페르 나무로 너를 위하여 방주를 만들되 그 안에 칸들을 막고 역청을 그 안팎에 칠하라 네가 만들 방주는 이러하니 그 길이는 삼백 규빗,[1] 너비는 오십 규빗, 높이는 삼십 규빗이라 거기에 창을 내되 위에서부터 한 규빗에 내고 그 문은 옆으로 내고 상 중 하 삼층으로 할지니라

하나님과 노아는 수학적 측정단위를 사용하여 '명확하게' 소통하였다. 만일 수와 표준화된 측정단위가 없었다면 하나님과 노아의 소통은 얼마나 모호했을까? 어마어마한 크기의 방주를 짓기 위해서는 노아는 수학과 과학에 능통했을 것이다. 방주의 설계, 건축의 전 과정, 방주 안에서의 생활, 또한 방주 생활의 청산까지 수학과 과학적 지식은 끊임없이 활용되고 더욱 연마되었을 것이다. 예를 들어서 노아는 논리적 사고를 통해 대홍수 뒤에 물이 줄어든 것을 판단한다.

고대 이집트, 메소포타미아, 인도, 중국과 그리스에서도 지식의 유래와 흔적을 찾아볼 수 있는데 이는 수학과 과학에 근원을 둔다. 고대인의 문명이 비약적인 발전을 이룬 것은 방랑하던 수렵 생활에서 정착하여 농경 생활을 하게 된 것으로 비롯되었다. 그 결과 나일강 유역의 이집트, 티그리스와 유프라테스강 유역의 메소포타미아(바벨론)에서 먼저 문명이 발생하였다(박세희, 2013). 그중에서도 메소포타미아 문명을 이룬 수메르인의 수학은 현대 수학에 그 흔적이 고스란히 남아 있다.

현재 우리가 360°를 1회전으로 보는 각의 단위는 메소포타미아 문명을 이끈 수메르인들의 수학에서부터 유래된 것이다. 또한 1시간을 60분, 1분을 60초로 나누는 60진법도 그들의 생각을 따른 것이다. 루브르 박물관에 보관된 수메르인의 설형문자 서판에는 제곱근의 근삿값을 계산한 기록이 있다. 이들은 고도의 계산

---

1) 큐빗(cubit)은 고대 서양 및 근동지방에서 쓰이던 길이의 단위이다. 팔꿈치에서 가운뎃손가락 끝까지의 길이에 해당하며, 시대와 지역에 따라 그 길이는 조금씩 달랐다. 고대 이집트에서는 523.5mm, 고대 로마에서는 444.5mm, 고대 페르시아에서는 500mm를 1큐빗으로 사용했다(위키피디아 https://ko.wikipedia.org).

능력을 가지고 있었으며 기하보다 대수에 더욱 능통했었다. 이들은 기원전 2000년경에 이미 2차방정식을 풀 수 있었다(Kramer, 2000).

'피타고라스의 정리'로 우리가 잘 알고 있는 그리스의 수학자 피타고라스(Pythagoras, 580?~500? B.C.)도 이오니아(서부 터키)의 사모스 섬에서 태어나 수학의 시야를 넓히기 위해 오랫동안 이집트와 메소포타미아에서 유학하였다(박세희, 2013). 이집트나 티그리스강은 범람이 잦았고 그 시기를 예측하기 위한 천문역법이 일찍부터 발달하였다. 바로 수메르인들이 살면서 지구라트를 쌓아 올렸던 우르가 아브라함의 조상들이 살던 땅이다(창세기 11:28-31).

하나님은 믿는 사람과 믿지 않는 사람을 차별하지 않으시고 모든 인간에게 지식을 탐구하는 능력을 허락하셨다. 지식과 지혜는 하나님의 속성이지만 하나님의 형상대로 지음 받은 인간에게도 주신 공유적 속성이며 지식 탐구를 통한 인간 능력의 신장은 계속되었다. 즉 탐구한 지식을 통해 하나님의 영광을 드러내는 하나님의 백성뿐만 아니라, 아브라함에게 '떠나라'고 명령하신 갈대아 우르의 수메르인의 탐구를 통해서도 지적 세계의 확장은 계속되었고 문명과 기술은 발달하였다.

하나님은 인간이 수학과 과학을 다룰 수 있는 능력을 주셨다. 그러나 어떤 인간은 수학과 과학을 하나님의 나라를 세우고 그 나라를 다스리시는 하나나님을 찬양하고, 인간의 구원을 이루는 데 사용하지만 또 다른 부류의 인간은 자신들의 문명을 발달시켜 자신의 이름을 높이는 데 사용한다. 그들의 삶의 목적이 다르고 지향점이 다르기 때문에 수학과 과학을 배우는 이유도 달라진다.

2) 축적되는 거대 지식

우리나라 유아들은 세계 어느 나라의 어린이들보다 바쁘다. 이기숙(2015)은 우리나라 아이들은 세계적으로 가장 이른 시기에 학습을 시작하며 배우는 가짓수도 가장 많다고 보고하였다. 배움을 중시하는 우리 사회는 미래를 위해 준비하는 데 현재의 시간을 사용한다. 특히 진학과 진로에 영향을 미치는 수학과 과학에 대한 학습이 일찍부터 시작된다. 그럼에도 불구하고 초등학생의 36%가 '수포자'[2)]가 된다는 통계는 수학과 과학이 대한민국 학부모와 학생들에게 가장 두려운 교과목이라는 것을 단적으로 말해 준다. 우리는 왜 수학과 과학을 두려워할까?

유아 교사가 된 사람이라면 누구나 피아제(Piaget)의 인지발달단계를 배웠고, 그들이 가르치고 있는 유아들이 전조작기(preoperational stage)에 해당된다는 것을 잘 알고 있다. '전조작(pre-operation)'에서 전(pre~)이라는 접두어는 이전(before)의 의미이고, 조작(operation)이란 가역적 사고, 즉 앞뒤가 맞는 논리적 사고를 말한다. 그러므로 전조작적 사고란 '아직 논리적으로 사고하기 전(前)'이라는 의미이다.

유아들이 전조작기인데 반하여 유아를 가르치는 교사는 사고체계가 전조작기와는 확연히 다른 '형식적 조작기(formative operation)'이다. '형식적'이라는 말은 무슨 뜻일까? 지금 눈앞에서 일어나는 사건이 아닌, 추상적 상황에서 '만일'이라는 가정하에 논리적 사고를 할 수 있는 단계를 형식적 조작기라고 한다. 수학자들은 보이지 않는 가상의 공간에서 추상적 사고를 통해 논증한다. 즉 형식적 조작을 하는 것이다. 만일 유아들에게, 혹은 아동기에 속한 학습자에게 형식적 조작을 요구하면 그들은 당연히 교육 내용을 어렵게 느낄 수밖에 없다.

2) 수포자(數抛者): 수학을 포기한 사람이라는 의미의 은어

우리는 언제부터 수학과 과학을 어려워했을까? 수학이 어려워진 것은 "서로 분모가 다른 분수의 연산을 위해 통분을 해야 했을 때, 아버지와 아들이 다른 속도로 달릴 때, 소금물에 누군가 농도가 다른 소금물을 부어서 농도를 다시 계산하라고 할 때, 함수가 이동할 때부터"라는 웃지 못할 이야기를 들은 적이 있다. 그 '때'가 언제인가? 바로 학습자의 인지발달 수준이 문제를 이해하고 해결하는 데 필요한 사고의 추상화 수준에 못 미치게 될 때다. 혹시 배우는 사람의 발달 수준에 맞지 않는 선행학습과 학습방법이 수학과 과학을 어렵고 두려운 과목으로 만들지는 않았을까?

어쩌면 이와 같은 어려움은 수학, 과학이 가지고 있는 본질적인 어려움이 아니라 발달 수준에 맞지 않게 과도한 지식을 가르치려는 잘못된 교육관행에서 기인하는 것은 아닐까? 앞서 언급하였듯이 학문이 발달하지 않았던 고대사회에서도 유용하게 사용하던 수학과 과학이 과연 현대인들에게 어렵기만 한 영역일까?

(1) 수학–질서정연하고 무한한 세계

수학(數學, mathematics)[3]은 양, 구조, 공간, 변화 등의 개념을 다루는 학문이다. 수학은 숫자 세기, 계산, 측정 및 물리적 대상의 모양과 움직임을 추상화하고, 이에 논리적 추론을 적용하여 나타났다. 수학은 자연과학 분야의 다른 학문들과 깊이 연관되어 있지만 다른 과학 분야와 달리 자연계에서 관측되지 않는 개념들에 대해서까지 이론을 일반화하고 추상화시킬 수 있다(위키피디아, https://ko.wikipedia.org).

수학을 양, 구조, 공간, 변화 등의 개념을 다루는 학문이라고 볼 때, 기독인 수

3) mathematics는 '수리적인'이라는 뜻을 가진 라틴어 mathamticus와 그리스어 mathematikos에서 유래되었거나, '학식 있는'을 뜻하는 mathema와 '배우다'를 뜻하는 mathanein에서 유래되었다(위키피디아, https://wikipedia.org).

학자와 수학교육자들은 이 의미를 "하나님께서 창조하신 세계의 수와 공간을 다루는 학문"이라고 개념화할 수 있다(에스라수학교육동역회, 2017). 즉, 수학은 하나님께서 창조하신 세계의 수량적, 공간적 특성들을 다루며 가시적으로 관측되지 않는 개념들까지도 일반화, 추상화시키는 학문이라고 할 수 있다. 이런 말들은 수학이 만만치 않은 어려운 학문세계라는 두려움을 갖게 한다.

수학은 자연과학, 공학, 의학뿐만 아니라 경제학과 같은 사회과학에서도 중요한 도구로 사용되고 있다. 말하자면 수학을 학문의 대상으로 연구하는 수학자들에게는 비가시적이고 추상적인 세계를 다룰지 모르지만 일반인들에게 수학은 생활과 밀접하게 관련되어 있다. 예를 들어 수와 관계된 지식은 일상생활을 통해 발전되었다. 수를 세는 방법을 언제 인류가 알게 되었는지 모르지만 대응하는 구체물의 집합을 사용하던 인류는 '수'라는 상징체계를 사용하면서 수학적 개념에 대해 의사소통이 가능해졌고 서로가 탐구한 지식을 나눌 수 있었을 것이다.[4] 그러므로 수에 대한 표상은 다른 사람과의 소통을 위해 생겨났지만 수의 본질적 특성에 대한 이해가 선행되었고, 수와 양 간의 관계적 이해를 기반으로 하였다.

수는 독특하고 규칙적인 성질을 가지고 있다. 즉 '2'는 언제나 그 안에 '1'을 포함하고 있으며 1보다 하나 많은 수이다. 2와 3의 관계, 3과 4의 관계도 마찬가지다. 이웃하는 두 자연수는 항상 큰 수가 작은 수를 포함하는 수 포함 관계에 있으며, 작은 수보다 '1'이 많은 위계적 구조를 가지고 있다. 이러한 규칙성은 수가 아무리 커져도 변하지 않는다. 마치 몬테소리 교구 중 분홍색 계단이나 갈색 탑처

4) 인류가 아직 수를 세는 것을 모르고 몇 개의 물건이 있다는 것을 기록할 때 1 대 1 대응이 되는 다른 집합을 이용하였다. 예를 들어 동물의 수를 세기 위해 나무줄기에 눈금을 하나씩 긋거나, 사람의 수를 세기 위해 작은 돌을 하나씩 나눠 주었다가 다시 그것을 모아서 보관하는 방법을 썼다. 영어에 눈금을 뜻하는 'tally'라는 단어에는 계산, 계정이라는 뜻도 있다. 계산법을 의미하는 'calculus'도 결석(absence), 돌, 계산이란 의미를 가지고 있는데 이는 인류가 계산을 할 때 눈금이나 돌을 이용한 증거로 알려져 있다(박세희, 2013).

럼 1부터 무한대까지의 수가 규칙적으로 하나씩 증가하면서 포함관계를 이룬다.

이와 같이 하나님께서 창조하신 세계의 수량과 공간은 규칙적이고 질서정연하다. 그 규칙성과 질서는 언제나 변함이 없고 정확하고 무한하며 동시에 아름답고 신비롭다. 질서와 조화, 대칭과 변화 등의 수학적 표현들은 다양한 관점에서 진리의 아름다움을 보여 준다. 수학은 학문으로만 가치가 있는 것이 아니라 우리의 일상의 삶 속에 들어 있다. 예를 들면 악기의 소리, 미술에서의 기하학적인 패턴과 색상의 조화 속에는 수학적 원리가 내재되어 있다. 현악기의 현의 길이와 음의 고저는 일정하고 규칙적인 관계를 가지고 있다. 수학자 라이프니츠(G. W. Leibniz, 1646~1716)는 "음악가는 본인이 수학을 한다는 사실을 모르면서 수학을 한다."고 말했다. 수학자 실베스터(J. J. Sylvester, 1814~1897)는 "음악은 감성의 수학이고, 수학은 이성의 음악이다."라고 말했다(에스라수학교육동역회, 2016).

유아들에게 수학은 가시적이고 관찰 가능하고, 일상생활 속에서 경험 가능한 수학이지 추상적 학문이 아니다. 국가수준 교육과정의 '수학적 탐구하기'는 유아가 일상생활에서 접하는 문제를 수학적 사고와 추론에 의해 논리적으로 해결하는 능력을 기르는 데 중점을 두었다. 수학적 능력은 논리적이며 합리적인 문제해결 능력의 기초가 되고, 지식 정보화 사회에서 살아가는 데 필수적인 능력이다. 이는 직관이나 구체적인 경험을 통한 통찰에서 시작하여 추상적인 수학적 관계나 형식, 원리의 이해로 발달한다(정희영 외, 2013).

유아기는 수학적 능력의 기반을 형성하는 시기이므로 유아가 생활 속에서 다양한 수학적 경험을 하도록 놀이나 게임, 일상에서의 문제해결과 같은 구체적인 경험을 통하여 수와 양의 관계, 공간과 도형, 측정, 규칙성, 자료수집과 정리 등에 관한 기초적인 지식을 구성하고 논리적·수학적으로 사고하는 능력을 기르도록 하고 있다(교육과학기술부, 보건복지부, 2013).

(2) 과학-관계의 규칙성, 경이로운 지혜의 세계

넓은 의미에서 과학은 자연과 인간 사회에서 볼 수 있는 사물과 그 과정의 구조, 성질 등을 살펴서 그에 대한 객관적인 법칙을 탐구하는 인간의 이론적인 인식활동이며 거기에서 나오는 체계적이고 이론적인 지식의 총체(개념, 가설, 법칙, 명제, 이론)라고 할 수 있다. 따라서 과학은 사유를 기반으로 하는 철학이나 종교, 미를 추구하는 예술과는 구별되며, 개념적이고 이론적이며 추상적 사고에 의해 구성되는 지식의 체계로서 자연과학과 사회과학을 의미한다. 좁은 의미에서 과학은 자연세계의 보편적인 진리나 법칙을 발견하려는 목적을 가진 체계적 지식을 의미한다. 일반적으로 우리가 '과학'이라고 말할 때는 사회과학은 뺀 자연과학을 의미하며, 이는 자연현상을 연구대상으로 하는 물리학, 화학, 생물학, 천문학, 지학을 의미한다(두산백과사전, http//www.doopedia.co.kr).

과학을 뜻하는 영어 단어 science는 '지식'이라는 뜻의 라틴어 scientia에서 왔으며, 이는 '안다(I know)'는 뜻의 접두사 scio-에서 나왔다. 'scio'는 '분별하다' 혹은 '구분하다'라는 뜻의 인도-유럽 어근에서 나왔으며, '잘라낸다(he cuts off)'는 뜻의 산스크리트어 chyati, '찢다(to split)'라는 뜻의 그리스어 schizein, 같은 뜻의 라틴어 scindere와 관계되어 있다(위키피디아, https://ko.wikipedia.org). 이러한 과학에 대한 정의를 살펴보면 과학과 지식은 거의 동의어이며 서로 구별되는 세분화된 지식을 의미한다.

과학은 인간이 더 나은 삶을 살아가고 자연 세계를 정확하게 이해하고 활용하기 위해 끊임없이 문제를 해결해 가는 탐구의 과정과 그 결과로 얻어지는 지식을 의미한다(Koch, 2007). 인간이 과학적 탐구를 통해 지식을 얻을 수 있는 이유는 피조 세계가 변함없는 규칙성을 가지고 있기 때문이지만 무엇보다도 지적 탐구를 통해 진리가 무엇인지(진리이신 하나님이 어떤 분이신지) 발견하고 누릴 수 있도록 허락하신 하나님의 사랑이 있기 때문이다.

바퀴가 달려 있거나 둥근 물체는 경사로에서 굴러간다. 이때 경사로의 각도가 클수록 물체는 빠르게 굴러가며 또한 굴러가는 물체의 무게에 따라서도 규칙성을 갖는다. 이러한 규칙성은 언제나 일정하기 때문에 어떻게 하면 물체를 빠르게 멀리까지 굴러가게 할 수 있을지 탐구하면 그 과정을 통해 과학적 지식을 형성하게 된다. 이러한 탐구는 원시인들에게나 21세기를 살아가는 현대인에게나 다른 결과를 가져올 수 없는 변함없는 항상성이 있다.[5)]

물이 얼고 녹는 것, 끓고 증발하는 것도 우리가 살아가는 세계에서는 늘 일정하다. 봄이 되어 새싹이 나는 나무가 있는가 하면 꽃이 먼저 피는 나무도 있다. 나무에 잎사귀가 달린 모양. 잎과 줄기의 모양도 늘 일정한 규칙성이 있다. 따라서 겨울이 되어 잎이 떨어지고 줄기만 남은 나무라 할지라도 나무를 잘 아는 사람은 구별할 수 있다. 진회색의 줄기에 가로줄이 나 있는 벚나무, 짙은 갈색의 거북이 등딱지 같은 껍질을 가진 은행나무, 꽃이 먼저 피고, 그 후에 잎이 나오는 꽃나무들(이런 나무는 주로 봄에 꽃을 피운다), 키를 낮추고 서로 방사형으로 장미꽃처럼 잎을 내고 대신 뿌리를 깊이 내려 겨울을 나는 로제트 식물, 아무리 적은 양이라도 흙이 있는 곳에 뿌리를 내리는 작은 식물들은 눈여겨 관찰하면 발견할 수 있는 규칙성은 끝이 없다.

과학자들에게 과학의 세계는 방대하고 무한하여 일반인이 상상할 수 있는 범위를 넘어설지 모르지만 매일같이 유아들과 생활하는 교사와 유아들이 경험하는 과학은 일상생활 중에서 끊임없이 탐구될 수 있다. 하나님께서는 당신이 어떤 분인지 피조세계의 만물들에 새겨놓으셨다. 움직이거나 떨어지는 물체에서, 튀어오르고 굴러가는 공, 위에서 아래로 흐르는 물, 식물의 사계절의 변화, 태어나서 성장하고 늙고 죽어가는 생물을 유심히 보노라면 그 안에는 하나님의 섭리가 분명히

5) 과학의 규칙성은 그것이 항상 일정하도록 하나님께서 정해 두셨기 때문이다. 만일 규칙의 항상성이 유지되지 않는다면 우리가 누리는 과학기술의 혜택은 결코 존재할 수 없을 것이다.

들어 있고 그것을 발견할 때 감탄할 수밖에 없는 하나님의 오묘하신 지혜가 있다.

국가수준 교육과정에는 유아가 주변 세계와 환경에 대해 호기심을 가지고 이를 확장하여 탐구과정을 즐기고 탐구기술을 활용하여 물체와 물질, 생명체와 자연환경, 자연현상을 알아보고 간단한 기계와 도구를 활용하는 것을 강조하고 있다(교육과학기술부, 보건복지부, 2013). 이와 같은 범주를 과학의 학문적 체계에 따른다면 물리학과 화학, 생물학, 천제와 지구과학, 응용과학 분야에 해당되며 유아 수준에서의 과학은 실생활에서 일상적으로 경험하는 사건이나 현상을 보다 의미 있게 해석하려는 시도라고 볼 수 있다.

수학과 마찬가지로 과학의 목적과 목표가 무엇인가 돌아보면 기독교세계관에 기초한 과학과 구별되는 특징이 뚜렷하게 드러난다. 일반 과학의 목적은 창세기에 이미 기록된 대로 인간이 하나님의 지위를 누릴 수 있도록 과학적 지식을 축적하고 발달시키는 데 있다. 다시 말해서 과학교육의 목적은 기술과 문명을 끝없이 발전시키는 그 자체에 있으며 결국 한정된 소수의 사람들이 그 유익을 누리게 된다.

3) 수학과 과학을 대하는 교사의 태도

수학과 과학은 모두 추상적 사고, 지식체계, 논리적 사고와 같이 어려운 단어들로 가득 차 있다. 수학과 과학은 인간의 '지식'을 탐구하고 연마하는 분야이고, 수학과 과학의 발달은 성경적 관점에서 바른 것인가에 대한 의문을 갖게 하기도 한다. 마치 수학과 과학 분야에 몰두하다 보면 성경의 권위를 부인하게 될 것 같다는 선입견은 수학이나 과학에 대한 탐구 자체를 부정하기에 이르렀다. 그러나 실제로 하나님은 수학과 과학을 억압하지 않으며 부정하지도 않는다.

유아 교사들에게 자연탐구영역은 결코 편안한 영역이 아니다. 교사들에게 수학교육을 어떻게 하느냐고 물어보면 대부분 일상생활에서 수 세기를 하거나 조작영역에 퍼즐을 정기적으로 내어 주고 바꿔 주는 것, 유아가 가지고 있는 물건의 모양을 삼각형, 사각형이라고 말해 주는 것으로 수학교육을 대신한다고 말한다. 그런가 하면 어떤 교사는 "저희 어린이집은 어머니들 성화에 학습지를 하거든요"라고 말끝을 흐리곤 한다. 즉 수학의 경우 지극히 일상적이고 단순한 산술적 경험을 제공하는 것, 혹은 반복적인 셈하기 워크북을 제공하는 것으로 수학교육을 대체한다.

"과학교육을 어떻게 하세요?"

과학교육과 관련한 교사교육을 하면서 교사들에게 질문을 하면 거의 대부분의 교사들은 대답을 회피한다. 간혹 용기 있는 교사가 "밖에 나가서 돋아나는 싹도 관찰하고, 콩도 기르고 콩이 자라는 걸 신체표현도 해요"라고 말한다. 연이어 계속되는 대답들은 모두 식물 관찰과 기르기에 집중되어 있다. 조류독감 때문에, 또는 조용히 해 달라는 민원에 시달려 닭이나 새들을 유아교육기관에서 기르지 못하게 된 지는 오래되었고, 비슷한 이유로 유아교육기관에서 토끼 한 마리도 기르지 못하는 지금, 유아들이 볼 수 있는 동물은 '구피'같은 작은 열대어가 전부다. 이제는 미세먼지에 실외활동마저 제약이 따르니 식물을 관찰하는 일마저 쉽지 않을 것 같다.

교사가 기독교적 관점에서 수학과 과학교육을 하려면 일반적인 국가수준 교육과정을 어떻게 이해하고 해석할 것인가에 대한 교사 나름의 관점을 세우는 일이 먼저일 것이다. 아무리 좋은 교육과정이라 할지라도 결국 그것을 해석하고 전달하는 일은 교사 개인에게 달려 있기 때문에 국가수준 교육과정을 기독교세계관을 가지고 어떻게 바라볼 것인가의 문제는 기독교사가 교육현장을 기독교적으로 이끌어 가는 핵심이 된다. 이때 교사가 마음속으로 끊임없이 자문해야 하는 질문은 무엇일까? 첫째는 자연탐구영역의 교육 목표를 어디에 둘 것인가? 둘째, 교육 내용을 무엇으로 할 것인가? 즉 무엇을 가르칠 것인가? 셋째, 어떤 교수 방법으로 가르칠 것인가? 넷째는 어떻게 평가할 것인가?로 나누어 목표, 내용, 방법, 평가의 문제와 관련지어 생각하면 좀 더 명확해질 수 있다. 이와 관계된 내용은 뒷 부분에서 좀더 구체적으로 다루게 되지만 여기서는 일단 교사가 이해해야 할 지식의 특성에 대해 먼저 정리하고자 한다.

지식(知識)이란 교육이나 학습, 숙련 등을 통해 사람이 적용하고 재활용할 수 있는 정보와 기술을 의미한다. 넓은 의미에서 보면 어떤 사물(事物)에 관한 명료한 의식을 지니는 것으로서 알고 있는 내용, 알려진 사물의 뜻이 되기도 하며, 사물에 관한 개개의 단편적인 사실적·경험적 인식을 뜻하기도 한다. 좁은 의미로는 주관적 혹은 객관적으로 확실한 의식을 지식이라고 한다. 이 경우에는 사물의 성질이나 다른 것과의 관계 등에 관한 참된 판단이 지식이 정의에 포함된다. 지식은 억설이나 상상과는 달리 보편타당성을 전제하며 거기에는 사고(思考)의 작용이 병행된다.

지식을 어떻게 알게 되는지 설명하는 방식도 다양하다. 행동주의적 관점은 지식이 인간의 외부에서 주어지며 낱개의 파편적인 지식이 누적적으로 쌓이게 된다고 보았다. 반면 구성주의자들은 외부로부터 지식이 제공된다고 해서 그것들이 전부 한 개인의 지식이 되지 않는다고 본다. 구성주의적 관점에서 보면 지식은 각 사람이 자신의 인지적 수준에서 이를 수용하고, 해석하고 자신의 것으로 구성하는 과정을 반드시 거치게 된다. 그러므로 같은 공간에서 같은 학습 내용이 제공되어도 각 개인이 그것을 어떻게 구성하느냐는 지식을 구성하는 사람에 따라서 달라진다. 구성주의 입장에서는 유아가 학습할 내용 혹은 학습한 내용과 관련된 인지구조를 적극적으로 활용하여 새로운 상황을 해석하고 이해하며 그 결과를 바탕으로 새로운 지식을 구성한다고 가정한다.

구성주의적 인식론자인 피아제(Piaget)는 지식을 물리적 지식, 논리수학적 지식, 사회적 지식[6]의 세 가지 유형으로 나누었는데, 이러한 구분은 비록 완벽한 분류는 아니지만 유아교육을 공부하는 사람들에게는 매우 유용한 구분 방식이다. 왜냐하면 피아제는 인간이 어떻게 지식을 구성하는가에 초점을 맞추어서 지식의 유형을 세 가지로 구분하였을 뿐만 아니라, 지식의 유형에 따라 지식을 구성하는 방식이 달라진다고 보았기 때문이다. 지식의 종류에 따라 지식 구성방법이 달라진다는 것은 유아가 그 지식을 구성할 수 있도록 돕는 방법도 다르다는 것을 의미한다.

첫째 유형의 지식은 물리적 지식이다. 물리적 지식이란 물리적 세계에 존재하는 사물, 현상에 대한 지식이라고 할 수 있다. 물리적 지식은 감각을 통한 경험이 지식을 구성하는 중요한 요소가 된다. 예를 들어 '공은 둥글다', '공은 튀어오른다'는 지식은 물리적 지식이다.

둘째 유형은 논리수학적 지식이다. 논리수학적 지식이란 사물이나 현상 간의 관계와 같은 외적 세계에 대한 지식도 있지만, 정신세계 안에서의 관계도 포함한다. 따라서 논리수학적 지식은 추상적이다. 논리수학적 지식을 형성하기 위해서는 개인의 정신 속에서의 추상작용이 필요하다. 내적 추상작용은 오직 개인의 머릿속에서 일어나며 다른 사람이 대신해 줄 수 없다. 따라서 특정 논리수학적 지식을 형성한 성인이 정교하고 논리적인 대화를 이끌어 주거나 직접적으로 가르친다고 해서 논리수학적 지식이 형성되지 않으며 개인의 직접적이고 물리적인 경험이 반드시 동반되어야 한다. 예를 들어 '공기가 가득 찬 공은 바닥에 던지면 튀어 오르지만 바람 빠진 공은 튀지 않는다'는 지식은 논리수학적 지식이다. 유아가 이와 같은 지식을 형성하려면 탱탱한 공과 바람 빠진 공을 실물로 비교해 보아야 한다.

---

6) 피아제가 말하는 사회적 지식은 사회적 관계에 대한 지식이 아니라 임의적인 관습적 지식을 의미한다.

형식적 조작이 가능한 인지적 수준에 도달한 사람들은 가설적 상황에 대해서도 논리적 추론이 가능하기 때문에 감각적이고 물리적인 경험이 없더라도 논리수학적 지식을 구성할 수 있다. 그러나 사물에 대한 경험이 많지 않고 논리적 사고가 제약을 받는 전조작기 유아는 물리적 경험이 선행되지 않으면 논리수학적 지식을 형성할 수 없다. 또한 물리적 경험이 한두 번 주어졌다고 해서 바로 논리적이고 추상적인 사물 간의 관계를 파악하기 어렵다. 그러므로 유아가 논리수학적 지식을 형성하기 위해서는 반복적인 탐색과 확인, 실수와 평형상태를 향한 갈등의 과정을 경험해야 한다.

셋째 유형은 사회적 지식이다. 사회적 지식이란 소속 사회의 공동제 일원들끼리 정한 임의적이고 관습적인 약속이다. 언어는 대표적인 사회적 지식이지만 다른 관습적 지식들도 사회적 지식이다. 사회적 지식은 소속 사회의 일원이 유아들에게 직접적으로 전달해 줄 때 형성된다. 아기는 태어나자마자 모국어를 듣지만 사회적 지식이 즉각적으로 형성되지 않으며 시행착오를 거치기도 한다. 반복적인 언어적 상호작용을 통해 성인은 유아에게 사회적 지식을 전달하며 형성된 사회적 지식은 지식을 표상하고 소통하는 데 매우 유용하다.

물론 위의 세 가지 유형의 지식은 서로 명확히 분리되지 않는다. 논리수학적 지식은 물리적 지식을 기반으로 하며, 이것을 다른 사람과 소통하기 위해서는 사회적 지식에 의존할 수밖에 없다. 따라서 교사와 부모들은 직접적인 전달을 통해 형성되는 사회적 지식이 곧 물리적 지식이나 논리수학적 지식인 것처럼 오해하기 쉽다. 그러나 세 지식의 본질과 구성과정, 성격이 다르다.

수학과 과학적 지식의 핵심은 논리수학적 지식이다. 수의 이름을 아는 것은 사회적 지식이지만, '3'이 세 개의 양을 표상하는 것은 그 물체가 공이든, 사탕이든 단추이든 물체와 수량을 관련지어야 가능하다. 풀은 흙 위에서 자란다는 것을 알려면 여러 곳에서 자라는 다양한 풀들을 관찰하고 비교하면서 풀의 모양도 크기도 다르지만 모든 풀이 돌이나 시멘트 위에서는 자라지 않는 반면에 아주 적은 양이라도 흙이 있는 곳에서 자란다는 사실을 관계 지어야만 한다.

2 하나님의 지식과 지혜를 드러내는 창조세계

1) 창조: 아름다운 피조세계

참 아름다워라! 주님의 세계는,
저 솔로몬의 옷보다 더 고운 백합화 주 찬송하는 듯, 저 맑은 새소리
내 아버지의 지으신 그 솜씨 깊도다!

참 아름다워라! 주님의 세계는,
저 아침 해와 저녁 놀, 밤하늘 빛난 별 망망한 바다와 늘 푸른 봉우리
다 주 하나님 영광을 잘 드러내도다!

참 아름다워라! 주님의 세계는,
저 산에 부는 바람과 잔잔한 시냇물 그 소리 가운데 주 음성 들리니
주 하나님의 큰 뜻을 나 알 듯 하도다!

[시 24:1] 땅과 거기에 충만한 것과 세계와 그 가운데에 사는 자들은 다 여호와의 것이로다

(1) 질서와 규칙의 피조세계

세상에는 보이지 않는 질서가 있다. 봄, 여름, 가을, 겨울은 한 번도 그 순서를 거스르지 않으며 밤과 낮도 그렇다. 겨울에는 만물이 모두 죽은 것 같지만, 그 속에서 생명은 살아서 새 봄을 준비한다. 사실 우리가 매일 접하는 모든 피조물들

은 일정한 규칙에 따른다. 낮과 밤의 변화를 우리에게 경험하게 하는 태양의 움직임은 경험세계 속에서 한 번도 그 질서를 거스른 적이 없다. 해는 언제나 동쪽에서 떠서 서쪽으로 진다. 그러면서도 계절에 따라 해가 뜨고 지는 시간은 서서히 변화한다. 이런 변화는 아주 점진적이고도 일정해서 오히려 당연하게 받아들이고 인지하지 못하는 경우가 대부분이다. 그러나 한 가지라도 유심히 관찰해 보면 어떻게 이 일은 한 치의 오류도 없이 일어날 수 있을까? 하는 의문을 갖지 않을 수 없다.

흙이 있어야 풀이 뿌리를 내리고 자라는 것은 자명한 사실이다. 유아들과 봄이 오는 마당을 관찰하러 나간 적이 있다. 무엇을 보았는지 이야기하는 중에 유아들은 흙이 있는 데만 풀이 자란다는 이야기를 하였다. 보도블록과 블록 사이 아주 작은 틈에도 풀은 자라고 있다. 그러나 시멘트 블록 위에는 풀이 자라지 않는다. 유아들은 그 사실을 발견하고 신기해하였다. 어른들이 당연히 여기고 보지 못했던 것을 유아들은 볼 수 있다니!

촘촘히 박힌 해바라기 씨앗을 유심히 쳐다본 적이 있는지 모르겠다. 아니면 솔방울이나 잣 열매의 모양이나, 소라껍질의 나선의 아름다움에 매료되어 그 수를 세어 보면서 거기에 어떤 규칙이 있다는 것을 발견한 적이 있나? 사진과 같이 해바라기 씨앗의 나선을 따라가면 왼쪽방향으로 21, 오른쪽 방향으로 13개의 씨앗이 박혀 있다. 21과 13은 피보나치 수열의 이웃하는 두 수이다.

[사진 6-1] 피보나치 수열을 발견할 수 있는 해바라기 씨앗

출처: 매일경제(2009. 09. 23.). [재미있는 과학] 황금비율의 원리 '피보나치 수열' (2018. 12. 17. 인출).

1, 1, 2, 3, 5, 8, 13, 21, 34, 55, 89, 144, 233, …

이러한 수열을 '피보나치 수열'이라고 한다. 피보나치 수열의 3항 이상의 수는 항상 앞의 두 항의 수의 합이 된다. 피보나치 수열의 또 다른 신비함은 앞 항으로 다음 항을 나누면 다음과 같은 결과가 나온다. 1/1=1, 2/1=2 3/2=1.5, 5/3=1.66…, 8/5= 1.6, 13/8=1.625…, 21/13=1.625, 55/34=1.617…, 89/55=1.618……

이 계산을 계속하면 흔히 말하는 황금비율인 1.618에 가까워진다. 가로와 세로가 황금비인 직사각형은 고대 그리스 이래로 가장 아름답고 조화를 이룬 모양이라고 믿어졌으며, 조각과 그림, 건축의 아름다움을 결정하는 것으로 알려졌다. 20세기의 화가들 역시 초상화를 그릴 때 이 비율을 적용했다. 직사각형의 두 변의 비가 황금분할이 되는 것은 여러 가지 비례의 직사각형 중에서 가장 정돈된 직사각형으로 보인다고 한다.

식물의 줄기와 동물의 뼈대 등 피조세계에서 황금 비율을 발견할 수 있는데 이는 곧 우주의 기하학적인 형태가 궁극적으로는 이 수학적 상수의 규칙성을 따르기 때문이라는 주장도 있다. 이뿐만 아니라 고사리의 새순, 태풍과 은하수 형태, 바다의 파도, 코끼리의 엄니와 조개 등의 동식물 곳곳에서 황금비율을 발견할 수 있다. 피보나치 수열에 따른 사례들은 자연에서 무한하게 나타나고 있기 때문에 우주 전체가 피보나치 수열로 이뤄져 있다는 얘기가 나올 수도 있다고 한다(서울신문, 2014).[7)]

7) [아하! 우주] 우주도 '황금비율'로 이뤄져 있다. 서울신문 2014년 12월 8일. https://news.naver.com/main/read.nhn?oid=081&aid=0002494155. 2018년 10월 3일 인출.

[사진 6-2] 오른쪽 상단부터 시계방향으로
앵무조개, 암모나이트 조개 화석, 태풍(허리케인), 나선은하 M101

욥기 38장부터 41장은 성경의 어떤 기록들보다 창조주 하나님께서 세상을 다스리고 계시며 자연현상 안에는 인간이 알지 못하는 질서가 있는데, 그 질서는 하나님께서 세우셨다는 것을 우리에게 알려 준다. 그 분은 바다와 육지, 빛과 어두움, 천체와 날씨를 주관하시는 분이다. 또한 39장에서는 야생 동물 하나까지 일일이 알고 계시는 하나님의 지혜가 언급되고 있다.

> [욥기 39:1–19] 산 염소가 새끼 치는 때를 네가 아느냐 암사슴이 새끼 낳는 것을 네가 본 적이 있느냐 그것이 몇 달 만에 만삭되는지 아느냐 그 낳을 때를 아느냐 … 타조는 즐거이 날개를 치나 학의 깃털과 날개 같겠느냐 그것이 알을 땅에 버려두어 흙에서 더워지게 하고 발에 깨어질 것이나 들짐승에게 밟힐 것을 생각하지 아니하고 … 그것이 몸을 떨쳐 뛰어갈 때에는 말과 그 위에 탄 자를 우습게 여기느니라

욥이 살던 당시 욥이나 그의 친구들은 하나님의 이와 같은 질문에 답할 수 없었다. 그러나 이제 현대인들은 과학과 수학의 힘을 빌려 이 질문에 답할 수 있다. 수학자와 과학자는 자연 현상 속에 숨겨진 질서를 체계적으로 설명하고자 노력해왔다. 현대 과학의 역사는 우주와 지구 그리고 생물의 세계가 만들어 내는 다

양한 자연현상의 원인을 찾아 체계적으로 설명하려는 노력의 과정이었다. 그러나 달리 생각하면 이 노력은 창조주 하나님을 알아 가는 구도의 과정이다.

현대 과학은 자연현상을 관찰하거나 혹은 특별한 조건을 만들어 실험하는 과정을 통해 경험적 증거를 제시한다. 또한 경험적 증거들을 체계적으로 설명할 수 있는 이론, 즉 논리적이고 정량적이며 수학적인 기술을 한다. 이와 같은 이론 체계를 바탕으로 앞으로 어떤 현상이 일어날지 예측하고 검증하는 특징을 가지고 있다. 이런 의미에서 수학과 과학은 하나님께서 자연 세계를 통해 보여 주시는 일반적인 계시를 설명하는 체계이자 이해하는 과정이다. 이해와 설명, 예측이 가능한 이유는 그 안에 규칙적인 질서가 있기 때문이다.

(2) 광대한 피조세계

요즘은 밤이 되어도 대도시의 불빛이 찬란해서 별들을 보기 어렵지만 조명이 거의 없는 지역에 여행을 갔다가 캄캄한 밤하늘의 은하수를 본 적이 있었다. 왜 그것을 銀河水라고 부르는지, 왜 별이 쏟아질 것 같다고 하고, 영어로는 milky way라고 부르는지 알 것 같았다. 단지 눈으로 보기에도 아름답지만 달과 별의 운행의 질서를 보며 그 안에서 창조주 하나님의 아름다움을 발견하고 그 섭리를 찬양하는 일을 사모하여 평생의 업으로 삼은 사람이 있다. 바로 16세기 신성로마제국의 천문학자 요하네스 케플러(J. Kepler, 1571~1630)이다.

잘 알려진 바와 같이 코페르니쿠스의 『천구의 회전에 관하여』가 크게 주목을 받지 못하였을 뿐만 아니라 지동설은 교회나 성경과 대립적 관점으로 인식되었다. 그러나 그 후 갈릴레이는 망원경을 통해 태양중심설(지동설)이 사실임을 입증했다. 갈릴레이가 망원경을 통한 실측으로 그 근거를 제시했다면 그와 동시대 학자인 케플러는 철저한 수학적 계산으로 지동설을 증명해냈다. 갈릴레이나 케플러는 모두 신학을 공부하였고 신실한 신앙의 사람이었다.

케플러는 당시 점성술 수준의 천문학을 과학의 반열에 오르게 하였다. 그는 원래 대학에서 신학을 공부하고 신학자가 되고자 하였으나 우여곡절 끝에 수학교사가 되고 천문학자가 된 독특한 이력을 가지고 있다. 그는 천체 행성의 움직임 속에서 조화의 질서를 발견하고 그것이 하나님의 놀라운 지혜라고 믿었다. 케플러는 천체의 모든 운동이 수학적 법칙에 의해 움직인다고 굳게 믿었으며 이런 신념을 바탕으로 일생동안 천문학 탐구에 매진하여 천체의 운동을 설명한 '케플러의 법칙'을 발표했다. 특히 그는 모든 행성들은 태양을 중심으로 타원형의 궤도를 따라 움직이며, 각 행성의 자전속도는 태양에 가까워질수록 빨라진다는 케플러의 법칙을 발표했다. 그 내용은 당시로서는 가히 혁명적이었다(성영은, 2011).

"하늘이 하나님의 영광을 선포하고 궁창이 그의 손으로 하신 일을 나타내는도다 날은 날에게 말하고 밤은 밤에게 지식을 전하니 언어도 없고 말씀도 없으며 들리는 소리도 없으나 그의 소리가 온 땅에 통하고 그의 말씀이 세상 끝까지 이르도다…(시편 19:1-4)"라고 노래한 시편 기자의 고백과 같이 케플러는 평생 천문학에 매진하며 그것을 통해 우주를 다스리는 하나님을 발견하고 기뻐하였다. 그는 자신이 신학자로서 하나님을 찬양하는 것보다 천체를 관찰하면서 발견한 하나님의 광대하신 아름다움과 진리를 선포하는 일에 더 소명을 받았다고 확신했다고 고백하였다. 흔히 사람들은 과학과 신앙은 대치되고 신앙이 비과학의 관점이라고 이분법적 사고를 한다. 그러나 가끔은 하나님을 믿는다고 하는 기독교인들조차도 자신이 믿는 하나님이 비과학적이며 믿음이 이성을 배제한 신념이라고 구분하고 있지 않은지 모르겠다. 케플러는 과학을 통해 하나님이 창조주 되심을 일생동안 확인하였다.

일반적으로 수학은 대수학, 기하학, 해석학으로 분류한다. 대수학에는 우리가 유아수학교육에서 주로 다루는 수와 연산과 함께 수의 체계(실수, 유리수, 복소수 등), 벡터와 행렬이 포함된다. 기하학에는 도형과 작도, 해석기하학, 사영기하학, 위상수학이 포함된다. 해석학에는 함수와 미적분, 극한의 개념이 포함되며 그 외에 집합론, 수리논리학 등이 있다. 이 중에서 어떤 영역은 일반적으로 우리가 중고등학교 때 배운 일반수학의 범위에 포함되지만 어떤 개념은 그 수준을 훨씬 넘어선다. 우리가 생각하는 수학은 주로 평면(2차원)과 입체(3차원)에 국한되지만, 수학에서 '차원'은 4차원 이상의 시각적으로 관찰되지 않는 개념까지 일반화하고 추상화하여 논리적으로 사고하는 학문이다. 아쉽게도 우리 같은 평범한 사람들은 3차원 이상의 수학이 무엇인지 추상화하기 어렵다.

만유인력의 법칙을 발견한 뉴턴도 우주를 3차원으로 이해했다. 그러나 상대성 이론을 발견한 아인슈타인은 '시공간(視空間, space-time)'이라는 4차원의 우주관을 제시하였다. 최근의 한 물리학 이론은 우리가 사는 이 우주를 10차원(또는 11차원)으로 설명하는데 실제로 우주의 차원이 얼마인지 아는 사람은 아무도 없다고 한다. '차원'이라는 개념으로 우주의 크기를 논하는 것이 과연 타당한지조차 아무도 모른다고 한다(에스라수학교육동역회, 2016). 그렇다면 세상을 3차원으로 이해하고 사는 우리의 직관과 논리로 세상을 안다고 하는 지식이 얼마나 작고 보잘것없는 것일까? 인간이 아무리 지식을 쌓고 지혜를 연마하고 연구해도 무한하신 하나님의 완전성에는 결코 도달할 수 없을 것이다.

욥기 38장부터 42장까지는 세 친구와 논쟁하던 욥이 하나님과 대면하는 장면이다. 하나님께서는 욥에게 당신이 세상의 창조자이며 지혜롭고 광대한 주관자임을 선포하신다.

40장에 이르러 욥은 "보소서 나는 비천하오니 무엇이라 주께 대답하리이까 손으로 내 입을 가릴 뿐이로소이다 내가 한 번 말하였사온즉 다시는 더 대답하지 아니하겠나이다(욥기 40:4-5)"라고 고백한다. 광대하신 하나님 앞에서 지식과 지혜를 자랑할 인생이 어디 있겠는가? 욥처럼 입을 가리고 잠잠할 뿐이다.

(3) 자유하신 하나님

수학과 과학의 세계는 질서와 규칙의 세계이며 객관적 검증이 가능한 세계라고 인식되고 있다. 수학과 과학을 좋아하는 사람들이 수학이나 과학을 좋아하는 이유에 대해 설명할 때 거의 공통적으로 하는 말에는 '일정하다', '분명한 답이 있다', '변함이 없다', '예측 가능하다'와 같은 일관성, 예측 가능성에 초점을 맞춘다. 하나님께서 피조세계의 일반계시를 통해 보여 주시는 수많은 현상과 우리가 누릴 수 있는 수학성과 과학성도 질서와 규칙성이 있다. 그러나 하나님께서는 질서와 규칙에 얽매이시는 분은 아니다. 과학자들은 이와 같은 예측 불가능한 세계를 비과학적이라고 말하지만 이 영역은 과학자의 인식수준을 뛰어넘는 초과학의 세계이지 비과학의 세계가 아니다.

> [욥기 38:8-11] 바다가 그 모태에서 터져 나올 때에 문으로 그것을 가둔 자가 누구냐 그 때에 내가 구름으로 그 옷을 만들고 흑암으로 그 강보를 만들고 한계를 정하여 문빗장을 지르고 이르기를 네가 여기까지 오고 더 넘어가지 못하리니 네 높은 파도가 여기서 그칠지니라 하였노라

시편의 기자는 "주께서 물의 경계를 정하여 넘치지 못하게 하시며 다시 돌아와 땅을 덮지 못하게 하셨다(시편 104:9)"고 고백한다. 높은 파도가 치는 바다는 해안선에 오면 파도가 잔잔해진다. 그래서 사람들은 해안선을 따라 해수욕장을 만들고 여름이면 휴가를 즐길 수 있다. 그러나 그 해안선이 언제나 그대로 있는 것은 아니다. 때로는 태풍이 몰아치고 집채만 한 파도가 밀려와서 정박해 둔 배를 파괴하기도 한다. 쓰나미가 몰려와 삽시간에 바닷가의 집과 차를 파괴하고 많은 사람의 생명을 앗아가는 일도 생긴다. 화산이 폭발하고 지진이 나기도 한다. 과학의 발달로 이런 일들을 예측하고 대비하기도 하지만 때때로 예측은 빗나가고,

그때마다 큰 피해가 발생한다.

하나님께서는 물의 경계를 정하시고 땅의 기초를 놓아 영원히 흔들리지 않게 하셨으며(시편 104: 5) 땅을 아무것도 없는 곳에 매다신 분(욥기 26:7)이시나 주께서 땅을 그 자리에서 움직이시면 그 기둥이 흔들리며 주께서 땅을 진동시키사 갈라지게 하시면 그 틈을 기워 주시기까지 땅이 흔들린다(시편 60:2). 매일 우리가 밟는 땅이 흔들리지 않고 고정되어 있는 것은 하나님의 다스리심 때문이다.

매일의 일상 속에서, 우리를 둘러싸고 있는 환경을 돌아보면 하나님께서 섭리하지 않으시면 유지될 수 없는 일들이 연속된다. 해가 뜨고 지는 것, 비가 오고 꽃이 피고 지는 작은 일들도 인간의 힘으로 유지되는 것이 아니므로 하나님의 질서 안에 있다고 고백할 많은 일들이 지금도 일어난다. 그렇지만 우리는 일상에서 하나님을 발견하지 못한다. 역설적이게도 인간은 초자연적인 현상 앞에서 인간의 한계를 깨닫고 하나님을 고백한다. 하나님을 믿지 않는 사람들도 일반계시 속에 담겨진 하나님의 섭리는 인정하지 않지만 기상악화나 천재지변 앞에서는 하나님을 찾게 된다.

변함없는 규칙과 질서를 유지하시는 하나님은 때로는 인간에게 기적을 보여주신다. 출애굽한 이스라엘 백성들은 광야에서 메추라기와 만나를 먹었고, 40년을 방황하였지만 의복과 신발이 낡지 않았다. 예수님의 말씀을 듣기 위해 모인 오천 명의 사람들을 보리떡 다섯 개와 물고기 두 마리로 먹이시고 열두 바구니가 남았다. 하나님은 지금도 세상 곳곳에서 기적을 일으키신다. 사람들은 그런 일들을 보고 '우연'이라고 말하지만, 만드신 규칙과 질서에 매이지 않으시는 하나님께서는 기독교인이 믿음의 눈으로 보면 하나님이 하신 일이라고 고백할 수밖에 없는 일을 지금도 행하고 계신다.

2) 오염된 지식 세계: 축적과 과시의 대상이 된 지식

[디모데후서 3:1-7] 너는 이것을 알라 말세에 고통하는 때가 이르러 사람들이 자기를 사랑하며 … 거룩하지 아니하며 … 사나우며 선한 것을 좋아하지 아니하며 배신하며 조급하며 자만하며 … 경건의 모양은 있으나 경건의 능력은 부인하니 이같은 자들에게서 네가 돌아서라 그들 중에 남의 집에 가만히 들어가 어리석은 여자를 유인하는 자들이 있으니 그 여자는 죄를 중히 지고 여러 가지 욕심에 끌린 바 되어 항상 배우나 끝내 진리의 지식에 이를 수 없느니라

아무리 배워도 진리의 지식에 이를 수 없다! 어느 날 그 말씀이 마치 거기 처음 써 있는 것처럼 눈에 박혔다. 항상 배우기를 좋아하는 사람들, 배움의 세계 자체에 묻혀 살아가는 인생들이 애써서 배우지만 끝내 배움의 목적을 이룰 수 없다면 얼마나 허망한 일인가!

인간의 지적 능력은 하나님으로부터 왔다. 아마도 하나님은 인간에게 세상을 다스리라는 위임명령을 주실 때 바르게 다스릴 수 있는 지식과 지혜를 구비할 능력도 주신 것 같다. 인간은 그 능력을 이용해서 수학과 과학을 발전시켰고 더 많은 지식과 기술을 얻게 되었다. 그러나 바벨탑 사건(창세기 11장)은 인간이 지식을 추구하는 목적이 하나님의 이름이 아닌 '인간의 이름'을 내기 위해 사용한 결과가 무엇인지 단적으로 보여 주고 있다. 지식을 연마하는 목적이 어디를 향하는가에 따라서 지식이 인간과 세상에 미치는 영향도 달라지고 그 결과도 달라진다.

(1) 지식의 축적과 과시

현대과학의 발생에서 주목할 것은 과학의 기초가 형성된 곳은 바로 종교개혁이 일어난 지역이라는 사실이다. 학교 수업 시간표에 과학 교과를 처음 넣은 사람들이 영국의 청교도들이었고 과학이 발전했던 대학들은 칼빈주의 대학들이었다. 실제로 초기 현대 과학자들은 그들 자신의 학문적 성과가 하나님의 창조섭리에 적극적으로 응답하는 것이라고 여겼다. 케플러, 보일, 뉴턴은 하나님에 대해

깊고 헌신적인 열정이 있었기 때문에 하나님께서 피조물에 부여한 법칙을 발견해 내려고 노력하였다.

수학과 과학을 발전시켜 온 또 다른 노력은 역사 이래로 계속되고 있다. 바로 자신이 하나님처럼 되려는 욕망을 실현하기 위해 수학과 과학을 수단으로 삼는 움직임이다. 이런 측면에서 과학 발달의 역사는 화학의 기초를 이룬 연금술, 천문학의 기반이 된 점성술, 의학의 기반이 된 의술의 발달사에서 찾아볼 수 있다. 아담이 범죄한 후로 인간은 하나님으로부터 떨어져 나온 존재로서의 결핍, 두려움, 죽음에 직면하였고 물질적 결핍에 제약받지 않는 삶, 미래를 예측하는 삶, 죽음의 징조인 질병을 정복한 삶은 죄 아래 있는 인간이 절대 누릴 수 없는 하나님의 영역이다. 그러나 인간이 끊임없이 도전하고 정복하려고 노력하는 주제이다.

보다 나은 세상을 꿈꾸는 계몽주의 시대의 근대인들에게 과학은 유토피아를 도래하게 해 줄 구원의 통로였다. 이로 인해 근대인들은 과학을 신앙과 분리시키고 수학과 과학의 발전을 꾀하였다. '아는 것이 힘'이라는 명제는 하나님 없이 지식 그 자체를 추구하는 것이 스스로 구원을 이루는 힘이 된다고 믿게 하였다. 또한 지식을 많이 축적한 사람을 존중하고, 학벌이 좋은 사람은 그것을 자랑하고 자기를 높이는 수단으로 이를 과시하였다. 그러나 1차 세계대전과 2차 세계대전을 치르면서 인류는 과학의 발달이 결코 인간에게 이상적인 삶을 실현시켜 주거나 삶의 질을 향상시켜 주지 못한다는 것을 깨닫게 되었다. 그럼에도 불구하고 그 과정에서 형성된 과학만능주의는 여전히 현대사회를 대변하는 확고한 가치관이 되었다(김정준 외, 2014).

이에 반해 토마스 쿤(Thomas Kuhn)은 "과학의 패러다임은 혁명과도 같은 변혁의 과정을 거치며, 성취된 정상과학이 반드시 과학적이지는 않다."고 설명한다. 쿤에 따르면 정상과학이란 '과학자 공동체가 합의한 패러다임에 의해 그 의미가 결정되어 확장되고 제시한 예견들을 탐구해 나가는 작업'이며, 따라서 서로 다른 패러다임 사이에는 과학적 소통이 이루어지지 않는다. 더 나아가 현대의 과학철학은 과학이 객관적 진리라고 인식하기보다 과학 지식의 상대성을 인정하고 과학의 지식은 공동체의 합의에 의한 산물이라고 본다(Kuhn, 1962/2013). 이는 과학은 객관적 증거에 의해 불변하는 진리가 아니라 과학자들이 형성한 하나의 신념체계임을 의미한다.

(2) 창조주 하나님에 대한 부정-진화론

과학이 하나님을 부정하는 가장 일반적인 현상은 창조론을 부정하고 진화론의 체계를 가르치는 것이다. 다윈(C. R. Darwin, 1809~1882)이 등장하여 진화론을 주장하기 전까지 인류는 피조세계의 모든 만물은 하나님의 창조로 만들어졌다고 믿어 의심치 않았다. 다윈의 진화론의 핵심내용은 우연에 의한 변이와 자연선택으로 생명현상을 설명하는 것이다. 이들에게 창세기는 신화에 불과하다.

생명탄생의 우연적 변이란 최초의 생물체는 우연과 화학 법칙이 조화를 이루어 원시 수프(soup)로부터 발생하였는데 이 생명체가 오늘날의 다양한 생명체에 이르기까지 자연적인 방법에 따라 우연적으로 진화해 왔다는 개념이다. 지금 지구상에 존재하는 수많은 생물은 어디에서 비롯되었을까? 진화론자들은 지구의 생물들은 한순간에 등장한 것이 아니라 태초의 원시 지구를 이루고 있던 무기물에서 유기물이 합성되고 유기물들은 수억 년이 지나는 동안 화학반응을 일으켜 최초의 생명체를 탄생시켰을 것이라고 추정한다. 원시 생명체는 지구 환경과 함께 끊임없이 변화하여 유전 물질을 만들어 번식 능력을 갖게 되고 세포의 형태를 갖추었으며, 단세포 생물은 다세포 생물로 발전하여 물속 생물 중 일부는 육지로 올라와 적응하게 되었다는 것이 진화론자들의 추정이다(교과서진화론개정추진회/교과서진화론개정연구소, 2011).

1953년 미국 시카고대학의 교수였던 스탠리 밀러(S. L. Miller, 1930~2007)는 그의 스승 해롤드 유리(H. Urey)와 함께 암모니아와 메테인(메탄) 등 그들이 임의로 정한 원시 대기 성분에 냉각장치를 사용하여 높은 전압의 방전을 시도하면 아미노산과 같은 유기물, 즉 생명체의 구성 물질이 합성될 수 있다는 것을 실험으로 입증하였다. 이 실험은 '무'의 상태에서 어떻게 생명체가 생길 수 있는지에 대한 진화론을 뒷받침하는 중요한 가설을 입증한 것이기 때문에 진화론자의 환영 속에 교과서에 지금까지도 소개되고 있다. 그러나 이 실험은 진화론을 지지하는 과학자들조차 여러 가지 반론을 제기하였고 이미 오류로 판정되었다.[8)]

자연선택 개념에 따르면 모든 생물학적 종이 생산하는 후손에게는 돌연변이가 나타날 수 있으며 이 돌연변이를 통해 환경의 요구에 적합하게 바뀐 개체는 살아남아 후손에게 자신의 변화를 물려준다. 이런 변화는 세대를 거쳐 계속되며, 지속적인 변화를 통해 끝까지 살아남은 강력한 돌연변이는 결국 새로운 종으로 바뀐다. 다윈에 따르면 인간을 포함한 모든 종의 동물과 식물은 최선의 적응전략을 갖춘 개체만이 살아남고 그렇지 못한 개체는 사라진다고 본다(Zittlau, 2007). 그러나 최선의 적응전력을 갖지 못하고도 현존하는 동식물은 너무 많다. 그 대표적인 존재가 인간이다.

---

8) 밀러(Miller)의 생명기원이론이 오류인 이유는 다음과 같다. 첫째, 원시지구에는 생명기원의 전제를 제공하는 이 실험과 같은 실험장치가 있을 수 없다. 실제로 밀러의 실험에서 냉각장치를 사용하지 않으면 아미노산은 생성되지 않는다. 둘째, 원시대기환경 설정이 잘못되었다. 1980년대 과학자들은 원시 대기에 질소와 이산화탄소가 포함되었다고 지적하며 이런 대기환경에서 실험을 진행하면 아미노산이 절대 생성되지 않는다고 보고하였다. 실제로 밀러도 죽기 전에 원시대기환경에서 아미노산이 생성될 확률은 0에 가깝다고 인정하였다. 셋째, 만일 아미노산이 생성되었다 하더라도 산소가 있는 대기환경에서 아미노산의 존속은 불가능하다. 넷째, 밀러의 실험에서 생성된 아미노산은 L-형(좌굴절)뿐만 아니라 D-형(우굴절)도 있었는데 실제 생물체에는 L-형만 존재하며 D-형은 죽은 생물체 속에서나 발견된다. 다섯째, 아미노산에서 단백질 복합체가 생성된다는 것이 거의 불가능하다. 최근 지질학자들이 밝힌 원시 지구의 대기환경은 밀러가 주장했던 대기환경보다 더욱 아미노산이 복합체 단백질을 형성하기 어려운 조건이다. 밀러의 스승이면서 실험에 참가했던 유리는 진화론자임에도 불구하고 진화는 불가능하며, 무작위적 돌연변이로 생물체의 다양성을 설명할 수 없다고 하였다(교과서진화론개정추진회/교과서진화론개정연구소, 2011).

다윈이 1859년 『종의 기원』을 통해 진화이론을 발표하였을 당시, 유럽사회는 계몽주의 사상이 무르익어 있었다. 계몽주의는 17세기부터 유럽과 미국을 휩쓴 정치, 사회, 철학, 과학 이론 등에서 광범위하게 일어난 사회 진보적인 지적 사상 운동으로 형이상학이나 종교보다는 상식, 경험, 과학을 지향하고 권위주의보다는 실제적인 도덕, 개인의 자유를 지향하였다. 계몽주의 사상가들은 인간의 이성의 가치를 높였고 세속주의와 종교적 다양성, 개인의 윤리적 자율성, 과학적 태도에 영향을 미쳤다(위키피디아, https://en.wikipedia.org). 계몽주의 사상은 성경에 대한 자유로운 비평의 토양이 되었고 진화론은 이들에게 환영받기에 충분한 담론이었다.

진화론은 사실 여러 측면에서 공격을 받지만 다른 과학이론과 달리 시대적 요구에 의해 전문가들의 검증과정을 충분히 거치지 않고 수용되었을 뿐만 아니라 공교육에서 채택하는 지배적인 이론으로 받아들여졌다(Kröning, 2005). 그러나 진화론이 하나의 학설이 아니라 과학적 이론으로 제대로 설명되려면 생명의 기원이 설명되어야 하는데 앞에서 살펴본 바와 같이 이를 전혀 설명하지 못한다. 또한 현재 진화론을 주장하는 사람들이 생물학자나 천문학자가 아니라 철학 사상가라는 것은 무엇을 의미하나? 진화론은 진화의 과학이라는 이름으로 무신론을 정당화하는 신념체계라는 반증이다(Johnson, 2001/2014).

사실 『종의 기원』으로 많은 사람들을 무신론자가 되게 한 다윈도 눈의 구조를 생각할 때마다 진화론에 회의를 품었다고 한다. 눈이 제 기능을 수행하기 위해서는 각막과 홍채와 망막, 시신경, 뇌의 인지 등 너무나도 많은 요소들이 단번에 조화를 이루어야 하는데, 이런 복합적인 현상이 돌연변이나 자연도태를 통해 오랜 세월에 걸쳐 서서히 일어난 변화라고 도저히 볼 수 없기 때문이었다(이동준, 2005). 또한 다윈은 동시대의 곤충학자 파브르의 탁월한 연구에 매료되었지만 파브르가 철저한 창조론자인 것을 안타깝게 여겨 진화론을 검증할 만한 연구방법을 제안한 적도 있었다. 그러나 프랑스인인 파브르는 다윈의 진화론을 이해하기 위해 영어공부를 하는 열정을 가지고 연구했지만 오랜 기간의 탐구 끝에 진화의 개념을 받아들일 수 없다고 결론을 내렸다(Auer, 2003).

(3) 신적 지위를 꿈꾸기, 그러나 떨칠 수 없는 두려움

1차, 2차, 3차 산업혁명[9]은 인간의 삶을 획기적으로 바꿔놓았지만 4차 산업혁명은 그 이전과 이후의 삶을 획기적으로 변화시켰다. 4차 산업혁명이 이전의 산업혁명과 가장 크게 다른 점은 잘 먹고 잘 사는 것, 좀 더 부자가 되는 것에 대한 희망을 품게 한 것이 아니라 과거에는 신의 영역이라고 간주하였던 영역에 인간이 성큼 발을 내딛기 시작했다는 것이다(이윤석, 2018).

4차 산업혁명 시대의 엄청난 기술 발전으로 도래하고 있는 인공지능(Artificial Intelligence: AI) 시대는 앞으로 더 많은 영역에서 인간의 삶을 바꿔놓을 것이다. 우리나라 사람들에게 AI에 대한 인식을 명확하게 각인시킨 것이 알파고이다. 알파고(AlphaGo)는 구글(Google)의 딥마인드(DeepMind Technologies Limited)가 개발한 인공지능 바둑 프로그램이다(위키피디아, https://ko.wikipedia.org).

9) 최초의 산업 혁명(제1차 산업 혁명)은 유럽과 미국에서 18세기에서 19세기에 걸쳐 일어났다. 주로 농경 사회에서 산업과 도시사회로 전환되는 시기로 보았다. 철강 산업은 증기 엔진의 개발과 함께 산업 혁명에서 핵심적인 역할을 수행했다. 제2차 산업 혁명은 제1차 세계 대전 직전인 1870년에서 1914년 사이에 일어났다. 기존 산업의 성장기였고 철강, 석유 및 전기 분야와 같은 신규 산업의 확장과 대량 생산을 위해 전력을 사용했다. 이 기간 동안 주요 기술 진보는 모터, 전화, 전구, 축음기 및 내연 기관을 포함했다. 제3차 산업 혁명 또는 디지털 혁명은 아날로그 전자 및 기계 장치에서 현재 이용 가능한 디지털 기술에 이르는 기술의 발전을 가리킨다. 1970년대에 시작된 이 시대는 계속되고 있다. 제3차 산업 혁명의 발전에는 개인용 컴퓨터, 인터넷 및 정보 통신 기술(ICT)이 포함된다. 제4차 산업 혁명은 기술이 사회와 심지어 인간의 신체에도 내장되는 새로운 방식을 대표하는 디지털 혁명 위에 구축되고 있다. 제4차 산업 혁명은 로봇 공학, 인공 지능, 나노 기술, 양자 컴퓨팅, 생명 공학, IoT, 3D 인쇄 및 자율차량을 비롯한 여러 분야에서 새로운 기술 혁신이 나타나고 있다(위키피디아, https://ko.wikipedia.org).

알파고는 2016년 3월, 여러 국제 기전에서 18차례 우승했던 세계 최상위급 프로 기사인 이세돌 9단과의 다섯 번의 공개 대국에서 사라들의 예상을 깨고 4승 1패로 승리해 '현존 최고 인공지능'으로 등극하면서 세계를 놀라게 했다. 이후 2017년 5월에 당시 바둑 세계 랭킹 1위 프로 기사였던 커제(柯洁) 9단과의 세 번의 공개 대국과 중국 대표 5인과의 단체전에서도 모두 승리하며 '세계에서 가장 강력한 인공지능'임을 다시 한번 각인시켰다(위키피디아, https://ko.wikipedia.org).

우리의 삶에서 인공지능은 이미 가까이 있다. 암 진단 센터에서 활용되고 있는 IBM의 인공지능 왓슨은 방대한 임상 데이터를 이용하여 진단과 치료에 대해 전문의 못지않은 치료 조언을 주며, 카카오톡이나 라인을 이용한 영상통화가 세계 어디서나 가능하다. 처음 가 보는 목적지도 교통체증이 없는 길로 안내해 주는 내비게이션, 집 밖에서도 집안의 가전제품, 현관문 개폐, 전등, 보일러를 조작할 수 있는 유비쿼터스 시스템은 이전에는 인간이 절대 가질 수 없었던 하나님의 속성인 전지성과 편재성을 가진 것으로 착각하게 만든다.

이와 같이 4차 산업혁명시대를 이끌어가는 주요 핵심 기술들의 발전 양상은 그 기능과 속도 면에서 전문가들도 놀라는 수준이다. 이 시대는 과거 어느 시대보다 인간의 능력이 극대화되어 있으며 앞으로도 그 가능성은 더 확장될 것이다. 인간이 이렇게 능력을 소유하게 된 근원에는 과학기술의 발달이 있으며 그 결과를 가장 근접하게 생활에서 느낄 수 있는 사물이 매일 우리가 쓰는 스마트폰이다. 그러나 기술의 눈부신 발전을 바라보는 인간의 시선이 낙관적이지만은 않다.

영어의 종주국 영국에서는 연말이 되면 주요 사전들이 선정한 '올해의 단어'를 공개하는데 케임브리지 사전은 'nomophobia'를 2018년 단어로 뽑았다. 이 단어는 'no mobile phone phobia 를 줄인 말로 휴대전화가 없거나 사용할 수 없을 때 느끼는 두려움과 걱정을 뜻한다. 이는 임상적인 공포증이라기보다는 스마트폰에 의존하여 모든 일을 처리하고, 시공간을 초월하며 정보와 지식을 얻고 소통하는 현대인의 삶을 단적으로 드러내는 말이다. 지식을 휴대할 수 있으나 소유하지 못한 현대인, 하나님의 전지적 속성을 닮을 수 있으나 지혜 그 자체일 수는 없는 현대인의 불안감이 'nomophobia'의 본질이다(조선일보, 2019. 1. 1.).

놀라운 속도로 발전하는 4차 산업혁명시대가 두려운 이유는 인공지능이 오히려 인간의 삶을 잠식하고 인간이 매몰될 것이라는 염려, 앞서 투자하면서 기술을 선점해 가는 선진국에게 뒤쳐질 것이라는 압박감, 물질적 뒷받침이 없으면 더욱 낙후되고 문명의 이기를 누릴 수 없을 것이라는 공포에서 벗어날 수 없기 때문일 것이다.

3) 수학과 과학의 본질 회복하기

지식과 지혜는 본래 하나님의 속성이면서 대표적인 공유적 속성(인간도 가질 수 있는 성품)이다. 하나님에게는 완전하고 통합된 지식과 온전한 지혜가 있다. 반면 사람에게는 파생적인 지식, 부분적이고 파편화된 지식, 불완전한 지식과 지혜가 있다. 사람은 하나님의 형상대로 창조되어 그분을 닮았기 때문에 어느 정도의 지식과 지혜가 있지만 사람이 가진 지식과 하나님의 지식과 지혜는 근본적으로 다르다(이윤석, 2018). 하나님께서는 인간의 지식과 하나님의 지식은 차원이 다르다는 것을 이사야서를 통해 선포하신다.

> [이사야 55:8-9] 이는 내 생각이 너희의 생각과 다르며 내 길은 너희의 길과 다름이니라 여호와의 말씀이니라 이는 하늘이 땅보다 높음 같이 내 길은 너희의 길보다 높으며 내 생각은 너희의 생각보다 높음이니라

수학과 과학의 발달로 이루어 낸 인간의 지식이 대단한 건 사실이지만 그 지식은 하나님께서 허락하신 열매이지 인간의 잠재 능력의 실현이 아니다. 따라서 그것이 숭배의 대상이 될 수도 없다. 그렇다면 4차 산업혁명시대를 살아가는 기독

교인이 어떻게 해야 하는가? 먼저 하나님이 어떤 분이신가에 대하여 더욱 깊이 묵상하고 깨달아야 할 필요가 있다. 또한 가르치는 유아들에게 복음 자체를 더 정확하고 자세하게 전하도록 노력해야 한다. 더불어 하나님께서 더 큰 능력을 주시도록 간절히 사모하고 구해야 한다(이윤석, 2018).

(1) 국가수준 교육과정 대하기

국가수준 교육과정의 탐구하는 태도 기르기는 '호기심을 유지하고 확장하기'로 시작한다. 호기심을 유지하고 확장하기는 유아가 탐구하는 태도를 기르는 데 필요한 가장 기초적인 성향을 갖추도록 하는 내용이다. 자신이 경험한 사물이나 현상에 대해 단순히 호기심을 갖는 것에서 시작하여 끊임없이 궁금한 것을 찾아내고 지속적으로 호기심을 유지하면서 자신의 궁금증을 해결하기 위해 구체적으로 알고자 하는 내용을 포함한다(교육과학기술부, 보건복지부, 2013b).

가치로운 주제에 대해 호기심을 가지고 수학과 과학의 탐구과정을 즐기면서 지식을 알아 가려면 유아수준에 적합한 도전이 될 만한 주제를 찾아야 한다 (DeVries et al., 2002). 그러나 그것보다 중요한 것은 교사가 어떤 목표와 태도로 유아들과 생활하는가 돌아보는 일이다. 여기에는 물론 일반적인 수학교육과 과학교육을 할 때 교사의 가치와 태도가 기반이 되겠지만 기독교사는 그 이상의 목표를 가지길 바란다.

국가수준 교육과정을 가르치기 위해서 모든 교사는 활동에 대한 목표를 세운다. 목표 진술은 교사에게 가장 어려운 일이다. 수학과 과학에 대한 교사의 활동 목표는 대부분 무엇에 대해 '알아본다', '알 수 있다', '이해한다'와 같은 표현을 사용하며 유아들이 수학이나 과학에 대한 단편적인 지식을 습득하는 데 목표를 두는 경우가 많다.

이와 같은 목표가 잘못되었다는 의미가 아니라 그것뿐이라면 진정한 자연탐구 영역에서 알아 가는 기쁨, 하나님과 그분의 지혜를 발견하고 찬양하는 회복은 일어나지 않는다. 기독교사는 조금 더 목표의 수준을 올리고 범위를 넓힐 것을 제안하고 싶다. 이를 위해서 교사는 하나님이 어떤 분이신지, 어떤 일을 하셨으며 지금도 이 세상을 어떻게 다스리고 계신지에 대한 묵상과 누림이 있기를 바란다. 또한 지금부터의 서술은 오랜 시간 유아수학 과학교육을 가르치고 예비교사나 현장의 교사들과 교류하면서 느낀 소회 같은 것이므로 성령의 인도하심을 구하면서 기독교사 자신의 개인적 경험이 첨가되고 확장된다면 얼마든지 더 나은 수학 과학교육 현장을 이끌어 갈 수 있을 것이라고 믿는다.

국가수준 교육과정의 자연탐구영역에서도 어려움을 느끼는 교사들에게 미리 일러두고 싶은 것은 첫째, 수학교육과 과학교육을 긴 호흡으로 바라보자는 것이다. 수학이나 과학 교육활동은 일회적으로 끝나지 않으며 한 번의 활동으로 목표하는 지식이나 기술, 태도와 가치를 형성하지 않는다. 특별히 날씨의 변화, 계절에 따른 동식물의 성장과 변화과정, 유아의 성장과 같은 주제는 교사가 특정 활동으로 다루기보다는 일상생활에서 넓은 안목에서 다루어야 한다. 즉 같은 주제지만 어떻게 다른 현상이 나타나는지, 어떤 변화가 일어났는지 의미 있는 순간을 포착하여 언급해 주면 좋겠다. 이러한 교사의 개입은 억지로 일어나지는 않는다. 또한 일회적인 대집단 이야기 나누기로 전해질 수 없다. 어쩌면 이런 대화는 지극히 사적이고 개인적일 것이다. 교사가 그 기쁨을 알고 누릴 수 있다면 자연스럽게 유아들에게 표현되는 것 같다. 재채기와 사랑은 숨길 수 없다는 말처럼 창조주의 지혜를 아는 기쁨은 결코 숨길 수 없다. 한두 명의 유아와의 사적인 대화가 어떻게 학급 전체에 전달될 수 있을까? “천국은 마치 여자가 가루 서 말 속에 갖다 넣어 전부 부풀게 한 누룩과 같다(마태복음 12:33)”는 말씀이 사실이라는 것을 체험할 수 있을 것이다!

둘째, 국가수준 교육과정의 모든 내용을 다루어야 한다는 강박에서 벗어나길 바란다. 다중지능이론가로 우리에게 잘 알려진 가드너(Gardner, 1997)는 심층적인 이해를 방해하는 가장 큰 적(敵)은 활동을 통해 다루어야 할 '범위'라고 했다(DeVries et al, 2002, 재인용). 많은 교사들이 교과과정의 주제들을 폭넓게, 전부 다루어야 한다는 압박감을 갖고 이를 위해서 깊이 있게 다루는 일을 희생해야 한다고 느낀다. 그러다 보니 짧은 시간에 몇 가지 활동으로 특정 개념이 이해되길 바라고 다른 개념을 위한 활동으로 넘어간다. 그러나 유아들의 심층적인 이해력의 발달은 길고 긴 과정이며 많은 개념을 전부 다루려고 다음 활동으로 서둘러 넘어가기보다는 하나의 개념이 깊이 다루어지도록 여유를 갖는 것이 바람직하다. 진정한 자연탐구의 지식을 습득하기 위해서는 유아가 흥미를 갖는 하나의 개념을 위해 준비된 재료를 탐색하고 그 반응과 현상을 관찰할 수 있도록 충분히 시간을 주고 몰입할 기회를 가지도록 도와주면 좋겠다.

셋째, 머릿속으로는 소집단 활동을 계획하고 있지만 실제로는 형식적이고 구조적인 대집단 활동을 전개하고 있지 않은지 돌아보길 바란다. 대부분의 교사가 대집단보다 소집단으로 활동을 진행하는 것이 바람직하다는 것을 알고 있다. 그러나 실제로는 형태는 소집단이지만 교사가 주도하는 대집단활동을 하고 있는 경우가 많다. 게다가 무엇인가 의미 있는 메시지는 전체 유아에게 전달해야 한다는 생각을 갖기도 한다. 그래서 의미 있는 활동을 소집단으로 전개하면 직무를 제대로 수행하지 못한 것 같은 느낌이 들어 의도적으로 대집단 활동으로 유도한다. 그러나 교실은 우리가 생각하는 것보다 훨씬 유기적이다. 사적인 대화나 소집단으로 이루어진 활동이라도 그것이 유아에게 의미가 있고, 또 교사가 애착을 가지면 그 영향력은 확산된다. 실제로 자연탐구영역과 관련된 많은 의미 있는 대화들은 개별적으로 이루어진다. 어쩌면 사적인 대화이기에 더욱 의미를 갖는지도 모르겠다.

자연탐구영역이 기독교적인 관점에서 회복된 교육과정이 되기 위해서 모든 일상과 교육활동을 통해 하나님과 하나님이 주신 창조세계를 즐거워하고, 하나님을 알아 가는 경이로움을 누리며 그 속에서 하나님께서 세상을 사랑으로 창조하셨다는 것을 발견하도록 애쓰면 좋겠다. 또한 우리에게 주신 문화명령에 순종하여 우리가 창조세계를 하나님의 마음으로 돌보는 것을 교육과정의 기본 방향, 목표로 둘 것을 제안한다. 이런 말들은 교사마다 다르게 해석될 수 있지만 그동안 현장에서 교사들과 교류하고 기독교적 관점에서 자연탐구영역을 접근하려 노력했던 것들을 정리해 보면 다음과 같다.

(2) 하나님이 주신 창조세계를 즐거워하기

자연탐구영역은 사실 일상생활 속에서 자연스럽게 배워 나갈 수 있는 것들이 많다. 교사가 일상생활을 통해 얼마나 민감하게 반응하고, 세심하게 개입하느냐는 유아의 호기심이 단순한 관심에서 끝나지 않고 자연탐구영역에 대한 참된 지식을 탐구하는 방향을 결정지을 수 있을 것이다. 특히 교사의 언어적 상호작용과 태도는 하나님께서 우리에게 주신 창조세계를 어떻게 다스리고 계시는지 발견하게 도와준다.

교실에 있는 달력은 유아들에게 수의 표상적 특성을 가장 일상적으로 경험할 수 있는 좋은 매체가 된다. '오늘이 몇 월 며칠인지, 그 숫자는 어디 있는지'로 시작된 이야기는 '우리 반 친구가 한 명도 빠지지 않으면 몇 명이 되는지, 직접 친구들의 수를 세 보면 몇 명이 되는지, 혹시 오지 못한 친구가 있다면 누구인지'와 같은 주제의 대화는 언제나 가능하다. 이런 이야기는 단순히 수와 연산과 관계된 개념적 주제보다 훨씬 의미 있게 수의 특성을 알 수 있게 해 줄 뿐만 아니라 그 이상의 가치를 가질 수 있다. 아파서 못 온 친구에 대한 염려, 유아 한 명이 아파서 교실에 있는 유아의 수가 '19'가 된 것과 20명이 모두 와서 '20'을 다 채운 것을 비교하면 19와 20에서 1의 의미를 발견할 수 있다. 또한 결석한 친구가 한 명도 없을 때 '0'의 개념이 소개될 수도 있고, 모든 친구가 다 모인 날을 기뻐하고 감사할 수도 있다.

날씨에 대한 관심과 관찰은 다양한 날씨를 즐기고 그에 따른 자연의 변화와 현상을 맘껏 즐길 수 있게 해 준다. 햇볕이 비치는 곳을 만져 보고 그늘과 차이 나는 온도를 느껴 보았는가? 뺨을 간질이는 바람을 느껴 보며 바람에 흔들리는 유아들의 머리카락, 바람이 불어서 움직이는 것들과 그 공통점 찾기, 비 오는 날 밖에 나가서 달라진 것 찾아보기, 날씨와 관계된 그림책 보기 등 형식적이거나 구조적인 활동이 아니라도 얼마든지 의미 있는 탐색과 탐구 활동은 일어날 수 있다. 이때 교사가 여유 있게 창조세계의 현상과 변화를 즐기면서 하나님에 대해 이야기하면 유아들도 금세 교사와 함께 하나님과 하나님이 다스리시는 창조세계를 즐거워하며 화답하는 것을 보게 된다.

일상생활 속에서 우리는 하나님이 창조하신 다양한 피조물을 만난다. 더운 여름날 시원한 물을 마시면서 냉수가 목으로 넘어가는 기쁨, 하나님께서 자라게 하신 양파와 당근, 감자와 고기를 넣은 카레라이스를 먹으면서 그 맛을 음미하는 즐거움! 루스 크라우스의『이만큼 컸어요』그림책을 같이 읽은 후에 작년에 입었던 옷과 신발을 가져와서 함께 보여 주고 입어 보면서 1년 사이에 훌쩍 큰 자신의 모습을 자랑스러워하는 유아의 빛나는 얼굴은 평생 잊을 수 없을 만큼 아름답다.

어린이집에서 어릴 적 물건을 가져와서 자기가 얼마나 자랐는지 친구들에게 보여 주고 이야기하는 활동을 한 적이 있었다. 대부분의 유아들이 신발이나 옷을 가져왔는데 한 유아가 자기가 처음 어린이집에 올 때 늘 갖고 다니던 애착 인형을 자랑스럽게 가져왔다고 한다. 어린이집에 처음 입소할 때는 언제나 끼고 다니던 그 인형 때문에 날마다 현관 앞에서 어머니와 유아가 실랑이를 했었다. 유아는 원장선생님께 "이 인형 기억하지요?"라고 묻듯이 인형을 보여 주었다. "처음에는 내가 이 인형을 꼭 갖고 왔었잖아요. 이젠 언니가 되어서 이거 없어도 어린이집에서 잘 지내지요, 내가 아기였을 때는 이 신발이 쏙 들어갔는데 히히… 이제는 내 발이 안 들어가요. 하나님이 나를 언니로 자라게 하셨어요, 신기하지요?" 며칠간 교사와 유아들 사이엔 자연스럽게 이런 대화가 오갔다. 이런 대화를 주고받는 유아들의 얼굴이 얼마나 평화롭고 잔잔한 즐거움이 넘치는지 모른다.

(3) 경이로움으로 하나님 알아 가기

일상(日常)이라는 말은 날마다 반복되는 생활을 말한다. 매일 그런 현상이 일어나니까 특별히 신기하다거나 놀랍다고 느껴지지 않는다. 언제나 그렇기 때문에 그 현상을 당연하게 여기고 새삼스럽게 주목하기도 어렵다. 그러나 하나님은 그런 일상을 통해 세상을 다스리고 계신다는 걸 생각하면 창조세계를 질서와 규칙으로 다스리시는 하나님을 알아 갈 수 있을 것이다.

유아들과 유치원 앞의 작은 공원에 간 적이 있었다. 공원에 나가기 전에 교사는 색색의 모양틀을 만들어 주고 사진을 찍고 싶은 장면이 있으면 사진틀을 갖다 대고 교사를 부르라고 했다. 어떤 유아가 무언가 보고 있었다. 교사는 사진을 찍어 주려고 옆에 가서 가만히 쭈그리고 앉았다. 아이는 무얼 보고 있었을까? 아이는 말없이 아스팔트와 아스팔트 사이의 작은 틈 사이에서 자라고 있는 작은 풀을 손가락으로 가리켰다. '어, 이 작은 틈으로 풀이 자라네, 진짜 신기하다 그치? 어떻게 흙이 없는 데서도 자라고 있을까?' 교사와 아이는 공원과 그 주변을 열심히 둘러보았다. 풀은 아주 작은 흙이라도 있는 곳에서 자라고 있지만 아스팔트나 돌 위에서는 자라지 않았다. 그날 유아는 친구들에게 공원에 가서 무엇을 알게 되었는지 자랑스럽

게 이야기했다. '풀은 흙이 있는 데서 난다, 흙이 없는 데는 풀이 안 나'[10)]

위와 같은 질서와 규칙성은 식물에서만 발견할 수 있는 것은 아니다. 물리적 지식 활동을 할 때에도 교사는 이미 알고 있는 물리적 세계의 규칙성을 고려하여 활동자료를 세심하게 준비해 줄 수 있고, 준비된 자료를 통해 발견한 지식을 관계 짓고 예측한 결과가 일어나는 것을 볼 수 있다. 이러한 질서와 규칙성이 우연히 일어나거나 당연한 일이 아니라 하나님께서 이미 설계하시고 지금도 실행되도록 정해놓으신 것임을 깨달을 수 있다면 같은 활동이라도 얼마나 놀라운 일이 될까?

유치원에서 추석 무렵 달의 변화하는 모습을 그려오라는 과제를 받은 만 4세 유아의 이야기다. 달이 변화하는 모습을 종이 위에 그릴 때 아이의 마음속의 달은 자신의 손톱 크기였고 그 변화가 시시하고 단조로웠다. 그 모습을 바라보던 엄마는 아이에게 질문을 했다.

엄마: 달은 얼마나 클까?
유아: (자기 엄지손톱을 내밀며) 이만해.
엄마: 그거보다 큰데~
… 중략 …
유아: (두 손으로 둥그렇게 모양을 그리며) 이만해?
엄마: 그거보다 더 큰 거 같은데.
유아: 그럼 내 방만해?
엄마: 달은 그거보다 더 커.

"우리 집보다 더 커? 운동장보다 더 커?" 아이와 어머니의 대화는 몇 번을 더 오고갔고 유아는 이제 달이 그 전에 종이 위에 그렸던 작고 시시한 달이 아닐 거

10) 물론 수경재배를 통해서도 식물은 자란다. 그러나 '식물이 흙에서 자란다'는 과학적 오개념이 유아의 과학 지식의 형성과 발달에 방해가 되지 않는다. 교사가 준비한 수경재배 활동을 통해 유아는 '풀이 흙에서도 자라지만 물에서도 자라는구나~'라고 지식을 확장하며 신기해하고 기뻐했다.

라는 생각을 하게 되었다. 그 즈음 온 가족이 서울에서 부산으로 차를 타고 여행을 다녀오게 되었다. 추석 귀향길의 교통 체증은 심각했다. 시원하게 달리지 못하는 차 안에서의 시간은 더욱 지루하고 길게 느껴졌다. 하늘에는 마침 추석 보름달이 떠 있었고 유아와 엄마는 자연스럽게 달에 대한 이야기를 다시 하게 되었다.

유아: 저기 달 떴네, 보름달이다. 엄마, 달은 그럼 서울보다 커?
엄마: 그럼~
유아: 부산보다 커?
엄마: 그거보다 큰데~
유아: 그럼 서울에서 부산 가는 것보다 더 커?
엄마: 그렇지, 서울에서 부산 가는 것보다 더 크지.

달은 서울에서 부산 가는 길보다 더 크다는 대화는 지루한 자동차 여행길로 인해 더욱 실감 나게 느껴졌다. 저렇게 작게 보이는 달이 서울에서 부산까지 가는 거리보다 더 크다니! 그때 유아가 아닌 엄마에게 한 번도 생각해 본 적이 없는 경이감이 솟아났다.

"그런데 저 커다란 달이 어떻게 하늘에(공중에) 떠 있을 수 있을까? 하늘에 줄을 달았을까? 너무 신기하네~"

[시편 8:3] 주의 손가락으로 만드신 주의 하늘과 주께서 베풀어 두신 달과 별들을 내가 보오니

[시편 136:1, 8–9] 여호와께 감사하라 그는 선하시며 그 인자하심이 영원함이로다 … 해로 낮을 주관하게 하신 이에게 감사하라 …달과 별들로 밤을 주관하게 하신 이에게 감사하라 그 인자하심이 영원함이로다

모든 물체는 공중에 떠 있지 못하고 떨어진다. 우리는 매달지 않고서는 무엇인가를 공중에 떠 있게 할 수 없다. 유치원에 크리스마스 장식을 하던 교사는 스노우볼이 공중에 떠 있는 것처럼 보이게 하기 위해 낚싯줄을 이용해 스티로폼 공을

천장에서 늘어뜨리고 마치 떠 있는 것 같다고 손뼉을 치면서 좋아한다. 뉴턴은 떨어지는 사과를 예사롭게 보지 않고 거기서 만유인력의 법칙을 발견하지 않았는가? 모든 물체는 중력으로 인해 떨어진다. 눈과 비도 떨어지고, 우박도 떨어진다. 그러나 하나님은 해와 달과 별들을 공중에 두셨다. 떨어지지 않고 거기 매달려 있으라고 명령하셨다!

봄이면 어느 교실에서나 유아들과 무싹 기르기 활동을 자주 한다. 무가 아니어도 당근, 감자 등의 뿌리채소는 그 밑동을 잘라도 싹이 나기 때문에 비록 시간이 오래 걸리긴 하지만 유아들이 관찰한 것을 기록하기도 하고 제법 무가 예쁘게 자라서 어떤 경우에는 꽃을 피우기도 한다. 식물의 관찰은 시간이 오래 걸리고 관찰은 짧다. 대부분의 관찰은 생동감 넘치는 활동이라기보다는 관찰일지를 남기기 위한 부수적 활동처럼 느껴지고 처음 싹이 났을 때의 감동은 이내 사라지고 지루해진다. 그러나 기독교사라면 생명을 주신 하나님, 또한 그 생명을 쉽게 죽게 내버려 두지 않고 보전하시는 하나님에 대해 함께 나누고 가르쳐 줄 수 있는 생생한 활동이 된다.

밑동을 자른 무를 유아들에게 보여 주면서 한 번 더 유아들에게 질문해 본다.

교사: 이 무는 죽었을까? 살아 있을까?
유아 A: 죽었어요, 땅에서 뽑혔잖아요.
유아 B: 칼로 잘랐잖아요. 그러니까 죽었지요.

물에 젖은 솜을 깔고 무를 올려놓은 후, 며칠이 지나면 예쁜 싹이 자라난다. 햇볕이 잘 드는 창가라면 더욱 빨리 싹이 트고 자랄 것이다. 무가 죽었다고 말한 유아들이라면 싹이 나는 무를 그냥 지나칠 수 없을 것이다. 이럴 때의 관찰은 매우 생기가 넘치고 흥미진진해진다. 관찰 자체가 생동감을 갖게 되고, 그런 느낌은 유아들에게서 나온다기보다는 성령님의 인도하심 안에 있다고 느껴진다. 씨앗을 심을 때도 마찬가지다. 까만 점과 같이 보이는 씨앗이 살아 있다고 생각하는 유아들은 과연 몇이나 될까? 어쩌면 교사들도 그 씨앗이 살아 있다는 사실을 까맣게 잊고 살지는 않았을까? 살아 있으나 죽은 듯이 보이는 것들, 그 안에 하나님은 생명을 감추어 두셨다.

"이 씨앗은 살아 있을까? 죽었을까?"

이 간단한 질문이 교사와 유아의 마음에 궁금증을 유발하는 순간, 생명력 넘치는 과학교육은 시작되고 그 안에서 생명의 창조자 되시는 하나님을 알아 가고 찬양하는 일은 일어난다. 사실 생명은 죽음과 맞닿아 있다. 죽은 것 같았던 씨앗, 무나 당근의 밑동에서 새싹이 올라올 때 유아들은 부활의 신비를 경험할 수 있을 것이다.

숲을 탐색하는 활동도 마찬가지다. 요즘 활발하게 이루어지고 있는 숲 체험 활동은 숲의 동식물의 생태를 계속적으로 관찰하면서 하나님께서 피조 세계 속에 숨겨 놓으신 비밀을 찾아내고 기뻐할 수 있는 좋은 프로그램이다. 대부분의 교사는 숲 탐색활동을 봄부터 가을에 마치고 기온이 떨어지는 겨울이 되면 실내 활동으로 대치하는 경우가 많다. 그러나 겨울 숲을 찾아가면 숲의 동식물은 겨울에도 여전히 살아 있고, 추운 겨울을 나기 위해 다양한 방식으로 대처하고 있는 것을 발견할 수 있다.

작은 벌레들도 겨울이 되면 에너지 소모율을 낮추기 위해 활동량을 줄이고 천천히 움직이거나 거의 움직이지 않기 때문에 유아들이 찾아내고 관찰하기 용이하다. 나무껍질 아래 숨어 있는 벌레들, 버섯, 작은 바위들을 들추면 발견할 수 있는 벌레의 알과 천천히 움직이는 벌레들, 봄에 돋을 새싹과 꽃이 겨우내 죽지 않도록 털로 싸인 식물의 눈, 키를 낮추고 잎의 크기를 줄여 겨울을 보내는 다양한 방식(로제트) 식물들은 모두 추운 겨울을 견디도록 설계하신 하나님의 비밀을 간직하고 있다.

언젠가 공원에 갔다가 유치원 교사들과 유아들이 실외활동을 하는 것을 본 적이 있다. 마침 마당에는 남천, 맥문동, 사철나무[11]의 열매가 열려 있었다. 남천은 보통 가을이면 잎이 빨갛게 물들고 약 5mm 정도의 빨간 구형의 열매를 맺는다. 맥문동도 여러 해살이 풀로 5mm 정도의 검보라색 열매가 열린다. 둘 다 키가 작아서 유아들이 관찰하기에 매우 좋은데, 마침 황남천 한 그루가 섞여 있었다.

봄부터 여름까지는 몰랐는데 가을이 되자 붉게 물든 남천과 달리 연두와 노란빛으로 물이 드는 황남천을 볼 수 있었다. 여러 그루의 남천이 빨간 열매를 맺고 있는데 유독 노란 열매를 맺은 황남천을 보면서 필자도 신기해하고 있었다. 바로 옆에서 땅에 떨어진 맥문동 열매를 줍는 유아와 나는 눈이 마주쳤다. 나는 빨간색과 노란색의 남천 열매를, 유아는 검보라색 맥문동 열매를 쥐고 있는 손을 내밀었다. 그 열매들은 크기가 거의 비슷했지만 색깔이 달라서 우리끼리 무슨 비밀을 공유한 듯 즐거웠다. 바로 옆에 있던 사철나무 열매도 눈에 들어왔다. 사철나무 열매는 구형은 아니지만 앞서 모은 열매들과 크기가 비슷해서 서로 비교가 되었다.

남천

황남천

맥문동

사철나무

11) 식물의 이름을 알려 주는 어플리케이션 〈모야모〉, 네이버 모바일 앱의 카메라 아이콘은 식물의 이름뿐만 아니라 정보까지 제공해 준다. 간혹 모양이 유사한 다른 식물의 이름을 잘못 가르쳐 주기도 하는데 이런 경우 비슷하게 보이지만 다른 이름을 가진 식물에 대한 탐구가 이루어질 수 있을 것이다.

때마침 근처 나무에는 크리스마스 장식을 위한 방울이 달려 있었다. 나무 열매와 유리구슬은 외양은 같고 나무에 매달려 있다는 것도 같지만 생명이 없지 않은가? 나무 열매는 그 안에 생명이 있고 열매를 쪼개면 씨앗이 들어 있다. 그러나 크리스마스 장식용 방울은 크고 아름답지만 그 안은 텅 비었고 쪼개는 순간 깨지고 만다. 만일 내가 그 유아의 교사라면 그런 탐색을 해 보면서 얼마나 신나고 멋질까 생각했다. 그런 영광스런 자리를 누리고 있는 담임교사가 얼마나 부러웠는지 모른다.

(4) 사랑으로 세상을 다스리는 하나님께 감사하기

앞에서 서술한 일화들은 모두 다른 사람들이 미처 보지 못하는 것, 인식하지 못하는 것을 신기한 눈으로 바라보고 그 안에 내재하신 하나님의 섭리를 발견할 때 달라질 수 있는 자연탐구영역에 대한 내용이 된다. 일상의 영역을 교사가 조금만 더 확장한다면 의미 있는 탐구와 경험은 얼마든지 일어날 수 있을 것이다. 또한 그런 경험을 통해 하나님께서 이 세상을 사랑으로 창조하고 다스리고 계시다는 것을 알게 되면 자연스럽게 감사를 드릴 수 있을 것이다.

우리는 '감사'를 잘한다. 그런데 그 감사가 기계적이고 너무 자동적이지는 않은지 돌아보자고 제안하고 싶다. 교육과정을 기독교적으로 접근해 보자고 하면 많은 교사들이 일반 활동을 전개한 후에 마무리로 간단한 훈계를 한 후 감사를 드리자고 하고 끝내는 것을 자주 보았다. 경이와 찬양이 없는 감사는 살아 있지 않은 것 같아서 아쉽다. 그런 형식적이고 상투적인 감사는 감동과 기쁨이 없다. 창조세계의 비밀을 발견하는 즐거움과 창조주 하나님의 놀라운 지혜에 대한 경이감은 감사에 도달하기 위한 중간 기지와 같다.

선배의 딸이 여섯 살 때 놀다가 손가락을 베인 적이 있었다. 선배는 상처에 마데카솔을 발라 주고 일회용 반창고를 붙여 주었다. 아이는 엄마에게 약도 바르고 반창고 붙였으니까 이제 나을 거라고 짐짓 어른스럽게 말했다. 지혜로운 선배는 그 순간을 놓치지 않고 옆에 있던 종이를 찢은 후 아이에게 물었다.

엄마: ○○아! 엄마가 종이 찢어진 데에도 마데카솔 바르고 반창고 붙여 주면 종이가 다시 붙을까?

(아이는 순간 당황하는 것 같기도 하고 깊은 생각을 하는 것 같기도 했다. 엄마의 질문이 너무 의외였을까? 아이는 야릇한 표정을 지었다.)

유아: 아이, 종이는 약 발라줘도 안 붙지. 반창고 붙여줘도 안 붙어.

엄마: ○○이는 약 바르고 반창고 붙여서 나을 거라면서~

유아: ……그건 하나님이 낫게 해 주시니까, 그러니까 (벌어진 상처가) 붙는 거지

엄마: 아~ 그럼 마데카솔이랑 반창고가 낫게 해 주는 게 아니라 하나님이 ○○이 다친 걸 낫게 해 주시는 거구나. 잠 신기하나. 종이는 안 붙는데, ○○이 삼은 붙게 해 주시네. 종이처럼 안 붙으면 계속 아플텐데. 너무 신기하네, 어떻게 붙게 하실까?

유아: 하나님 참 감사하다 그치? 나 아프지 말라고 낫게 해 주시네!

작은 상처를 치유하는 것도 우리 힘으로 어떻게 하지 못한다. 시간이 지나면 낫는다는 말도 하나님이 정해 두신 치유와 회복이 일어나는 시간이 지나야 한다는 의미이지 시간만으로 상처가 낫는 것은 아니다. 지혜로운 엄마는 아이와 짧은 대화를 통해 하나님의 능력을 발견하고 놀라워하며 그 사랑을 감사하고 예배할 수 있었다.

물놀이를 하다 보면 구멍 뚫린 컵이나 체와 같은 도구에는 물을 받아도 구멍을 통해 물이 빠져나가는 것을 여러 번 반복하는 유아를 보게 된다. 물놀이 활동은 유아들에게는 매우 재미있지만 의미 있는 자연탐구활동이 아닌 방향성 없는 놀이로 끝나기 쉽다. 조부경 등(2015)은 물놀이가 단순한 놀이 이상의 의미를 가질 수 있도록 방향성을 가지고 변인을 통제하면서 놀이를 확장할 것을 제안한다. 이와 같은 접근은 과학탐구활동에서 질서와 규칙성을 발견하고 감탄하는 기독교적인 가치를 가지기 위해서 선행되어야 하는 조건이지만 동시에 교사가 이 활동을 신선한 눈으로 바라볼 필요가 있다.

만약에 물이 위에서 아래로 흐르지 않고 아래에서 위로 흐른다면 어떤 일이 생길지, 만일 우리가 마신 물이 배 속으로 들어가지 않고 콧속으로 올라간다면, 만일 우리의 피부와 입속, 목과 식도와 각종 소화기관에 방수기능이 없고, 체처럼 작은 구멍이 숭숭 뚫려 있다면 배 속까지 도달하여 우리의 갈증을 없애줄 수 있을지 교사와 유아들은 여러 가지 재미있는 상상이 가능하다. 물을 마시면 뺨으로 물이 솟아 나오겠지? 목으로 물이 땀처럼 나올까? 어찌 생각하면 코미디 같은 이런 상상들은 유아와 교사가 즐겁게 웃으면서 우리 피부가 물이 새지 않도록(방수) 만들어 주신 하나님의 지혜와 사랑에 감탄하고 신기해하면서 진정으로 감사할 수 있는 단초가 되지 않을까? 경이, 감탄이 빠진 감사는 팥소 없는 찐빵이다.

(5) 하나님의 마음으로 창조세계 돌아보기

하나님께서는 창조의 과정에서 마지막에 인간을 창조하신 후 모든 피조세계를 인간에게 다스리도록 위임하고 명령하셨다.

> [창세기 1:28] 하나님이 그들에게 복을 주시며 하나님이 그들에게 이르시되 생육하고 번성하여 땅에 충만하라, 땅을 정복하라, 바다의 물고기와 하늘의 새와 땅에 움직이는 모든 생물을 다스리라 하시니라

하나님의 문화적 위임 명령을 통해 아담은 에덴동산의 모든 동식물과 환경을 다스리고 섬기는 직분을 받았다. 그 다스림과 정복은 인간의 소견에 옳은 대로, 인간의 편의대로의 다스림이 아니라 하나님의 마음으로 창조세계를 돌아보고 돌보는 일이다. 최근에는 미래세대의 필요를 만족시키는 능력의 손실 없이, 현 세대의 필요를 만족시키는 개발에 관심을 기울이고 이를 지속가능 발전(Sustainable Development)이라는 용어로 표현하고 있다. 인구가 증가하고 경제가 성장하면서 파생되는 전 지구적 문제에 위협을 느끼게 되자 자연과 공존하는 동시에 풍요롭고 발전적인 삶을 계속적으로 누리려는 의지에서 비롯된 개념이다(시사경제용어사전, 2017. 11.). 이 용어는 현세대의 인간이 갖는 결핍에 대한 불안감과 이

기적 욕망을 잘 드러내는 말이다.

유아교육기관에서 환경보전과 관계된 활동을 경험한 유아들이 집에 가서 일회용품 하나를 못쓰게 하고, 물을 아껴 쓰라고 어머니에게 성화를 부린다는 이야기를 종종 듣는다. 그런 이야기를 들을 때마다 이야기를 전하는 사람이나 듣는 사람이나 유아의 그 순진무구함과 순종하는 태도에 감탄하곤 한다. 그러나 동시에 유아에게 이식된 끊임없는 불안감이 민망하다.

우리가 하나님의 창조세계를 잘 이용하고 보전하고 돌보아야 하는 이유는 미래사회의 결핍에 대한 두려움에 기반을 둔 지속가능 발전을 위해서가 아니라 그것이 하나님으로부터 부여받은 우리의 소명이기 때문이다. 하나님의 위임명령에 우리는 순종해야 하며 그 속에 우리의 회복된 삶이 있기 때문이다. 자연탐구영역에 포함된 많은 자연보호, 환경보전과 관련된 활동들의 목표와 방향이 하나님의 문화적 위임명령에 초점이 맞추어진다면 같은 활동을 전개하는 교사나 유아는 훨씬 자유롭고 평안하지 않을까? 우리의 부족함에도 불구하고 우리를 사랑하시고 돌보아 주시는 하나님이 계시기 때문에 우리는 불안해할 필요가 없을 것 같다.

간혹 자연 탐구활동을 하다 보면 꽃을 따 보고 열매를 관찰하고 싶을 때가 있다. 그때마다 교사도 유아도 느끼는 압박감이 있다. '함부로' 꽃을 꺾으면 안 된다는 중압감 때문에 '함부로'가 아닌 탐구를 위해 한 송이 꽃마저 꺾지 못하는 건 아닌지 돌아보면 좋겠다. 물론 단순한 우리의 이기심 때문에 피조세계를 마구 훼손하는 일은 경계해야 한다. 그렇지만 하나님은 우리의 필요를 풍성하게 채우시는 분이다. 식물을 키워 본 사람은 작은 텃밭에서 먹고 남을 만큼 거두게 하시는 풍성하신 하나님을 경험하게 된다. 한 번이라도 달팽이를 키워 본 사람은 두 마리 달팽이가 알을 낳으면 얼마나 많은 새끼 달팽이가 생기는지 알고 있다.[12)]

---

12) 달팽이는 무성생식을 하기 때문에 암수의 구별 없이 두 마리 달팽이만 있으면 알을 낳고 새끼가 부화한다.

우리는 피조세계를 사랑하고 즐기면서 돌볼 수 있다. 그 아름다움을 누리고 기뻐하며 하나님이 새겨 놓으신 지혜와 섭리를 신기하고 경이롭게 여기면서 내가 알게 된 하나님을 다른 사람, 특히 하나님께서 맡기신 유아들과 나눌 수 있다. 그렇게 할 때 진정한 자연탐구영역의 회복이 일어날 것이다. 유아들이 피조세계를 돌보기 위해 할 수 있는 일들은 매우 작고 보잘것없을지도 모른다. 그러나 피조세계의 모든 만물은 혼자 존재하지 않으며 서로 유기적으로 관계를 맺고 있다. 비록 휴지 하나를 줍고, 꺾인 가지를 세워 주는 작은 일이지만 그 작은 일은 다른 생물에게 도움이 된다. 하나님은 우리에게 엄청난 일을 기대하지 않으신다. 그러나 아주 작은 일이라도 그 일을 통해 크고 놀라운 일을 이루시는 분이다. 천국은 정말 씨앗 중에서 가작 작은 겨자씨와 같다.

3 기독교사의 도전과 역할

교육과정은 교사가 어떻게 해석하느냐에 따라 내용과 범위가 달라질 수 있다는 면에서 기독교사는 사명감과 함께 부담을 갖는다. 일반적인 교육과정 영역에서도 자연 탐구영역을 어렵게 생각하는 교사들이 그 내용을 기독교적 관점에서 재해석해야 하는 이중고가 따르기 때문이다. 특히 교사들은 일반적으로 과학적 탐구영역을 가장 어렵게 생각하고 가르치고 싶어 하지 않으며(김지혜, 2011; 민경헌, 2004) 과학활동을 단순한 놀이로 이끌어 가거나 유아들의 발달수준에 맞지 않는 어려운 내용을 일방적으로 전달하고 있다(안부금, 2002). 그러나 자연탐구영역을 기독교세계관에 비추어 재해석한다면 일반적인 자연탐구영역을 대하는 교사의 교수 불안감과 낮은 교사 효능감을 극복하는 데 도움이 될 것이다.

자연탐구영역은 유아의 발달 중에서 인지발달영역과 관계 깊다. 따라서 인간이 타락한 이후에 갖게 된 왜곡된 지식관은 자연탐구영역 곳곳에 침투되어 있다. 어떤 유아교사가 자신의 수학적·과학적 지식에 대해 확신을 가질 수 있을까? 무한한 지식 앞에서 한없이 부족함을 느끼는 것이 하나님으로부터 떨어져 나온 인간이 가지는 본능적인 반응이다. 또한 지식만능, 과학만능주의 시대를 살아가는 교사들은 때로 유아의 발달 수준에 맞지 않는 지식을 가르치면서 무언가 가치로운 일을 해낸 것 같은 지적 우월감과 과시의 욕구로부터 자유롭기 어려운 상황에서 자기도 모르게 지식을 강조할 수 있다. 그러나 지식과 지혜의 본체는 하나님이다.

> [잠언 1:7] 여호와를 경외하는 것이 지식이 근본이거늘 미련한 자는 지혜와 훈계를 멸시하느니라
>
> [잠언 2:6] 대저 여호와는 지혜를 주시며 지식과 명철을 그 입에서 내심이며
>
> [잠언 2:10] 곧 지혜가 네 마음에 들어가며 지식이 네 영혼을 즐겁게 할 것이요
>
> [잠언 9:10] 여호와를 경외하는 것이 지혜의 근본이요 거룩하신 자를 아는 것이 명철이니라

교사는 언제나 교육과정을 계획하고 전개하기 위해 국가수준의 교육과정을 교사수준의 교육과정으로 해석하고 재구성하는 과정을 거친다. 여기에 기독교인 유아교사는 자신을 교사로 세우신 하나님의 뜻에 따라 유아들을 교육해야 할 책임과 의무가 더해진다. 기독교사에게 요구되는 것은 하나님의 명령을 받은 선한 청지기로서, 부름받은 그리스도의 제자로서의 역할이다. 사랑의 하나님께서 천하보다 귀하게 여기시며 또한 그렇게 사랑하고 기대하시는 유아들에게 받은 사랑과 기쁨을 나누길 원하신다.

그리스도인에게 기독교는 세상 사람들이 생각하는 성공의 잣대가 아닌 전혀 다른 세계관으로 자신의 직업과 소명을 이해하고 해석하고 실천하는 다른 차원

의 잣대를 갖게 해 준다. 기독교세계관은 마침내 교사를 직업인으로가 아닌 사랑받는 하나님의 자녀로서 하나님께 얼마나 기쁨이 되는지 보여 준다. "많은 사람을 옳은 데로 돌아오게 한 자는 별과 같이 영원토록 빛나리라(다니엘 12:3)"는 말씀은 기독교사에게 많은 힘이 된다. 타락한 세상에서 왜곡된 가치관으로 눌리면서 목적 없이 쌓아 가는 지식의 바벨탑은 결국 헛된 것이며 하나님께서 사랑으로 창조하신 오묘한 지혜의 섭리를 발견하는 기쁨을 누리고 그것을 감출 수 없어서 탄성을 지르고 유아들과 나누기를 기대한다. 기쁨과 경이를 동반한 탐구는 살아있다. 부디 교사들이 생동감 있는 진정한 지적 탐구의 여정을 용기 있게 시작하게 되길 바란다.

1) 자연탐구영역의 재구성

유아교사가 자연탐구영역을 효과적으로 운영하려면 유아의 일상생활을 통한 수학적·과학적 탐구활동이 교육과정과 잘 연계되도록 재구성할 필요가 있다. 국가수준 교육과정으로 제시된 문서라는 측면에서 벗어나 해석과 반성을 통해 교육과정에 의미와 생명을 불어넣고 자연탐구 세계에 호기심을 갖고 탐구하는 교사의 역할과 태도가 요구되며, 또한 유아의 자연탐구 활동이 단순하고 파편적인 지식, 유아의 발달 수준에 맞지 않는 과도한 수준의 지식전달이 되지 않도록 자신의 교수활동을 꾸준히 돌아보고 성찰해야 한다.

(1) 교육과정의 재해석

기독교사가 누리과정에 대한 해석과 반성을 통해 교육과정을 재구성한다는 것은 인본주의 철학과 자연주의에 기초한 진화론을 바탕으로 한 누리과정의 내용을 기독교세계관으로 재해석(정희영, 2016)해야 한다. 이에 대해서는 예술경험영역에서 제안한 반 브루멜른(Van Brummelen, 1998)의 교사들이 주제 진술을 작

성할 때 생각해 볼 질문이 도움을 준다.[13)]

〈표 6-1〉 기독교세계관 공통요소와 자연탐구영역 관련 내용

기독교 세계관	공통요소	자연탐구영역 관련 내용
창조	새로움	· 하나님이 사랑으로 창조하신 피조세계에 대해 관심을 갖는다.
	창조질서	· 하나님이 창조하신 세상의 질서와 규칙성을 발견하고 기뻐한다. · 하나님이 창조세계에 심어 두신 일상의 질서와 규칙성에 경이감을 갖는다. · 하나님께서 주신 지혜로 바른 인간관계를 맺을 수 있게 하심에 감사한다.
	다양성	· 하나님이 창조하신 다양한 동식물에 관심을 갖는다. · 하나님은 때로 기적을 베푸신다는 것을 안다. · 사람에게 하나님의 지식과 지혜를 알아 가는 능력을 주셨다는 것을 이해하고 감사한다.
타락[14)]	왜곡	· 세상은 하나님이 창조하신 것이 아니라 저절로 생겨서 진화한 것이라고 믿는다. · 많은 지식을 아는 것이 인간에게 만족과 자랑이 된다. · 발달하는 수학과 과학이 나의 삶을 위협하지 않도록 끊임없이 배운다 · 지식이 발달하면 내가 모든 일을 마음대로 할 수 있게 된다고 믿는다.
	분리, 분쟁, 소외	· 지식을 더 축적하고 발달시키는 데 몰두하고 하나님의 마음에는 관심이 없다. · 다른 사람보다 많이 알고 있는 지식은 나의 힘이 된다.
	죽음	· 나 외의 다른 존재에 대해 관심이 없다. · 지식 때문에 고통받는 현실을 인식하지 못하고 맹신한다. · 하나님 없이 인간의 지식으로 이상적인 세상을 만들 수 있다고 믿는다.
구속	관계적 회복	· 수학과 과학의 올바른 사용을 통해 하나님과 나, 나와 이웃, 나와 피조세계의 관계를 회복하고 감사한다. · 피조세계에서 하나님의 지혜를 발견하는 능력을 회복한다. · 피조세계에서 하나님의 아름다움을 새롭게 발견하고 찬양과 영광을 돌린다.
	화해-화평	· 수학과 과학을 통해 드러나는 하나님의 지혜와 사랑을 인정하고 감사한다. · 하나님이 창조하신 세상을 하나님의 마음으로 돌본다.

13) 제5장 예술경험영역의 188페이지 참조.

14) 타락에 해당하는 내용은 이해를 돕기 위해 부정적 표현도 사용하였으나 유아교육현장에서는 해당 내용이 잘못되었다는 것을 알도록 하는 것이 교육내용이 된다.

기독교사들이 교육과정의 목표와 방향에 대해 기독교적 관점이 무엇인지 성찰하려면 먼저 우리가 알아 가려고 하는 창조 영역에 대한 하나님의 의도와 계획이 무엇인지, 본래의 창조 목적은 인간의 죄의 결과로 어떻게 왜곡되었고 하나님의 계획에서 멀어졌는지, 그러나 하나님께서는 여전히 우리에게 무엇을 기대하고 계신지 생각해 보자. 즉 하나님의 계획, 인간의 왜곡, 소명 받은 선한 청지기로서의 우리의 반응과 헌신에 대한 묵상이 계속되고 성령님의 도우심을 구할 때 하나님께서는 우리에게 지혜를 주신다. 그러나 교육현장에서 일반적인 교육과정 운영과 관계된 지식과 지원체제를 통한 지원이 병행될 때 그 효과는 더 커질 수 있을 것이다.

(2) 자연탐구 교육과정 운영을 위한 제안

자연탐구영역을 다룰 때, 일반적인 교사지원 전략들을 목적에 맞게 잘 활용하면 기독교사가 그 역할을 잘 해 나갈 수 있도록 도움을 준다.

첫째, 교사의 교수불안감을 낮추고 교수 효능감을 높이도록 노력해야 한다. 교사의 교수 불안감과 효능감은 실제 교수활동에 많은 영향을 준다. 기독교사의 경우 심리적 문제를 하나님 앞에서 돌아볼 필요가 있다. 자연탐구영역에 대해 교사가 교수 불안감과 효능감을 적정 수준으로 조절하기 위해서는 자연탐구영역에 대한 긍정적인 경험을 늘려 나가고 지식을 향상시키며 계속해서 배우려는 노력을 해야 한다. 그러나 그에 못지않게 기독교사가 하나님 안에서 갖는 건강한 자신감과 자존감은 지식을 바른 태도로 대하는 데 영향을 미친다.

둘째, 교사의 교수지식(Pedagogical Content Knowledge: PCK)을 향상시키려는 노력이 지속적으로 필요하다. 이러한 노력을 통해 교수 불안감은 낮아지고 효능감은 높아진다. 슐만(Shulman, 1987)은 교수지식이란 특정 교과 영역에서 교사의 실제적 교수활동을 안내하는 핵심 지식으로 교사들이 성공적으로 교과내용을 학습자가 이해하도록 변형하는 데 도움이 된다고 하였다. 이 말이 전술한 지식에 대한 필자의 관점과 모순된다고 느껴질지 모르겠다. 교사는 지식 그 자체가 무거운 짐이 되어서 압박을 받을 필요는 없지만 지적 탐구는 게을리 하지 말아야 한다. 특히 현시대는 지식이 하나님을 드러내고 하나님을 찬양하는 통로가 되지 못하고 오히려 지식이 우상화되어 과학만능주의에 지배되고 누적된 지식 자체를 동경하고 과시하고 있다. 기독교사는 지식에 매몰되거나 두려워할 필요는 없지만 하나님을 알아 가기 위해 지식을 연마하는 일을 등한히 해서도 안 된다.

지식의 향상과 관련하여 반드시 생각해야 하는 것이 있다면 발날수준에 맞지 않는 과도한 지식을 전달하려고 더 공부하여야 한다는 의미는 아니다. 실제로 수학 과학에 대해 교사가 알고 있는 지식의 양과 그 수준은 유아들과 자연탐구영역에 대한 지식을 다루기에 충분하다. 간혹 교사가 과학적 오개념을 가지고 있을 수 있지만 실제로 문제가 되는 것은 과학적 오개념 그 자체보다는 지식에 대한 교사의 태도이다. 과학적인 오개념에 대해 개방적인 태도로 탐구하면 오개념은 수정되고 바른 과학적 개념이 형성될 수 있다. 반면 오개념을 지속적으로 사수하려 한다면 탐구하는 태도를 기르는 데 방해가 될 것이다.

"너희 마음에 그리스도를 주로 삼아 거룩하게 하고 너희 속에 있는 소망에 관한 이유를 묻는 자에게는 대답할 것을 항상 준비하되 온유와 두려움으로 하고(베드로전서 3:15)"라는 말씀은 신앙적 차원에만 적용되는 말씀은 아니라고 생각한다. 신앙과 학문이 서로 공존할 수 없는 별개의 영역이 아니며 성경과 과학이 이분법적으로 나뉠 수 없다. 성경은 과학 교과서는 아니지만 비과학적이지도 않다.

교사들은 어린 시절부터 인본주의와 진화론의 관점에서 과학을 배워왔기 때문에 어떻게 기독교적으로 교육과정을 해석해야 하는지 막연하다고 느낀다. 특히 교사는 진화론은 과학적이고 창조론은 비과학적이라는 이분법적 사고에 매여 있지 않은지 정직하게 돌아보아야 한다. 진화론의 문제가 무엇인지, 진화론을 반증하는 과학적 근거는 무엇인지 제대로 알고 있지 않으면 유아들과 관련된 주제로 이야기를 할 때마다 스스로 갈등에 부딪치게 된다. 이와 같은 상황에서 창조론과 지적 설계론의 관점에서 진화론을 과학적으로 반증하는 도서는 교사가 과학적이고 성경적인 관점을 갖게 하는 데 큰 도움이 된다. 치열한 관찰을 통해 창조론을 확신한 파브르[15)]의 곤충기와 식물기는 일반 교사에게도 많은 시사를 주지만 창조론에 입각하여 어떻게 동식물을 면밀하게 관찰과 탐구할 수 있는지 고민하는 기독교사에게 많은 도움을 줄 것이다.

셋째, 기독교적 관점을 공유할 수 있는 사람들과 자연탐구영역을 위한 학습 공동체를 형성하고 정기적으로 교류를 하면 도움이 된다. 교사 학습 공동체는 공동의 학습목적을 가진 교사가 자신들이 천착(穿鑿)하는 문제에 대해 지속적으로 상호작용하면서 개인과 공동체가 동시에 성장하는 학습문화를 가진 집단을 말한다(강명희, 임명노, 2002). 일방적으로 가르치고 전달하는 전통적인 교사교육방식은 교사 지원이나 개선에 실질적인 효과가 거의 없는 것으로 알려지면서(조선경, 서영숙, 2010) 교사를 위한 학습 공동체가 적절한 대안으로 제시되고 있다.

대부분의 교사는 자신의 학급에서 홀로 의사결정을 하고 교수활동을 하며 유아를 관찰하고 평가한다. 기독교사는 이 과정에서 정서적인 단절감을 느끼고 더 나은 기독교사로 발전하는 데 도움을 주는 지원체제가 있으면 좋겠다고 생각한다. 따라서 같은 가치관과 유사한 관심사나 고민을 가진 교사들끼리 학습공동체

15) 치밀한 관찰을 통해 방대한 연구를 해낸 파브르는 다윈과 동시대인이었다. 파브르의 연구에 감명을 받은 다윈은 파브르를 통해 진화론을 지지받고자 해서 편지 교류를 했다. 영어를 읽지 못하는 파브르는 다윈과의 교류를 위해 영어를 공부하면서까지 진화론에 관심을 가졌지만 작은 곤충 하나도 진화론으로는 도저히 설명할 수 없다고 생각하여 다윈과의 공동연구 제안을 거절했다고 한다(Auer, 2003).

를 이루어 서로 자신의 경험을 나누고 함께 해결책을 찾아가는 과정은 실천적 측면에서 교사에게 큰 지지가 될 수 있다. 경험이 풍부한 기독교사나 기독교세계관을 가진 유아교육학자, 기독교 교육학자와의 지속적인 교류, 수업 개선을 위한 멘토링 제도 역시 교사학습 공동체와 함께 병행할 수 있는 좋은 지원체계가 된다. 이와 같은 학습공동체가 자연탐구영역에만 국한될 필요는 없지만 특별한 주제를 가지고 모일 때 관심사는 집중되고 구체화될 수 있다.

넷째, 반성적 사고하기와 저널쓰기도 기독교사가 자신의 전문성을 향상시킬 수 있는 좋은 방법이다. 반성적 사고는 교사의 교수 행위의 토대가 되지만 드러나지 않게 감추어져 있는 신념들을 드러내어 검토하고 분석할 수 있는 기회를 제공해 준다. 이런 관점에서 교사들이 자신의 신념이나 가치, 또는 교수 실제에 대해 끊임없이 반성적 사고를 함으로써 사고와 실천 사이의 간격을 좁혀갈 수 있으며 이를 위한 저널쓰기는 매우 효과적이기 때문에 일반 교사들의 전문성 향상과 자기 장학을 위해 널리 활용된다(조부경, 2013). 기독교사의 경우 자신의 신앙적 성찰이나 말씀 묵상과 저널쓰기를 연계하면서 성령님의 지혜를 구할 때 기독교사로서의 소명을 명확히 하고 현장에서 적용할 수 있는 길이 확장될 것이다.

2) 국가수준 교육과정 재구성의 사례

3~5세를 위한 국가수준 교육과정의 교사용 지도서는 생활주제별로 구성되어 있으며, 각 생활주제에 따른 소주제별로 활동이 제시되어 있다. 각 활동에는 활동의 제목, 활동유형과 영역이 표기되어 있고, 활동의 목표와 누리과정 관련요소, 창의·인성 관련, 초등학교 교육과정 관련 내용이 명시되어 있다. 다음으로 활동자료, 활동방법, 활동의 유의점, 활동 평가, 확장 활동 순으로 제시되어 있다. 이 내용을 검토하여 기독교적 자연탐구 활동에 적용하려면 재해석 및 재구성이 필요한 활동을 첫째, 활동의 목표를 기독교세계관으로 재해석하여 목표를 수

정하거나, 새로 추가해야 할 필요성이 있는 활동, 둘째, 활동에 제시된 자료나 교수매체가 비기독교적 내용을 담고 있어 교체가 필요하거나, 충분한 자연탐구 경험이 되기 위해 활동자료를 추가해야 하는 활동, 셋째, 일상생활을 통해서 장기적인 목표와 방향을 세우고 접근해야 하는 활동의 세 가지 유형으로 나누어 살펴보고자 한다.

(1) 목표의 재해석과 재구성이 필요한 활동

활동의 목표는 실제적으로 학습을 안내하는 지표가 된다. 교사용 지도서에 제시된 활동의 목표는 그 활동을 진행하면서 유아들이 수행할 행동적 목표로 서술되어 있다. 그러나 제시된 목표가 기독교세계관에 입각해 부적절하거나 부족하다면 수정하거나 보충해야 할 필요가 있다. 아래 제시된 '나무껍질 관찰하기' 활동의 목표는 '여러 가지 나무의 껍질을 관찰한다'와 '나무껍질의 특성을 비교한다'로 진술되어 있다.

사례 1 나무껍질 관찰하기

<table>
<tr><td rowspan="2">(동식물과 자연)
제목: 나무 껍질 관찰하기</td><th>활동유형</th><th>영역</th></tr>
<tr><td>자유선택 활동</td><td>과학영역</td></tr>
<tr><th>목표</th><th colspan="2">누리과정 관련요소</th></tr>
<tr><td>여러 가지 나무의 껍질을 관찰한다.
나무껍질의 특성을 비교한다.</td><td colspan="2">자연탐구: 과학적 탐구하기 - 자연현상 알아보기
자연탐구: 탐구하는 태도 기르기 - 탐구과정 즐기기</td></tr>
<tr><th colspan="3">가. 활동자료</th></tr>
<tr><td colspan="3">확대경, 루페, 디지털 카메라</td></tr>
<tr><th colspan="3">나. 활동방법</th></tr>
<tr><td colspan="3">1. 사전 활동으로 주변의 숲이나 공원에서 여러 종류의 나무를 관찰하고 나무껍질 사진을 찍어 모은다.
2. 나무껍질의 모양을 살펴본다.
3. 확대경으로 모아온 나무껍질과 나뭇가지를 살펴본다.
4. 나무껍질 사진을 출력한 후 관찰한다.</td></tr>
</table>

활동의 방법을 살펴보면 나무껍질을 만져 본 느낌, 다른 나무 껍질의 모양과의 차이점 비교하기, 확대경으로 모아온 나무껍질과 나뭇가지를 살펴보기 위한 발문이 포함되어 있다. 이 과정에서 창조주 하나님에 대해 유아들이 생각할 수 있도록 질문한다면 관찰의 관점이 달라질 수 있다.

기독교사는 이 활동의 목표에 '하나님께서는 나무마다 껍질모양도 다르게 창조하셨다는 것을 발견한다'는 목표를 추가하고 다양한 나무들이 어떤 나무인지 무엇으로 알 수 있는지, 나뭇잎·꽃을 보고도 알지만 나무껍질만 보고도 알 수 있다는 것을 관찰과 비교를 통해 발견해 가고 그것을 알아 갈 때마다 신기해하고 기뻐한다면 창조주 하나님의 지혜를 알아 가고 찬양하는 활동으로 완성된다. 특히 준비한 루페로 나무껍질을 관찰하면 육안으로 볼 때와는 다른 의외의 아름나움을 발견하게 된다.[16)]

혹시 기독교교육에 대한 압박이 걱정되는 교사가 있다면 창조주 하나님과 관계된 확장된 목표는 마음속에 담아 두면 된다. 비록 외현적인 교육계획안에는 진술되지 않아도 교사가 갖는 잠재된 목표는 구체적으로 활동을 진행하는 동안 활동이나 수업내용과 상관없이 일대일의 상호작용을 통해 전달될 수 있다.

"이 나무껍질은 가로로 줄이 있네, 이런 무늬가 있는 나무는 또 어디 있을까?"

"나무껍질만 보고서 어떤 나무인지 알 수 있을까? 우리 네이버 카메라로 찍어서 알아볼까?"

"이건 좀 전에 본 나무껍질과 다르다. 색깔은 어떠니? 손으로 만져도 매끈매끈하다!"

"참 신기하다. 우리가 모두 얼굴이 다르게 생긴 것처럼 나무껍질도 나무마다 다 다를까?"

"나무껍질이 같은 나무는 잎사귀도 같을까?"

사실 자연탐구영역의 모든 활동 목표에는 창조주 하나님에 대해 생각하고, 하나님이 새겨 두신 질서와 규칙성, 의외성을 발견하고 기뻐하며 하나님을 찬양한

16) 봄에 숲체험 활동을 나갔던 유아들은 루페로 송충이를 관찰하다가 그 색의 아름다움에 "우와, 예쁘다!" 하고 탄성을 질렀고, 모든 유아들이 송충이의 아름다움에 매료되었다.

다는 개념이 들어 있지 않다. 그러므로 비단 지금 제시한 활동 이외의 모든 활동에서 이와 같은 목표가 추가되면 기독교적 관점에서 활동의 내용은 완전히 달라질 것이다.

(2) 활동자료, 교수매체의 수정이 필요한 활동

사례 2 진흙 공

<table>
<tr><td>(환경과 생활)
제목: 진흙 공</td><td>활동유형
대·소집단 활동</td><td>영역
과학 영역</td></tr>
<tr><th>목표</th><th colspan="2">누리과정 관련요소</th></tr>
<tr><td>진흙의 특성을 탐색하고, 진흙놀이를 즐긴다.
동화를 듣고 내용을 이해한다.</td><td colspan="2">자연탐구: 탐구하는 태도기르기 - 호기심을 유지하고 확장하기
자연탐구: 과학적 탐구하기 - 물체와 물질 알아보기
의사소통: 듣기 - 동요, 동시, 동화 듣고 이해하기</td></tr>
<tr><th colspan="3">가. 활동자료</th></tr>
<tr><td colspan="3">플래시 동화 『진흙 공』(다나카 요시유키, 아람출판사, 2008), 다양한 용기, 진흙, 물</td></tr>
<tr><th colspan="3">나. 활동방법</th></tr>
<tr><td colspan="3">1.동화의 표지를 보고 이야기를 나눈다.
- 이 책의 제목은 무엇일까?
- 그림에서 손에 든 것은 무엇인 것 같니?
2. '진흙 공' 동화를 듣는다.
3. 동화를 들은 후 이야기를 나눈다.
4. 진흙놀이를 한다.
5. 진흙놀이 경험을 이야기 나눈다.</td></tr>
<tr><th colspan="3">다. 활동의 유의점</th></tr>
<tr><td colspan="3">1. 동화를 듣기 전 유아들이 자유롭게 진흙놀이를 경험할 수 있도록 한다.
2. 불순물이 없는 안전한 진흙을 준비한다.</td></tr>
</table>

경험이 적은 유아들에게 교사가 흥미를 유발하고 자연탐구에 대한 호기심을 유지하면서 의미 있는 활동을 전개하기 위해 그림책을 활용하는 것은 좋은 방법

이다. 특히 1990년대 이후 우리나라에는 질 좋은 그림책이 많이 출판되고 있으며 그중에서 자연탐구영역과 관련된 주제를 다룬 좋은 그림책을 만날 수 있다는 것은 매우 반가운 일이다. 그러나 본 활동의 경우에 진흙에만 재료를 한정하기보다는 다양한 질감의 흙에 대한 탐색, 경험을 통해 공으로 뭉쳐지는 특성을 가진 흙이 무엇인지, 또한 진흙도 어떻게 할 때 더 잘 뭉쳐지는지 시간적 여유를 가지고 탐색할 필요가 있다.

자갈, 마사토, 모래, 진흙 등 흙의 입자는 다양하다. 진흙의 특성을 유아들이 탐색하기 위해서 진흙과 물만 제시해 주는 경우, 유아들은 진흙이 어떤 특성을 가지고 있는지, 그것이 진흙만의 특성인지 아니면 다른 흙도 같은 특성을 가지고 있는지 비교하기 어렵다. 자연 탐구활동을 계획할 때 교사들이 기억해야 할 것은 유아들은 성인에 비해 경험이 부족하기 때문에 유아의 관점에서 생각해 보아야 한다는 것이다.

흙은 식물이 자라나는 환경을 제공한다. 땅에서 풀과 씨 맺는 채소와 각기 종류대로 씨 가진 열매 맺는 나무가 자라고 풀과 씨 맺는 채소와 씨 가진 열매 맺는 나무가 자라는 것은 하나님의 명령이다. 교사는 기관에서 키우고 있는 식물이 어떤 흙에서 잘 자라는지, 화분 속의 흙은 어떻게 층을 이루고 있는지 탐색하는 활동으로 확장하면 자연스럽게 창조주 하나님께서 주신 질서에 대해 이야기가 전개될 수 있다. 또한 하나님께서는 땅의 흙으로 사람을 지으시고 그 코에 생기를 불어넣으셔서 사람이 되었다. 하나님께서 생기를 불어넣지 않으셨다면 인간은 흙덩어리에 불과하다. 타락한 인간에게 하나님은 '너는 흙이니 흙으로 돌아갈 것이라'라고 말씀하셨다. 유아들과 흙은 만져 보면서 모양을 만들기에 적합한 흙은 어떤 특성이 있는지 비교하고 탐색할 수도 있을 것이다.

사례 3 꼬리가 궁금해요

<table>
<tr><td rowspan="2">(동식물과 자연)
제목: 꼬리가 궁금해요</td><th>활동유형</th><th>영역</th></tr>
<tr><td>자유선택활동</td><td>과학 영역</td></tr>
<tr><th>목표</th><th colspan="2">누리과정 관련요소</th></tr>
<tr><td>다양한 동물의 꼬리에 대해 탐구한다.
다양한 동물 꼬리의 특성을 비교한다.
상상한 것에 대해 서로 이야기를 나눈다.</td><td colspan="2">의사소통: 듣기 -이야기 듣고 이해하기
의사소통: 말하기 - 느낌, 생각, 경험 말하기
자연탐구: 탐구하는 태도 기르기 - 탐구과정 즐기기
자연탐구: 과학적 탐구하기 - 생명체와 자연환경 알아보기</td></tr>
<tr><th colspan="3">가. 활동자료</th></tr>
<tr><td colspan="3">'누구의 꼬리일까요?' PPT 자료, 다양한 꼬리를 가진 동물 사진(캥거루, 청서, 여우, 날다람쥐, 비버, 고양이, 개, 소, 말, 도마뱀 등)</td></tr>
<tr><th colspan="3">나. 활동방법</th></tr>
<tr><td colspan="3">1. PPT 자료 속 동물의 다양한 꼬리 사진을 보며 생김새와 쓰임새에 대해 이야기를 나눈다.
- 꼬리를 보니 어떤 동물인 것 같니?
- 캥거루의 꼬리는 어떤 일을 할까? 캥거루에게 꼬리가 없다면 어떻게 될까?
- 고양이의 꼬리는 어떤 일을 할까? 고양이처럼 기분이 좋거나 나쁜 것을 꼬리로 나타내는 동물은 무엇일까?
2. 살펴본 동물이 모두 있는 자료를 보며 비슷한 꼬리끼리 분류해 본다.
- 비슷한 꼬리끼리 모아 보자.
- 꼬리를 왜 그렇게 나누었니?(쓰임새, 모양, 길이 등)
- 같이 모인 꼬리는 어떤 특별한 점이 있을까?
3. 꼬리의 쓰임새별로 분류되어 있는 PPT를 보며 이야기를 나눈다.
4. 공작, 뱀, 원숭이, 나무늘보의 꼬리에 대해 이야기를 나눈다.
5. 만약에 내가 꼬리가 있다면? 어떤 꼬리를 가지고 싶은지 이야기를 나눈다.</td></tr>
</table>

이 활동의 목표는 다양한 동물의 꼬리를 탐구하고 그 특성을 비교하는 데 있다. 그런데 이 활동을 위한 자료는 PPT 자료와 사진자료이다. 영상 자료는 인간의 지각 중에서 시각에 집중적으로 의존한다. 전조작기와 구체적 조작기에 속하는 어린이들은 정보를 수집할 때 시각에 의존하기보다는 청각, 후각, 촉각과 미각을 동반한 구체적 경험이 필요하다. 교사를 위한 보충자료에는 동물 꼬리의 쓰임새로 의사소통, 자기 보호, 균형 잡기, 짝짓기를 위한 구애 등에 대한 정보를

제공하고 있다. 이와 같은 활동계획안을 볼 때 교사들은 꼬리가 어떤 역할을 하는지 유아들에게 알려 주어야 한다고 생각하기 쉽다. 만일 이 활동이 의미 있게 전개되려면 많은 동물을 영상 자료로 보고 교사의 안내를 통해 꼬리의 기능에 대해 학습하기보다는 하나의 동물이라도 실제로 키우면서 구체적인 상황에서 꼬리가 어떤 역할을 하는지 관찰하는 경험이 선행되어야 한다.

자연탐구영역에서 제안하는 많은 활동들이 수학적, 과학적 탐구의 본질에 잘 부합되지 않았다. 예를 들어 화석에 대해 탐구하는 활동, 마당에서 발견할 수 있는 다양한 벌레나 동물의 생존전략, 바람, 공기, 빛과 그림자의 관계를 알아보는 많은 활동은 동화책 읽어 주기나 이야기 나누기를 통해 개념이 형성되도록 제안하고 있다. 그러나 다양한 지식을 교사가 일방적으로 주입하거나 언어활동을 통해 제시하게 되면 유아들은 호기심을 갖기도 전에 표면적인 지식을 타율적으로 형성할 우려가 높다. 유아가 실제로는 이해하지 못하면서 교사가 원하는 대답을 주고받는 과정을 통해 하나님의 지혜와 섭리를 발견하거나 이를 진정으로 기뻐하고 하나님의 오묘하심을 찬양하게 될 것이라고 기대할 수 없기 때문에 충분히 구체적이고 실제적인 경험도 없이 이루어지는 이야기 나누기는 지양해야 한다.

(3) 일상생활을 통해 장기적으로 접근해야 하는 활동

사례 4 햇볕이 없어도 잘 자라는 식물이 있어요

(동식물과 자연) 제목: 햇볕이 없어도 잘 자라는 식물이 있어요	활동유형	영역
	자유선택활동	과학 영역
목표	누리과정 관련요소	
햇볕이 없어도 잘 자라는 식물에 관심을 가진다. 식물의 특성에 맞게 기르는 방법을 안다.	자연탐구: 과학적 탐구하기 - 생명체와 자연환경 알아보기	
가. 활동자료		
음지식물(스킨다푸서스, 아이비, 스파티 필름) 사진		
나. 활동방법		
1.식물이 자라기 위해서 필요한 것에 대해 이야기를 나눈다. - 식물이 자라기 위해서는 무엇이 필요하니? - 그것들이 없으면 식물이 어떻게 될까? 2. 음지식물을 소개한다. - 선생님이 화분을 하나 가져왔단다. 이 식물은 한 가지 특징이 있어. 3. 스킨다푸서스를 과학영역에서 기르며 관찰한다. 4. 과학영역에 두고 지속적으로 관찰한다.		
다. 활동의 유의점		
1. 과학영역에 식물과 관련한 책이나 식물도감을 함께 제시하고, 자세히 관찰할 수 있는 돋보기나 루페 등을 함께 내 준다. 2. 열대식물이므로 겨울에는 최저 10도 이상으로 관리하고, 한여름에는 서늘하게 관리하도록 한다.		
다. 활동 평가		
1. 햇볕이 없어도 잘 자라는 식물이 있음을 아는지 평가한다. 2. 식물의 특성에 따라 기르는 방법이 다름을 아는지 평가한다.		

활동의 목표와 평가는 동전의 양면처럼 짝을 이룬다. '햇볕이 없어도 잘 자라는 식물[17]에 관심을 갖는다'는 목표와 '햇볕이 없어도 잘 자라는 식물이 있음을 아는지 평가한다', '식물의 특성에 맞게 기르는 방법을 안다'는 목표와 '식물의 특성에 따라 기르는 방법이 다름을 아는지 평가한다'는 평가 내용은 식물의 특성과

17) 사실 햇볕이 없어도 잘 자라는 식물이라는 것은 과학적 오개념이다. 정확히 말하면 그늘에서도 잘 자라는 음지식물이 있다고 수정해야 할 것이다.

관계된 지식을 알게 되었는지, 또 특성에 맞게 기르는 방법도 다르다는 것을 알게 되었는지 아는 것에 집중되어 있다. 이와 같이 식물이 자라는 데 직사광선이 필요한지(공기와 물이 필요하다는 지식도 마찬가지다)를 알게 되는 데 집중하다 보면 정작 다양한 환경에서 자랄 수 있는 식물을 창조하신 하나님의 능력에 집중하거나 그에 대한 감사에 대해서는 생각할 기회를 갖기 어렵다.

식물이 잘 자랄 수 있는 환경은 다양하다. 예를 들어 스투키나 다육식물은 성장하는 데 물이 거의 필요하지 않으며 자주 물을 주게 되면 오히려 뿌리가 썩어서 잘 자라지 못한다. 또한 직사광선을 받아야만 잘 자라는 식물도 있지만 음지에서 잘 자라는 식물도 있고 직사광선을 받으면 잎사귀 끝이 마르는 식물도 있다. 일부러 식물을 악조건에서 기를 필요는 없지만 다양한 식물을 기르다 보면 식물이 어떤 환경에서 잘 자라는지 알아 가게 된다. 실제로 식물을 잘 기르는 사람도 있지만 그렇지 못한 사람들도 많다. 식물의 특성을 이해하려면 먼저 어떤 조건에서 잘 자라는지 관심을 기울여야 한다.

식물 성장과 관계된 활동은 비교적 긴 시간에 걸쳐서 관찰과 경험이 쌓여야 하기 때문에 일회적인 활동으로 계획하기엔 적합하지 않다. 그러나 교실에서 일년 내내 다양한 식물을 기르다 보면 잘 자라지 않고 시들어 가는 식물에 대해 교사와 유아가 함께 고민하면서 유아들이 관심을 보일 때 식물들이 자라는 조건을 알아보거나 식물도감 혹은 특정 식물에 대한 정보 그림책을 함께 제시해 줄 수 있다.[18)]

유아들은 시행착오를 거치면서 식물마다 성장하는 좋은 환경은 어떤지 알아

18) 대체로 유아교사들은 많은 문제를 미리 해결해 두려고 한다. 관심을 가진 유아들이 즉각적으로 정보를 얻을 수 있도록 식물도감이나 정보책도 미리 제시해 두고 돋보기나 루페도 미리 내어 준다. 그러나 이런 자료들은 유아들이 관심을 보이는 타이밍을 놓치지 않고 내어 주어서 유아들이 자신의 호기심을 계속 유지하고 확장하면서 탐구하는 과정을 즐기게 도와줄 수도 있다는 것도 잊지 않으면 좋겠다.

갈 수 있다. 그 환경은 식물의 특성에 따라 매우 다양하며 이는 여러 조건에서도 식물을 볼 수 있게 하신 하나님의 사랑과 지혜라는 것을 알 수 있을 것이다. 식물의 성장은 바로 눈앞에서 변화를 확인할 수 없기 때문에 이와 같은 활동을 일회성으로 계획하면 단편적 지식을 가르치고 평가하는 활동으로 흘러가기 쉽다.

이와 같이 즉각적인 반응을 볼 수 없는 소재에 대한 활동은 교사가 넓은 안목으로 장기적인 계획을 세우고 접근하는 것이 바람직하다. 식물이 대표적인 예이다. 교실에서 다양한 식물을 기르고 관심을 가지면서 돌보면서, 식물을 좀 더 잘 돌보는 방법은 무엇인지 관심 있는 유아들이 함께 알아 가는 것이 좋다. 그러나 식물의 변화가 있을 때를 놓치지 말고 교사는 유아들이 관심과 흥미를 가질 수 있도록 유도하고 식물의 성장 혹은 실패(시들거나 말라 버리는)에 대해 언급하며 창조주 하나님께서 어떤 일을 하시는지, 식물의 변화에서 발견할 수 있는 규칙성은 무엇인지, 놀라운 것은 무엇인지 함께 탐색하고 나누자.

수학적 탐구하기와 과학적 탐구하기는 일과 중에서 계속적으로 경험할 수 있다. 어린이집 버스에 몇 명이 타고 있는지, 의자 하나에 몇 명씩 앉으면 반 친구들이 모두 앉고 몇 자리가 남는지, 간식으로 우리 반 친구들이 각각 두 개씩 먹으려면 모두 몇 개의 과자가 필요한지, 걸레는 어디다 걸어 두는 게 가장 빨리 마르는지, 엎질러진 우유는 어떻게 하면 깨끗이 닦을 수 있는지 모든 과정에는 수학적, 과학적 탐구와 도전이 있고 인지적 구성이 포함되어 있다.

많은 교육현장에서 이런 일상적인 일들을 교사가 미리 처리하고 있다. 등하원 버스 어느 자리에 앉을지는 미리 정해져 있고 여간해서 바뀌지 않는다. '간식으로 과자를 몇 개씩 먹으면 똑같이 나눠 먹을 수 있을까? 혹은 역으로 우리 반 친구들이 과자를 두 개씩 먹으려면 몇 개의 과자가 필요할까?'와 같은 도전적인 과제에 대해 유아들이 생각해 볼 기회를 갖게 해 주면 유아들은 처음에는 시간이 디소 걸리겠지만 익숙해지면 스스로 문제를 해결할 수 있게 된다.

3) 기독교사의 역할에 대한 도전

이상에서 살펴본 바와 같이 기독교적인 자연탐구 활동이 되기 위해서 활동 목표, 활동자료, 활동방법에 수정이 필요한 활동들이 많이 있다. 자연탐구영역은 유아들이 일상생활을 하면서 경험을 통해 발견하고, 알아 가는 기쁨을 누리며 피조세계를 다스리시는 하나님의 놀라운 섭리와 지혜를 찬양할 수 있는 귀한 영역임에도 불구하고 단편적인 지식을 누적적으로 학습하는 교과목의 성격을 띠고 있다. 또한 실제적인 경험이 아닌 언어적 전달을 통해 사회적 지식의 형태로 물리적 지식이나 논리수학적 지식을 형성하기를 기대하고 있는 경우도 많다.

무엇보다도 자연탐구영역은 하나님의 창조세계의 다양한 현상을 보면서 그 안에서 하나님이 두신 질서와 규칙성 혹은 예외적 특성을 발견하면 하나님의 지식과 지혜를 찬양하고 우리를 향한 하나님의 사랑을 누리고 찬양할 수 있는 독특한 영역이다. 이러한 자연탐구영역의 회복이 일어나기 위해서는 교사가 기존에 가지고 있던 자연탐구영역에 대한 편견을 깨트려야 한다. 교육과정은 전문가들에 의해 제안되지만 실제로 교육과정을 해석하고 운영하는 사람은 교사이다. 그런 의미에서 교사는 교육과정의 실질적인 결정자이자 실행자이다. 자연탐구영역에 대한 기독교적 조망이 교사에게서 일어나면 자연탐구영역의 질은 크게 달라질 것이다.

기독교사는 하나님의 문화명령을 실행하는 선한 청지기로서의 역할을 교사 자신에게 뿐만 아니라 다음 세대를 이끌어 갈 어린이들에게 전하는 복되고 영광스런 사역에 초청받은 하나님의 동역자이다. 비록 만족스럽지는 못할지라도 예배하는 마음으로 최선을 다하면 하나님께서는 우리의 삶의 예배를 기쁘게 받으시고 지혜를 채워 주실 것이다. 부디 하나님의 초청에 부담감만 갖지 말고 기쁨으로 받아 누리고 나누는 귀한 교사들이 되어 주길 기도한다. 초대교회 시절부터 그리스도의 제자로 살아가고자 하는 성도들은 아는 것과 실천하는 것 사이의 어려움을 겪어왔다. 에베소서 4장 13-16절 말씀은 같은 고민을 안고 있는 기독교사들에게 하나의 실마리를 제공한다(Del Ratzsch, 2002).

> [에베소서 4:13-16] 우리가 다 하나님의 아들을 믿는 것과 아는 일에 하나가 되어 온전한 사람을 이루어 그리스도의 장성한 분량이 충만한 데까지 이르리니 이는 우리가 이제부터 어린 아이가 되지 아니하여 사람의 속임수와 간사한 유혹에 빠져 온갖 교훈의 풍조에 밀려 요동하지 않게 하려 함이라 오직 사랑 안에서 참된 것을 하여 범사에 그에게까지 자랄지라 그는 머리니 곧 그리스도라 그에게서 온 몸이 각 마디를 통하여 도움을 받음으로 연결되고 결합되어 각 지체의 분량대로 역사하여 그 몸을 자라게 하며 사랑 안에서 스스로 세우느니라

참고문헌

강명희, 임병노(2002). 미래를 준비하는 학교. 서울: 학지사.

교과서진화론개정추진회, 교과서진화론개정연구소(2011). 교과서 속 진화론 바로잡기. 서울: 생명의말씀사.

교육과학기술부(2012). 5세 누리과정 교사용 지도서, 1-11.

교육과학기술부(2013a). 3세 누리과정 교사용 지도서, 1-10.

교육과학기술부(2013b). 4세 누리과정 교사용 지도서, 1-11.

교육과학기술부, 보건복지부(2013c). 3~5세 연령별 누리과정 해설서.

교육과학기술부, 보건복지부(2013d). 3~5세 연령별 누리과정 교사용 지침서.

김정준, 유혜숙, 이하원, 임희옥(2013). 기독교세계관으로 탐구하는 과학적 탐구하기와 탐구하는 태도 기르기. 2013 기독교유아교육학회 추계학술대회 자료집. 45-72.

김정준, 이하원, 임희옥(2014). 기독교세계관으로 조명한 누리과정의 자연탐구영역-탐구하는 태도 기르기와 과학탐구하기를 중심으로. 신앙과 학문, 19(2), 7-32.

김지혜(2011). 유치원과학영역의 활성화를 위한 협력적 실행연구. 중앙대학교 대학원 박사학위논문.

민경헌(2004). 유치원교사의 과학에 대한 태도에 영향을 미치는 내외적 요인. 한국교원대학교 대학원 석사학위논문.

박세희(2013). 수학의 세계. 서울: 서울대학교출판문화원.

성영은(2011). 케플러: 신앙의 빛으로 우주의 신비를 밝히다. 서울: 성악출판사.

안부금(2002). 구성주의 개념도 전략을 통한 유아교사의 과학적 지식 증진에 관한 연구. 열린유아교육연구, 7(2), 1-20.

에스라수학교육동역회(2016). 수학, 성경과 대화하다. 청주: 매디자인.

에스라수학교육동역회(2017). 수학, 창세기를 읽다. 청주: 매디자인.

오욱환(2014). 한국교육의 전환: 드라마에서 딜레마로. 서울: 교육과학사.

오욱환(2015). 배움을 지겨워하는 교육만능주의 사회. 서울: 교육과학사.

이기숙(2015). 적기교육. 서울: 글담출판.

이윤석(2018). 4차산업혁명과 그리스도인의 삶. 서울: CLC.

임희옥, 유혜숙, 서광일, 김정준(2010). 기독교 세계관으로 조명한 유아교육하기. 서울: 창지사.

정희영, 김동춘, 최영해, 정희정(2013). 5세 누리과정 수학적 탐구의 기독교적 재구성. 한국기독교유아교육학회 2013년 제13차 추계학술대회자료집. 121-162.

정희영, 최영해, 박은아(2016). 기독교세계관에 기초한 누리과정의 재구성. 고양: 공동체.

조부경(2013). 구성주의 교실을 만들어 가는 교사. 2013년 한국 구성주의유아교육학회 추계학술대회 자료집.

조부경, 고영미, 남인석(2015). 예비교사와 현직교사를 위한 유아과학교육. 파주: 양서원.

조선경, 서영숙(2010). '서울형어린이집 자율장학'에서 나타난 교사학습공동체 경험의 의미 탐색. 열린유아교육연구, 15(3), 147-171.

한국교육심리학회(2000). 교육심리학용어사전. 서울: 학지사.

Auer, M.(2003). 파브르 평전-나는 살아 있는 것을 연구한다(인성기 역). Die Lebensgeschichte des Jean-Henri Fabre: Ich aber eforche de Leben. 파주: 청년사.

Del Ratzsch(2002). 과학철학: 자연과학에 대한 기독교적 조망(김영식, 최경학 역). Science & its limits : the natural sciences in Christian perspective. 서울: IVP.

DeVries. R., Zan. B., Hildebrandt. C., Edmiaston. R., & Sales. C.(2002). Developing constructivist early childhood curriculum : Practical principles and activities. New York: Teacher College Press.

Johnson, P. E.(2014). 위대한 설계, 그 흔적들: 자연과학에 대한 지적 설계론의 이해(현창기, 도명술 역). Signs of intelligence: Understanding intelligent design(eds.). 서울: 새물결플러스.

Koch, J(2007). *Science Story: Teachers and children as learners*. Mass: Houghton Muffin Company.

Kramer, S. N.(2000). 역사는 수메르에서 시작되었다(박성식 옮김). History Begins at Sumer. 서울: 가람기획.

Kröning, P.(2005). 과학자들은 싫어할 오류와 우연의 과학사(이동준 역). Auch genies können irren…. 서울: 이마고.

Sire, J. W. (2004). 기독교세계관과 현대 사상(김헌수 역). The universe next door. 서울: IVP.

Van Brummelen, H. W.(1988). 기독교적 교육과정 디딤돌(이부형 역). Steppingstones to curriculum: A biblical path. 서울: IVP.

Wolters, A. M. & Goheen, M. W.(2005). 창조 타락 구속(양성만, 홍병룡 역). Creation Regained. 서울: IVP.

Zittlau, J.(2007). 진화에 맞선 동물들의 유쾌한 반란-다윈, 당신 실수한 거야(박규호 역). Warum Robben kein Blau sehen und Elche ins Altersheim gehen. 서울: 뜨인돌.

〈웹 사이트〉

OECD. http://www.oecd.org/pisa/pisa-2015-results-in-focus.pdf (2018. 12. 6. 인출).

YTN 사이언스 https://www.youtube.com/watch?v=jf1gZUqNZag, 인간이 발견한 최고의 비율, 황금비 (2018. 10. 23. 인출).

기획재정부(2017). http://www.korea.go.kr (2019. 1. 9. 인출).

두산백과사전. http//www.doopedia.co.kr (2013. 10. 23. 인출).

매일경제(2009. 9. 23.). [재미있는 과학] 황금비율의 원리 '피보나치 수열' (2018. 12. 17. 인출).

조선일보. http://news.chosun.com/site/data/html_dir/2019/01/01/2019010100636.html (2019. 1. 1. 인출).

제3부

기독교유아교육과정의 실제

제7장

기독교유아교육과정의 실제: 이웃과의 선한 관계 맺기[1]

1 주제선정 이유

우리나라 국가수준 교육과정인 3~5세 연령별 누리과정의 사회관계영역은 유아들이 자신을 소중히 여기고, 가족과 친구와 함께 지내는 방법과 공동체 안에서 살아가는 방법을 익혀 주변 세계에 관심을 가지고 적응해 갈 수 있는 능력을 기르는 것을 목표로 한다(교육과학기술부, 2013). 누리과정의 사회관계영역은 이러한 목표를 이루기 위하여 유아들이 가족과 이웃, 그리고 세계 여러 나라 등으로 관계를 확장시켜 나가며 관계 맺는 방법을 학습하는 데 초점을 맞추고 있다. 그러나 누리과정에서는 이렇게 사회적 관계 맺기를 중요하게 여기면서도 유아들이 왜 사회적 관계를 맺어야 하는지에 관한 근본적인 동기나 근원을 충분하게 제시하지는 못하고 있다. 객관적이고 절대적인 진리나 기준이 없이 상대주의적인 관

1) 이 프로그램에 참여하여 하나님 말씀에 따른 교육과정을 구성하고 실시해 준 한국성서대학교 어린이집 교사들과 무엇보다도 모든 활동에 기꺼이 참여하여 하나님 나라 확장을 위한 귀한 사역에 동참해 준 한국성서대학교 어린이집의 유아들에게 깊은 감사의 마음을 전한다.

점에 기반을 둔 포스트모더니즘과 다원주의를 수용하고 있는 현대사회의 교육과정은 사회관계의 기초를 형성하는 인격적 관계에 관한 근원을 밝히는 데 한계가 있기 때문이다.

이러한 관계의 근원을 찾는 것을 가능하게 하는 것이 기독교 신앙이다. 기독교 신앙은 인격적인 하나님과의 관계에서 시작된다. 기독교 신앙은 왜 인간이 서로 상호작용하며 발달하고 사회적 관계 안에서 살아야 하는지에 관한 확고한 관점을 가지고 있다. 삼위일체 하나님은 완전한 교제와 교통함 속에서 인간을 하나님의 형상대로 창조하였고, 이렇게 창조된 인간이 사회적 관계 안에서 기쁨과 즐거움을 나누며 살아가기를 바라신다(창세기 1:26-28). 하나님의 형상은 인간의 인격에 해당하는 말로 인격적인 교류, 즉 관계성에 관한 내용이 포함되어 있다. 하나님의 인간 창조의 독특성은 인간이 환경과 인간 상호 간에, 그리고 하나님과의 관계를 갖는 것으로 인간은 지구상의 어떤 피조물 집단에서도 볼 수 없는 관계를 가짐으로 탁월한 위치와 직위를 가지고 있다(Green Jr., 1988). 하나님의 형상대로 창조된 인간은 관계성을 통해 하나님을 아는 참된 지식과 이웃에 대한 공의, 그리고 하나님께 대한 경건의 능력을 부여받게 된다(Reymond, 2004).

타락하기 전 하나님의 형상대로 창조된 인간은 순수한 마음과 정신의 빛 안에서 모든 선함에 탁월하였고, 참된 지식과 거룩함, 의로움을 포함한 믿음, 하나님의 사랑, 이웃을 위한 사랑, 성결과 의로움을 향한 열정 등을 갖추고, 공동체를 형성하여 선한 사회적 관계를 맺고 살 수 있었다(Hoekema, 1990). 성경적인 관점에서 인간 공동체는 거룩한 하나님의 뜻이 반영되어 있는 곳으로 하나님은 이러한 인간의 공동체에 거하시고 공동체를 통해 역사하신다(김경례, 2010). 공동체는 하나님의 형상대로 지음 받은 인간이 하나님을 반영하는 사회적 공동체의 시작이다(탁미경, 2012). 인간의 기본적인 사회적 공동체가 하나님의 성품과 속성이 반영된 관계라면 모든 인간의 사회적 관계성 또한 하나님의 거룩한 성품과 속성이 반영된 관계여야 하고 인간이 사회적 관계를 맺는 것은 하나님의 성품과 속성의 교류여야 하는 것은 당연하다.

그러나 인간은 타락함으로써 하나님을 향한 방향성에서 왜곡된 현상이 나타나게 되었고, 이로 인하여 하나님과의 관계성에서 분리되었다. 하나님과의 관계에서 분리된 인간은 영혼과 육체가 나뉘어 사망하게 되었으며, 다른 인간, 환경, 그리고 피조세계의 생물들과도 적대적인 관계로 돌아서게 되었다(창세기 3:8-10, 17-19, 로마서 8:19-22). 인간의 타락과 죄로 인하여 인간들의 공동체에 분리, 단절, 소외, 파괴, 고립 등의 부정적이고 역기능적인 현상들이 생겨나게 되었다. 즉 타락과 죄는 하나님과의 관계의 단절을 가져오고 이는 인간 공동체에서 사람들이 이웃과 다른 피조물들과 선한 관계 맺기를 근본적으로 불가능하게 만들어 결국 하나님 보시기에 좋은 선한 사회적 공동체가 붕괴되는 결과가 야기된 것이다.

하나님과의 관계에서의 분리로 인한 선한 사회적 공동체의 붕괴는 인간의 구속을 기뻐하시는 하나님의 은혜로만 회복될 수 있다. 즉 예수 그리스도의 복음의 은혜만이 사회관계에서의 근원적인 문제를 회복시켜 줄 수 있다. 그리스도의 복음은 타락으로 인한 모든 관계의 왜곡을 회복시킬 수 있고 여기에는 인간관계 영역의 회복도 포함된다(Wolters & Goheen, 2005). 하나님이 친히 인간이 되어 죄인인 백성을 구원하신 것은 자신의 백성인 인간에 대한 사랑이 유일한 동기이고(요한복음 3:16), 여기에 하나님의 놀라운 은혜가 있다. 은혜는 하나님이 자신의 백성에게 값없이 주는 것으로 권리나 공로는 전혀 고려되지 않는다(Berkhof, 1992). 타락으로 인해 하나님을 향해 나갈 수 없는 상태가 된 인간은 전적인 하나님의 사랑이 동기가 된 은혜로만 하나님과의 관계를 회복할 수 있다. 은혜는 하나님께서 주시는 값을 치르지 않고 받는 선물이다. 즉 선물을 받을 자격이 없는 사람에게 베풀어진 하나님의 넘치는 호의가 바로 은혜이다. 이러한 하나님의 은혜가 분명히 드러난 영역이 그리스도의 복음이다. 복음을 통해 경험하게 되는 하나님의 은혜는 우주적인 회복을 가능하게 하는데 이를 통해 인간의 사회적 관계의 회복도 가능하게 된다.

'이웃과의 선한 관계 맺기' 프로그램에서는 유아가 하나님의 은혜를 경험하고 인식하고, 은혜를 경험한 유아들이 일상의 삶에서 감사하는 생활 자세와 태도를 나타내도록 돕고자 한다. 이를 위하여 본 프로그램에서는 예수 그리스도의 복음과 하나님의 은혜를 인식한 유아가 감사의 태도와 자세를 가지고 친구들과 이웃과의 선한 관계를 회복하는 것을 목표로 설정하였다. 이러한 목표를 이루기 위하여 구체적으로 감사하는 삶의 자세와 태도, 이웃과의 관계에서의 문제 인식, 이웃과의 소통을 통한 회복이라는 소주제를 정하여 예배, 언어, 미술, 이야기 나누기, 쌓기놀이, 문학 등 다양한 활동을 실시하였다. 이러한 활동에 참여하면서 유아들은 값없이 주신 하나님의 은혜를 기뻐하며 친구와 이웃들과 은혜의 기쁨을 기꺼이 나누는 경험을 하게 된다. 본 프로그램은 '이웃과의 선한 관계 맺기' 교육과정에 참여한 유아들이 사회관계에서의 선한 관계의 회복이 어떠한 것인지를 경험하게 되는 과정에 대한 기록이다.

2 '이웃과의 선한 관계 맺기' 프로그램의 내용

〈표 7-1〉 '이웃과의 선한 관계 맺기' 프로그램의 개요

소주제	활동명	활동 내용
감사	* '오늘의 감사한 것' 쓰기	· 하루 동안 감사한 것을 글로 적어 본다.
	* 벽돌 블록과 소품으로 감사나무 구성하기	· 벽돌 블록과 소품으로 감사나무를 구성한다.
	산책하며 감사한 것 찾기 (산책하며 만난 감사한 자연물 만들기)	· 산책을 하며 감사한 것들을 찾아보고 다양한 재료로 감사한 자연을 만들어 표현한다.
	감사열매 만들기	· 내가 감사하게 생각하는 것을 감사열매에 그림과 글로 표현한다.
	'감사한 것을 세어 보아요' 노래 개사하여 부르기	· 감사한 것들을 노랫말로 만들어 개사하여 부른다.
	'어린이집에서 감사한 것' 클레이 점토로 만들기	· 어린이집에서 감사하다고 느낀 것을 클레이 점토로 만든다.
	오늘 믿음반에서 고마웠던 일 소개하기	· 믿음반에서 느낀 고마운 일을 소개한다.

소주제	활동명	활동 내용
감사	* '감사나라 불평나라' 대본 만들어 극놀이 하기	· '감사나라 불평나라'를 상상하며 이야기를 지어 보고 역할을 나누어 놀이한다.
	* 예수님의 은혜(예배)	· 감사한 것들은 하나님이 주신 은혜임을 알고 주변 이웃과 나누며 살아야 한다는 것을 예배를 통해 느낀다.
	* 『고마워요, 에리히코 아저씨』 그림책 감상하기	· 고마운 이웃에 대해 관심을 갖고 그림책을 감상한다.
	말풍선 위에 "내가 만약 에리히코 아저씨라면…" 글로 쓰기	· 그림책의 주인공처럼 이웃을 도울 수 있는 방법에 대해서 글로 적어 본다.
	'감사' 이행시 쓰기	· '감사'에 대하여 간단한 동시를 적어 본다.
	우리가 분류한 감사한 것 이야기 나누기	· 감사한 것들을 비슷한 것끼리 분류하여 이야기 나눈다.
이웃 - 갈등과 해결하기	* 『아파트』 그림책 감상하기	· 그림책을 통해 아파트에서 함께 살고 있는 이웃에 대하여 생각해 본다.
	* '이웃과의 갈등' 뉴스 시청하며 이야기 나누기	· 뉴스를 시청하면서 이웃과 겪고 있는 갈등과 원인에 대해 알아본다.
	손 인형으로 엘리베이터 안에서 이웃과 나눈 이야기 말하기	· 이웃과 나눈 이야기를 기억하여 이야기한다.
	그림책 속 '아파트'에서 들리는 소리 만들기	· 그림책에 나오는 아파트에서 들리는 다양한 소리를 악기로 표현한다.
	다양한 블록으로 아파트 구성하기	· 유아들이 협력하여 아파트를 구성하고, 이웃 역할을 나누어 놀이한다.
	* 벽돌 블록으로 우리 아파트 주차장 구성하기	· 이중주차의 불편함을 느껴볼 수 있도록 벽돌 블록으로 아파트를 구성한다.
	우리 아파트 디오라마 만들기	· 아파트에 사는 사람들이 느끼는 불편함을 디오라마를 구성하며 표현한다.
	· 당현천에서 우리 이웃을 살펴보며 산책하기	· 주변 이웃의 모습에 관심을 가지며 산책한다.
	'이웃을 불편하게 하는 모습과 배려하는 모습' 책 만들기	· 이웃이 불편하게 느끼는 감정을 이해하고, 불편한 상황과 배려하는 방법을 그림책으로 만든다.
	집게로 이웃집 연결하기 (유아들이 만든 놀잇감)	· 유아들이 그린 이웃집 모형으로 놀잇감을 만들어 이웃집을 연결하는 놀이를 한다.
	이웃과 사이좋게 지내는 방법 그래프로 표현하기	· 이웃과 친해질 수 있는 방법을 찾아 그래프로 표현한다.

소주제	활동명	활동 내용
이웃과의 소통 - 인사하기	* 이웃과 화목하게 지내는 방법 이야기 나누기	· 이웃과 화목하게 지내는 방법에 대해서 이야기 나눈다.
	* 인사하는 방법	· 인사의 의미와 방법에 대해서 알아본다.
	· 인사캠페인 구호 정하기	· 인사에 대한 캠페인 구호를 정한다.
	· 인사안내문 디자인 (가정연계)	· 인사에 대한 안내문을 디자인한다.
	· 토마토 노래 개사하여 '인사송' 만들기 / '인사송' 캠페인 노래 부르기 (UCC 제작)	· '인사송'을 UCC로 제작하여 불러 본다.
	* 산책하며 인사캠페인하기	· 인사를 하는 캠페인을 하며 산책한다.
이웃과의 소통 - 청소하기	· 깨끗한 마을을 만들기 위해 할 일 이야기 나누기	· 깨끗한 마을을 만드는 방법에 대한 생각을 이야기한다.
	* '꼬마이웃 미루'	· 이웃과 함께 쓰는 공간을 깨끗하게 하는 이야기를 그림책으로 감상한다.
	· 깨끗한 우리 마을을 만들기 위한 팀 이름 정하기	· 우리 마을을 청소하기 위한 팀의 이름을 정한다.
	· 조끼와 쓰레기통 가방 만들기	· 우리 마을을 청소하는 데 사용할 수 있는 도구를 만든다.
	· 벤치에 붙일 그림 그리기	· 우리 마을을 꾸밀 그림을 그린다.
	* 깨끗한 우리 마을 만들기 현수막 꾸미기	· 깨끗한 마을을 홍보하는 현수막을 꾸민다.
	* 당현천 청소하기 ('하사믿' 프로젝트 실행)	· 유아들과 우리 마을을 청소하기 위해 준비한 재료를 사용하여 '하사믿(하나님을 사랑하는 믿음반)' 프로젝트를 실행한다.

소주제	활동명	활동 내용
이웃과의 소통 - 편지쓰기	* 이웃에게 나를 소개하는 편지 쓰기	· 이웃에게 나를 소개하는 글로 이웃과의 소통을 시작한다.
	* 옆집에 사는 이웃 조사하여 소개하기 (가정연계)	· 옆집에 사는 이웃을 조사하며 이웃에 관심을 가진다.
	* '이웃을 위한 약속 편지' 만들기	· 이웃을 위하여 내가 실천할 수 있는 배려를 편지에 담아 이웃과 공유한다.
	* '이웃을 칭찬하는 편지' 만들기	· 이웃에게 감사한 것을 칭찬하는 글을 통해 표현함으로써 이웃과 긍정적인 관계를 형성한다.
	* 이웃과 나누는 '우리 집 소식지' 만들기	· 우리 집의 소식을 이웃에게 전하고, 이웃의 소식을 나누며 소통한다.
	'행복 나눔터' 초대편지 만들기	· 바자회를 이웃에게 알리고, 초대하는 편지를 만들어 전달한다.
	혼자 계신 할아버지 할머니께 편지 쓰기	· 이제까지 관심을 가지지 않았던 홀로 계신 어르신께 편지를 써서 관심을 표현한다.
이웃과의 소통 - 나누기	'이웃과 나누고 싶은 것' 이야기 나누기	· 내가 이웃에게 나눠 줄 수 있는 것, 나누고 싶은 것을 알아보고, 나눠 주기 프로젝트를 계획한다.
	이웃에게 들려 줄 '사이좋은 이웃' 노래 개사하기	· 이웃과 사이좋게 지내는 방법을 노랫말로 만들어 개사하여 부른다.
	* 이웃에게 들려 줄 '사이좋은 이웃' 노래 영상 만들기	· 이웃들에게 들려줄 노래를 영상으로 만들어 이웃과 나눈다.
	* 옆집 이웃에게 선물할 쿠키 만들기	· 유아들이 직접 쿠키를 만들어 이웃에게 선물한다.
	'행복 나눔터' 준비하기	· 바자회에 필요한 안내문, 제목, 품목이름표, 가격표 등을 만들어 바자회를 준비한다.
	* '행복 나눔터'의 날 열기	· 어린이집 유아들이 기증한 물품으로 바자회를 열고, 이웃에게 판매를 한다.
	* '깍두기의 날(부모참여)'	· 어린이집에서 직접 키운 무로 부모님과 유아들이 함께 이웃에게 나눠 줄 깍두기를 만든다.
	* 노인정 방문하여 깍두기, 편지, 노래 선물하기	· 이웃에 있는 노인정을 방문하여 홀로 계시는 어르신들과 깍두기, 편지, 노래 등을 나누며 이웃과 친밀감을 형성한다.

소주제	활동명	활동 내용
이웃과의 소통 - 또 다른 우리의 이웃	* '노만 이야기' 영상 보며 이야기 나누기	· 유아들과 이주노동자도 우리의 이웃이라는 것에 대해서 이야기 나눈다.
	* 슬로건 구호 짓기	· 우리와 피부색이 다른 주변 이웃에게 관심을 갖도록 하는 데 도움이 되는 짧은 글을 지어 본다.
	* 내 친구 얼굴 꾸미기	· 다양한 피부색을 가진 친구의 얼굴을 꾸민다.
	* 슬로건 단어 몸으로 표현하기	· 이웃사랑에 대한 글을 슬로건으로 만들어 몸으로 표현한다.
	· 슬로건 액자 만들기	· 이웃사랑에 대한 슬로건을 다양한 재료로 꾸며 만든다.
이웃과의 소통 - 먼 곳의 이웃	* '시리아 난민 캠프'	· 세계의 이웃에 관심 기지고, 그들의 어려움을 이해한다.
	* 시리아 난민 친구에게 선물할 그림책 만들기	· 이야기를 만들어 시리아 친구들에게 선물할 글 없는 그림책을 만든다.
	NGO 단체 방문하기	· NGO 단체의 역할을 알아보고, 바자회 기금과 유아들이 만든 그림책을 전달한다.

활동 1 '오늘의 감사한 것' 쓰기

- **활동형태:** 자유선택활동
- **활동유형:** 언어영역활동
- **활동 목표 및 누리과정 관련 요소**

목표	4세 누리과정 관련요소
• 감사한 것을 생각하며 알아본다. • 자신의 생각을 쓰기도구를 사용하여 글로 표현한다.	- 사회관계 〉 나와 다른 사람의 감정 알고 조절하기 〉 나와 다른 사람의 감정 알고 표현하기 〉 자신에게 여러 가지 감정이 있음을 안다. - 의사소통 〉 쓰기 〉 쓰기에 관심 가지기 〉 말을 글로 나타내는 것에 관심을 보인다.
(창의·인성 관련) 창의성 〉 인지적 요소 〉 사고의 수렴 인성 〉 존중 〉 자신과 전통문화에 대한 존중	

- **준비물:** 감사열매, 연필, 지우개
- **활동방법:**

유아들과 '감사한 것을 세어 봅시다' 노래를 부르며 감사한 것에 관심을 가진다.

T: '감사한 것을 세어 봅시다~ 하나 둘 셋 넷…'

T: 감사한 것에는 어떤 것들이 있을까?

T: 도움을 받았을 때 어떤 마음이 들었니?

유아들과 감사한 것들을 찾아 쓰기도구를 사용하여 글로 적는다.

T: 오늘 믿음반에서 감사하고 고마웠던 일은 무엇이었니?

T: 친구가 도움을 주었을 때 기분이 어땠니?

T: 오늘 아침에 등원하면서 감사했던 일이 있었니?

T: 어떤 감사한 것을 써 보고 싶니?

T: 고맙고 감사했던 일을 감사열매 위에 적어 보자.

☞ **유아들과 내가 적은 감사열매와 친구가 적은 감사열매를 보며 이야기 나눈다.**

T: 감사열매를 적어 보며 어떤 점이 어려웠니?

T: 친구들은 어떤 것들에 감사하다고 했니?

〈유아들이 감사한 것을 쓰는 모습〉

활동 2 벽돌 블록과 소품으로 감사나무 만들기

■ **활동형태:** 자유선택활동

■ **활동유형:** 쌓기영역활동

■ **활동 목표 및 누리과정 관련 요소**

목표	4세 누리과정 관련요소
• 벽돌 블록과 소품을 다양하게 활용하여 감사나무를 구성한다. • 구성한 나무 위에 감사열매를 걸어 보며 다양한 감사제목에 관심을 갖는다.	- 신체운동건강 〉 신체 조절과 기본 운동하기 〉 신체 조절하기 〉 공간, 힘, 시간 등의 움직임 요소를 활용하여 움직인다. - 사회관계 〉 나와 다른 사람의 감정 알고 조절하기 〉 나와 다른 사람의 감정 알고 표현하기 〉 자신에게 여러 가지 감정이 있음을 안다.
(창의·인성 관련) 창의성 〉 동기적 요소 〉 흥미 인성 〉 존중 〉 자신과 전통문화에 대한 존중	

■ **준비물:** 여러 가지 종류의 블록(파이프 블록, 벽돌 블록, 로큰 블록)

■ **활동방법:**

유아들과 감사열매를 전시할 곳에 대하여 이야기 나눈다.

T: 우리가 적어 본 감사열매를 어디에 전시하고 싶니?

T: 감사나무는 어디에 만들어야 친구들과 함께 감상할 수 있을까?

유아들과 여러 가지 블록을 활용하여 감사나무를 구성한다.

T: 믿음반의 감사나무는 어떻게 만들어 보고 싶니?

T: 어떤 블록으로 감사나무를 구성해 보고 싶니?

T: 나무를 만들려면 무엇부터 만들어야 할까?

T: 가지는 어떤 블록을 사용하면 좋을까?

T: 나무 밑에는 어떤 것들이 있을 것 같니?

T: 꽃과 잔디는 어떤 재료로 꾸며 보고 싶니?

✍ **유아들과 구성한 나무 위에 감사열매를 걸어 전시한다.**

T: 우리가 적었던 감사열매를 가지에 걸어 볼까?

T: 친구들도 여러 가지 감사열매를 걸었구나

T: 내일은 믿음반에 어떤 감사열매가 맺힐까?

〈유아들이 감사나무를 구성하는 모습〉

〈유아들이 만든 감사나무의 모습〉

활동 3 '감사나라 불평나라' 대본 만들어 극놀이 하기

■ **활동형태:** 자유선택활동

■ **활동유형:** 역할영역 활동

■ **활동 목표 및 누리과정 관련 요소**

목표	5세 누리과정 관련요소
• 감사나라와 불평나라 사람들의 이야기를 지어 말한다. • 상황과 역할에 맞게 소품과 배경을 사용하여 극놀이를 한다. • 극놀이를 하며 감사한 마음을 가질 수 있도록 자신의 마음을 조절하는 경험을 한다.	- 의사소통 〉 말하기 〉 느낌, 생각, 경험 말하기 〉 이야기 지어 말하기를 즐긴다. - 예술경험 〉 예술적 표현하기 〉 극놀이로 표현하기 〉 소품, 배경, 의상 등을 사용하여 협동적으로 극놀이를 한다. - 사회관계 〉 나와 다른 사람의 감정 알고 조절하기 〉 나의 감정 조절하기 〉 자신의 감정을 상황에 맞게 조절한다.
(창의·인성 관련) 창의성 〉 인지적 요소 〉 사고의 확장 인성 〉 협력 〉 긍정적인 상호의존성	

■ **준비물:** 대본, 머리띠, 감사나라 주인공(감사씨, 행복씨, 좋아씨) 그림, 불평나라 주인공(불평씨, 불만씨, 싫어씨) 그림, 나무그림, 바람그림, 배경

■ **활동방법:**

유아들과 감사나라, 불평나라의 등장인물, 배경 등을 설정한다.

T: 감사나라와 불평나라에는 어떤 사람들이 있을까?

T: 이름을 뭐라고 지어 보고 싶니?

T: 어디에서 일어난 일을 이야기로 꾸며 볼까?

유아들과 감사나라 불평나라 사람들의 이야기를 만든다.

T: 감사나라, 불평나라의 주인공들은 어떤 말을 많이 할까?

T: 식사를 할 때/잠을 잘 때에는 어떤 마음을 가질 것 같니?

T: 어린이집에 간다면/ 놀이터에 간다면 어떤 말을 할까?

T: 이야기한 것을 글로 적어 볼 수 있겠니?

☞ **유아들과 역할을 나누어 극놀이를 한다.**

T: 극놀이를 할 때 어떤 소품들이 필요하니?

T: 너희들은 어떤 역할을 해 보고 싶니?

T: 친구들을 초대하여 관람할 수 있도록 하면 어떨까?

T: 해설을 맡은 친구의 목소리는 어때야 할까?

☞ **유아들과 극놀이 후에 이야기를 나눈다.**

T: 친구들과 함께 '감사나라 불평나라' 극놀이를 해 보니 어땠니?

T: 감사나라와 불평나라 친구들을 보면서 어떤 생각들이 들었니?

T: 불평나라 친구들이 행복해지기 위해 우리가 도울 수 있는 방법이 있을까?

T: 하나님께서는 우리가 어떤 나라의 사람들처럼 지내는 것을 기뻐하실까?

〈유아들이 서로의 생각을 나누며 대본을 만드는 모습〉

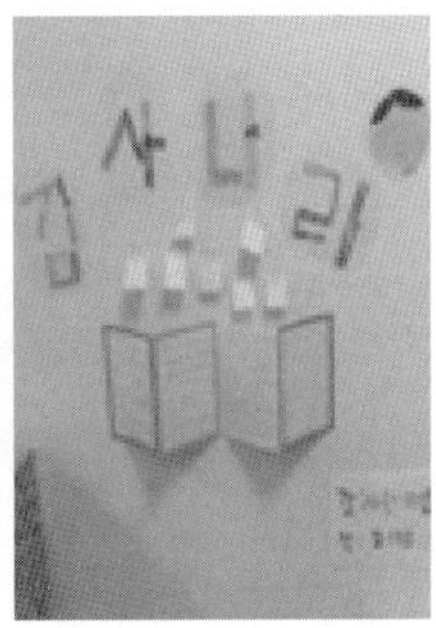

〈감사나라 대본 전시〉

〈유아들과 꾸민 감사나라 불평나라 배경 사진〉

〈유아들이 극놀이를 하는 모습〉

활동 4 예수님의 은혜

■ **활동형태:** 대집단 활동

■ **활동유형:** 예배

■ **활동 목표 및 누리과정 관련 요소**

목표	4, 5세 누리과정 관련요소
• 예배에서 성경말씀을 통해 예수님의 값없는 은혜에 대하여 느껴 본다. • 예배의 은혜를 통해 이웃과 함께 나누며 화목하게 지내야 함을 안다.	- 의사소통 〉 듣기 〉 이야기 듣고 이해하기 〉 다른 사람의 이야기를 관심 있게 듣는다. - 사회관계 〉 다른 사람과 더불어 생활하기 〉 공동체에서 화목하게 지내기 〉 교사 및 주변 사람과 화목하게 지낸다.
(창의·인성 관련) 창의성 〉 동기적 요소 〉 몰입 인성 〉 존중 〉 다른 사람들과 다른 문화에 대한 존중	

■ **준비물:** 말씀 그림자료

■ **활동방법:**

유아들과 '예수님의 사랑' 찬양을 부르며, 예배를 준비한다.

T: ('예수님의 사랑' 찬양을 부르며) 예배를 준비해 볼까?

T: 찬양에서 예수님의 사랑이 어떻다고 하였니?

T: 예수님의 사랑이 왜 크고 놀랍다고 했을까?

유아들과 '예수님의 은혜' 말씀을 감상하고, 이야기 나눈다.

T: 예수님을 우리에게 보내 주신 분은 누구시니?

T: 하나님이 보내 주신 예수님은 우릴 위해 무엇을 하셨니?

T: 예수님께서는 왜 십자가에 달려 돌아가셨을까?

T: 예수님이 십자가에 달려 돌아가실 때 예수님의 마음은 어떠셨을 것 같니?

✐ **유아들과 '예수님의 은혜'에 대해 이야기 나눈다.**

T: 예수님은 십자가에서 돌아가시면서 우리에게 무엇을 주셨니?

T: 우리가 받은 은혜는 어떤 것들이 있을까?

T: 값없는 은혜는 어떤 걸까?

T: 예수님께서 우리에게 원하시는 한 가지는 무엇일까?

T: 우리가 이웃에게 사랑하는 마음을 어떻게 표현할 수 있을까?

✐ **유아들과 '아름다운 마음들이 모여서' 찬양을 부르며, 예배를 마무리 한다.**

T: '예수님이 가르쳐 준 한 가지 네 이웃을 내 몸과 같이 사랑해요 ♬'

〈유아들이 예배하는 모습〉

〈유아들이 찬양하는 모습〉

활동 5 『고마워요, 에리히코 아저씨』 그림책 감상하기

■ **활동형태:** 대집단활동

■ **활동유형:** 동화

■ **활동 목표 및 누리과정 관련 요소**

목표	4세 누리과정 관련요소
• 교사가 들려주는 그림책의 이야기에 관심을 갖고 감상한다. • 그림책 주인공의 감사하는 태도를 보며 자신 주변의 감사한 사람들에 대해 생각한다.	- 의사소통 〉 듣기 〉 동요, 동시, 동화 듣고 이해하기 〉 동요, 동시, 동화를 다양한 방법으로 듣고 즐긴다. - 사회관계 〉 다른 사람과 더불어 생활하기 〉 공동체에서 화목하게 지내기 〉 교사 및 주변 사람과 화목하게 지낸다.
(창의·인성 관련) 창의성 〉 동기적 요소 〉 몰입 인성 〉 질서 〉 기초질서	

■ **준비물:** 『고마워요, 에리히코 아저씨』 그림책

■ **활동방법:**

✐ **유아들과 고마운 사람들에 대해서 이야기 나눈다.**

T: 우리가 사는 동네에 고마운 마음을 갖도록 하는 사람이 있니?

T: 그 사람의 어떤 행동이 고마운 마음을 갖게 했니?

T: 또 누가 있니?

✐ **유아들과 그림책을 소개하며 이야기 나눈다.**

T: 겉표지에 어떤 그림이 있니?

T: 아저씨의 어떤 점이 특별하니?

T: 아저씨의 특별한 코는 누구에게 어떤 도움을 줄 것 같니?

☞ **유아들과 그림책을 감상하며 이야기 나눈다.**

T: 누가 에리히코 아저씨를 찾고 있니?

T: 왜 에리히코 아저씨를 찾고 있니?

T: 에리히코 아저씨는 어떤 도움을 주고 있니?

T: 이런 에리히코 아저씨에게 도움을 받으면 기분이 어떨 것 같니?

T: 에리히코 아저씨의 이웃들은 에리히코 아저씨에게 어떤 선물을 주었니?

T: 왜 이웃들은 에리히코 아저씨에게 선물을 주었니?

☞ **유아들과 그림책을 감상한 후 이야기 나눈다.**

T: 에리히코 아저씨와 같은 동네에 사는 이웃들은 어떤 즐거움이 있을까?

T: 우리 주변에도 에리히코 아저씨와 같은 이웃이 있다면 어려운 일이 생길 때 어떨 것 같니?

☞ **유아들과 이웃에게 도움받은 경험을 하나씩 이야기하며 이동한다.**

T: 너희는 이웃에게 어떤 도움을 주고 싶니?

〈『고마워요, 에리히코 아저씨』 그림책을 감상하는 유아들의 모습〉

활동 6 벽돌 블록으로 아파트 주차장 구성하기

■ **활동형태:** 자유선택활동

■ **활동유형:** 쌓기영역활동

■ **활동 목표 및 누리과정 관련 요소**

목표	4세 누리과정 관련요소
• 다양한 움직임의 요소를 이용하여 벽돌 블록과 소품으로 아파트 주차장을 구성한다. • 아파트 주차장을 구성하며 이웃과 함께 사용하는 주차장에서 지켜야 할 약속들에 대해 알아본다.	- 신체운동건강 〉 신체 조절과 기본 운동하기 〉 신체 조절하기 〉 공간, 힘, 시간 등의 움직임 요소를 활용하여 움직인다. - 사회관계 〉 다른 사람과 더불어 생활하기 〉 사회적 가치를 알고 지키기 〉 다른 사람과 한 약속이나 공공규칙을 지킨다. - 자연탐구 〉 수학적 탐구하기 〉 공간과 도형의 기초개념 알아보기 〉 위치와 방향을 여러 가지 방법으로 나타내 본다.
(창의·인성 관련) 창의성 〉 동기적 요소 〉 흥미 인성 〉 협력 〉 집단협력	

■ **준비물:** 벽돌 블록, 유니트 블록, 자동차 소품

■ **활동방법:**

✐ **유아들과 아파트 주차장에 대해서 이야기 나눈다.**

T: 주차장에서 엄마, 아빠가 자동차를 주차하실 때 불편해하신 적이 있니?

T: 어떤 점이 불편하다고 하셨니?

T: 너희가 주차장을 봤을 때 불편해 보이는 경우가 있었니?

✐ **유아들과 주차장 구성하는 방법에 대해서 이야기를 나눈다.**

T: 아파트 주차장을 구성해 보려고 하는데 어떤 블록으로 구성해 보고 싶니?

T: 또 어떤 블록이 필요할 것 같니?

T: 주차장을 구성할 때 어떤 소품이 필요할까?

유아들과 벽돌 블록으로 주차장을 구성한다.

T: 자동차를 주차하는 경계선을 어떤 방법으로 표시해서 나누고 싶니?

T: 주차장에 꼭 필요한 것에는 무엇이 있니?

T: 소방차를 세워야 하는 곳은 어느 쪽으로 할까?

T: 너희 아파트 주차장의 차들은 어떤 방법으로 주차를 하게 되어 있니?

T: 너희가 구성한 주차장에서 자동차가 나오려면 어떨 것 같니?

유아들이 또래와 함께 주차장을 구성하며 놀이하도록 격려한다.

T: 우리 모두가 편리한 아파트 주차장이 되려면 자동차를 어디에 주차해야 할까?

T: 같이 구성해 볼까?

〈벽돌 블록과 소품으로 이중 주차되어 있는 아파트 주차장을 구성하는 유아들의 모습〉

활동 7 '아파트' 그림책 감상하기

- **활동형태:** 대집단활동
- **활동유형:** 동화
- **활동 목표 및 누리과정 관련 요소**

목표	5세 누리과정 관련요소
• 그림책을 감상하며 주인공들의 생각과 마음을 이해한다. • 아파트에서 이웃과 일어나는 갈등상황에 관심을 갖고 배려하는 마음을 갖는다.	- 의사소통 〉 듣기 〉 동요, 동시, 동화 듣고 이해하기 〉 동요, 동시, 동화를 다양한 방법으로 듣고 이해한다. - 사회관계 〉 다른 사람과 더불어 생활하기 〉 사회적 가치를 알고 지내기 〉 다른 사람을 배려하여 행동한다.
(창의·인성 관련) 창의성 〉 인지적 요소 〉 사고의 확장 인성 〉 협력 〉 개인적 책임감	

- **준비물:** '아파트' 그림책, 갈등상황 그림(층간 소음, 주차, 밤에 세탁기 돌리는 장면, 밤에 청소기 돌리는 장면 등)
- **활동방법:**

유아들과 말리듬에 맞추어 살고 있는 곳을 소개하며 주의를 집중한다.

T: ○○○은 어디어디 사나?

T: 너희들은 주로 어디에 살고 있니?

T: 그림책의 주인공은 어디에 살까?

유아들과 표지를 보며 이야기를 나눈다.

T: 그림책 표지에 무엇이 보이니?

T: 그림책에서 본 사람들의 표정이 어떤 것 같니?

T: 왜 그런 표정을 짓고 있을까?

☞ 유아들과 '아파트' 그림책을 감상한다.

☞ 유아들과 그림책의 내용을 회상하며 이야기를 나눈다.

T: 엘리베이터에서 이웃을 만났을 때 어떤 일이 있었니?

T: 아파트에 사는 이웃들의 표정이 어땠니?

T: 아파트에서 어떤 소리가 들렸니?

T: 소리 때문에 이웃들은 어떻게 행동했었니?

T: 아파트에서 나는 소리를 어떻게 해결하였니?

☞ 유아들과 이웃들과 경험한 갈등상황에 대해 이야기 나눈다.

T: 너희도 이웃과 불편한 일을 겪은 적이 있었니?

T: 어떻게 해결을 했니?

☞ 유아들과 이웃들과 갈등상황이 생겼을 때 어떻게 하면 좋을지 이야기하며 마무리한다.

T: (그림을 보여 주며) 이런 상황에서는 우리가 어떻게 하면 좋을까?

T: 하나님께서는 우리가 이웃과 어떻게 지내기를 원하실까?

T: 하나님이 원하시는 것처럼 이웃을 위해 노력해 볼 수 있겠니?

〈『아파트』 그림책〉

〈유아들과 그림책을 감상하는 모습〉

활동 8 '이웃과의 갈등' 뉴스 시청하며 이야기 나누기

■ **활동형태:** 대집단활동

■ **활동유형:** 이야기 나누기

■ **활동 목표 및 누리과정 관련 요소**

목표	4, 5세 누리과정 관련요소
• 일상에서 경험한 이웃과 있었던 일들을 이야기 한다. • 이웃과의 갈등과 관련된 뉴스를 시청하며 이웃의 감정에 관심 갖는다.	- 의사소통 〉 말하기 〉 낱말과 문장으로 말하기 〉 일상생활에서 일어나는 일들을 다양한 문장으로 말한다. - 사회관계 〉 나와 다른 사람의 감정 알고 조절하기 〉 나와 다른 사람의 감정 알고 표현하기 〉 다른 사람의 감정을 알고 공감한다. - 자연탐구 〉 수학적 탐구하기 〉 공간과 도형의 기초 개념 알아보기 〉 '나를 중심으로 앞, 뒤, 옆, 위, 아래를 알아본다.
(창의·인성 관련) 창의성 〉 인지적 요소 〉 사고의 확장 인성 〉 존중 〉 다른 사람들과 다른 문화에 대한 존중	

■ **준비물:** 층간소음 소리, 이웃관련 영상 자료, 이웃과 갈등 뉴스 영상 자료, VTR

■ **활동방법:**

유아들과 녹음된 소리를 들으며 주의를 집중한다.

T: 어떤 소리인 것 같니?

T: 그림책에서 아파트에서 어떤 소리가 들렸었는지 기억하니?

T: 매일 오랜 시간 동안 이 소리를 들어야 한다면 어떨 것 같니?

유아들과 이웃과의 갈등과 관련된 뉴스를 시청한다.

T: 뉴스에서 본 사람들의 기분이 어떤 것 같니?

T: 이웃과 또 어떤 일들이 있을 수 있을까?

유아들과 뉴스를 시청한 후, 이야기 나눈다.

T: 어떤 뉴스의 내용이 기억나니?

T: 뉴스에서 사람들이 이웃과 어떻게 지내고 있는 것 같니?

T: 이웃들이 왜 싸움을 하는 것 같니?

유아들과 이웃에 대해서 이야기를 나눈다.

T: 너희 옆집에는 누가 살고 있니?

T: 이웃과 있었던 일 중 특별히 기억에 남는 일이 있니?

유아들과 이웃과의 갈등을 해결하는 방법에 대해 이야기 나눈다.

T: 이웃들과 싸움이 일어나지 않게 하려면 어떻게 해야 할까?

T: 하나님께서는 우리가 이웃과 어떻게 지내기를 원하실까?

T: 사이좋게 지내기 위해 실천할 수 있는 방법들을 생각해 보자.

〈유아들과 뉴스를 감상하고 이야기 나누는 모습〉

〈유아들과 감상한 뉴스〉

활동 9 이웃과 화목하게 지내는 방법 이야기 나누기

- **활동형태:** 대집단활동
- **활동유형:** 이야기 나누기
- **활동 목표 및 누리과정 관련 요소**

목표	4세 누리과정 관련요소
• 이웃과 화목하게 지낼 수 있는 방법에 대해 자신의 생각을 이야기한다. • 이야기 나누기를 통해 이웃과 화목하게 지내는 방법을 안다.	- 의사소통 〉 말하기 〉 느낌, 생각, 경험 말하기 〉 자신의 느낌, 생각, 경험을 말해 본다. - 사회관계 〉 다른 사람과 더불어 생활하기 〉 공동체에서 화목하게 지내기 〉 교사 및 주변 사람과 화목하게 지낸다.
(창의·인성 관련) 창의성 〉 인지적 요소 〉 문제해결력 인성 〉 배려 〉 친구 가족 이웃들에 대한 배려	

- **준비물:** 화이트보드, 보드마커
- **활동방법:**

유아들과 지난 시간 감상했던 이웃과의 갈등에 대한 영상을 회상하며 이야기 나눈다.

T: 지난 시간 선생님과 함께 보았던 영상 속의 이웃들은 무엇을 하고 있었니?

T: 왜 다툼이 일어났니?

T: 너희들은 실제로 이웃들이 다투는 것을 본 적이 있니?

T: 그런 모습을 보았을 때 기분이 어땠니?

유아들과 이웃이 화목하게 지내는 방법에 대해 이야기 나눈다.

T: 하나님께서는 우리가 이웃들과 함께 도우며 화목하게 살기를 바라신대.

T: 우리는 이웃과 화목하게 지내기 위해서 무엇을 할 수 있을까?

T: 어떻게 해야 이웃과 화목하게 지낼 수 있을까?

T: 화목하게 지내는 다른 방법은 무엇일까?

T: 이웃에게 어떤 도움을 주면 화목하게 지낼 수 있을까?

☞ **유아들과 함께 이야기 나눈 것을 보며 우리가 할 수 있는 일을 찾아본다.**

T: 우리가 이야기한 방법들 중에서 실천할 수 있는 방법이 있니?

T: 만나면 웃으면서 인사하는 방법도 있네.

T: 이웃과 만나는 장소를 깨끗하게 꾸미며 화목하게 지내는 방법도 있구나.

〈유아들이 화목하게 지내는 방법에 대해 이야기 나누는 모습〉

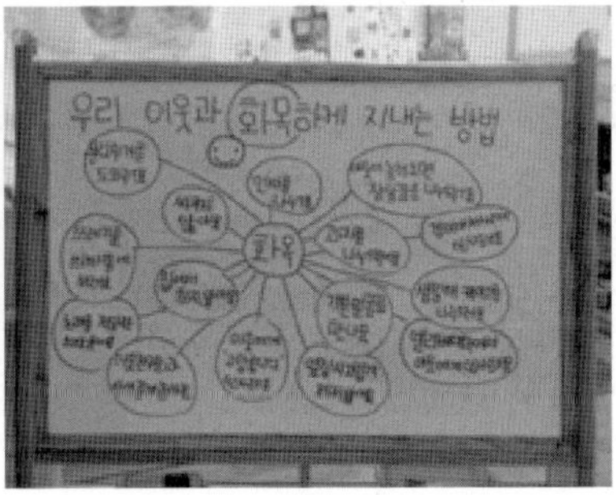

〈유아들과 이야기 나눈 이웃과 화목하게 지내는 방법〉

활동 10 인사하는 방법 이야기 나누기

■ **활동형태:** 대집단활동

■ **활동유형:** 이야기 나누기

■ **활동 목표 및 누리과정 관련 요소**

목표	4세 누리과정 관련요소
• 인사에 대한 자신의 생각을 자유롭게 이야기하며 알아본다. • 인사하는 방법에 대한 이야기를 나누며 주변 이웃과 화목하게 지내는 방법에 대해서 안다.	- 의사소통 〉 말하기 〉 느낌, 생각, 경험 말하기 〉 자신의 느낌, 생각, 경험을 말해 본다. - 사회관계 〉 다른 사람과 더불어 생활하기 〉 공동체에서 화목하게 지내기 〉 교사 및 주변 사람과 화목하게 지낸다.
(창의·인성 관련) 창의성 〉 인지적 요소 〉 사고의 수렴 인성 〉 효 〉 지역사회 어른에 대한 효	

■ **준비물:** 인사하는 방법에 관한 이야기 나누기 자료

■ **활동방법:**

✐ 유아들과 엘리베이터에서 이웃을 만났을 때의 행동에 대해서 이야기를 나눈다.

T: 오늘 아침 엘리베이터에서 만난 이웃에게 어떤 이야기를 했니?

T: 이웃은 너희에게 어떤 이야기를 했니?

T: 혹시 또 어떤 이야기를 듣거나 해 보았니?

✐ 유아들과 인사하는 방법에 대한 자신의 생각을 이야기한다.

T: 인사는 누구에게 하는 걸까?

T: 인사는 어떻게 하는 걸까?

T: 인사는 언제 하는 걸까?

유아들과 인사하는 방법에 대한 영상을 보며 이야기 나눈다.

T: 인사하는 것은 어떤 의미를 갖고 있다고 생각하니?

T: 인사는 언제 하는 거니?

T: 주변 이웃을 만나면 어떤 모습으로 인사를 해야 하니? 누가 나와서 한번 해 볼까?

T: 이웃에게는 어떻게 말하며 인사를 해야 하니?

T: 이렇게 인사를 하면 이웃은 어떤 마음이 생길 것 같니?

유아들과 이웃을 생각하고 인사하며 이동한다.

T: 이웃을 만났을 때 같이 인사를 하면서 이동해 보자.

〈인사하는 방법에 대해서 이야기 나누기를 하고 있는 유아들의 모습〉

활동 11 인사캠페인

■ **활동형태:** 실외활동

■ **활동유형:** 캠페인

■ **활동 목표 및 누리과정 관련 요소**

목표	4세 누리과정 관련요소
• 인사캠페인을 하며 또래와 함께 실외활동에 참여한다. • 인사캠페인을 하며 이웃과 인사를 나누어 본다.	- 신체운동건강 〉 신체활동에 참여하기 〉 바깥에서 신체활동하기 〉 규칙적으로 바깥에서 신체활동을 한다. - 사회관계 〉 다른 사람과 더불어 생활하기 〉 공동체에서 화목하게 지내기 〉 교사 및 주변 사람과 화목하게 지낸다.
(창의·인성 관련) 창의성 〉 성향적 요소 〉 개방성 인성 〉 질서 〉 사회질서	

■ **준비물:** 인사캠페인 현수막

■ **활동방법:**

유아들과 이웃과 화목하게 지내는 방법에 대해서 이야기 나눈다.

T: 이웃과 화목하게 지내기 위해서 무엇이 필요하다고 했니?

T: 직접 인사하는 방법을 전하려면 어떤 방법이 있을까?

유아들과 인사캠페인에 대해서 이야기 나눈다.

T: 인사캠페인은 무엇을 알리려고 하는 걸까?

T: 캠페인을 하려면 무엇이 필요할까?

T: 이웃들에게 어떤 말을 해 주면 좋을까?

T: 어떻게 전해 보고 싶니?

T: 어디서 인사캠페인을 하면 좋을까?

✐ **유아들과 인사캠페인을 실행한다.**

✐ **유아들과 인사캠페인을 평가하며 이야기 나눈다.**

T: 인사캠페인을 하고 나니 어떤 점이 즐겁니?

T: 인사캠페인을 하며 어떤 점이 어려웠니?

〈인사캠페인을 하고 있는 유아들의 모습〉

〈이웃분들에게 인사를 하는 유아들의 모습〉

활동 12 꼬마이웃, 미루

■ **활동형태:** 대집단활동

■ **활동유형:** 동화

■ **활동 목표 및 누리과정 관련 요소**

목표	4세 누리과정 관련요소
• 교사가 들려주는 그림책의 이야기에 관심을 갖고 감상한다. • 그림책 속 주인공의 행동을 통해서 주변 이웃과 화목하게 지내는 방법에 대해서 안다.	- 의사소통 〉 듣기 〉 동요, 동시, 동화 듣고 이해하기 〉 동요, 동시, 동화를 다양한 방법으로 듣고 즐긴다. - 사회관계 〉 다른 사람과 더불어 생활하기 〉 공동체에서 화목하게 지내기 〉 교사 및 주변 사람과 화목하게 지낸다.
(창의·인성 관련) 창의성 〉 인지적 요소 〉 사고의 수렴 인성 〉 질서 〉 사회질서	

■ **준비물:** 그림책

■ **활동방법:**

☞ 유아들과 우리아파트 복도에 대해서 이야기를 나눈다.

T: 너희가 살고 있는 아파트의 복도에는 어떤 것들이 있니?

T: 그런 복도를 걸을 때 혹시 불편한 점이 있었니?

T: 어떤 점이 불편했니?

☞ 유아들과 그림책을 소개하며 이야기 나눈다.

T: 그림책의 제목은 무엇이니?

T: 겉표지를 보면 누가 미루일 것 같니?

T: 미루가 벽에 그리고 있는 그림은 누구일 것 같니?

T: 벽에 그려진 사람들의 표정은 어떠니?

T: 미루에게 어떤 일이 생길 것 같니?

☞ 유아들과 그림책을 감상한다.

T: 할머니의 표정이 어떠니?

T: 미루는 어떤 방법으로 이웃 할머니를 도와드리려고 하니?

T: 이웃들은 미루의 이야기를 듣고 할머니를 어떤 방법으로 도와드릴 것 같니?

T: 이웃들의 도움으로 할머니의 표정은 어떻게 변할 것 같니?

☞ 유아들과 그림책을 회상하며 이야기 나눈다.

T: 미루처럼 너희 아파트 복도에 나온 많은 짐으로 불편해하는 이웃들을 본 적이 있니?

T: 너희가 미루라면 어떤 방법으로 불편함을 겪는 이웃들을 도와줄 수 있을까?

T: 도움을 받은 이웃의 마음은 어떻게 변할 것 같니?

☞ 유아들과 이웃을 위해서 내가 할 수 있는 일에 대해 이야기하며 마무리 한다.

T: 너희는 주변 이웃들을 위해 어떤 도움을 줄 수 있니?

T: 또 어떤 도움을 줄 수 있을까?

활동 13 깨끗한 마을을 만들기 위해 할 일 이야기 나누기

■ **활동형태:** 대집단활동

■ **활동유형:** 이야기 나누기

■ **활동 목표 및 누리과정 관련 요소**

목표	4세 누리과정 관련요소
• 깨끗한 마을을 만드는 방법에 대한 자신의 생각을 자유롭게 이야기한다. • 이야기를 나누며 깨끗한 마을로 만드는 방법에 대해서 안다.	- 의사소통 〉 말하기 〉 느낌, 생각, 경험 말하기 〉 자신의 느낌, 생각, 경험을 말해 본다. - 사회관계 〉 다른 사람과 더불어 생활하기 〉 사회적 가치를 알고 지키기 〉 다른 사람과 한 약속이나 공공규칙을 지킨다.
(창의·인성 관련) 창의성 〉 인지적 요소 〉 문제해결력 인성 〉 협력 〉 집단협력	

■ **준비물:** TV, PPT

■ **활동방법:**

☞ 유아들이 이웃과 함께 지내는 공간에 대해 이야기 나눈다.

T: 사진 속에 누가 있니?

T: 이웃들이 있는 곳은 어디니?

T: 혹시 너희도 그곳에 가 봤니?

T: 이렇게 이웃이 함께 모이거나 만나는 곳은 또 어디에 있니?

☞ 유아들과 깨끗한 마을을 만들기 위해 할 수 있는 일에 대해 이야기 나눈다.

T: 이웃과 함께 사용하는 곳에서 혹시 불편했던 적이 있니?

T: 어떤 점이 불편했니?

T: 어떤 것이 망가져 있었니?

T: 무엇 때문에 지저분해 보였니?

T: 그곳에서 이웃과 편리하게 지내려면 무엇을 해야 할까?

☞ 유아들과 깨끗한 마을 만들기를 할 팀을 정해 본다.

T: 그럼 그곳의 쓰레기는 누가 치워 줄 수 있겠니?

T: 망가진 것들은 누가 고쳐 줄까?

T: 아름다운 그림은 누가 그려 볼까?

☞ 유아들과 깨끗한 마을을 만들기 위한 장소를 한 가지씩 이야기하며 이동한다.

T: 너희가 깨끗한 마을로 만들고 싶은 장소를 한 가지씩 이야기하며 이동해 보자.

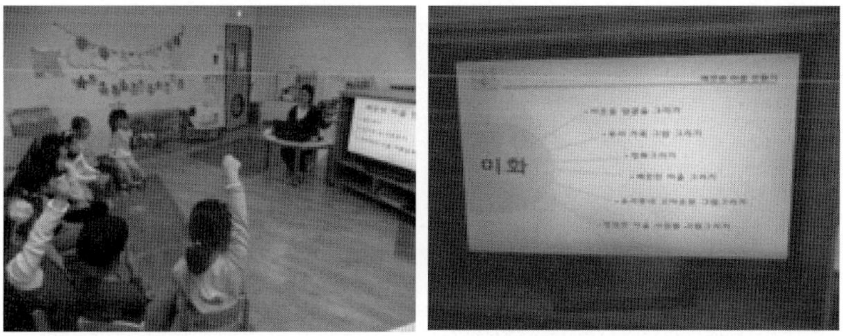

〈유아들과 깨끗한 마을을 만들기 위해 할 수 있는 일에 대해 이야기 나누는 모습〉

활동 14 '하사밈' 프로젝트 – 우리 마을 청소하기

■ **활동형태:** 실외활동

■ **활동유형:** 신체활동

■ **활동 목표 및 누리과정 관련 요소**

목표	4세 누리과정 관련요소
• '하사밈' 프로젝트를 하며 또래와 함께 실외활동에 참여한다. • '하사밈' 프로젝트를 하며 이웃과 함께 지내는 공간을 깨끗하게 지키는 마음을 갖는다.	– 신체운동건강 〉 신체활동에 참여하기 〉 바깥에서 신체활동하기 〉 규칙적으로 바깥에서 신체활동을 한다. – 사회관계 〉 다른 사람과 더불어 생활하기 〉 사회적 가치를 알고 지키기 〉 다른 사람과 한 약속이나 공공규칙을 지킨다.
(창의·인성 관련) 창의성 〉 성향적 요소 〉 개방성 인성 〉 질서 〉 사회질서	

■ **준비물:** 조끼, 쓰레기통 가방, 일회용 장갑, 마을에 걸어 둘 유아들의 미술 작품

■ **활동방법:**

유아들과 우리 마을을 가꾸는 방법에 대해서 이야기 나눈다.

T: 너희가 살고 있는 마을에서 이웃과 행복하게 지내는 방법에는 어떤 것들이 있었니?

T: 그중에서 너희는 어떤 것을 하며 이웃과 행복하게 지낼 수 있을 것 같니?

T: 또 어떤 것을 할 수 있을 것 같니?

유아들과 '하사밈' 프로젝트에 대해서 이야기 나눈다.

T: 마을청소, 마을가꾸기, 마을고치기 등을 위해서 어떤 준비가 필요하니?

T: 너희가 사는 마을과 주변 이웃을 위해서 하는 이런 일을 무엇이라고 불러 보고 싶은지 이름을 붙여 볼까?

T: 또 다른 이름은 무엇이 있니?

T: '하사민(하나님을 사랑하는 믿음반)' 프로젝트를 하기 위해서 어떤 준비가 필요하니?

T: 마을 청소를 하기 위해서는 어떤 준비가 필요하니?

T: 마을의 어디를 청소해 볼까?

T: 마을을 아름답게 가꾸기 위해서는 어떤 준비가 필요하니?

T: 어떤 그림으로 마을을 아름답게 가꾸어 볼까?

T: 마을에서는 어떤 것을 고쳐서 이웃과 행복하게 살고 있니?

T: 또 마을에서 이웃을 위해서 할 수 있는 일은 무엇이 있을 것 같니?

유아들과 '하사민' 프로젝트를 실행한다.

T: 청소는 누가 도와줄까? 같이 청소를 해 보자.

T: 너희가 이웃을 위해 그린 그림을 어디에 걸어 둘까?

유아들과 '하사민' 프로젝트를 평가하며 이야기 나눈다.

T: '하사민' 프로젝트를 하고 나니 어떤 점이 즐겁니?

T: '하사민' 프로젝트를 하며 어떤 점이 어려웠니?

T: 주변 이웃의 표정은 어떻게 변한 것 같니?

〈'하사민' 프로젝트를 실행 중인 유아들의 모습〉

활동 15 이웃에게 나를 소개하는 편지 쓰기

- **활동형태:** 자유선택활동
- **활동유형:** 언어영역활동
- **활동 목표 및 누리과정 관련 요소**

목표	5세 누리과정 관련요소
• 이웃에게 나를 소개하는 글을 적어 표현한다. • 소개하는 글을 통해 이웃과 화목하게 지내기 위해서 노력한다.	- 의사소통 〉 쓰기 〉 쓰기에 관심 가지기 〉 자신의 느낌, 생각, 경험을 글자와 비슷한 형태나 글자로 표현한다. - 사회관계 〉 다른 사람과 더불어 생활하기 〉 공동체에서 화목하게 지내기 〉 교사 및 주변 사람과 화목하게 지낸다.
(창의·인성 관련) 창의성 〉 인지적 요소 〉 사고의 수렴 인성 〉 배려 〉 이웃에 대한 배려	

- **준비물:** 필기도구, 색지
- **활동방법:**

✐ 유아들과 이웃과 친해지는 방법에 대해서 이야기를 나눈다.

T: 너희들은 옆집의 이웃과 어떻게 지내고 있니?

T: 이웃과 친해지기 위해서 우리가 할 수 있는 일은 무엇이 있을까?

✐ 유아들과 나를 소개하는 편지의 내용에 대해서 이야기를 나눈다.

T: 나에 대해서 어떤 내용을 소개하고 싶니?

T: 어떤 말을 하면 이웃과 사이가 좋아질까?

T: 이 글을 보는 이웃들에게 하고 싶은 말은 무엇이 있을까?

- 유아들과 이웃이 손을 잡고 있는 편지지를 만들어 편지를 쓴다.

T: 어떤 모양의 편지를 만들고 싶니?

T: 이웃과 사이좋게 지내는 모습을 그려서 만들어 볼 수 있을까?

T: 이야기 나눈 것을 글자로 써 보자.

- 유아들과 편지를 감상하며 이야기 나눈다.

T: 이웃에게 너희들을 어떻게 소개하였니?

T: 이 편지를 읽는 이웃들은 어떤 마음일까?

- 유아들과 편지를 어디에 게시하고 싶은지 이야기를 나누고, 가정으로 가져가도록 한다.

T: 우리가 쓴 편지를 어디에 붙여 놓으면 좋을까?

T: 부모님과 이야기 나누고, 이웃사람들이 볼 수 있는 곳에 붙여 보자.

〈유아들이 이웃에게 나를 소개하는 편지 쓰는 모습〉

〈유아들이 쓴 이웃에게 나를 소개하는 편지〉

활동 16 옆집에 사는 이웃 조사하여 소개하기

■ **활동형태:** 자유선택활동

■ **활동유형:** 미술영역활동

■ **활동 목표 및 누리과정 관련 요소**

목표	5세 누리과정 관련요소
• 옆집에 사는 이웃을 조사하면서 이웃과의 관계를 형성해 보는 경험을 갖는다. • 옆집에 대해서 궁금한 내용을 조사해 본다.	- 사회관계 〉 다른 사람과 더불어 생활하기 〉 공동체에서 화목하게 지내기 〉 교사 및 주변 사람과 화목하게 지낸다. - 자연탐구 〉 탐구하는 태도 기르기 〉 탐구과정 즐기기 〉 궁금한 점을 알아보는 탐구과정에 참여하고 즐긴다.
(창의·인성 관련) 창의성 〉 동기적 요소 〉 호기심 인성 〉 배려 〉 이웃에 대한 배려	

■ **준비물:** 질문지, 우유갑, 가위, 풀, 색연필, 필기도구

■ **활동방법:**

✎ **유아들과 가정연계로 옆집에 대해서 조사한 내용을 보며 이야기를 나눈다.**

T: 옆집의 이웃을 알아보았니? 어떤 방법으로 알아보았니?

T: 옆집에는 누가 살고 있었니?

T: 옆집 이웃에 대해 어떤 것을 알게 되었니?

✎ **유아들과 이웃에 대해 관찰하고 조사한 것을 표현한다.**

T: 옆집의 가족들을 어떻게 만들어 보고 싶니?

T: 이웃집은 어떤 재료로 만들고 싶니?

T: 이웃집을 어떻게 꾸며 보고 싶니?

☞ **유아들이 조사한 이웃을 소개한다.**

T: 친구들의 이웃집에는 누가 살고 있을까?

T: ㅇㅇ이네 옆집에는 누가 살고 있니?

T: 이웃들이 좋아하는 말은 무엇이 있니?

T: 우리가 만든 아파트를 어떻게 전시하고 싶니?

T: 이웃들이 ㅇㅇ이가 만든 아파트를 본다면 어떨 것 같니?

〈이웃과 이웃집을 만드는 유아의 모습〉

〈친구들에게 이웃집 가족을 소개하는 유아의 모습〉

〈유아들이 조사하여 만든 이웃가족과 이웃집 작품 사진〉

〈유아들이 만든 이웃집 작품 전시 사진〉

활동 17 '이웃을 위한 약속' 편지 만들기

- **활동형태:** 자유선택활동
- **활동유형:** 언어영역활동
- **활동 목표 및 누리과정 관련 요소**

목표	5세 누리과정 관련요소
• 이웃을 위해 내가 할 수 있는 일들을 계획한다. • 이웃을 위한 약속을 글자로 표현한다.	- 사회관계 〉 나를 알고 존중하기 〉 나의 일 스스로 하기 〉 내가 할 수 있는 일을 스스로 한다. - 의사소통 〉 쓰기 〉 쓰기에 관심 가지기 〉 자신의 느낌, 생각, 경험을 글자와 비슷한 형태나 글자로 표현한다.
(창의·인성 관련) 창의성 〉 인지적 요소 〉 사고의 확장 인성 〉 배려 〉 이웃에 대한 배려	

- **준비물:** 색지, 필기도구
- **활동방법:**

유아들이 이웃을 위해 할 수 있는 일들에 대해서 이야기 나눈다.

T: 이웃들이 어떨 때 불편해할까?

T: 이웃을 위해서 내가 할 수 있는 일은 무엇이 있을까?

T: 어떤 것을 약속해 보고 싶니?

유아들과 이야기 나눈 약속을 써서 편지를 만든다.

T: 어떤 모양의 편지지를 만들고 싶니?

T: 이웃들의 이야기를 적을 수 있는 칸도 만들어 보자.

T: 이웃들과 나눈 이야기를 적어 볼 수 있겠니?

☞ **유아들과 '이웃을 위한 약속' 편지를 보며 이야기를 나눈다.**

T: 어떤 약속을 적어 보았니?

T: 우리가 이 약속을 지키면 어떤 일들이 생기게 될까?

T: 약속을 지키기 위해서 우리는 어떤 노력을 해야 할까?

T: 약속을 적은 종이를 보면 이웃들은 무엇이라고 할 것 같니?

☞ **유아들과 편지를 어디에 게시하고 싶은지 이야기를 나누고, 가정으로 가져가도록 한다.**

T: 우리가 쓴 편지를 어디에 붙이고 싶니?

T: 부모님과 이야기 나누고, 이웃사람들이 볼 수 있는 곳에 붙여 보자.

〈이웃과의 약속 편지를 쓰는 유아의 모습〉

〈유아가 살고 있는 엘리베이터에 편지를 게시한 모습〉

활동 18 '이웃을 칭찬하는 편지' 쓰기

- **활동형태:** 자유선택활동
- **활동유형:** 언어영역활동
- **활동 목표 및 누리과정 관련 요소**

목표	5세 누리과정 관련요소
• 이웃을 칭찬하는 말을 글로 표현한다. • 칭찬하는 편지를 쓰며 이웃에게 친밀함을 느낀다.	- 의사소통 〉 쓰기 〉 쓰기에 관심 가지기 〉 자신의 느낌, 생각, 경험을 글자와 비슷한 형태나 글자로 표현한다. - 사회관계 〉 다른 사람과 더불어 생활하기 〉 공동체에서 화목하게 지내기 〉 교사 및 주변 사람과 화목하게 지낸다.
(창의·인성 관련) 창의성 〉 성향적 요소 〉 개방성 인성 〉 나눔 〉 나눔을 실천하기	

- **준비물:** 필기도구, 색도화지
- **활동방법:**

유아들과 조사한 이웃이 좋아하는 말에 대해 이야기 나눈다.

T: 지난번에 이웃에 대해 조사했던 것을 기억하니?

T: 이웃 사람들이 어떤 말을 좋아한다고 하였니?

T: 너희들은 어떤 말을 들었을 때 기분이 좋았니?

유아들과 이웃에게 칭찬하는 말을 편지로 쓴다.

T: 이웃의 어떤 것을 칭찬하고 싶니?

T: 이웃이 어떤 말을 들었을 때 기분이 좋아질 것 같니?

T: 너희들이 해 주고 싶은 말을 편지로 써 볼 수 있겠니?

T: 어떤 모양의 편지를 만들고 싶니?

유아들과 쓴 편지를 보며 이야기 나눈다.

T: 어떤 칭찬의 말을 썼니?

T: 이웃들이 이 편지를 본다면 어떨 것 같니?

T: 하나님께서 우리가 이웃과 칭찬을 주고받는 모습을 보면 어떠실 것 같니?

유아들과 편지를 어디에 게시하고 싶은지 이야기를 나누고, 가정으로 가져가도록 한다.

T: 우리가 쓴 편지를 어디에 붙이고 싶니?

T: 부모님과 이야기 나누고, 이웃사람들이 볼 수 있는 곳에 붙여 보자.

〈이웃을 칭찬하는 편지쓰기〉

〈이웃이 서로 칭찬의 글을 남긴 사진〉

활동 19 이웃과 나누는 '우리 집 소식지' 만들기

■ **활동형태:** 자유선택활동

■ **활동유형:** 언어영역활동

■ **활동 목표 및 누리과정 관련 요소**

목표	5세 누리과정 관련요소
• 우리 집의 소식을 이웃과 나눌 수 있는 글을 써 본다. • 우리 집의 소식을 이웃과 나누면서 화목하게 지낸다.	- 의사소통 〉 쓰기 〉 쓰기에 관심 가지기 〉 자신의 느낌, 생각, 경험을 글자와 비슷한 형태나 글자로 표현한다. - 사회관계 〉 다른 사람과 더불어 생활하기 〉 공동체에서 화목하게 지내기 〉 교사 및 주변 사람과 화목하게 지낸다.
(창의·인성 관련) 창의성 〉 성향적 요소 〉 개방성 인성 〉 나눔 〉 나눔을 실천하기	

■ **준비물:** 이웃과 소식을 나누는 영상, 필기도구, 색도화지

■ **활동방법:**

☞ 유아들과 이웃과 자신의 소식을 나누는 영상을 감상하고 이야기 나눈다.

T: 영상 속의 아이가 이웃에게 어떤 소식을 전했니?

T: 왜 자신의 생일을 이웃에게 알렸을까?

T: 이웃들이 아이의 편지를 보고 어떻게 했니?

T: 생일을 축하해 주는 이웃의 모습을 보니 어떤 마음이 드니?

☞ 이웃과 나누고 싶은 소식에 대해 유아들과 이야기 나눈다.

T: 너희도 이웃에게 소개하고 싶은 특별한 일이 있니?

T: 혹시 이웃에게 궁금한 것이 있니?

T: 이웃이 서로의 소식을 나누면 앞으로 어떻게 될 것 같니?

♂ **유아들과 우리 집의 소식지를 만든다.**

T: 이야기 나눈 것을 소식지로 만들어 보면 어떨까?

T: 어떤 모양의 소식지를 만들고 싶니?

T: 소식지 안에 어떤 내용을 쓰고 싶니?

T: 우리의 소식만 알리지 않고, 이웃의 소식도 알고 싶으면 어떻게 하는 것이 좋을까?

T: 이웃의 소식을 쓸 수 있는 칸도 만들어 보자.

♂ **유아들과 쓴 편지를 보며 이야기 나눈다.**

T: 어떤 소식을 글로 썼니?

T: 이웃들이 이 소식지를 본다면 어떨 것 같니?

T: 이웃의 소식을 알게 되면 너희들은 어떻게 할 수 있겠니?

♂ **유아들과 편지를 어디에 게시하고 싶은지 이야기를 나누고, 가정으로 가져가도록 한다.**

T: 우리가 쓴 소식지를 어디에 붙이고 싶니?

T: 부모님과 이야기 나누고, 이웃사람들이 볼 수 있는 곳에 붙여 보자.

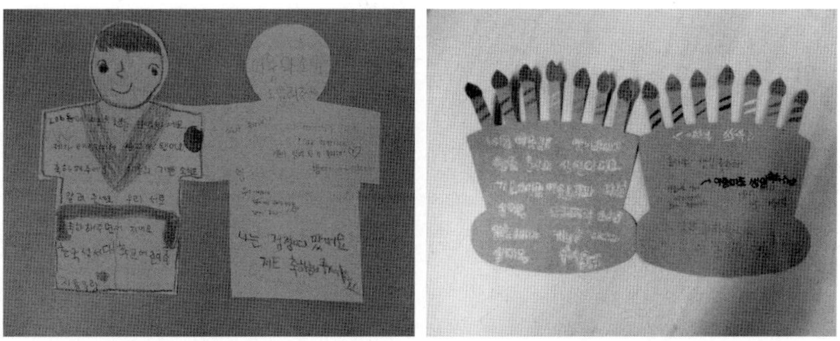

〈유아들이 만든 우리 집 소식 편지에 이웃이 답 글을 적은 사진〉

활동 20 이웃에게 들려 줄 '사이좋은 이웃' 노래 영상 만들기

- **활동형태:** 자유선택활동
- **활동유형:** 과학영역활동
- **활동 목표 및 누리과정 관련 요소**

목표	5세 누리과정 관련요소
• 노래 영상을 만들면서 이웃과 사이좋게 지낼 수 있는 우리의 노력을 소개한다. • 카메라를 사용해서 영상을 찍어 본다.	- 사회관계 〉 다른 사람과 더불어 생활하기 〉 사회적 가치를 알고 지내기 〉 다른 사람을 배려하여 행동한다. - 자연탐구 〉 과학적 탐구하기 〉 간단한 도구와 기계 활용하기 〉 생활 속에서 간단한 도구와 기계를 활용한다.
(창의·인성 관련) 창의성 〉 인지적 요소 〉 문제해결력 인성 〉 협력 〉 집단협력	

- **준비물:** 카메라, 개사한 노랫말 판, 피아노
- **활동방법:**

유아들과 개사한 '사이좋은 이웃' 노래를 듣고 율동을 만든다.

T: '사이좋은 이웃' 노래를 기억하니?

T: 이웃들이 노래를 쉽게 이해하려면 어떻게 표현하는 것이 좋을까?

T: 동작으로 표현한다면 어떻게 표현할 수 있겠니?

T: 표정으로도 노랫말을 표현해 볼 수 있겠니?

유아들과 만든 율동을 하며, '사이좋은 이웃' 영상을 만든다.

T: 영상을 만들려면 무엇이 필요할까?

T: 영상을 보는 사람에게 너희들의 동작이 잘 보이게 하려면 어떻게 하는 것이 좋을까?

유아들과 만든 영상을 보면서 이야기를 나눈다.

T: 우리가 함께 만든 영상을 보니 어떤 생각이 드니?

T: 이웃들이 본다면 어떤 생각을 하게 될까?

T: 노래와 같이 우리도 이웃을 위해 약속을 지켜 보자.

〈유아들이 동작을 만들어 연습하는 모습〉

〈유아들과 만든 '사이좋은 이웃' 노래 영상〉

활동 21 옆집 이웃에게 선물할 쿠키 만들기

■ **활동형태:** 자유선택활동

■ **활동유형:** 요리

■ **활동 목표 및 누리과정 관련 요소**

목표	5세 누리과정 관련요소
• 조리도구와 오븐을 이용해 쿠키를 만든다. • 만든 쿠키를 이웃에게 선물하며 이웃과 긍정적인 관계를 형성한다.	- 자연탐구 〉 과학적 탐구하기 〉 간단한 도구와 기계 활용하기 〉 생활 속에서 간단한 도구와 기계를 활용한다. - 사회관계 〉 다른 사람과 더불어 생활하기 〉 공동체에서 화목하게 지내기 〉 교사 및 주변 사람과 화목하게 지낸다.
(창의·인성 관련) 창의성 〉 성향적 요소 〉 개방성 인성 〉 나눔 〉 나눔의 의미 알기	

■ **준비물:** 쿠키 만드는 순서도, 초코쿠키 반죽, 그릇, 포장지

■ **활동방법:**

☞ **이웃과 나누고 싶은 것에 대해서 유아들과 이야기를 나눈다.**

T: 이웃과 나누고 싶은 것이 있니?

T: 이웃들은 어떤 음식을 좋아할까?

T: 그중에 우리가 만들 수 있는 음식은 무엇일까?

☞ **유아들과 쿠키 만드는 방법에 대해서 순서도를 보며 이야기를 나눈다.**

T: 쿠키를 만들어 본 적이 있니?

T: 쿠키를 어떻게 만들었니?

① 쿠키 가루에 우유를 넣고 반죽을 만든다.

② 반죽으로 유아들이 자유롭게 쿠키 모양을 만든다.

③ 그 위에 다양한 재료로 쿠키를 꾸민다.

④ 포장지에 담아 포장한다.

☞ 유아들과 순서에 맞춰 쿠키를 만들어 구워본다.

T: 쿠키를 구울 때 무엇을 조심해야 할까?

T: 쿠키의 맛이 어떨 것 같니?

T: 어떤 모양으로 만들어 보고 싶니?

☞ 유아들과 쿠키를 포장하며 이웃에 대해서 이야기를 나눈다.

T: 이 쿠키 선물을 받는 이웃들은 어떤 마음일까?

T: 어떤 말을 하면서 이웃에게 이 쿠키를 나누어 줄 수 있을까?

〈쿠키를 만들고 있는 모습〉

〈유아들이 이웃에게 전달하기 위해 만든 초대장과 쿠키〉

활동 22 '이웃과 함께하는 행복 나눔터'의 날

■ **활동형태:** 실외활동

■ **활동유형:** 행사

■ **활동 목표 및 누리과정 관련 요소**

목표	5세 누리과정 관련요소
• 바자회를 통해 물건이 재사용되는 것을 경험한다. • 바자회에 참여하는 친구들과 이웃과 협력한다. • 친구들과 협력하여 바자회에 필요한 준비물을 만든다.	- 사회관계 〉 다른 사람과 더불어 생활하기 〉 사회적 가치를 알고 지내기 〉 자연과 자원을 아끼는 습관을 기른다. - 사회관계 〉 다른 사람과 더불어 생활하기 〉 공동체에서 화목하게 지내기 〉 다른 사람과 도움을 주고받고, 서로 협력한다. - 사회관계 〉 사회에 관심 갖기 〉 지역사회에 관심 갖고 이해하기 〉 일상생활에서 돈의 쓰임에 대해 안다.
(창의·인성 관련) 창의성 〉 인지적 요소 〉 문제해결력 인성 〉 나눔 〉 나눔의 의미 알기	

■ **준비물:** 도화지, 필기도구, 풀, 가위

■ **활동방법:**

☞ **유아들과 '이웃과 함께하는 행복 나눔터'의 날 준비를 위해 이야기를 나눈다.**

T: 오늘 바자회를 위해 어떤 것들을 준비하였니?

T: 우리가 만든 제목은 어디에 붙여야 할까?

T: 물건을 사러 오시는 어른들께는 어떤 말을 해야 할까?

T: 어려운 일이 생기면 어떻게 해야 할까?

☞ **유아들과 역할을 나누어 바자회 물품을 판매한다.**

T: 자기의 역할을 기억하니?

T: 이웃들에게 어떻게 말하는 것이 좋을까?

☞ **유아들과 바자회를 마치고 이야기를 나눈다.**

T: 바자회를 해 보니 어땠니?

T: 기억에 남는 일이 있었니?

T: 바자회에 오신 이웃들의 모습이 어땠니?

T: 바자회를 통해 모은 기금은 어떻게 사용하는 것이 좋을까?

T: 어려운 이웃을 위해 사용하는 것도 좋겠구나.

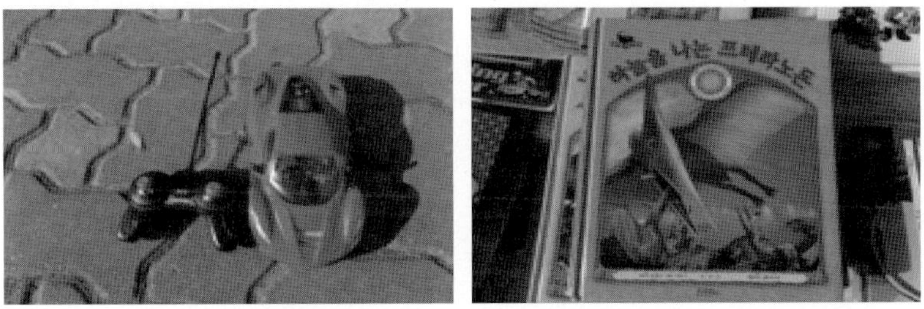

〈유아들이 기부한 소중한 물건 사진〉

〈유아들과 바자회 물건을 판매하는 모습〉

〈'이웃과 함께하는 행복 나눔터' 모습〉

활동 23 '깍두기의 날'-부모참여 (할아버지 할머니께 드릴 깍두기)

■ **활동형태:** 대집단 활동

■ **활동유형:** 요리

■ **활동 목표 및 누리과정 관련 요소**

목표	5세 누리과정 관련요소
• 요리 도구를 사용해서 깍두기를 만든다. • 친구들, 부모님과 협동하여 함께 깍두기를 만든다.	- 자연탐구 〉 과학적 탐구하기 〉 간단한 도구와 기계 활용하기 〉 생활 속에서 간단한 도구와 기계를 활용한다. - 사회관계 〉 다른 사람과 더불어 생활하기 〉 친구와 사이좋게 지내기 〉 친구와 협동하며 놀이한다.
(창의·인성 관련) 창의성 〉 성향적 요소 〉 개방성 인성 〉 협력 〉 집단협력	

■ **준비물:** 앞치마, 비닐장갑, 절인 무, 깍두기 양념 재료, 접시, 빵칼, 양푼

■ **활동방법:**

☞ **유아들과 '깍두기의 날'의 의미에 대해 이야기 나눈다.**

T: 동생들과 함께 키운 텃밭의 무가 어떻게 되었니?

T: 무로 어떤 음식을 만들 수 있을까?

T: 깍두기를 만든다면 누구에게 주고 싶니?

T: 우리가 깍두기를 드릴 할아버지, 할머니를 생각하며 만들어 보자.

☞ **참여하신 학부모님과 그룹을 나누어 함께 깍두기를 만든다.**

T: 오늘 특별한 선생님이 오셨단다. 인사 드려 볼까?

T: 깍두기는 어떻게 만들까?

① 칼로 무를 한입 크기로 썬다.

② 양푼에 무를 담는다.

③ 양념 재료를 넣어 섞는다.

④ 통에 담아 완성한다.

T: 깍두기는 얼마만 한 크기로 썰면 좋을까?

T: 양념을 섞으면 어떻게 변할 것 같니?

T: 할아버지 할머니께 드릴 수 있도록 통에 담아 볼까?

유아들과 활동 후, 이야기를 나눈다.

T: 깍두기를 만들어 보니 어땠니?

T: 우리가 만든 깍두기를 어떻게 이웃에게 전달할 수 있을까?

T: 깍두기를 받는 할아버지 할머니의 마음은 어떠실 것 같니?

T: 깍두기와 함께 무엇을 드리면 좋을 것 같니?

T: 그래, 너희가 쓴 편지도 같이 가지고 할아버지 할머니 댁에 가 보도록 하자.

〈깍두기 활동을 준비하는 학부모님들의 모습〉

〈학부모님과 깍두기를 만드는 모습〉

활동 24 노인정 방문하여 깍두기, 편지, 노래 선물하기

■ **활동형태:** 현장학습

■ **활동유형:** 지역사회연계활동

■ **활동 목표 및 누리과정 관련 요소**

목표	5세 누리과정 관련요소
• 할아버지, 할머니께 예의 바르게 행동한다. • 이웃과 나누는 경험을 통해 행복감을 느낀다.	- 사회관계 〉 다른 사람과 더불어 생활하기 〉 사회적 가치를 알고 지내기 〉 친구와 어른께 예의 바르게 행동한다. - 사회관계 〉 다른 사람과 더불어 생활하기 〉 공동체에서 화목하게 지내기 〉 교사 및 주변 사람과 화목하게 지낸다.
(창의·인성 관련) 창의성 〉 성향적 요소 〉 개방성 인성 〉 효 〉 지역사회 어른에 대한 효	

■ **준비물:** 유아들이 만든 깍두기, 편지

■ **활동방법:**

☞ **유아들과 방문하여 만나는 할아버지, 할머니에 대해 이야기 나눈다.**

T: 오늘 우리는 누구를 만나기로 했니?

T: 할아버지, 할머니는 어디에 계실까?

T: 너희들은 할아버지, 할머니께 무엇을 드리고 싶니?

T: 할아버지, 할머니께서는 어떤 도움이 필요하실까?

☞ **유아들과 노인정에서 지켜야 할 약속에 대해 이야기 나눈다.**

T: 할아버지, 할머니께 어떻게 인사드려야 할까?

T: 할아버지, 할머니와 무엇을 하고 싶니?

T: 할아버지 할머니를 만날 때 어떤 약속을 지켜야 할까?

T: 왜 그래야 할 것 같니?

T: 안전하게 다녀오려면 어떤 약속을 지켜야 할까?

유아들과 노인정을 방문한다.

T: 할아버지와 할머니께 인사드려 볼까?

T: 깍두기를 어떻게 만들었는지 말씀드릴 수 있겠니?

T: 우리가 쓴 편지도 드리자.

T: 우리가 연습한 노래를 들려드릴 수 있겠니?

유아들과 어린이집에 돌아온 후, 이야기 나눈다.

T: 할아버지, 할머니를 만나 보니 어땠니?

T: 우리가 찾아갔을 때 할아버지, 할머니는 어떠셨을 것 같니?

T: 다음에는 무엇을 나눠드리고 싶니?

T: 하나님께서 우리가 할아버지 할머니와 함께 있는 모습을 보신다면 어떠실 것 같니?

〈할머니 할아버지를 만나 이야기를 나누는 모습〉

〈준비한 선물을 전달하는 모습〉

활동 25 '노만 이야기' 영상 보며 이야기 나누기

■ **활동형태:** 대집단활동

■ **활동유형:** 이야기 나누기

■ **활동 목표 및 누리과정 관련 요소**

목표	4세 누리과정 관련요소
• 영상을 감상하며 겉모습은 달라도 우리 모두는 하나님이 주신 이웃임을 안다. • 하나님이 주신 이웃들과 화목하게 지내는 방법에 대해 이야기한다.	- 사회관계 〉 다른 사람과 더불어 생활하기 〉 공동체에서 화목하게 지내기 〉 교사 및 주변 사람과 화목하게 지낸다. - 의사소통 〉 말하기 〉 느낌, 생각, 경험 말하기 〉 자신의 느낌, 생각, 경험을 말해 본다.
(창의·인성 관련) 창의성 〉 인지적 요소 〉 사고의 확장 인성 〉 배려 〉 이웃에 대한 배려	

■ **준비물:** '노만 이야기' 영상, TV

■ **활동방법:**

☞ **유아들과 이웃에 대해서 이야기 나눈다.**

T: 너희 주변에는 누가 살고 있니?

T: 어떤 모습의 이웃들이 있니?

☞ **유아들과 '노만 이야기' 영상을 감상한다.**

T: 노만의 엄마와 아빠는 어떤 사람이니?

T: 노만은 어느 나라 사람이니?

T: 노만은 왜 집을 나가게 되었니?

T: 친구들이 노만에게 뭐라고 이야기했니?

T: 그때 노만의 마음은 어땠을 것 같니?

유아들과 '노만 이야기'를 회상하며 이야기 나눈다.

T: 너희 주변에도 노만처럼 겉모습이 우리와 다른 사람이 있다면 너희는 어떤 이야기를 하고 싶니?

T: 너희가 겉모습도 다르고 사는 곳도 다른 사람들을 우리의 이웃이라고 생각한다면 하나님은 어떤 마음이실 것 같니?

유아들과 먼 이웃에게 하고 싶은 이야기를 하며 이동한다.

T: 만약 노만과 같은 이웃을 만난다면 너희는 어떤 이야기를 하고 싶니?

〈'노만 이야기' 영상을 감상한 후 이야기 나누는 모습〉

활동 26 슬로건 구호 짓기

■ **활동형태:** 자유선택활동

■ **활동유형:** 언어영역활동

■ **활동 목표 및 누리과정 관련 요소**

목표	4세 누리과정 관련요소
• 먼 이웃에게도 관심을 가질 수 있는 간단한 슬로건을 짓는다. • 간단한 슬로건을 지어 보며 주변 이웃에게 관심을 갖는다.	- 의사소통 〉 말하기 〉 낱말과 문장으로 말하기 〉 일상생활에서 일어나는 일들을 간단한 문장으로 말한다. - 사회관계 〉 사회에 관심 갖기 〉 세계와 여러 문화에 관심 가지기 〉 다양한 인종과 문화에 관심을 갖는다.
(창의·인성 관련) 창의성 〉 성향적 요소 〉 개방성 인성 〉 존중 〉 다른 사람과 다른 문화에 대한 존중	

■ **준비물:** 색연필, 사인펜, 색지

■ **활동방법:**

유아들과 주변 이웃에 대해서 이야기를 나눈다.

T: 너희 주변에 어떤 이웃이 살고 있니?

T: 혹시 가까운 이웃 말고 먼 이웃으로는 누가 있을까?

T: 또 누가 있니?

유아들과 슬로건에 대해서 이야기 나눈다.

T: 멀리 사는 이웃에게 어떤 일이 일어나고 있는지 생각해 본 적이 있니?

T: 많은 사람들이 먼 이웃에게도 관심을 갖도록 하기 위해서는 무엇을 하면 좋을까?

T: 슬로건은 어떤 이야기를 하는 걸까?

☞ **유아들과 슬로건을 지어 본다.**

T: 주변 이웃에게 관심을 갖도록 하기 위해서 어떤 슬로건을 지어 보고 싶니?

T: 또 다른 슬로건을 짓는다면 어떻게 지어 보고 싶니?

☞ **유아들과 지어 본 슬로건을 외쳐 본다.**

T: 너희가 생각해 본 슬로건을 함께 외쳐 볼까?

〈슬로건을 짓고 있는 유아들의 모습〉

〈유아들이 지은 슬로건 - '우리는 이웃'〉

〈유아들이 지은 슬로건 - '행복한 이웃 사랑'〉

〈유아들이 지은 슬로건 - '이웃에게 사랑을 전해요'〉

활동 27 내 이웃 얼굴 꾸미기

■ **활동형태:** 자유선택활동

■ **활동유형:** 미술영역활동

■ **활동 목표 및 누리과정 관련 요소**

목표	4세 누리과정 관련요소
• 잡지를 사용하여 콜라주 기법으로 이웃의 얼굴을 꾸민다. • 다양한 겉모습을 가진 사람도 우리의 이웃임을 안다.	- 예술경험 〉 예술적 표현하기 〉 미술활동으로 표현하기 〉 다양한 미술활동을 경험해 본다. - 사회관계 〉 다른 사람과 더불어 생활하기 〉 공동체에서 화목하게 지내기 〉 교사 및 주변 사람과 화목하게 지낸다.
(창의·인성 관련) 창의성 〉 동기적 요소 〉 흥미 인성 〉 존중 〉 다른 사람과 다른 문화에 대한 존중	

■ **준비물:** 잡지, 도화지, 색연필, 가위, 풀

■ **활동방법:**

유아들과 '노만'이야기를 나눈다.

T: 어제 선생님이랑 이야기한 노만은 너희와 어떤 부분이 다르니?

T: 노만은 우리와 겉모습은 다르지만 어떤 사이라고 했니?

T: 너희 주변에는 어떤 이웃들이 있니?

유아들과 잡지를 사용하여 콜라주 기법으로 이웃의 얼굴을 꾸민다.

T: 어떤 모습의 이웃을 꾸며 보고 싶니?

T: 어떤 재료로 이웃을 꾸며 볼까?

T: 잡지를 어떤 방법으로 오려서 붙여 볼까?

T: 어떤 그림을 오려서 눈을 붙여 볼까?

T: 어떤 그림을 오려서 입을 붙여 볼까?

T: 머리는 어떤 그림을 오려서 붙여 볼까? 그림으로 그려 볼 수 있겠구나.

☞ **유아들과 내가 만든 작품과 친구의 작품을 감상하며 이야기 나눈다.**

T: 내가 만든 이웃의 얼굴은 어떤 모습이니?

T: ㅇㅇ가 만든 이웃과 내가 만든 이웃의 모습이 무엇이 다르니?

T: 그래, 겉모습이 달라도 우리는 이웃이구나.

〈내 이웃 콜라주하는 모습〉

〈유아가 만든 '내 이웃' 작품〉

활동 28 슬로건 단어 몸으로 표현하기

- **활동형태:** 자유선택활동
- **활동유형:** 음률영역활동
- **활동 목표 및 누리과정 관련 요소**

목표	4세 누리과정 관련요소
• 자신의 신체를 자유롭게 사용하여 슬로건의 단어를 몸으로 표현한다. • 슬로건의 단어를 몸으로 표현하며 또래와 놀이하는 즐거움을 경험한다.	- 예술경험 〉 예술적 표현하기 〉 움직임과 춤으로 표현하기 〉 움직임과 춤으로 자신의 생각과 느낌을 표현한다. - 사회관계 〉 다른 사람과 더불어 생활하기 〉 친구와 사이좋게 지내기 〉 친구와 함께 놀이한다.
(창의·인성 관련) 창의성 〉 동기적 요소 〉 흥미 인성 〉 협력 〉 집단 협력	

- **준비물:** 의자
- **활동방법:**

☞ 유아들과 슬로건 구호에 대해서 이야기 나눈다.

T: 많은 사람들이 먼 이웃에게도 관심을 갖도록 하기 위해서 어떤 슬로건을 지어 보았니?

T: 우리가 지어 본 슬로건 중에 어떤 슬로건을 몸으로 표현해 볼까?

T: 왜 '우리는 이웃'이라는 단어로 슬로건을 만들어 보고 싶었니?

☞ 유아들과 슬로건을 몸으로 표현하는 방법에 대해서 이야기 나눈다.

T: '우리는 이웃'이라는 단어를 어떻게 몸으로 표현할 수 있을까?

T: 누구와 함께해 볼 수 있을까?

T: 어떤 약속을 지키면서 하면 더 즐거울 것 같니?

☞ **유아들과 슬로건을 몸으로 표현한다.**

T: '우'라는 글자는 누구랑 누가 표현해 볼까?

T: ○○는 '우'라는 단어에서 'ㅇ'을 어떻게 표현해 볼 수 있겠니?

T: 그럼 ㅁㅁ는 'ㅜ'를 어떻게 표현해 볼까?

T: 이번에는 누가 '리'라는 단어를 표현해 볼까?

T: 'ㄹ'은 △△가 어떻게 표현해 볼 수 있겠니?

☞ **유아들과 슬로건을 몸으로 표현한 느낌에 대해서 이야기 나눈다.**

T: 친구들과 함께 슬로건을 몸으로 표현해 보니 어떤 점이 재미있었니?

T: 어려웠던 점이 있었니?

T: 혹시 슬로건 단어를 표현하며 소품이 필요하다면 어떤 소품이 필요할 것 같니?

〈슬로건 단어를 몸으로 표현하고 있는 유아들의 모습〉

〈유아들이 함께 몸으로 표현한 '우리는 이웃' 이라는 슬로건〉

활동 29 시리아 난민 캠프 이야기

■ **활동형태:** 대집단 활동

■ **활동유형:** 이야기 나누기

■ **활동 목표 및 누리과정 관련 요소**

목표	5세 누리과정 관련요소
• 시리아 난민 친구들이 처한 상황을 알아보고 관심을 갖는다. • 이야기를 나눌 때 다른 사람의 말을 경청한다.	- 사회관계 〉 사회에 관심 갖기 〉 세계와 여러 문화에 관심 가지기 〉 다양한 인종과 문화를 알아보고 존중한다. - 의사소통 〉 듣기 〉 바른 태도로 듣기 〉 다른 사람의 이야기를 끝까지 주의 깊게 듣는다.
(창의·인성 관련) 창의성 〉 인지적 요소 〉 사고의 수렴 인성 〉 존중 〉 다른 사람과 다른 문화에 대한 존중	

■ **준비물:** PPT 자료, 시리아 난민 영상, TV

■ **활동방법:**

☞ **유아들과 시리아 난민 사진을 보여 주며 이야기를 나눈다.**

T: 사진 속 친구들의 모습을 보니 어떤 마음이 드니?

T: 어떤 일이 있었을 것 같니?

T: 왜 그런 일이 일어났을까?

☞ **유아들과 시리아 난민캠프 영상을 보면서 이야기를 나눈다.**

T: 시리아에 어떤 일이 일어났니?

T: 전쟁 속에서 시리아에 있는 친구들은 마음이 어땠을까?

T: 무엇이 힘들었을까?

T: 부모를 만날 수 없으면 어떨 것 같니?

☞ **유아들과 시리아의 이웃을 위해 우리가 할 수 있는 일들에 대해서 이야기를 나눈다.**

T: 시리아의 친구들을 위해서 우리가 할 수 있는 일들은 무엇이 있을까?

T: 친구들을 위로해 주고 힘을 줄 수 있는 방법은 무엇이 있을까?

T: 하나님께서는 우리가 어떤 일을 하기를 원하실까?

〈난민캠프 영상을 보며 이야기를 나누는 모습〉

〈유아들과 감상한 시리아 난민 이야기〉

활동 30 시리아 난민에게 선물할 그림책 만들기

■ **활동형태:** 자유선택 활동

■ **활동유형:** 미술영역활동

■ **활동 목표 및 누리과정 관련 요소**

목표	5세 누리과정 관련요소
• 시리아 난민에게 선물할 그림책의 내용을 지어 말한다. • 유아들이 만든 이야기를 그림으로 표현한다. • 그림책을 통해 시리아 난민을 이해하고 존중한다.	- 의사소통 〉 말하기 〉 느낌, 생각, 경험 말하기 〉 이야기 지어 말하기를 즐긴다. - 예술경험 〉 예술적 표현하기 〉 미술활동으로 표현하기 〉 협동적인 미술활동에 참여하여 즐긴다. - 사회관계 〉 사회에 관심 갖기 〉 세계와 여러 문화에 관심 가지기 〉 다양한 인종과 문화를 알아보고 존중한다.
(창의·인성 관련) 창의성 〉 성향적 요소 〉 개방성 인성 〉 나눔 〉 나눔에 참여하기	

■ **준비물:** 도화지, 그림물감, 필기도구

■ **활동방법:**

유아들과 시리아 난민에게 들려주고 싶은 이야기를 지어 이야기한다.

T: 시리아 친구들에게 어떤 이야기를 들려주고 싶니?

T: 친구들은 어떤 이야기를 재미있어할 것 같니?

T: 하나님께서는 시리아에 있는 친구들에게 어떤 말을 해 주고 싶어 하실까?

T: 그림책 주인공의 이름은 무엇으로 할까?

T: 우리가 지은 그림책의 제목을 무엇이라고 지으면 좋을까?

유아들과 함께 지은 그림책의 내용을 그림으로 표현한다.

T: 이야기한 것을 그림으로 그려 볼 수 있겠니?

T: 글 없는 그림책을 만드는 이유는 무엇일까?

✐ **유아들과 만든 그림책을 감상하며 이야기 나눈다.**

T: 우리가 만든 그림책을 감상해 볼까?

T: 그림책을 감상해 보니 어떠니?

T: 이 그림책을 보면 시리아 친구들은 어떤 생각을 할 것 같니?

T: 그림책으로 만들어서 시리아에 있는 친구들에게 보내 보도록 하자.

〈유아들과 그림책을 만드는 모습〉

3 평가

본 프로그램은 누리과정 사회관계영역의 내용을 기독교세계관에 근거하여 '이웃과의 선한 관계 맺기'라는 주제의 프로그램으로 재구성한 후 영유아교육현장에 적용해 본 것이다. 교사들은 어린 유아들이 하나님의 값없이 주신 은혜를 친구와 이웃들과 나눔으로써 관계의 회복을 몸소 경험할 수 있기를 바라는 마음으로 프로그램을 진행하였다. 그리스도 안에서 복음을 받아들인 사람은 은혜를 경험함으로써 변화된다. 본 프로그램에 참여한 유아들도 하나님의 은혜를 깨닫고 가족과 이웃들과 함께하는 일상의 삶에서 은혜받은 하나님의 자녀답게 감사하며 사는 삶의 모습을 보여 주었다. 교사들은 성경말씀에 근거하여 기도하며 교육과정을 실시하였다. 그리고 이 과정에서 은혜를 알고 감사하며 기꺼이 가진 것을 나누는 유아들의 모습을 보면서 이 또한 은혜로 경험하였다.

기독유아교사들은 기독교세계관을 가지고 하나님 나라를 확장하려는 소명을 가지고 노력하는 교사들이다. 본 교육과정을 진행한 교사들은 기독교세계관에 근거한 교육과정을 실시하는 과정에서 유아들이 하나님과의 선한 관계를 회복해 가는 모습을 볼 수 있었다. 교사들은 유아들이 가족, 유아들과 가까이 있는 이웃, 그리고 먼 곳에 살고 있는 이웃들에게까지 선한 영향력을 미치게 됨을 경험하였다. 이러한 프로그램을 통하여 궁극적으로 우리의 이웃들이 하나님과의 인격적인 관계를 회복하기를 기도하며 교육과정을 마무리할 수 있었음에 감사한다.

참고문헌

교육과학기술부(2013). 3~5세 연령별 누리과정 해설서.

김경례(2010). 기독교 가정교육을 위한 교회의 역할에 관한 연구. 신학지평, 23(2), 193-224.

정희영(2004). 기독교유아교육론. 서울: 교육과학사.

탁미경(2012). 기독교세계관에 기초한 자녀교육연구: 기독교 가정의 유아를 중심으로. 총신대학교 교육대학원 석사학위논문.

Berkhof, L.(1992). 벌코프 조직신학(권수경, 이상원 역). Systematic Theology. 서울: 크리스천다이제스트.

Greene Jr, A. E.(2004). 기독교세계관으로 가르치기(현은자, 정희영, 황보영란). Reclaiming the future of Christian education : a transforming vision. 서울: CUP.

Hoekema, A. A.(2012). 개혁주의 인간론(류호준 역). Created in God's Image. 서울: 기독교문서선교회.

Reymond, R. L.(2004). 최신 조직신학(나용화, 손주철, 안명준, 조영천 역). A New Systematic Theology of the Christian Faith. 서울: CLC.

Wolters, A. M, Goheen, M. W.(2010). 창조 타락 구속(양성만, 홍병룡 역). Creation Regained. 서울: IVP.

저자소개

임희옥

이화여자대학교 사범대학 유아교육과(문학사)

이화여자대학교 대학원 교육학과 유아교육전공(문학석사)

서울여자대학교 대학원 아동학과 유아교육전공(문학박사)

전: 이화여자대학교 유아원교사

신구대학교 아동복지과교수

현: 수원대학교 교육대학원 유아교육과 교수

한국기독교유아교육학회 이사

김정원

이화여자대학교 사범대학 유아교육과(문학사)

캘리포니아주립대학교 대학원 유아교육전공(M. S.)

이화여자대학교 대학원 유아교육과(문학박사)

전: 이화여자대학교 사범대학부속 이화유치원 교사

한국성서대학교 어린이집 원장

현: 한국성서대학교 영유아보육학과 교수

한국기독교유아교육학회 이사

김정준

이화여자대학교 인문과학대학 영어영문학과(문학사)

이화여자대학교 대학원 교육학과 유아교육전공(문학석사)

이화여자대학교 대학원 유아교육과(문학박사)

전: 이화여자대학교사범대학 부속유치원 연구교사

일본오차노미즈대학 인간생활학부 외국인연구원

현: 총신대학교 교육대학원 유아교육전공 교수

한국기독교유아교육학회 이사

방은정

이화여자대학교 사범대학 유아교육과(문학사)

이화여자대학교 교육대학원 유아교육전공(교육학석사)

고려대학교 대학원 아동학전공(이학박사)

전: 여나유치원교사

현: 성균관대학교 겸임교수

한국기독교유아교육학회 이사

최성진

이화여자대학교 사범대학 유아교육과(문학사)

이화여자대학교 교육대학원 유아교육전공 (교육학석사)

이화여자대학교 대학원 유아교육과(문학박사)

전: 은새유치원 교사

서광어린이집 교사, 원감

현: 한국성서대학교 영유아보육학과 외래교수

한국기독교유아교육학회 이사

기독교유아교육과정

초판 1쇄 인쇄 2019년 4월 22일
초판 1쇄 발행 2019년 4월 25일

지 은 이 | 임희옥 · 김정원 · 김정준 · 방은정 · 최성진
펴 낸 이 | 김기섭
편 집 인 | 이초롱
펴 낸 곳 | 창지사 www.changJisa.com
08589 서울시 금천구 가산디지털 1로 83 파트너스타워 1차 9층
전화 (02)719-2211~3
팩스 (02)701-9386
등 록 | 1977년 4월 28일 · 제1-421호

ISBN 978-89-426-1212-3 (93370)

값 21,000원

이 도서의 국립중앙도서관 출판예정도서목록(CIP)은 서지정보유통 지원시스템 홈페이지(http://seoJi.nl.go.kr)와 국가자료공동목록시스템(http://www.nl.go.kr/kolisnet)에서 이용하실 수 있습니다(CIP제어번호: CIP2019015629).